高等院校品牌管理系列

品牌价值管理
Brand Value Management

（第二版）

李桂华◎主编　　王　熹◎副主编

经济管理出版社

ECONOMY & MANAGEMENT PUBLISHING HOUSE

图书在版编目（CIP）数据

品牌价值管理/李桂华主编. —2 版. —北京：经济管理出版社，2017.1
ISBN 978-7-5096-4881-0

Ⅰ.①品…　Ⅱ.①李…　Ⅲ.①品牌—企业管理—高等教育—自学考试—教材　Ⅳ.①F273.2

中国版本图书馆 CIP 数据核字（2016）第 323609 号

组稿编辑：勇　生
责任编辑：勇　生　璐　栖
责任印制：黄章平
责任校对：超　凡

出版发行：经济管理出版社
　　　　　（北京市海淀区北蜂窝 8 号中雅大厦 A 座 11 层　100038）
网　　　址：www. E-mp. com. cn
电　　　话：（010）51915602
印　　　刷：玉田县昊达印刷有限公司
经　　　销：新华书店
开　　　本：720mm×1000mm/16
印　　　张：22.5
字　　　数：404 千字
版　　　次：2017 年 4 月第 2 版　　2017 年 4 月第 1 次印刷
书　　　号：ISBN 978-7-5096-4881-0
定　　　价：42.00 元

编 委 会

主　任：张世贤

副主任：杨世伟　赵宏大　勇　生

编委会委员（按姓氏笔画排序）：

丁俊杰　丁桂兰　卫军英　王淑翠　刘光明　孙文清

张世贤　张树庭　李易洲　李桂华　杨世伟　沈志渔

勇　生　赵宏大　徐莉莉　郭海涛　高　闯　焦树民

魏中龙

专家指导委员会

主　任： 金　碚　郭冬乐

副主任： 杨世伟　赵宏大

委　员（按姓氏笔画排序）：

丁俊杰　中国传媒大学学术委员会副主任、国家广告研究院院长、教授、博士生导师

丁桂兰　中南财经政法大学工商管理学院教授

万后芬　中南财经政法大学工商管理学院教授

卫军英　浙江理工大学文化传播学院教授

王方华　上海交通大学安泰管理学院院长、教授、博士生导师

王永贵　对外经济贸易大学国际商学院院长、教授、博士生导师

王淑翠　杭州师范大学副教授

王稼琼　对外经济贸易大学校长、教授、博士生导师

甘碧群　武汉大学商学院教授

白长虹　南开大学国际商学院教授

乔　均　南京财经大学营销与物流管理学院院长、教授

任兴洲　国务院发展研究中心市场经济研究所原所长、研究员

刘光明　中国社会科学院研究生院教授

吕　巍　上海交通大学教授、博士生导师

孙文清　浙江农林大学人文学院教授

庄　耀　广东物资集团公司董事长、党委书记

许敬文　香港中文大学工商管理学院教授

吴波成　浙江中国小商品城集团股份有限公司总裁

宋　华　中国人民大学商学院副院长、教授、博士生导师

宋乃娴　中房集团城市房地产投资有限公司董事长

张士传　中国国际企业合作公司副总经理

张云起　中央财经大学商学院教授

1

张世贤　中国社会科学院研究生院教授、博士生导师

张永平　中国铁通集团有限公司总经理

张昭珩　威海蓝星玻璃股份有限公司董事长

张树庭　中国传媒大学 MBA 学院院长，BBI 商务品牌战略研究所所长、教授

张梦霞　对外经济贸易大学国际经济贸易学院教授、博士生导师

李　飞　清华大学中国零售研究中心副主任、教授

李　蔚　四川大学工商管理学院教授

李天飞　云南红塔集团常务副总裁

李先国　中国人民大学商学院教授、管理学博士

李易洲　南京大学 MBA 导师，中国品牌营销学会副会长

李桂华　南开大学商学院教授

杨世伟　中国社会科学院工业经济研究所编审、经济学博士

杨学成　北京邮电大学经济管理学院副院长、教授

汪　涛　武汉大学经济与管理学院教授、博士生导师

沈志渔　中国社会科学院研究生院教授、博士生导师

周　赤　上海航空股份有限公司董事长、党委书记

周　南　香港城市大学商学院教授

周勇江　中国第一汽车集团公司副总工程师

周济谱　北京城乡建设集团有限责任公司董事长

周小虎　南京理工大学创业教育学院副院长、教授、博士生导师

周　云　北京农学院副教授、经济学博士

洪　涛　北京工商大学经济学院贸易系主任、教授、经济学博士

荆林波　中国社会科学院财经战略研究院副院长、研究员、博士生导师

赵顺龙　南京工业大学经济与管理学院院长、教授、博士生导师

赵　晶　中国人民大学商学院副教授、管理学博士后

徐　源　江苏小天鹅集团有限公司原副总经理

徐二明　国务院学位委员会工商管理学科评议组成员，中国人民大学研究生院
　　　　副院长、教授、博士生导师

徐从才　南京财经大学校长、教授、博士生导师

徐莉莉　中国计量学院人文社会科学学院副教授

晁钢令　上海财经大学现代市场营销研究中心教授

涂　平　北京大学光华管理学院教授

贾宝军　武汉钢铁（集团）公司总经理助理

郭国庆　中国人民大学商学院教授、博士生导师

前　言

　　随着经济增速的逐步下滑，中国经济进入了新常态！结构调整和产业升级成为供给侧结构性改革的主要方向。从宏观层面看，产业升级需要品牌战略的引领；从微观层面看，自主品牌成为企业获得市场竞争优势的必然选择。面对日益激烈的国内外市场竞争格局，中国企业是否拥有自主品牌已经关系到企业的生存和可持续发展。品牌越来越成为企业竞争力的集中表现。但是，目前的中国企业，绝大多数面临着有产品（服务）、没品牌，有品牌、没品牌战略，有品牌战略、没品牌管理的尴尬局面。其根源在于专业人才的匮乏！中国企业普遍存在品牌管理专业人员的巨大需求和人才匮乏的突出矛盾。从供给侧结构性改革的现实需求出发，我国急需培育出大批既懂得品牌内涵，又擅长品牌管理的专业人才，才能满足企业品牌管理和市场竞争的高端需求。

　　为解决这一现实中的突出矛盾，多层次、多渠道、全方位加快培养复合型品牌管理人才，促进企业健康可持续发展，中国企业管理研究会品牌专业委员会专门组织国内一流品牌专家和学者编写了这一套既符合国际品牌管理通则，又有国内特殊案例特征的大型系列教材。

　　本套教材不仅涵盖了品牌管理所需要的全部系统知识和理论基础，也包括了品牌管理的实际操作技能训练。其中，《品牌管理学》属于基础性通识教材；《品牌质量管理》、《品牌营销管理》、《品牌服务管理》、《品牌传播管理》属于专业性基础教材；《品牌形象与设计》、《品牌价值管理》、《品牌公共关系与法律实务》属于中高级管理人员必读教材；《品牌战略管理》、《品牌国际化管理》、《品牌危机管理》属于高级管理人员必修教材；《品牌案例实务》属于辅助教材。真正有志于品牌管理的各类人员，都应该全面学习、深入理解这些系统教材所包含的知识、理论，并掌握品牌发展的内在规律，运用相关知识和理论在实际的管理实践中不断提升自己的专业技能，使自己成为企业不可替代的品牌专家和高级管理人才。

　　本套教材的编写者虽然大都是在高校从事品牌教学与研究的学者，或是有着丰富实战经验的企业品牌管理与咨询专家，但是由于时间仓促，难免会有诸多不妥之处，敬请读者批评指正！

杨世伟

中国企业管理研究会品牌专业委员会主任

目　录

目
录

第一章

无形资产概述

学习目标
★★★★

知识要求 通过本章的学习，掌握：

● 无形资产的概念与特征
● 无形资产的基本组成要素
● 无形资产价值管理的特点及其影响因素
● 无形资产价值管理的程序和方法

技能要求 通过本章的学习，能够：

● 掌握无形资产的概念与特征
● 熟悉无形资产的基本组成要素
● 领会无形资产价值管理的影响因素
● 运用无形资产价值管理的程序和方法
● 撰写无形资产价值管理报告

1

学习指导
★★★★

1. 本章内容包括：无形资产概念、特征与基本组成要素；无形资产价值管理的特点、影响因素及程序、方法。

2. 学习方法：通过理解记忆无形资产的概念特征；通过模拟深化无形资产评估的程序及方法。

3. 建议学时：8 学时。

第一节　无形资产的概念与特征

阅读材料

世界各国对无形资产的定义

《国际会计准则第 38 号——无形资产》中对无形资产的定义是："无形资产指为用于商品或劳务的生产或供应、出租给其他单位，或管理目的而持有的、没有实物形态的、可辨认的非货币性资产。"

美国会计界认为：无形资产是非实物的经济资源，其价值是依据被授予的权益和其他将要得到的预期收益来确定的。不把货币性资产（如现金、应收款和投资）视为无形资产。一种特殊种类的递延费用可以作为无形资产，如开办成本、装修成本、开业成本等（美国《会计手册》第 23 章）。

日本会计界认为：无形固定资产是同有形固定资产相对立的概念，其定义不太明确。然而，作为一般会计惯例所承认的概念，无形资产可以说是具有下列三种属性的虚拟资产：①没有实体的资产；②有超过一般同行业企业收益能力的资产价值；③该资产为有偿取得的资产（日本《新版会计大辞典》）。

而新中国由于以前实行计划经济，对无形资产不予承认。1985 年有学者公开呼吁中国各界重视无形资产问题，在当时发表的无形资产论著中引用的概念为："无形资产是指不具有实物形态，但能为企业提供某种权利或各种特权的固定资产，故亦称无形固定资产。它不依存于企业的某一部分或特定的物件，而与继续经营的企业有关，并完全用于企业的经营活动。"

资料来源：根据美国《会计手册》、日本《新版会计大辞典》以及上海人民出版社《会计辞典》整理而成。

一、无形资产概念

问题 1： 什么是无形资产？

2000 年，中国财政部颁布的《企业会计制度》对无形资产的表述为："无形资产，指企业为生产商品、提供劳务、出租给他人，或为管理目的而持有的、没有实物形态的非货币性长期资产。无形资产分为可辨认无形资产和不可辨认无形资产。可辨认无形资产包括专利权、非专利技术、商标权、著作权、土地使用权等；不可辨认无形资产是指商誉。企业自创的商誉，以及未满足无形资产确认条件的其他项目，不能作为无形资产。"

2006 年，中国财政部颁布的《企业会计准则第 6 号——无形资产》的表述是："无形资产，是指企业拥有或者控制的没有实物形态的可辨认非货币性资产。"

经过近 20 年的深入探索和研究，笔者认为"无形资产"一词至少包含七种含义，以上阅读材料所引，仅是无形资产资源的概念。对于一种资源区分有形还是无形，并非以是否看得见摸得着为标准，而应从其存在形态、性质、作用这些方面去区分。

无形资产可分为狭义的概念和广义的概念，狭义的无形资产一般是指无形资产资源，比较确切（广义的）的无形资产资源概念是：无形资产是无形固定资产的简称，是指不具有实物形态而主要以知识形态存在的独占经济资源，它是为其所有者或合法使用者提供某种权利或优势的固定资产。这种资产应用得当可创造收益。无形固定资产与有形固定资产一起构成了固定资产的总体。

关键术语：无形资产

无形资产是无形固定资产的简称，是指不具有实物形态而主要以知识形态存在的独占经济资源，它是为其所有者或合法使用者提供某种权利或优势的固定资产。这种资产应用得当可创造收益。无形固定资产与有形固定资产一起构成了固定资产的总体。

除无形资产资源以外，无形资产一词发展至今还包括"无形资产经济技术指标"、"无形资产会计科目（账户）"、"无形资产学"、"无形资产信息系统"、"无形资产学教育体系"、"无形资产产业"等多种含义。

无形资产经济技术指标是与无形资产资源有关的经济技术指标，包括价值量指标和非价值量等一系列指标。

无形资产会计科目是指在会计核算中设置的科目：中国会计制度设置了"无形资产"和"无形资产减值准备"两个会计科目。

无形资产学是依据经济与科学技术发展的客观规律而建立的新兴综合学科，它是系统研究无形资产资源形成、发展、保护及分配等客观规律的学科。无形资产学是在经济、技术、法律和行为科学等学科的交会点创建的。

无形资产信息系统是以无形资产学为指导，根据无形资产经营管理目的而建立的计算机管理系统。它包括了全部无形资产资源及与之相关联的人力资源和整个经营管理过程的全部信息。通过对这些信息进行汇集、分类、统计、分析，使无形资产的经营管理标准化、科学化，提高无形资产的质量和无形资产的效益。目前，全球第一套无形资产管理软件"现代无形资产信息系统"（IAMIS）已经由中国企业成功开发，从而解决了现有管理软件不反映无形资产信息的难题。它包括了"现代无形资产资源库"（IABANK）、"现代人力资源开发创造无形资产信息系统"（HR&IA）和"现代无形资产自我评估系统"（IAES）三个子系统。

无形资产教育体系是以无形资产学为指导的旨在提高人力资源素质的教育方法和理论：包括专业技术人员的继续教育、中小学生无形资产知识教育、高等院校正规的无形资产学教育。

无形资产产业是 21 世纪新兴的朝阳产业，包括无形资产教育产业、无形资产咨询顾问业、无形资产信息产业。

二、无形资产的特征

问题 2：无形资产具有何种特征？

无形资产与有形固定资产同属资产范畴，但与有形固定资产又不尽相同，有着自己的特征。无形资产基本特征为无形性、法律性、独占性、交易特殊性、公开广泛性、非标准性。

（一）无形资产的无形性

无形资产的无形性是其首要特征。这个特征表现在无形资产存在形态的无形性和其在生产经营过程中发挥作用的无形性两个方面。

1. 无形资产存在形态的无形性

无形资产存在形态的无形性是指它的非实物性。有形固定资产是以实物形态存在于企业之中，给人一种直观感觉。如厂房建筑物有一定的形态，占有一定的空间；机械设备在生产过程中产生各种能量，如声、光、电、热能等，这足以使人直接地感受到这种有形固定资产的存在。

而无形资产则不然，它是一种重要的非实物经济资源，它以知识形态存在于企业之中，它的表现形式是公式、文字、图纸、图案、图表、配方等。甚至还有一些是生产经营者在实践中积累的经验、诀窍、技巧等，而没有形成文字或图表，这种现象在技术秘密方面尤为突出。所以说无形资产的存在不是明显地展现在人们面前，不容易使人们直接感觉到它的存在，给人一种"无形"之感。

总之，有形固定资产与无形资产的区别表现在两种资产存在形态的不同，前者是以实物形态存在，而后者是以知识形态存在。

2. 无形资产在生产经营过程中发挥作用的无形性

无形资产在生产经营过程中对劳动对象不直接发挥作用是其无形性的又一表现形式。有形固定资产在生产经营过程中对劳动对象的作用是显而易见的，它可使劳动对象发生物理变化或化学变化，如对劳动对象或切削，或研磨，或铸造，或冶炼，或锻造，或焊接，或腐蚀，或传导，或组装……这些都能使人直接感觉到有形固定资产在生产经营过程中发挥着作用。

无形资产本身不直接对劳动对象产生上述作用，而是用特殊的方式，将其功能体现到有形固定资产中去，如计算机的软件、工艺过程控制图、原材料配方等，通过这些知识形态资产的应用使有形资产的作用得以充分发挥。还有一些无形资产在流通领域发挥着独特的作用，如商标权、厂商名称及外观设计专利权。无形资产的作用虽然是间接的，但却相当重要，不可缺少。随着市场经济的繁荣发展和科学技术的进步，越来越多的行业其生产经营活动已无法脱离无形资产。离开无形资产，有的有形固定资产则无法开动运转；离开无形资产，有些企业的生产过程就会中断；离开无形资产，有些企业就难以生存。通过无形资产的运用，能够提高固定资产使用率，提高劳动者技术水平，缩短产品制作时间，提高产品质量，降低产品成本，提高劳动生产率，开拓市场，给企业创造巨大的经济效益。无形资产在生产经营中的作用虽是无形的，但其价值是客观存在的。

无形资产的无形性是相对有形固定资产而言的，并非绝对"无形"。当然，我们也应看到在无形资产之中确有很少一部分绝对的"无形"资产存在，如不成文的技巧、诀窍等。

(二) 无形资产的法律性

任何资产都受法律的保护，但并不意味着每一种资产本身都具有法律性。无形资产的法律性是区别于有形资产的又一特征。有形资产本身不具有法律性，在一般情况下不涉及法律，只是在其所有权受到侵犯时才寻求法律的保护。

知识产权类无形资产是一种独享的权益，它与相关经济法，特别是知识产权法联系十分紧密。主要的无形资产除技术秘密以外，都有针对其制定的专门法规。如专利权，世界各国都有《专利法》；商标权，各国都有《商标法》；著作权，各国都有《著作权法》或《版权法》。对于上述专有权，国际上有专门的组织并有专门的条约予以保护。无形资产从其申请开始，到其法定有效期终止的各个阶段也都有详细具体的法律条文。这些法律、法规保护无形资产所有者的合法权益，促进无形资产的开发、使用、转让等，使其作用得以充分发挥。

以与企业生产经营联系比较紧密的专利权、商标权为例，无形资产的法律性主要体现在以下两个方面。

1. 无形资产要依法申请、注册、接受有关部门的审查

（1）任何人或单位的专利权、商标权要想得到法律的保护，法律规定应逐项申请注册。如申请发明或实用新型专利权，应当向专利管理部门提交申请书、说明书及其摘要和权利要求书等文件；申请外观设计专利权，应当向专利管理部门提交申请书以及外观设计的图片或照片等文件，并且应当写明使用该外观设计的产品及其所属的类别。

（2）无形资产在其提出申请后还要依法接受审查。如专利权需初步审查，发明专利还要进行实质审查，有争议的还要进行复审，复审后不符合专利法规定的予以驳回；对审查无异议或复审后异议不成立的，专利局方授予专利权，发给专利证书，并予以登记和公告。商标权则由商标局初步审定予以公告。对于初步审定的商标，如有异议，需经裁定。无异议或经裁定异议不成立的，给予核准注册，发给商标注册证，并予以公告，申请人取得商标专用权。如经审查不符合商标规定，商标局则予以驳回；对于初审后有异议的，经裁定异议成立，不予核准注册。

2. 无形资产受法律的保护和制约

为了维护无形资产所有者的合法权益，促进无形资产在生产经营中充分发挥作用，法律对其进行保护和制约。

（1）无形资产受法律保护。

①对于专利权的保护。属于侵犯专利权的行为包括：未经专利权人许可实施其专利的行为、假冒他人专利的行为以及以非专利产品冒充专利产品、以非专利方法冒充专利方法的行为。出现上述侵权行为时，专利权人或利害关系人可以请求专利机关进行处理，也可以直接向人民法院起诉。

专利权人或者利害关系人有证据证明他人正在实施或者即将实施侵犯其专利权的行为，如不及时制止将会使其合法权益受到难以弥补的损害的，可以在起诉前向人民法院申请采取责令停止有关行为和财产保全的措施。

对于假冒他人专利行为严重的直接人员，应按照刑法有关规定追究刑事责任。

②对于商标权的保护。属于侵犯注册商标专有权的行为包括：未经商标注册人的许可，在同一种商品或者类似商品上使用与其注册商标相同或者近似的商标的；销售侵犯注册商标专用权的商品的；伪造、擅自制造他人注册商标标识或者销售伪造、擅自制造的注册商标标识的；未经商标注册人同意，更换其注册商标并将该更换商标的商品又投入市场的；给他人的注册商标专用权造成其他损害的。上述五种行为均属侵犯注册商标专有权的行为。对于上述这些行

为，被侵犯人可以向侵犯人所在地县以上工商行政管理部门要求处理。有关工商行政管理部门有权责令侵权人立即停止侵权行为，赔偿被侵权人的损失，对情节严重的可以处以罚款。对于上述侵犯商标专有权的行为，被侵权人也可以直接向人民法院起诉。

上述侵权行为触犯刑律构成犯罪的，除赔偿被侵权人的损失外，还应依法追究刑事责任。

（2）无形资产受法律制约。无形资产的法律制约主要体现在专利实施的强制许可和注册商标的使用管理两方面。

①专利实施的强制许可。技术发明或实用新型的申请人在专利局认可其发明获得专利权后，为避免专利权人滥用其独占权阻碍发明创造的实施，在一定条件下，专利局可实行强制许可。

②商标权的使用管理。商品权的使用管理包括：商标注册后必须使用，注册商标的所有人必须保证其商品质量和注册商标所有人不得自行改变注册事项和转让。

③无形资产的法定有效期限。知识产权类无形资产都有法定的有效期限，法定的有效期满后，其产权就会自动终止，法律不再保护其独享权益，该项无形资产就成为公共财产，任何人都可以无偿使用。

中国法律规定知识产权类无形资产的法定有效期限为：发明专利权的期限为 20 年，实用新型和外观设计专利权的期限为 10 年；商标的期限为 10 年，如要继续使用的，可在期满前 6 个月申请续展注册，每次续展有效期为 10 年。

法律上对专利权和商标权的法定有效期限计算是不同的：专利权有效期是从申请之日起计算，而商标权则是从核准注册之日起计算。

另外，续展的要求也不同：专利权有效期满不予续展，商标权不但允许续展，而且可以续展多次。商标权在法定的有效期满后，还给予 6 个月的宽展期。

（三）无形资产的独占性

无形资产的独占性是其又一特征。对于财产无论有形还是无形，其所有人都享有所有权，而不容他人侵犯。但无形资产不同于一般的物权，从其存在角度讲，在一个国家或地区，甚至在整个世界，一项无形资产仅被一个产权人占有。

有形资产可以"普遍存在，多方占有"。世界上可以存在着许多相同型号、相同内容、相同功能、相同性质、相同名称的有形资产。但不可能存在相同内容、相同功能、相同性质、相同名称的无形资产。它只能是"单独存在，一方占有"，一项无形资产的所有权只能由一方享有，而不能由多方享有。相同的无形资产所有权只能授予一方一次，而不能授予多方多次。这就是说，对于重复开发的无形资产，法律不但不授予所有权，而且还予以禁止。

在此需要说明的是无形资产的独占性是相对的，是根据其申请注册并获得权益的国家或地区来决定的，如果只在一个国家或地区取得了无形资产权益，则只在此国家或地区具有独占权。在其他没有申请注册的国家或地区，则不具有独占性，有时甚至会失去对该项无形资产的占有权。无形资产的独占性与其申请注册取得权益是密不可分的，其独占性的程度是由申请注册取得权益所覆盖的国家或地区来决定的。

（四）无形资产交易的特殊性

无形资产交易是社会经济发展的必然现象，但它又不同于一般的货物交易，有其特殊性。

1. 无形资产在交易中产生所有权和使用权的分离

一般地，企业从外部购入有形固定资产时其所有权和使用权一并获得，而无形资产交易一般只转让其使用权，即在交易中无形资产的所有权和使用权产生分离。

这里需要说明的是：我们应将无形资产的所有权和使用权分离同国有单位财产的所有权和使用权分离区别开来，也要同现代企业中（特别是上市公司）的资产所有权和经营权的分离区别开来。这三个"分离"不是一个范畴的问题，不能混为一谈。第一个"分离"是无形资产交易中的特殊性，是交易的一种重要形式；而第二个"分离"则是生产资料所有制的问题，即国有单位的这种"分离"不只是固定资产，还包括流动资产，这是国有单位财产权的特征；第三个"分离"是现代企业中（特别是上市公司）普遍的资产经营管理方式。

为什么无形资产在交易中会产生这种所有权和使用权的分离现象？这应该从无形资产的"生产目的"分析。无形资产的生产目的与有形资产的生产目的不同。有形资产创造者要将自己的商品拿到市场上销售，被消费者接受，才能达到最终的生产经营目的。因此，有形资产的生产目的是满足社会需要。而无形资产的创造者最初的目的一般不是为了让自己的成果直接供消费者使用，而是为了自己的产品质量、技术水平、生产成本、销售市场等方面优于其他的生产经营者，使之在生产经营诸环节占有绝对优势，其目的是为了"自我实现"。

一项优越的无形资产（如技术先进、工艺合理的专利权、名牌产品的商标权或驰名厂商名称等）可为企业创造巨大的经济效益，对其他生产经营者有着巨大的吸引力。法律规定其他人未经无形资产产权人许可，不允许使用该项无形资产制造、销售产品；如若使用，需在法律允许的条件下，经产权人同意购买无形资产的所有权或使用权。一般条件下，无形资产的所有者不愿意将自己的优势完全转让给他人而牺牲自己的长远利益，通常仅愿意他人有偿使用无形资产。

这样，他既可以保留自己的无形资产所有权，继续占有优势，又可得到技术或商标使用权转让收入。这种无形资产使用权的有偿转让可以多次进行，获得大量的经济收入。

2. 无形资产交易是长期交易

无形资产交易通常是使用权的许可转让，这种转让一般不像货物贸易那样是短时期的交易。无形资产的交易往往还包括合作的内容，交易双方都要做出一定的承诺，如技术交易中，转让方要负责向受让方提供技术培训和指导，提供必要的资料；受让方则要保证遵守转让方的工艺制造方法及技术和质量标准，并保证不擅自将技术转让给第三者。无形资产的交易大多是通过双方的相互合作来完成，是一项长期的交易。

3. 无形资产交易无统一价格

无形资产的价格确定是很复杂的，由于它是独占性的商品，在交易市场上通常无统一价格。无形资产价格是交易双方在一定条件下协商产生的。对于买方，支付的价款不高于采用该无形资产所创利润即为合适；对于卖方，其收入不低于开发创造该项无形资产原始成本即可，若有一定的利润最好。

4. 无形资产交易价款计算与支付方式多样化

无形资产交易价款支付方式是多样的，其价款支付方式有：

（1）绝对额方式。无形资产的交易价款以绝对额计算，一次全部或分次支付。

（2）相对额方式。无形资产的交易价款以相对额的方式计算，即按该项无形资产所生产或销售产品数量和一定的比例提成，分期支付交易价款。其主要形式主要有以下几种：按销售总额提成；按生产产量提成；按销售单价提成；按销售系数提成；按销售净额提成（销售净额一般是指销售收入扣除全部用于商品运输、推销、流通环节税、海关税、中间商的佣金等的各类费用）；按利润总额提成。

（3）绝对额与相对额结合方式。无形资产的交易价款计算采取两种结合的方式，即先以绝对额支付一部分，再以相对额支付其余部分。先以绝对额支付的部分通常也称为"入门费"。

具体选择何种支付方式，无形资产交易双方可根据各自的技术和经济状况等各种因素协商确定。

（五）无形资产的公开性，无形资产作用的广泛性

1. 无形资产的公开性

无形资产的公开性是指无形资产所有权人要在法律的保护下，将其内部开发、设计的无形资产（技术秘密除外）的名称、技术特征、用途、图片、图案等内容公之于世；而企业没有必要将其固定资产的数量、用途、功能等内容公之于世，有的甚至还要严格保守这方面的秘密，防止竞争者窃取经济情报。这是无形资产与有形资产的又一明显不同之处。

无形资产必须向社会公开，具体而言，专利权要通过专利管理机关发布《专利公告》；商标权要通过工商管理机构发布《商标公告》。将无形资产公开的目的在于使社会公众都知道某项技术发明或商标已经产生并申请注册。在其公告之日起的一定时间内，任何人都可以对其申请提出异议，使之接受公众和有关管理机构的审查。

技术发明或商标经审查符合法律规定，也无其他人提出异议，申请人即可得到该项无形资产产权，其他人不必重复开发设计，从而节约大量的开发设计费用，也可减少产权纠纷，加快技术进步速度。经法律认可的无形资产，未经产权人许可，其他人不得利用该项无形资产制造和销售产品。无形资产信息的公开也便于社会各方监督无形资产的使用，制止各种侵权行为。

2. 无形资产作用的广泛性

无形资产作用的广泛性是指无形资产在生产经营过程中发挥着广泛的作用。它既能在产品制造过程中发挥作用（如专利权、技术秘密、计算机软件等），又能在管理过程中发挥作用（技术秘密、计算机软件等），还可在商品流通过程中发挥作用（商标权、外观设计专利权等）。无形资产的作用贯穿于企业整个生产经营过程的各个阶段，体现为既在企业内部发挥作用，也在企业外部发挥作用；既可以在国内市场发挥作用，也可以在国际市场发挥作用。一个好的专利权或商标权能给企业带来巨额利润，这样的无形资产在经营中，为完成企业的经营目标起着关键的作用。

（六）无形资产的非标准性

无形资产的开发研制不像有形固定资产那样，有一定的标准、固定的模式。由于它是知识形态的资产，这种特殊的存在形态决定了无形资产的非标准性，主要表现在：

1. 无形资产的开发、设计、研制没有定额

无形资产的开发研制主要是脑力劳动，开发工作可能只用短短的几天就可以完成，有时又可能用很长时间，要几个月甚至几年。无形资产研制开发期间没有固定的模式，统一的程序和方法，要做大量的试验，反复修正和更改方能完成，而有的往往耗费了大量的人力、物力也没有成功。所以说，无形资产的开发研制不可能有明确的材料定额、工时定额和费用定额。

2. 无形资产完成后没有具体的检验标准

由于无形资产是一种独占的资产，在一个国家、一个地区甚至整个世界都没有相同的项目可比较，加之其独特的开发研制方式、方法，所以往往也没有具体的技术经济检验标准，只要能够达到开发研制者预期的技术经济目标即可。

虽然无形资产没有具体的检验标准，但仍需有一个大原则，以专利权为例，它必须同时符合新颖性、实用性、创造性三个条件。

以上所述都是无形资产的一般特征。探讨分析无形资产的特征，旨在有助于无形资产的创造、资源配置、经营与管理、交易投资、价值估算、评价、审计、保护、利益分配、构建无形资产信息系统等诸方面，以把握无形资产客观规律，将其与有形资产区别对待，充分认识到无形资产在生产经营中的作用，明确其在经济繁荣、技术进步中的重要地位。

活动 1：无形资产鉴别练习

将学生分为两组，请一组同学列举生活中常遇的事物，请另一组同学判断该事物是否为无形资产，并给出判断的依据。

第二节　无形资产的基本组成要素

按照国际通行的观点，无形资产的组成要素一般包括：知识产权、秘密信息、特许经营权、商誉等内容。

引导案例

无形资产包括土地使用权吗？

由于对无形资产资源的概念认识不同，造成了对其组成内容的确认不同。一般认为无形资产应包括：专利权、商标权、著作权、技术秘密（亦称专有技术或非专利技术）、特许经营权、土地使用权、商誉等。

对于商誉，西方国家普遍认为其存在，而中国曾经公布的一些会计制度如《中外合资企业会计制度》、《乡镇企业会计制度》、《深圳经济特区企业会计准则》

等制度中有关无形资产的部分均没有包含商誉。而国外及中国当前的企业会计准则中的无形资产包含了商誉。笔者对商誉持否定态度，认为商誉是虚拟的无形资产。

中国的财会制度中所指的无形资产一般都包括土地使用权，其原因在于中国的土地归国家所有，企业得到的只是使用权。但土地使用权的存在形态与专利权、商标权这些以知识形态存在的无形资产截然不同，笔者认为应将土地使用权从无形资产中分离出来，作为单独一类固定资产更为确切。故本书中的无形资产不包括土地使用权。

资料来源：中国会计视野论坛，http://bbs.esnai.com/.

思考题：

1. 你认为无形资产都包括哪些？
2. 为什么土地使用权不在无形资产行列？

一、知识产权

问题 3：什么是知识产权？

知识产权又称"智力成果权"，指对科学技术、文化艺术等领域从事智力活动所创造的精神财富在一定地域、一定时间内所享有的独占权利。知识产权的特征是具有地域性、时间性、公开性。

所谓地域性，是指知识产权在空间上的权利效力并非无限，它受到一定的地域限制。它的专有权只在受到法律承认和保护的国家有效，除签有国际公约或双边互惠协定的以外，在其他国家或地区一般得不到承认和保护。

所谓时间性，是指知识产权不是永久的专有权，它受一定期限的限制，在法律规定的期限内其专有权有效，一旦保护期满，权利自行消失，即成为社会共同的财富，任何人都可以自由使用。

所谓公开性，是指知识产权的取得必须以向社会公布其基本内容为前提。

《中华人民共和国民法通则》规定知识产权包含四项内容：公民、法人享有著作权（版权），依法有署名、发表、出版、获得报酬等权利；公民、法人依法取得的专利权；法人、个体工商户、个人合伙依法取得的商标专用权；公民对自己的发现享有发现权。

对于知识产权的范围有狭义和广义之分，不同的学科也有不同的认识。

狭义的知识产权由工业产权和版权两部分组成，对此几乎没有争论。

广义的知识产权是指世界知识产权组织 1967 年 7 月 14 日在瑞典斯德哥尔摩国际会议上签订的《建立世界知识产权组织公约》中规定的内容：（1）对文

学、艺术和科学作品享有的权利；（2）对表演艺术的演出活动、录音制品以及广播享有的权利；（3）有关人类一切创造性活动领域的发明享有的权利；（4）对科学发现享有的权利；（5）对工业品外观设计享有的权利；（6）对商品商标、服务商标、厂商名称及标志享有的权利；（7）对反不正当竞争享有的权利；（8）其他来自工业、科学及文学艺术领域智力活动创造的一切权利。

对于上述知识产权的内容，《建立世界知识产权组织公约》要求各成员国"不得作任何保留"，世界上大多数国家对此表示接受。但实际上对此难有统一认定：（1）虽然目前有一百多个国家原则上同意该公约中关于广义知识产权的划定范围，但在各国立法中真正把以上八项内容全部作为知识产权对待的国家并不多见。（2）学术上对知识产权这种范围仍有较大争论。（3）一些国际组织对知识产权的范围也有不同的划分方法。例如世界贸易组织（WTO）对知识产权的确定范围为：①版权与邻接权；②商标权；③地理标志权；④工业品外观设计权；⑤专利权；⑥集成电路布图设计权；⑦未披露过的信息专用权。

目前各国对于狭义知识产权无论从理论上还是实践中认识是比较统一的，本书所论及的为狭义知识产权，而且其涉及的权利要素也是当前技术经济活动中较为主要、最容易向无形资产转化的。

考虑到技术秘密、经营秘密不具有知识产权应有的地域性、时间性、公开性的一般特征，在经营管理保护各方面与传统的知识产权截然不同，故本书将其单列一类，无论其是否是知识产权，但其都属于以知识形态存在的无形资产，这一点任何国家、任何学派都是认同的。

（一）工业产权

工业产权亦称"工业所有权"，欧美一些国家于 1883 年 3 月 20 日在法国巴黎签订的《保护工业产权巴黎公约》（以下简称《巴黎公约》），确定了工业产权的保护对象包括专利权、商标权、厂商名称、产地标记或原产地名称，以及制止不正当竞争行为。工业产权不仅限于工业和商业，并适用于农业、采掘业以及一切制造品或天然品，例如，酒类、谷物、烟草叶、水果、牲畜、矿产品、啤酒、矿泉水、花卉和面粉。

从上述工业产权包括的内容可以看出，工业产权的保护内容不仅仅包括"工业"，实际它涵盖了所有的产业。Industrial 这个词除了有工业的意思，也有产业的意思。笔者认为 Industrial-Property 译为"产业产权"比"工业产权"更为贴切。

1. 专利与专利权

专利是一项发明创造的首创者所拥有的受法律保护的独享权益。中国《专利法》规定，凡具备新颖性、创造性和实用性的发明，可以申请专利，经批准后，发明人或单位就可取得专利权。

世界知识产权组织对专利的定义是：专利是对发明授予的一种独占权利；而发明是指提供新的做事方式或对某一问题提出新的技术解决方案的产品或方法。

专利权是政府专门机构根据发明人的申请依法批准的发明人或其权利受让人对其发明成果在一定期限内享有的独占权或专有权。专利权人具体的权利包括独占实施权、转让权、许可权、标记权及放弃权。专利权人还要履行缴纳年费的义务。专利权的有效期限一般为 10~20 年（中国的专利权有效期限最长为 20 年），任何人如果要使用该项专利，需事先征得专利权所有人的许可，并要支付报酬。

《中国专利法》中规定专利包括发明专利、实用新型专利、外观设计专利三种。

（1）发明：是指对产品、方法或者其改进所提出的新的技术方案。

（2）实用新型：是指对产品的形状、构造或者其结合所提出的适于实用的新的技术方案。获得实用新型专利权的必备条件是：实用新型必须是一种产品；而且必须是具备一定的形态、构造的产品；实用新型必须能在产业上有直接的实用价值。

（3）外观设计：是指对产品的形状、图案或者其结合以及色彩与形状、图案的结合所作出的富有美感并适于工业应用的新设计。获得外观设计专利权的必备条件是：外观设计必须与产品有关；外观设计是对产品的形状、图案、色彩所做的设计；外观设计必须能够产生美感，且该产品与他人的产品在外观上不相似。

此外，在美国等发达国家还有植物专利和生物专利，即植物新品种专利和生物新品种专利。

2. 商标与商标权

商标是商品生产者或经营者（企业、事业单位、个体工商业者）为了自己销售的商品在市场上同其他商品生产者或经营者的商品相区别而使用的一种可视性标志。这种标志包括文字、图形、字母、数字、三维标志和颜色组合，以及上述要素的组合，均可以作为商标申请注册。商标应当有显著特征，便于识别。

世界知识产权组织对商标的定义是：商标是将某商品或服务标明是某具体个人或企业所生产或提供的商品或服务的显著标志。商标的起源可追溯到古代，当时工匠们将其签字或"标记"印制在其制作的艺术品或实用产品上。随着岁月迁流，这些"标记"演变成今天的商标注册和保护制度。这一制度帮助消费者识别和购买某产品或服务，因为由某产品或服务上特有的商标所标示的该产品或服务的性质和质量符合他们的需求。

商标按其是否注册分为注册商标和非注册商标两种。申请注册的商标经审查批准，若符合《商标法》规定，可依法获得商标权。未申请注册的商标不能获得商标权，亦较难受到法律保护。

商标权亦称商标专用权，是商标注册人通过申请注册所取得的对该项商标所享有的权利。商标权是一个集合概念，它包括商标所有权和与此相联系的商标专用权、商标续展权、商标转让权、商标许可权、法律诉讼权等。其中商标专用权，即注册商标的专有使用权，是商标权最主要的法律特征的表现，也是商标权一项很重要的内容，没有商标专用权，商标权也就失去了存在的意义。

商标权受到商标法的保护。任何人要使用该项商标，必须先征得商标权所有人的同意，商标的转让同样要收取报酬。商标权许可贸易中，如规定给予商标使用权，引进方不但要向输出方支付一定的费用，而且还要保证产品达到规定的质量标准。

除了商品商标，与其类似的还有一种服务商标，它是提供服务的经营者将自己提供的服务与他人提供的服务区别开而使用的一种标志。1993年2月22日，中国第七届全国人民代表大会常务委员会第三十次会议通过了《关于修改〈中华人民共和国商标法〉的决定》，1993年7月15日，国务院批准修订的《中华人民共和国商标法实施细则》将服务商标、集体商标和证明商标纳入商标法的保护范围。

服务商标的功能与商品商标的功能基本相同，主要是：识别提供服务的来源，表明服务的质量、特点等。服务商标与商品商标有相同的法律地位，其商标权的取得和办理等其他商标事宜与商品商标是相同的。

我国《商标法》认可并保护的除上述商品商标和服务商标以外，还有集体商标和证明商标。

集体商标，是指以团体、协会或者其他组织名义注册，供该组织成员在商事活动中使用，以表明使用者在该组织中的成员资格的标志。

证明商标，是指由对某种商品或者服务具有监督能力的组织所控制，而由该组织以外的单位或者个人使用其商品或者服务，用以证明该商品或者服务的原产地、原料、制造方法、质量或者其他特定品质的标志。

3. 厂商名称

厂商名称，亦称企业名称，它是工厂、公司或商店的特点化标志，是便于人们识别的手段。

规范的厂商名称一般包括四个要素：①单位所在地的行政区划名称，如省、市、区、县等名称；②单位的"字号"；③单位的业务性质；④单位的组织形式名称。在上述四个要素中，第二个要素"字号"为一个厂商名称的根本要素，是最能反映一个单位名称的特点化标志。

厂商名称也是一种专有权，通常它可在工商行政管理部门登记后取得法律的承认，在一定的区域内受有关法律的保护。

《保护工业产权的巴黎公约》第八条特别指出："厂商名称应在本同盟一切成员国内受到保护，无须申请或注册，也不论其是否为商标的组成部分。"

厂商名称的专有权包括占有权、排他权、转让权。

（1）占有权，是指企业名称经登记注册后归该企业独家占有，成为该企业财产权的一部分，法律仅允许该企业独家使用。

（2）排他权，是指企业名称不允许其他企业使用、混同、冒用，排除其他企业使用已登记注册的名称的权利。如企业发现有侵犯自己名称专用权的行为，有权要求侵权人停止侵害、消除影响、赔偿损失，如侵权人不承担上述义务，将受到法律制裁。

（3）转让权，是指企业有权依法转让自己企业的名称。厂商名称在生产经营中发挥着区别和说明的双重作用。首先，它把企业本身同一定区域内性质相同的其他经济实体区别开来，使其在生产经营、销售等过程中不至于同其他厂家发生混淆。其次，它还起着向外界介绍或说明企业或其他实体自身的经济性质和经营范围的作用，使广大消费者对其有所了解。它是市场经济高度发展的产物，一般是通过国家制定的厂商名称法规或制止的不正当竞争法规对其进行保护。

中国是通过《中华人民共和国企业法人登记管理条例》和《企业名称登记管理规定》来保护厂商名称的。在流通领域，厂商名称和商标权共同起着保护企业和企业商品的作用。

（二）著作权

著作权亦称版权，指法律赋予某项作品（文学、艺术和自然科学、社会科学、工程技术等作品）的发表权、署名权、修改权、保护作品完整权、使用权和获得报酬权。

世界知识产权组织对版权的定义是：版权是用来表述创作者因其文学和艺术作品而享有的权利的一个法律用语。

著作权最初的保护对象为文化艺术作品，随着科学技术的进步，后来扩展到计算机软件和集成电路。我国《著作权法》中规定的享有版权的作品具体形式包括：（1）文字作品；（2）口述作品；（3）音乐、戏剧、曲艺、舞蹈、杂技艺术作品；（4）美术、建筑；（5）摄影作品；（6）电影作品和以类似摄制电影的方法创作的作品；（7）工程设计图、产品设计图、地图、示意图等图形作品和模型作品；（8）计算机软件；（9）法律、行政法规规定的其他作品。

著作权包括下列人身权和财产权：发表权、署名权、修改权、保护作品完整权、复制权、发行权、出租权、展览权、表演权、放映权、广播权、信息网络传播权、摄制权、改编权、翻译权、汇编权以及应当由著作权人享有的其他权利。

由于著作权保护的对象涉及文化艺术和工业两大不同性质的领域，故版权可分为文化艺术著作权和工业著作权两类。

1. 文化艺术著作权

文化艺术版权亦称文化艺术产权，这是版权传统并且主要的保护范围。目前世界两大版权公约所保护的内容均为文化艺术的专有权。如《保护文学艺术作品的伯尔尼公约》中规定："文学艺术作品包括文学、科学和艺术领域内的一切成果，不论其发表形式或方式如何，诸如书籍、小册子和其他文学作品；讲课、演讲、讲道和其他同类性质的作品；戏剧作品；舞蹈艺术作品和哑剧；配词或未配词的乐曲；电影作品；绘画、雕塑、雕刻作品；摄影作品；实用艺术作品；地理学、建筑学、解剖学或科学方面的图表、图示和立体作品。"《世界版权公约》所保护的是"文学、科学及艺术作品，包括文字、音乐、戏剧和电影作品，以及绘画、雕刻和雕塑作品"。中国《著作权法》规定公民作品的复制权、发行权、出租权、展览权、表演权、放映权、广播权、信息网络传播权、摄制权、改编权、翻译权、汇编权以及应当由著作权人享有的其他权利的保护期为作者终生及其死亡后 50 年，截至作者死亡后第 50 年的 12 月 31 日。

2. 工业著作权

工业著作权是著作权的特殊形式，随着科学技术的发展出现了一些新形式的作品，突破了传统的文化艺术产权范围，出现了介于文化艺术产权与工业产权之间的保护作品，为了与两大传统产权区别开来，并显示其独特性，将这部分作品称为工业著作权。工业著作权中比较典型的保护对象是计算机软件。

计算机软件是为了管理、维修和开发计算机所编制的各种程序的总和。国际标准化组织（ISO）对计算机软件所下的定义为："电子计算机程序及运用数据处理系统所必需的手续、规则及文件的总称。"我国《计算机软件保护条例》规定的计算机软件为"计算机程序及其有关的文档"。计算机软件具体包括：各种语言的汇编或解释、编译程序，计算机的监控管理程序，调试程序，故障检查和诊断程序，程序库，操作系统，应用程序以及各种文档资料等。

计算机软件也是智力劳动成果之一。但在计算机出现的早期，当时人们并未把它当做智力成果看待，只是附在硬件上一起出售。20世纪60年代，计算机功能日益强大，其开发制作成本日益增加，其价值也引起人们的重视。便出现了计算机软件与硬件分离，计算机软件开始作为独立的商品进行交易和流通。随着计算机软件的发展，也诞生了一个全新产业——计算机软件产业。

计算机软件产业是一个高利润率的产业。但计算机软件的复制却相当容易，随之出现了有人通过抄袭、剽窃他人的软件成果，非法赢利，使软件开发者的合法权益受到严重侵害的现象。如何从法律上保护计算机软件开发人的合法权益，显得十分紧迫。

进入20世纪70年代，一些计算机软件产业发达的国家，在实践中提出过不同的保护计算机软件的方式，已经采取的法律保护方式有：作为"半专利"保护，作为经营秘密保护，作为作品保护，等等。

中国对计算机软件的保护，也是采取列入著作权法保护的形式。但计算机软件与一般的文字作品毕竟不完全相同，针对这一特殊情况，有些国家在著作权法总的原则下另外制定了一些补充条例，这样使计算机软件的法律保护更为完善。中华人民共和国国务院于1991年6月1日公布了《计算机软件保护条例》，2001年12月依据《中华人民共和国著作权法》对其进行了修订，新公布的《计算机软件保护条例》于2002年1月1日起开始实行。

我国《计算机软件保护条例》规定软件著作权人的权利有：发表权、署名权、修改权、复制权、发行权、出租权、信息网络传播权、翻译权以及应当由软件著作权人享有的其他权利。计算机软件著作权的保护期限：自然人的软件著作权，保护期为自然人终生及其死亡后50年；法人或者其他组织的软件著作权，保护期为50年。但软件自开发完成之日起50年内未发表的，法律不再保护。

活动2：著作权之争

让一个同学扮演某艺人，他因所创作的某部作品被其他人使用并获利而向某行政管理部门进行投诉。其他同学扮演审查者的角色，对该案例进行模拟辩论。

（三）域名（Domain Name）

域名是一个企业或机构在因特网（又称国际互联网，Internet）上的名称，是因特网上相互联络的网络地址。

域名分为行业域名和区域域名，以后缀识别两类不同的域名。行业域名亦

称 "类别域名"，行业域名不标明地理区域，只表示行业特点，主要类别有："com" 用于公司与企业，"org" 用于非公司的组织，"net" 用于网络机构，"edu" 用于学校等教育机构，"gov" 用于政府机构，"mil" 用于军事部门，"biz" 用于商业企业；区域域名则用于表示所在地区，如 "cn" 表示中国，"jp" 表示日本；区域性域名也可以加表示行业性质的后缀，如 "com. cn" 表示中国的企业，"edu. jp" 表示日本的学校，这样识别起来比较方便。

行业域名的注册由美国 "互联网络信息中心" 及其代理机构负责；区域域名的注册由各国主管部门负责，中国则由中国互联网络信息中心负责带有 "cn" 后缀的域名注册工作。如果一个企业的域名被他人抢注会造成不利影响：其一，将给企业在因特网上交流甚至生存形成障碍；其二，影响企业在国际上的形象和信誉，给企业原有的无形资产造成负面影响。

恶意抢注域名的行为会给原权利人造成损失，为了制止这种不正当的行为，主管通用顶级域名 ".com"、".net" 和 ".org" 的因特网专用名称和数字公司于 1999 年 8 月 26 日通过了解决《域名争端的统一办法》，1999 年 12 月起生效，并委托世界知识产权组织承担裁决工作。该办法是以保护商标权人的在先的权利。美国、中国等国家也先后制定相关法规制止恶意抢注域名的行为。

(四) 植物新品种权

植物新品种权是法律授予植物新品种的培育者在一定时间、一定区域内对其所培育的植物新品种的独享权利。

植物新品种，是指经过人工培育的或者对发现的野生植物加以开发，具备新颖性、特异性、一致性和稳定性并有适当命名的植物品种。

植物新品种的培育过程凝结着其培育者的智慧和辛勤劳动，一个植物新品种一般要花费多年的时间，耗费大量的资金才能培育成功。所以应通过专门的法律防止他人无偿繁育受保护的品种、制止未经育种者同意以商业规模出售受保护的品种等侵犯育种者权利的行为。

中华人民共和国国务院于 1997 年 3 月颁布了《植物新品种保护条例》，同年 10 月 1 日正式施行。我国对植物新品种权的保护期限是：藤本植物、林木、果树和观赏树木为 20 年，其他植物为 15 年。

《植物新品种保护条例》的颁布同时还会促进农、林、业的发展，一方面育种者向市场提供优良品种而获得巨额收入，另一方面农民通过使用优良新品种以提高产量、增加收成。

(五) 集成电路布图设计专有权

集成电路是指半导体集成电路，即以半导体材料为基片，将至少有一个是有源元件的两个以上元件和部分或者全部互联线路集成在基片之中或者基片之上，以执行某种电子功能的中间产品或者最终产品。

世界上第一块集成电路是美国工程师杰克·S. 基尔比于 1958 年 5 月开始试制的，并于同年 9 月 12 日成功地进行了实验，这块只有 5 个电子零件的简陋集成电路标志着电子元器件一场新的革命的开始。集成电路是微电子技术的核心。用集成电路来装备电子设备，其装配密度比晶体管提高了成千上万倍，设备的稳定工作时间也大大提高。因此集成电路在电子计算机、通信设备、导弹、人造卫星及各种尖端科技中被广泛应用。

集成电路是人类智力的成果，其开发和应用水平象征着一个企业、一个国家的实力。各大企业之间、各国之间在这方面的竞争十分激烈。开发研制集成电路需投入大量的资金和智能劳动。集成电路与计算机软件一样有可复制性。为保护集成电路开发者的合法权益，防止剽窃仿冒，一些发达国家纷纷制定法律保护集成电路的布图设计。

1984 年 10 月，美国国会通过了集成电路保护的法案。不久，日本通产省也紧跟出台了保护集成电路的法案，并于 1986 年 1 月开始实施。1985 年年底，在美国的倡导下，世界知识产权组织制定了《关于集成电路保护条约》，中华人民共和国为首批签字国之一。

二、秘密信息

秘密信息包括技术秘密和经营秘密，有关法规称为"商业秘密"，世界贸易组织的《与贸易有关的知识产权协定》称为"未披露信息"。笔者认为"秘密信息"则更为贴切。

问题 4：秘密信息包括哪些内容？

（一）技术秘密

技术秘密是英文"Know-How"的意译，是指企业生产经营中使用的未公开的、未申请专利的知识和技巧，它包括各种设计资料、图纸、数据、技术规范、工艺流程、材料配方技术资料，也包括专家、技术人员和工人等掌握的不成文的知识、技巧和诀窍。

技术秘密没有专门的法律保护规定，但其具有保密性，只是在技术贸易的合同中作出相应的规定予以保护。

国际上对"Know-How"的定义通常采用巴黎国际商会拟定的关于保护"Know-How"的标准条例中的定义和 1969 年在布达佩斯召开的保护工业产权国际联盟会议上所作的定义。

巴黎国际商会上"Know-How"的定义是："为完成某种在工业上有贡献的

技术或为使其能在实际中应用所必要的秘密的技术知识或此种知识的积累。它有如下特点：它是一种可以在工商业方面实际应用的技术；它是没有取得专利权的技术；它具有秘密性，一般靠拥有人及其受让人保守秘密而受到保护。"

1969年布达佩斯会议"Know-How"的定义是："是指享有一定价值的、可以利用的、为有限范围专家知道的、未在任何地方公开过其完整形式和不作为工业产权取得任何形式保护的技术知识、经验、数据、方法，或以上对象的组合。"

技术秘密之所以采取保密手段，就在于应用这项技术能使产品在激烈的市场竞争中处于有利地位，给技术所有人带来高于同行业一般利润水平的超额利润。作为无形资产的技术秘密必须具有技术上非同一般的"先进性"，以解决生产过程中的某项特殊问题，而又同时具有"机密性"，即该技术内容严防泄露，他人不能轻易得知。

技术秘密必须是"先进性"与"机密性"的统一，这样方能使企业在市场占有优势，获得收益，创造新的价值。

（二）经营秘密

经营秘密，是指在营销和管理等环节严防泄露、不为公众所知的信息或资料。它能为其所有人在同行业的竞争中取得优势地位，并带来超过本行业一般水平的利润。

经营秘密是企业重要的无形资产，其一般包括的内容有：经营决策、管理方法及数据、财务管理方法及数据、质量控制方法、特殊的营销方法、营销网络、客户名单。经营秘密具有保密性，但没有专门的法律保护，这一点与技术秘密相同，只能靠企业采用严密的保护措施来保护，在对外许可中通过合同保护。

三、特许经营权

特许经营权亦称特许专营权、特许权或专营权，特许经营权有两种形式：一种是由政府授予的特许经营权；另一种是由企业授予的特许经营权。

问题5：什么是特许经营，其类型包括哪些？

（一）政府授予的特许经营权

政府授予企业的特许经营权是指政府授予企业专营某种事业或某种商品的权利，这种权利多为社会公共福利事业，如电力、自来水、邮电、电话、电报、煤气等公用事业；资源采掘的专营权，如矿藏资源的勘探权、开采权；也有一些特殊商品如免关税商品的销售，烟、酒等商品的生产经营许可。这些事业往往具有独占性质，能使经营者获得优厚的利益。另外还有一些政府对企业特别许可的经营权，如高尔夫球场、赛马场的经营权，金融、保险行业的经营权，各类教育培训机构的招生办学权，旅行社的旅游路线、外联权，海外游客接待权等。

（二）企业授予的特许经营权

这种特许经营权是指一个企业（特许人）依照双方签订的合同，在一定的期限内授予另一个企业（被特许人）使用其专利权、商标权、商号、技术秘密等权利。实际上这种特许权是专利权、商标权和技术秘密等的衍生物。最早建立这种特许关系的是软性饮料公司（如美国可口可乐公司）与瓶装厂之间；大石油公司与加油站之间等。近年来在餐饮业、旅馆业中特许经营也迅速发展起来。目前，这种经营形式在中国已逐渐兴起，一些著名企业也开始以特许经营形式允许其他企业使用其专利权、商标权、商号、技术秘密等无形资产。

"冠名权"是特许经营权的一种衍生形式，它是一个单位对其管辖、承办的各种事业拥有允许他人冠名的权益。这种权益可以有偿授予他人，购买者在一定期限内将其"字号"、"商标权"或标志命名在特定载体上。一般有列车冠名权、路桥冠名权、运动会（博览会）冠名权等。

四、商誉

22

问题 **6**：什么是"商誉"？

商誉是英文的意译，是西方企业较为典型的无形资产。商誉是指一家企业由于它所处地理位置优越，或由于它信誉卓著、获得了客户的信任，或由于它组织得当、生产经营效率较高，或由于其历史悠久、积累了丰富的从事本行业的经验，或由于其技术先进、掌握了生产的诀窍，或由于其他种种原因经营有方而形成的无形价值。这种无形价值表现为一家企业的获利能力超过了行业内平均的获利水平。

商誉包括企业本身自创的商誉和从其他企业外购的商誉两种。企业外购的商誉通常是指收买或兼并其他企业时所支付的价款超过其有形净资产价值的部分。国外的惯例是企业自身形成的商誉不计价入账，外购的商誉按其购入价入账。

商誉这个概念产生于 20 世纪初的西方国家，那时无形资产理论和实践刚刚兴起，以商誉来表达某些经济现象是当时特定的历史条件所决定的。但今天与 20 世纪初截然不同，科学技术高速发展，无形资产理论和实践日趋完善，再不能用 20 世纪初的观念来对待现在的问题。所以说再用商誉来表达某些经济现象就难以准确、科学地说明其实质了。关于商誉问题在本书有专门的章节予以论述。

上文所介绍的各个要素只不过是无形资产的基本构成因素，是无形资产的基础，并不是完全的无形资产。只有将这些要素真正运用到生产经营中去，其才可转化为无形资产。

第三节 无形资产价值管理的特点及其影响因素

阅读材料

无形资产"非常"重要

进入 21 世纪后，科学技术和社会生产力继续呈现快速发展趋势。世界经济正从传统的工业经济时代走向知识经济时代。知识经济是以无形资产投入和运营为主的经济，无形资产已成为生产投入中的第一要素。国家间、地区间、企业间的差异将主要表现于拥有无形资产资源的数量和质量。特别在我国加入世界贸易组织以后，我们所面临的国内外竞争日趋激烈，无形资产的问题日益紧迫。无形资产不仅是经济行为主体至关重要的资源，而且也是一个企业，乃至一个国家综合实力的象征。无形资产价值管理是我国市场经济发展的必然产物，随着我国改革开放的不断深入和社会主义市场经济体制的逐步完善，企业间的重组、联营、兼并、拍卖、股份制改造、中外合资以及国内外技术贸易等活动日益增加，无形资产价值管理问题引起了政府、企事业单位等各个方面的高度重视。

随着我国社会主义市场经济的发展和企业改革的深入，企业的各项资产业务迅猛发展，出现了因资产转让、企业兼并、企业出售、企业联营、股份经营、中外合资合作、企业清算、企业租赁等而发生的产权、经营权的变动；同时随着知识经济时代的到来，以知识为基础的专利权、商标权、商誉、计算机软件等无形资产在企业中所占比例的不断增加，无形资产必将受到越来越多的重视，对无形资产价值量的估算已成为市场经济发展的客观需要。

资料来源：百度文库，http://wenku.baidu.com.

一、无形资产价值管理的特点

问题7：无形资产价值及其管理的特点包括哪些？

无形资产是有形资产的对称，是指特定主体控制的不具有独立实体，对生产经营与服务能持续发挥作用并能带来经济利益的一切经济资源。由于它是无形的特殊资产，因此无形资产价值的特点为：

（1）无形资产价值的弱对应性。无形资产的价值不同于有形资产的价值，具有特殊性、例外性。尽管有些无形资产的形成是可以进行成本核算的，如新技术的研制开发和新产品的研制往往要做成本记录，但无形资产的生产成本在会计账目上往往是不完整的。而且无形资产属创造性劳动成果，成果的出现带有较大的随机性、偶然性和关联性，常常是在一系列努力与失败和投入与浪费后才取得的一些成果，而失败的损失代价很难预计和准确量化，从而使无形资产的开发费用缺乏明确的对应性。

（2）无形资产具有增值性与贬值性。无形资产价值管理的增值性，不仅仅表现为其交换价值的货币量有时间价值效应，即随着货币的贬值、物价的上涨，其评估值会相应增加，更为重要的是其增值性源于收益能力和有效期。无形资产收益能力强，有效使用期和保持期长，对使用者的效益贡献大，转让价格也会提高，评估值会更大；同时，无形资产的增值性还在于它具有共享性、共益性、可交换性。好的无形资产可以同时多头、多次转让。经济和技术是不断发展的，随着技术进步和经营管理的现代化，技术经济含量更高、功效更强大的无形资产的产生，会逐步或迅速地取代原有的可替代的无形资产，从而造成原有无形资产的贬值乃至被淘汰。从技术进步角度讲，一般无形资产都有其生命周期的限制，从成熟期转向衰退期甚至淘汰期就会有功能性贬值。

（3）无形资产价值的虚拟性。由于无形资产价值具有弱对应性的特点，因此其评估值的准确性普遍低于有形资产的评估值，特别是一些无形资产的内涵已经远远超出了它的外在形式的含义，这时无形资产的成本只具有象征意义。例如商标成本核算的是商标设计费、登记注册费、广告费等，而商标的内涵是指商品内在的质量信誉，它包括了该商品使用的特殊技术、配方和多年的经验积累，此时商标形式本身所花费的成本只具有象征性或虚拟性。

无形资产价值管理不同于其他资产的价值管理，它有其自身的内在特点和要求。无形资产价值管理的特点：

（1）独立性。独立性是指无形资产价值管理的对象是单一的，不是成批的；无形资产价值管理是因不同的价值管理对象而异的，这样才能正确地反映特定评估对象的价值。

（2）动态性。动态性是指无形资产价值管理是从动态的角度去考察评估对象和评价无形资产的价值。这是因为：一方面，技术无形资产是处在发展过程中的，任何一项技术成果终会被另一种新的技术成果所替代；另一方面，有些无形资产自身也有发展变化的可能，比如商誉、商标，因某种原因而更完善、更出名，或者会因某种原因向相反的方向变化。同时，货币时间价值变化在无形资产价值管理中也表现得特别突出。因而，从动态的角度评估无形资产价值是无形资产价值管理的一个基本要求。

（3）效益性。无形资产价值管理，绝大多数要认真测算该项无形资产在未来有效时间内能够获取的经济效益，并以此为主要依据评估无形资产的价值，这是在其他形态的资产评估中少见的。所以，以效益为基础来评估无形资产的价值，是无形资产价值管理中一个十分明显的特点。

（4）复杂性。无形资产价值管理的复杂性，是指其评估工作的复杂。原因是：①无形资产项目多、种类多，而且同类无形资产的可比性较差；②预测无形资产的预期收益难，由于各种无形资产对象不同、功能不同，因而预期有效使用年限测定难度大，且收益预测甚为艰难复杂；③客观经济环境对无形资产作用的发挥有密切的关系，因而也给无形资产价值管理增加了难度；④多数无形资产时间更替较快，而具体测定某一技术更替的时间也很难。这同时也增加了无形资产价值管理工作的复杂性。

二、影响无形资产价值管理的主要因素

问题 8：影响无形资产价值管理的主要因素有哪些？

随着经济体制改革的深入，无形资产的核算、购进、转让等已经成为现实经济活动的重要内容。就企业而言，无形资产是相对于有形资产而言的，指特定主体控制的不具有实物形态，对生产经营持续发挥作用并产生经济效益的各种资产。无形资产是企业全部资产的重要组成部分，但是，长期以来由于我们对无形资产核算与评估的不重视，导致了企业在兼并、破产或合资合作中没有计入无形资产的价值，致使企业花费巨资创出的商标、商誉毁于一旦，生产许可权被无偿占用。为了改变这一现状，全面反映企业资产的价值，必须加强对无形资产的核算与评估。

一般意义上的无形资产的核算与评估，多以无形资产投资、转让、股份化作为目的，由于无形资产有其特殊的性能，它可以使同量的有形资产发挥不同的作用，产生不同的收益，因而无形资产不是作为一般商品来买卖，而是作为

特殊的获利能力来转让，因此它的价格也就取决于它所带来的收益。所以进行无形资产价值管理时应遵循的原则是：①效益原则，即评估对象的价值，以其产生的效益为前提，没有效益就没有价值。②比较原则，效益是通过比较体现出来的，资产原值与未来的收益差异为资产的收益。③期限原则，即只能计算无形资产有效寿命期限内的收益，超过有效期，资产形态即不存在，更谈不上资产的效益。除了遵循一般评估原则外，还应该综合考虑以下主要影响因素：

1. 无形资产的使用期限

从价值本身而言，无形资产价值与该无形资产产生收益的年份密切相关，无形资产使用期限的长短，直接影响了无形资产价值的管理值，可以说无形资产的使用期限是影响无形资产价值管理值的一个重要因素。每一项无形资产，一般都有一定的使用期限。使用期限的长短，一方面取决于该无形资产的先进程度；另一方面取决于其无形损耗的大小。无形资产越先进，其领先水平越高，使用期限越长。同样地，其无形损耗程度越低，其具有实际超额收益的期限（或收益期限）越长。确定使用期限的原则和依据是：①受法律保护而不受有效时间影响的无形资产，以法律保护年限为无形资产的使用期限；②既受法律保护，也受经济年限限制的无形资产，以"孰短"的原则确定其使用年限；③不受法律保护的无形资产，即由技术测定的有效经济收益年限为其使用年限；④有转让合同的无形资产，以合同规定的期限为其使用年限。

2. 无形资产实现的风险因素

对无形资产未来收益预测是否准确，直接影响到无形资产价值管理，而收益受很多不确定因素的影响，使得收益的实现带有极大的风险。因此，在评估无形资产价值时，风险越大的无形资产项目，价值越低，反之，风险越小的无形资产项目，价值越高。

3. 无形资产保护的法律因素

无形资产中有相当一部分，如知识产权等都是受法律保护的，其权利的实施会受到法律的制约，在对该类无形资产价值进行评估时，就要考虑法律因素的影响。如对专利权价值评估时，要考虑该专利是否获得法律的批准、专利权人是否按时交纳专利年费、专利权是否过期、专利所属类别等因素，从而对无形资产给予正确的评估。

4. 无形资产实施的环境因素

无形资产的应用对环境的附着性较强，无形资产的价值受经营环境和未来用途的影响较大，同一项无形资产在不同的环境和用途条件下，其发挥作用的程度，给企业带来效益的多少会有很大差别。因此，无形资产价值的高低也取决于影响无形资产实施的客观环境因素。

5. 无形资产的收益因素

由于无形资产的特殊使用价值及其独占性和垄断性，往往依其可能创造的超额收益来评估，因此无形资产的交易价值是以其使用价值为基础的。一般商品转让的是实物，而无形资产转让的是收益。无形资产的转让价格主要取决于它为所有者创造的超额收益，这是无形资产最突出的特点。

6. 无形资产价格支付方式

无形资产价格支付方式有一次支付、分次支付，有先支付基础部分后支付分成等多种支付形式。而不同的支付方式，使双方承担的经济风险不同，因此，就成为评估的影响因素之一。

7. 无形资产的转让方式与转让次数

无形资产转让价格的高低与无形资产转让方式和转让次数有直接的关系。据有关资料显示，转让使用权的无形资产价格是转让所有权的无形资产价格的五分之一。此外，多次转让的无形资产价格要比一次转让的无形资产价格要低，因为，无形资产转让次数越多，受让者的竞争对手越多，所创的收益就越少。

8. 无形资产的成本因素

无形资产作为商品在市场上进行交易时，其交换价值的确定有时也受获得该项无形资产的成本及供求关系的影响。通常，资产购买方的出价，不会高于使用该资产获得的净收益，资产出售方则不愿以低于该资产的成本要价，成交的条件是资产使用的净收益大于或等于资产的成本。就某一项无形资产项目的开发而言，可能成功也可能失败。失败项目的开发成本无法从其成果中收回，而必须由成功的项目来承担，因此，对无形资产价值管理也要依据重置复原成本。由于无形资产成本与其带来收益的弱对应性，存在开发成本高而应用前景不大、开发成本低而应用前景广阔的畸高或畸低现象。在这种情况下，成本又不能作为评估的基础，所以在一定范围内或一定程度上，重置成本可以作为无形资产价值管理的基础。

另外，对无形资产价值管理时，还要考虑机会成本。所谓机会成本是由于无形资产的转让造成的可能停止对无形资产使用而减少的收益，也可能因增加了竞争对手而减少的利润或增加的开支。这些由无形资产转让带来的机会成本也要由购买者承担。

此外，影响无形资产价值管理的因素还包括：

1. 同行业同类无形资产的价格水平

无形资产价值管理值的高低还取决于无形资产交易、转让的价款支付方式、各种支付方式的提成基数、提成比例等，在评估无形资产时，应进行综合

27

考虑。

2. 市场供需状况

市场供需状况，一般反映在两个方面：一是无形资产市场需求情况；二是无形资产的适用程度。对于可出售、转让的无形资产，其评估值随市场需求的变动而变动。市场需求大，则评估值就高；市场需求小，且有同类无形资产替代，则其评估值就低。同样地，无形资产的适用范围越广，适用程度越高，需求者越多，需求量越大，评估值就越高。

3. 无形资产的科学价值和发展前景

一般科技成果都有一个发展—成熟—衰退的过程。成果技术水平越高，垄断性越强，使用期限越长，成果所获得的超额收益能力越强，其评估值越高；同时科技成果的成熟程度如何，直接影响到评估值的高低，其开发程度越高，技术越成熟，运用该技术成果的风险性越小，评估值就会越高。另外，无形资产的损耗和贬值也会影响其评估价值。无形资产的更新换代越快，无形损耗越大，其评估值就越低。无形资产价值的损耗和贬值，不取决于自身的使用损耗，而取决于本身以外的更新换代情况。

4. 转让无形资产而失去的市场和损失的利润也是应考虑的因素之一

当某项无形资产被一个企业独占时，他所产生的利润一般情况也是最大的，若他被转让则会加剧同行业之间的竞争，转让方则会因无形资产的转让而失去一部分市场，从而损失一部分利润，这种损失应从该项无形资产转让中得到补偿，否则出让方就不会转让该项无形资产。但是，经过数次转让后，无形资产的价值也会相应贬值。

5. 无形资产的知名度及是否被侵权等也是评估时应考虑的因素

无形资产在一定程度上说属于一种观念形态资产，这种观念往往表现为用户对无形资产占有者的良好信誉和忠诚感，是其在用户心目中的一种综合形象，从而给企业带来了丰厚收益。同样，某企业无形资产若被严重侵权、非法仿制，会使用户对其信任感下降，无形资产也会相应贬值。

以上所谈是进行无形资产价值管理时应综合考虑的因素，在实际评估过程中，应结合具体情况，对两种类别（可确指无形资产和不可确指无形资产）采用不同的评估方法，综合各方面的影响因素，力求公正、科学地评估无形资产的价值。

第四节　无形资产价值管理的程序和方法

伴随着知识经济时代的到来和我国产权制度改革的深入，作为知识形态存在的无形资产在经济发展中的比例不断增加，其产权交易活动也日益频繁，然而无形资产交易不像有形资产那样有可参考的市场价格，这就在客观上要求资产评估机构和注册资产评估师在评估无形资产价值时要严格遵循恰当的评估程序，选用科学的评估方法，以保障无形资产产权交易的公平与合理，维护无形资产交易双方的合法权益。

一、无形资产评估的程序

问题 9： 无形资产价值管理的程序是什么？

无形资产作为一种重要资产，其具体评估程序与其他资产的评估程序基本相同。长期以来，我国评估实务界对评估程序有着不同的理解。概括而言，分为狭义和广义两种不同的理解。狭义的资产评估程序是指：资产评估机构和人员从开始接受业务委托到形成资产评估结论、提交资产评估报告书的一系列工作步骤。而广义的资产评估程序是指：从承接资产评估业务前的明确资产评估基本事项，到提交资产评估报告书并把资产评估相关文件归档的一系列工作。作为一种专业性很强的中介服务，为保证评估业务质量、提高评估业务水平，以便更好地服务于委托人和社会公共利益，本书将从广义角度研究无形资产的评估程序。

从广义角度理解，恰当的无形资产评估程序应当遵循以下具体工作步骤：

1. 明确无形资产评估业务的基本事项

这是无形资产评估程序的第一个环节，包括在签订无形资产评估业务约定书以前所进行的一系列基础性工作，对无形资产评估项目风险的评价、项目承接与否以及无形资产评估项目的顺利实施具有重要意义。资产评估机构和注册评估师在接受业务委托之前，应当根据评估无形资产业务的具体情况，对自身专业胜任能力和相关经验、独立性（与相关当事方无利害关系）和业务风险（是否超出合理范围）进行综合分析和评价，并由评估机构决定是否承接这项评估业务。在这一环节中，评估机构及其人员与委托人等相关当事方需要共同明确以下基本事项：

（1）委托方和相关当事方的基本资料。评估机构和评估人员应当了解委托方、资产占有方等相关当事方的基本状况。在不同的资产评估项目中，相关当事方会有所不同，一般情况下主要包括资产占有方、资产评估报告使用方、其他利益关联方等。

（2）无形资产评估目的。资产评估机构和人员应当与委托方就资产评估目的达成明确、清晰的共识，明确评估业务的具体目的和用途，如果评估目的不正当，则不应准予评估。

（3）评估对象和评估范围。资产评估机构和人员应当了解评估对象及其权益的基本状况，包括法律、经济等方面，如该无形资产的类型、使用状况、所属企业名称、注册资本、在企业中的地位和影响等，特别需要了解无形资产评估对象权利的受限情况。

（4）价值类型。资产评估机构和人员应当在明确无形资产评估目的的基础上，恰当确定无形资产价值类型，确信所选择的价值类型与无形资产评估的具体目的相匹配，并就所选择价值类型的定义与委托方进行沟通，避免出现歧义和误导。

（5）评估基准日。资产评估基准日是评估业务中极为重要的基础，评估基准日的选择应当有利于资产评估结论，能有效地服务于资产评估的目的，减少和避免不必要的资产评估基准日期后事项。

（6）评估报告使用限制和重要假设。资产评估机构和人员应当在承接评估业务前，充分了解所有对资产评估业务可能构成影响的限制条件和重要假设，以便进行必要的风险评价，并更好地为客户服务。

（7）委托方与注册资产评估师工作配合和协助等其他需要明确的重要事项。资产评估机构和人员在明确上述基本事项的基础上，应当分析下列因素，确定是否承接无形资产评估项目。

①无形资产评估项目风险。评估机构和人员应当根据初步掌握的有关无形资产评估业务的基本情况，具体分析无形资产评估项目的执业风险，判断该项目的风险是否超出合理的范围。

②专业胜任能力。评估机构和人员应当根据所了解的评估业务的基本情况和复杂性，分析本机构和评估人员是否具有与该项目相适应的专业胜任能力及相关经验。

③独立性分析。评估机构和人员应该根据职业道德要求和国家相关法规的规定，结合评估业务的具体情况，分析资产评估机构和人员的独立性，确认与委托人或相关当事方是否存在现实或潜在的利害关系。

2. 签订无形资产评估业务约定书

无形资产评估业务约定书是指评估机构与委托方共同签订的，确认资产评估业务的委托与受托关系，明确评估业务的基本事项，约定评估机构和委托方双方的权利、义务、违约责任和争议解决等内容的书面合同。评估机构应当在决定承接无形资产评估业务后与委托方签订业务约定书。注册资产评估师不得以个人名义签订资产评估业务约定书。无形资产评估业务约定书应包含以下基本内容：

（1）无形资产评估机构和委托方的名称。

（2）无形资产评估目的。评估目的应当是唯一的，表述应当明确、清晰。

（3）无形资产评估对象和评估范围。注册资产评估师应与委托方进行沟通，根据评估业务的要求和特点，在业务约定书中以适当方式表述评估对象和评估范围。

（4）评估基准日。业务约定书载明的评估基准日应当唯一，以年、月、日表示。

（5）评估报告的使用范围。评估报告仅供业务委托方和业务约定书约定的其他评估报告使用者使用，法律、法规另有规定的除外。

（6）评估报告提交期限和方式。业务约定书应当约定完成评估业务并提交评估报告的期限和方式。

（7）评估服务费总额、支付时间和方式。业务约定书应当明确评估服务费总额、计价货币种类、支付时间和方式，并明确评估服务费总额未包括的其他费用及其承担方式。

（8）评估机构和委托方的权利和义务。委托方应当为注册资产评估师执行评估业务提供必要的工作条件和协助，并根据评估业务需要，负责注册资产评估师与相关当事方之间的协调；委托方或者产权持有者应当对其提供的评估明细表及相关证明材料以签字、盖章或者其他方式进行确认。

（9）违约责任和争议解决。签约各方因不可抗力无法履行业务约定书的，应根据不可抗力的影响，部分或者全部免除责任，法律另有规定的除外。同时，应当约定履行业务约定书过程中产生争议时的解决方式和地点。

（10）签约时间。

（11）双方认为应当约定的其他重要事项。

3. 编制无形资产评估计划

签订完业务约定书后，在开展现场工作前，应当编制无形资产评估计划，对无形资产评估过程的每个工作步骤以及时间和人力进行规划和安排。评估计划的内容应涵盖无形资产评估工作实施的全过程，通常包括评估的具体步骤、时间进度、人员安排和技术方案等内容。注册资产评估师可以根据评估业务的具体情况，确定评估计划的繁简程度。编制无形资产评估工作计划应重点考虑以下因素：

（1）无形资产评估目的及评估对象状况。

（2）无形资产评估业务风险及无形资产评估项目的规模和复杂程度。

（3）无形资产评估对象的性质、行业特点、发展趋势。

（4）无形资产评估项目所涉及的无形资产类别、数量及权属状况等。

（5）相关资料收集状况。

（6）委托人或资产占有方过去委托资产评估的经历、诚信状况及提供资料的可靠性、完整性和相关性。

（7）无形资产评估人员的专业胜任能力、经验及专业、助理人员配备情况等。

4. 鉴定无形资产

鉴定无形资产是进行无形资产评估的基础工作，会直接影响到评估范围和评估价值的科学性。一般通过无形资产鉴定，可以解决以下几方面问题：

（1）确认无形资产存在。确认无形资产存在主要是判断无形资产来源是否合法，产权是否明确，经济行为是否合法、有效，可以通过以下几个方面进行：

①验证无形资产来源的合法性。通过查询被评估无形资产的内容、国家有关规定、专业人员评价情况、法律文书（如专利证书、技术鉴定书、商标注册证、著作权登记证书等），核实有关资料的真实性、可靠性和权威性。

②分析无形资产的适用性。分析无形资产使用所要求的与之相适应的特定技术条件和经济条件，鉴定其应用能力。

③分析无形资产产权是否明晰。核查无形资产的归属是否为委托者所拥有或为他人所有，如果是外购无形资产，可通过验证购进时的有关凭证、合同来确定产权归属；如果是自创无形资产，可通过鉴定有关权证和相应的证明文件来确定其产权的归属，对于剽窃、仿造的无形资产要加以鉴别，对于有的无形资产要分析其历史渊源，是否符合国家的有关规定。

④分析无形资产的先进性和效益性。确认无形资产的存在，不但要确认无形资产在法律意义上是否存在，是否满足法律规定的各种要件，而且要确认无形资产在经济意义上是否存在。即使无形资产满足了法律意义上的要件，但如果不能带来收益，也不能作为评估的对象。有的无形资产虽然取得了法律文书（如专利证书、技术鉴定书等），但如果不能带来收益，也就没有实际的经济意义，也不能形成无形资产；有的商标还没有使用，在消费者中间还没有影响

力，也不能形成无形资产。故对于不能带来纯收益的无形资产，不能作为评估对象。

（2）鉴别无形资产的种类。首先需要确定无形资产的种类、具体名称以及存在的形式。有些无形资产是由若干项无形资产综合构成的，应加以确认和分离，避免重复评估和漏评估。例如，在企业生产经营过程中，某项商标权的价值包含了某项专利权或非专利技术的价值，但因为专利权、非专利技术与商标权同属于工业产权，都有其独立的特征，应分别进行评估。因此，在鉴别无形资产种类时，应注意商标权和商誉、商标权和专利权、商标权与非专利技术、非专利技术与无形资产之间的关系分析。

鉴定无形资产的存在和种类可能是同时进行的，也可能是分别进行的，但无论如何，鉴定无形资产的存在和种类的一个重要标准是对无形资产的定义和外延的理解与把握，而且无形资产的定义和外延也是不断变化的。

（3）确定无形资产的有效期限。无形资产的有效期限是指有关权证的法律保证期，如商标权、专利权、土地使用权的法律存续期。它是无形资产存在的前提，对无形资产评估值具有很大影响。在确认无形资产存在并确定种类后，有必要进一步确定无形资产的有效期。确定无形资产的有效期限主要有三种方法。一是法定年限法，以法律规定的年限作为有效期限，适合于法律寿命和经济寿命基本一致的情况，或者是法律寿命短的情况；二是更新周期法，适合于评估部分专利或专有技术的有效期限，根据无形资产的技术更新周期确定有效期限；三是预测法，根据产品的市场竞争状况、可替代性、技术进步和更新趋势直接确定无形资产的有效期限。

5. 收集评估资料

收集评估相关资料时，可根据不同评估内容、不同评估对象进行资料的收集。在收集资料时应注意独立收集，采取行业公认措施确信资料来源的可靠和适当。一般来说，这些资料包含以下内容：

（1）无形资产的法律文件或其他证明材料。有关无形资产权利的法律文件或其他证明资料是确定无形资产是否存在以及以何种方式存在的主要依据，也是评估无形资产价值的重要出发点。在评估时，应当采取必要措施进行检查、复核相关法律文件或其他证明资料，并在评估过程中充分考虑这些文件所载明的具体无形资产权利对价值的影响以及材料的真实性和可靠性程度。

（2）无形资产的成本和收益资料。注意搜集无形资产的外购成本或自创成本资料以及无形资产在未来能给受益主体带来经济效益的资料。

（3）无形资产的期限资料。注意搜集无形资产的存续期、法定期限、受益年限、技术寿命期等资料。

（4）无形资产的性质、现状和历史状况资料。搜集无形资产的性质、现状和历史状况等资料。无形资产的性质是无形资产本质特征的表现，通过对无形资产性质的了解和掌握，有利于把握其本质，并进行科学的分类和价值构成要素的分析。无形资产的现状反映无形资产的现实情况，如使用情况、运营情况、法律保护情况等。无形资产历史状况反映无形资产的形成、发展过程。只有准确地了解无形资产的历史状况和现状，才能对无形资产的形成过程、成熟程度、发展状况和开发费用等情况进行分析，评估出其准确的价值。

（5）权属转让内容与条件资料。搜集无形资产权属转让内容和转让过程中的相应条款规定等相关资料。这里需要注意的是，并非所有的无形资产都具有可交易性。有些无形资产是不能单独存在并交易的，比如商誉，它必须伴随企业组织才具有可交易价值。又如，戴尔公司的直销管理组织模式也是无法移植的，只有与戴尔的企业组织在一起，才能发挥戴尔公司的这一无形资产的优势。某些无形资产的不可交易性决定了其不能单独转让和评估。

（6）市场供需及行业赢利状况。搜集外部状况及前景，包括宏观经济状况及前景；行业状况及前景，即同类无形资产在市场上的需求、范围、活跃程度及变动情况等资料；企业状况及前景，即该无形资产所涉及行业的赢利水平及风险情况。

（7）无形资产以往的评估及交易情况。对同一项无形资产，在不同时期可能存在再次评估、多次评估的情形。对无形资产以往评估情况的了解，一方面有助于了解被评估无形资产的可交易性、使用范围、以前交易对目前状况的限制等情况；另一方面可以验证过去进行的评估中所作的未来预测与其实际情况是否吻合，并可以对存在较大差异的原因进行分析，供评估时参考。

资料搜集完毕后，将其分类整理，对资料的真实性、可靠性、完整性进行核实，以分析资料的可靠度与准确度。通过判断资料提供方以前提供的资料质量和提供资料的动机等来判定资料是否可以作为计算和证明的依据，然后借助专家力量，对被评估无形资产进行现场鉴定，分析历史经济效益，以确认被评估无形资产在实际环境中具有的相应功能。

6. 选择评估方法评定估算

经过无形资产性质的鉴别和资产功能的判断，我们可以对被评估无形资产是否具有一定的合理价值得出初步的结论。如果被评估无形资产确实具有有效价值，那么评估人员就可以根据其特性选用适当的方法进行评估。

虽然我国《资产评估准则——无形资产》中规定收益法、成本法、市场法均可用于无形资产评估，但由于无形资产的成本与效用的非对称性，大多数无形资产难以复制，并且市场交易案例难以搜集，因此对无形资产而言，最普及的评估方法是收益法，其他两种方法在特定的情况下也可以使用。具体什么情况选取什么方法，可根据被评估无形资产的具体类型、特点、评估目的、前提条件、评估原则及外部市场环境等具体情况选用合适的评估方法。

使用收益法评估时，要注意合理确定无形资产的获取超额利润的能力和预期收益，分析与之有关的预期变动，收益期限，与收益有关的资金规模、配套资产、现金流量、风险因素及货币时间价值等。注意收益额的计算口径与被评估无形资产折现率口径保持一致，不要将其他资产带来的收益错误计算到被评估无形资产收益中；同时要充分考虑法律与法规、宏观经济环境、技术进步、行业发展变化、企业经营管理、产品更新和替代等因素对无形资产收益期、收益额和折现率的影响，当与实际情况明显不符时，要分析产生差异的原因。

使用市场法评估时，要注意被评估无形资产确实符合市场法的运用前提，确定具有合理比较基础的类似无形资产的交易参照对象，搜集参照对象交易的市场信息和被评估无形资产以往的交易信息。当类似无形资产之间具有可比性时，根据宏观经济、行业和无形资产变化情况，考虑交易条件、时间因素和影响价值的各种因素的差异进行调整，以确定评估值。

当不具备使用市场法和收益法评估的条件时，可用成本法评估，注意根据现行条件下重新形成或取得该项无形资产所需的全部费用（含资金成本和合理利润）确定评估值，在评估中要注意合理扣除实际存在的功能性贬值和经济性贬值。

评估人员在形成初步资产评估结论的基础上，需要对信息资料、参数的数量、质量和选取的合理性等进行综合分析，以最终形成评估结论。资产评估机构应该建立内部质量控制制度，由不同人员对资产评估过程和结论进行必要的复核。

7. 编制和提交评估报告

无形资产评估报告书是无形资产评估过程的总结，也是评估者承担法律责任的依据。评估报告不仅反映评估业务质量的高低，同时也是评估机构工作风貌的体现。无形资产的评估报告基本要求应该符合《资产评估准则——无形资产》的要求。在无形资产评估报告书中，一般要写明以下几个方面的内容：委托方和资产评估机构的情况，评估目的，资产评估基准日，被评估无形资产的性质及其产权范围，被评估无形资产的功能，评估方法使用的理由及逻辑推理方式，资产价值的测算过程及结果，评估基本参数的选择依据，评估结论的产生前提、假设及限定条件等。最终出具的评估报告要做到内容完整而简洁、依据充分、结论客观公正。资产评估机构和人员应当以恰当的方式将资产评估报告书提交给委托人，在正式提交之前，可以与委托方等进行必要的沟通，听取委托方、资产占有方等对资产评估结论的反馈意见，并引导委托人、资产占有方、资产评估报告使用者等合理地理解资产评估结论。

8. 工作底稿归档

资产评估机构和人员在向委托方提交资产评估报告书后，应当及时将资产评估工作底稿归档，并由所在评估机构按照国家有关档案管理的法律、法规及相关政策规定进行妥善管理。国家法律、法规另有规定的，依照其规定管理。

鉴于无形资产评估程序的重要性，资产评估机构和人员在执行资产评估程序环节中还应当符合以下要求：

（1）资产评估机构和人员应当在国家和资产评估行业规定的范围内，结合本评估机构的业务情况建立、健全资产评估程序制度。

（2）资产评估机构和人员执行资产评估业务，应当根据无形资产评估项目的情况和资产评估程序制度，确定并履行适当的资产评估程序，不得随意简化或删减资产评估程序，执行必要程序后方可做出评估报告。

（3）资产评估机构应当建立相关工作制度，指导和监督无形资产评估项目经办人员及助理人员实施资产评估程序。

（4）如果由于资产评估项目的特殊性，资产评估机构和人员无法或没有履行资产评估程序中的某个基本环节，如在损害赔偿评估业务中评估对象已经毁失，无法进行必要的现场勘查，或受到限制无法实施完整的资产评估程序，资产评估机构和人员应当考虑这种状况是否会影响到资产评估结论的合理性，并在资产评估报告书中明确披露这种状况及其对资产评估结论可能具有的影响，必要时应当拒绝接受委托或终止资产评估工作。

（5）资产评估机构和人员应当将资产评估程序的组织实施情况记录于工作底稿，并将主要资产评估程序的执行情况在资产评估报告中予以披露。

活动3： 无形资产评估程序练习

教师给出某一具体研究实例，让全体学生模拟某具体无形资产的评估程序，提醒学生注意每个步骤的重点事项。

二、无形资产评估的一般方法

资产评估方法是实现评定估算资产价值的技术手段。关于无形资产评估的一般方法，我国2008年颁布的《资产评估准则——无形资产》第24条规定："注册资产评估师执行无形资产评估业务，应当根据评估目的、评估对象、价值类型、资料收集情况等相关条件，分析收益法、市场法和成本法三种资产评估基本方法的适用性，恰当选择一种或者多种资产评估方法。"《国际评估准则指南——无形资产》中规定：三种方法均适用于无形资产评估，但基于无形资产的价值特征——成本与效用的非对应性和无形资产的难以复制性，以及无形资产的非实体性、共益性、价值形成的累积性、开发成本界定的复杂性等特点，收益法、成本法、市场法评估无形资产的适用程度依次降低。虽然在具备一定条件的情况下，可以采用成本法和市场法，但评估无形资产价值的首选方法应是收益法。

问题 10：无形资产价值管理的方法包括哪些？

（一）无形资产评估的收益法

1. 收益法的含义及思路

无形资产评估收益法是指通过估测被评估无形资产的未来预期收益并将其折算成现值，来确定无形资产价值的各种资产评估方法的总称。在无形资产评估中，收益法是使用最为普遍的一种方法。

收益法根据"将利求本"的思路，认为一个理智的投资者在购置和投资某项无形资产时，他所愿意支付或投资的货币数额不会高于他所购置或投资的无形资产在未来能给他带来的回报的现值。同时，根据效用价值论的观点：资产的价值取决于效用，即资产为其拥有者带来的收益，收益决定资产的价值，收益越高，资产的价值越高；反之亦然。无形资产的收益通常表现为一定时期内的收益流，而收益有时间价值，因此，为了估算无形资产的现时价值，需要把未来一定时期内的收益折算为现值，这就是无形资产的评估值。

2. 收益法的适用前提

使用收益法评估无形资产必须满足以下三个基本前提：

（1）被评估无形资产的未来预期收益必须是可以预测并可用货币来衡量的。

（2）收益期内，无形资产拥有者获得未来预期收益所承担的风险可以预测，并可用货币来衡量。

（3）被评估无形资产预期获利年限可以预测。

值得注意的是，运用收益现值法对无形资产评估时，是以无形资产投入使用后连续获利为基础的。无形资产是一种特殊商品，在现实买卖中，人们购买它的目的往往并不在于无形资产本身，而是该项资产的获利能力。如果在资产上进行投资不是为了获利，进行投资后没有预期收益或预期收益很少而且很不稳定，则不能采用收益法。

3. 收益法的各项经济技术指标的确定

（1）收益额：在资产评估收益法中使用的收益额需满足以下条件：资产的收益额应是预期收益额，而不是过去收益额或评估时点收益额；资产的收益额应该是资产的正常收益或客观收益，而不是实际收益或非常收益；无形资产的收益额不是总收益额，是扣除必要费用后的纯收益额。综上所述，无形资产的收益额就是未来预期的客观的纯收益。

目前确定无形资产纯收益的方法中，被广泛使用的有直接估算法和差额估算法。

直接估算法：通过对比分析使用无形资产后和未使用无形资产前收益额变化的情况来确定无形资产带来的新增纯收益。在评估实践中使用无形资产后往往会带来产品销量的增加、单位产品售价的提高或者是单位产品成本的下降，最终表现为收益的增加。

具体表现形式有以下几种：

①假设产品价格和成本恒定的情况下，使用无形资产后，产品销量增加带来新增纯收益：

$$R = (Q_2 - Q_1)(P - B)(1 - T)$$

式中：R：无形资产的新增纯收益；Q_2：使用无形资产后产品的销量；Q_1：未使用无形资产前产品的销量；P：单位产品的销售价格；B：单位产品的成本；T：所得税税率。

②假设产品在销售量恒定的情况下，使用无形资产后，单位产品售价提高带来新增纯收益：

$$R = (P_2 - P_1)Q(1 - T)$$

式中：R：无形资产的新增纯收益；P_2：使用无形资产后单位产品的售价；P_1：未使用无形资产前单位产品的售价；Q：产品的销售量；T：所得税税率。

③假设产品售价和销售量恒定的情况下，使用无形资产后，产品单位成本下降，从而节约费用带来增量纯收益：

$$R = (B_1 - B_2)Q(1 - T)$$

式中：R：无形资产的新增纯收益；B_1：未使用无形资产前产品的单位成本；B_2：使用无形资产后产品的单位成本；Q：产品销售量；T：所得税税率。

④假设使用无形资产后，产品在产量、售价、成本均发生变化的情况下带来的增量纯收益：

$$R = [(P_2 - B_2)Q_2 - (P_1 - B_1)Q_1] \times (1 - T)$$

式中：R：无形资产的新增纯收益；P_2：使用无形资产后，单位产品的售价；B_2：使用无形资产后产品单位成本；Q_2：使用无形资产后产品的销量；P_1：未使用无形资产前单位产品的售价；B_1：未使用无形资产前产品单位成本；Q_1：未使用无形资产前产品的销量；T：所得税税率。

差额估算法：当无法将无形资产使用前后产生的收益情况进行对比时，可以采用差额估算法确定无形资产带来的新增纯收益,即采用无形资产和其他类型资产在经济活动中的综合收益与行业平均水平进行比较,可得到无形资产的获利能力,即新增纯收益。

第一,收集有关使用无形资产的产品生产经营活动财务资料,进行赢利分析,得到经营利润和销售利润率等基本数据,对流动资产和已有账面价值的其他无形资产进行统计。

第二,收集行业平均资金利润率等指标。

第三,计算无形资产带来的新增纯收益。

无形资产新增纯收益 = 经营利润 - 资产总额 × 行业平均利润率

或者

无形资产新增纯收益 = 销售收入 × 销售利润率 - 销售收入 × 每天销售收入平均占用资金 × 行业平均资金利润率

使用这种方法,应注意这样计算出来的新增纯收益有时不完全由被评估无形资产带来(除非能够认定只有这种无形资产存在),往往是一种组合无形资产的新增纯收益,还须进行分解处理。

(2)折现率的确定。折现率是收益法中的一个重要参数,折现率一个较小的差异都会对评估结果产生较大的影响,也是影响无形资产评估结果最为敏感的因素。折现率的确定是用收益法进行资产评估时比较难的问题。折现率实际是一种投资者期望的投资回报率,估算无形资产的期望投资回报率一般需要根据无形资产实施过程中的相关风险以及货币时间价值等因素估算。一般情况下,投资者期望的投资回报率与投资者认为承担的风险程度相关,承担的投资风险程度越高,则期望的回报率也越高,反之则越低。资产从其类型上分,可以分为流动资产、固定资产和无形资产。从实物形态上说,流动资产和固定资产全部具有实物形态,而无形资产不具有实物形态,并且无形资产一般也不能单独发挥作用,需要与其他有形资产一起发挥作用,因此,一般认为无形资产的投资风险要高于其他资产的投资风险,进而投资者对无形资产的期望投资回报率一般应该高于对其他资产的投资回报率。

另外,投资者对企业整体资产投资也存在一个期望投资回报率,这个回报率应该理解为是对该企业全部资产回报率的加权平均值。

因此,企业整体回报率 R 不同于流动资产回报率 $R_{流动}$、固定资产回报率 $R_{固定}$ 以及无形资产回报率 $R_{无形}$。无形资产评估时一般应该采用无形资产回报率,不能采用企业整体回报率 R,也不能采用流动资产回报率 $R_{流动}$ 或者固定资产回报率 $R_{固定}$。

另外,无形资产折现率的口径应与无形资产评估中采用的收益额的计算口径保持一致。保持预期收益与折现率的口径一致是确保无形资产评估结论合理性中至关重要的环节。一般来说，预期收益口径有两类：其一为利润口径；其二为现金流口径。一般情况下，利润口径又可以进一步分为税前利润和税后利润，利润口径还包括全投资利润和股权投资利润，典型的税前利润口径包括税息前收益（EBIT）。现金流口径可以进一步分为毛现金流和从毛现金流中扣除资本性支出和营运资金增加后的净现金流。与利润口径一样，现金流也包括全投资现金流和股权现金流两类，典型的全投资现金流包括税息折旧摊销前收益（EBITDA）。

所谓预期收益与折现率的口径保持一致应包括以下四个方面的含义：①如果无形资产预期收益预测口径为利润口径，则折现率估算中的分子，即无形资产预期收益流口径也应该是利润口径；②如果无形资产预期收益预测口径为现金流口径，则折现率估算中的分子，即无形资产预期收益流口径也应该是现金流口径；③如果无形资产预期收益预测口径为税前或者税后收益流口径，则折现率估算中的分子，即无形资产预期收益流口径也应该是税前或者税后收益口径；④如果无形资产预期收益预测口径为全投资或者股权收益流口径，则折现率估算中的分子，即无形资产预期收益流口径也应该是全投资或者股权收益口径。

（3）收益期限。无形资产收益期限或称有效期限，是指无形资产未来持续带来增量纯收益的时间。无形资产在发挥作用的过程中，其损耗是客观存在的。无形资产损耗的价值量，是确定无形资产有效期限的前提。无形资产因为没有物质实体，所以它的价值不会由于它的使用期的延长发生实体上的变化，即它不像有形资产那样存在由于使用或自然力作用形成的有形损耗。然而，无形资产价值降低是由于无形损耗形成的，即由于科学技术进步而引起价值减少。具体来说，主要包括下列三种情况：①技术上新的、更先进的、更经济的无形资产出现并代替旧的无形资产的时候，原有无形资产的价值就会丧失。②因为无形资产广泛传播，获得该无形资产不需要任何成本，使拥有该无形资产的主体不再具有增量纯收益能力的时候，该无形资产的价值大幅度降低或丧失。③应用某项无形资产的产品需求大幅度减少时，该无形资产的价值就会不断降低或丧失。

以上说明的是确定无形资产有效期限的理论依据。需要强调的是，无形资产具有获得增量纯收益能力的时间才是真正的无形资产有效期限。在无形资产评估实践中，预测无形资产的有效期限时要充分考虑该无形资产评估时的法定寿命、合同寿命、经济寿命等。法定寿命是指无形资产受法律保护的有效期限，许多无形资产都具有明确的法定寿命。例如，我国《专利法》规定，发明专利的法律保护期限为 20 年，实用新型和外观设计为 10 年。合同寿命是指通过合同规定无形资产的收益期限。合同寿命一般比法定寿命更为明确，操作性更强。在无形资产评估实践中，专利权、专营权、版权、土地使用权、矿业权、进出口许可证、生产许可证、购销合同等，均具有法定或合同规定的期限。经济寿命是指无形资产能有效使用并创造收益的持续时间，经济寿命是通过评估人员调查、论证分析和判断得出的。需要注意的是，无形资产的经济寿命可能比法定和合同寿命短，因为它们要受诸多因素影响，无形资产更新周期加快，使其经济寿命缩短。评估时，对这种情况应给予足够的重视。

在确定无形资产的收益期限时，要遵循以下原则：①对于既有经济寿命又有法定寿命和合同寿命的无形资产，根据"孰短的原则"确定收益期限；②对于法律未规定有效期，合同规定有受益年限的，按合同规定的受益年限确定；③对于法律和合同均未规定有效期限和受益年限的，按预计受益期限确定。预计受益期限可以通过采用统计分析方法或与同类资产比较得出。

4. 收益法的优缺点及需要注意的问题

收益法在无形资产评估实务中应用最广泛，但仍有其优、缺点，具体表现如下：

(1) 无形资产收益法的优点：①能够真实准确地反映企业中无形资产的资本化价值；②与企业的投资决策相结合，应用收益评估的无形资产价值，易为买卖双方所接受。

(2) 无形资产收益法的缺点：①无形资产收益法使用过程中未来增量纯收益的预测容易受评估人员个人主观判断的影响和不可预见因素的影响；②容易过高地估计无形资产的价值，低估无形资产所依附的载体的价值。

因此，应用收益法评估无形资产时，要求对影响被评估无形资产价值的历史业绩、现行结构和社会经济发展趋势做出深入分析，这除了要求评估人员具备进行这种分析的专业知识和能力外，还要求有相应的信息、资料系统的支持。在所有方面都完备以后，还要求评估人员有认真谨慎的专业态度，这样，才能合理地进行无形资产评估。

(3) 注意的问题。在使用收益法评估无形资产的过程中应注意以下问题：①在获取无形资产相关信息的基础上，根据被评估无形资产或类似无形资产的历史应用情况及未来应用前景，结合无形资产实施或拟实施企业经营状况，重点分析无形资产可辨识经济利益的可靠性及可预测性，恰当考虑收益法的适用性。②合理确定无形资产带来的预期收益，合理区分无形资产与其他资产所获得的收益，分析与之有关的预期变动、收益期限，与收益有关的成本费用、配套资产、现金流量、风险因素及货币时间价值。③根据无形资产实施过程中的风险因素及货币时间价值等因素合理确定折现率。无形资产折现率应当区别于企业或其他资产折现率。④在预测趋势与现实情况明显不一致时，分析说明形成差异的原因。

5. 收益法的特例——许可费免除法

在具体评估时，收益法有很多类型，比较常用的是许可费免除法。

许可费免除法是收益法的特殊类型。用这种方法，无形资产的价值就是由于拥有无形资产的所有权（或其他权利）而免于支付许可使用费的现值。它通过对规避成本的计算（由于节省成本或节省许可使用费）来评估，常常用于诉讼案件中的损失赔偿。

许可费免除法假设企业不拥有某项无形资产，必须支付许可使用费获得使用的权利。在具体应用时，该方法结合收益法对未来收益的预测和市场法使用的比较作为许可费率的来源（通常资料来源于现实的许可协议），因此，该方法结合了收益法和市场法。这种保护市场信息的方法增加了分析的可信性，而且，当许可费免除法被合理地利用，并且可以找到计算出可比较的许可费率时，不失为一种极为有效的方法。

（二）无形资产评估的市场法

1. 市场法的涵义及思路

无形资产评估市场法是指替代思路，利用市场上同样或类似无形资产的交易资料和交易价格，通过对比、分析、调整等具体技术手段来估测被评估无形资产评估价值的评估方法的总称。

基本思路：在同一市场上效用相同或相似的无形资产竞争的影响必然使其价格趋于一致。因此，任何一个理智投资者，他所愿意支付的商品价格或投资的价值不会高于市场上具有相同效用的替代品的现行市场价值。市场法利用替代思路，以市场上与被评估无形资产具有替代性且已经成交的参照物的近期交易价格为基础，在此基础上调整评估对象与参照资产之间的差异并进行量化，从而得到被评估无形资产的价值。

2. 市场法的适用前提及范围

市场法是资产评估实践中一种简单有效的方法，然而，由于无形资产的特殊性、唯一性、非标准性等特征和我国无形资产市场的实际情况，运用市场法评估无形资产的案例并不多见，常见的选用市场法进行资产评估的有土地使用权、矿业权、租赁权等。使用市场法评估无形资产需要满足以下前提：

（1）需要有一个充分发育、活跃的无形资产市场。

（2）公开市场上要有可比的无形资产及其交易活动。

除此之外，使用市场法评估无形资产还应该注意以下几点：①选择的参照物应当与被评估无形资产在功能、性质、用途等方面基本相同或相似；②由于无形资产的特殊性和个别性，每项无形资产之间的差别较大，所以至少需要三个以上的参照物进行比较；③参照物的成交时间要尽量接近于评估基准日；④参照物的计价标准要与评估对象的计价标准相同或接近，即同为重置价格或收益现值。

3. 市场法的应用形式

无形资产价值 = 参照物的成交价格/收益性指标 × 各项调整系数

所谓收益性指标，一般包括无形资产应用所产生的收益指标，如无形资产的产品收入、EBIT/EBITDA、现金流等指标。

在使用市场法评估无形资产的时候，应该注意以下事项：

（1）具有合理的、可以比较的、类似的无形资产参照物。在市场法的运用中，寻求活跃的公开市场及可比的参照物是关键，然而对于无形资产而言，寻求具有可比性的参照物则是较困难的事。在寻找具有合理比较基础的类似无形资产时，应注意寻找与所评估无形资产形式相似、功能相似、载体相似以及交易条件相似的参照物。其中，形式相似是指参照物与被评估资产按照无形资产分类原则，可以归并为同一类；功能相似是指参照物与无形资产的功能和效用相同和近似；载体相似是指参照物与被评估资产所依附的产品或服务满足同质性要求，所依附的企业则满足同行业与同规模的要求；交易条件相似，是指参照物的成交条件与被评估资产模拟的成交条件在宏观、中观和微观层面上都大体接近。关于上述要求，国际评估准则委员会在颁布的《无形资产国际评估指南》中指出："使用市场法必须具备合理的比较基础和可进行比较的类似无形资产，这些类似的无形资产必须与被评估无形资产处于同一行业，或处于对相同的经济变量有类似反应的行业。这种比较必须有一定的意义，并且不能引起误解。"

（2）收集类似的无形资产交易的市场信息是为横向比较提供依据，而收集被评估无形资产以往的交易信息则是为纵向比较提供依据。关于横向比较，评估人员在参照物与被评估无形资产在形式、功能和载体方面满足可比性的基础上，应尽量收集致使交易达成的市场信息，即要收集供求关系、产业政策、市场结构、企业行为和市场绩效的内容。对于纵向比较，评估人员既要看到无形资产具有依法实施多元和多次授权经营的特征，使得过去交易的案例成为未来交易的参照依据。同时也应看到时间、地点、交易主体和条件的变化也会影响被评估无形资产的未来交易价格。

（3）作为市场法应用基础的价格信息应满足相关、合理、可靠和有效的要求。价格信息满足的相关要求是指所收集的价格信息与需要做出判断的被评估无形资产的价值有较强的关联性；合理是指所收集的价格信息能反映被评估无形资产载体结构和市场结构特征，不能简单地用行业或社会平均的价格信息推理具有明显结构异质特征的被评估无形资产的价值；可靠是指所收集的价格信息经过对信息来源和收集过程的质量控制，具有较高的置信度；有效是指所收集的价格信息能够有效地反映评估基准日的被评估资产在模拟条件下的可能的价格水平。

（4）无论是横向比较，还是纵向比较，参照物与被评估无形资产会因时间、空间和条件的变化而产生差异，评估人员应对此做出言之有理、持之有据的调整。

国际评估准则委员会颁布的《无形资产评估指南》中强调指出："当以被评估无形资产以往的交易记录作为评估的参照依据时，可能需要根据时间的推移、经济、行业和无形资产的环境变化进行调整。"

4. 优缺点及注意问题

（1）运用市场法评估无形资产的优点：①能够客观地反映无形资产目前的市场情况，其评估的参数、指标直接从市场中获得，评估值更能反映市场现实价格；②市场法利用从相似资产的销售或许可而获得实际资产交易价值，如果能够找到所需的资料，这种方法被认为是最直接和最体系化的价值仿古方法，也可以成为评估无形资产的首选方法。因为在找到所需比较资料的前提下，市场法对于所有类型的无形资产来说都具有可操作性、逻辑性和适用性，评估的结果可以在任何时间进行必要的调整，评估结果易于被各方理解和接受。

（2）运用市场法评估无形资产的缺点：①需要有公开活跃的市场作为基础，而无形资产市场交易活动有限，市场狭窄，信息匮乏，交易案例很难找到，而且即使找到了，想要得到相似交易的足够细节也是非常困难的。②由于无形资产的非标准性，使我们很难确定类似有形资产用市场法评估时参考的调整差异事项。

评估人员在采用市场法评估无形资产时，应注意克服这两个障碍的可能性和可行性。

总而言之，在使用市场法评估无形资产时，应当注意以下四方面问题：首先，根据被评估无形资产或类似无形资产的历史交易情况，重点分析被评估无形资产与已交易无形资产在性质特点、收益能力、竞争能力、技术水平、成熟程度等方面是否具备可比性，恰当考虑市场法的适用性。其次，选择具有合理比较基础的可比的无形资产交易案例。再次，收集可比的无形资产交易案例的市场交易价格、交易时间及交易条件等交易信息以及被评估无形资产以往的交易信息。最后，根据宏观经济发展、交易条件、行业和无形资产情况的变化，考虑时间因素，对可比无形资产交易案例和被评估无形资产以往交易信息进行必要调整。

《资产评估准则——无形资产》原则中指出成本法、市场法和收益法这三大评估基本方法都可适用于无形资产的评估。而在评估实践中，具体采用哪种方法评估无形资产，则需要根据评估项目的具体情况进行恰当的选择。

（三）无形资产评估的成本法

1. 成本法的涵义及思路

无形资产评估成本法是指根据重建或重置的思路，利用重新取得全新无形资产的费用，扣除截止到评估基准日被评估无形资产发生的贬值因素而得到评估结论的各种评估技术方法的总称。

基本思路：在条件允许的情况下，任何一个潜在的投资者在决定投资某项无形资产时，他所愿意支付的价格不会超过该项无形资产的现行购买、研发成本。当被评估无形资产是全新的，重新取得该全新资产的全部费用便是其价值的上限，如果被评估无形资产为非全新资产，其评估价值就应是其全新取得成本扣减其业已存在的各种贬值后的价值。

需要注意的是，无形资产成本包括研制或取得、持有期间的全部物化劳动和活劳动的费用支出，其成本特性明显区别于有形资产。无形资产的成本具有账面记录的不完整性、弱对应性和虚拟性等特点，运用成本法评估无形资产受到了一定的限制，尤其是知识型、技术类无形资产，不仅没有物质实体，而且其开发研制成本与其功能也不完全对称，这也就使得运用成本法评估知识型、技术类等无形资产的重置成本时会遇到许多困难。

2. 成本法的适用前提及适用范围

使用成本法评估无形资产，必须满足以下基本前提：

（1）被评估无形资产处于继续使用状态。

（2）具备可利用的历史成本资料。

（3）形成无形资产价值的耗费是必需的。

成本法适用于某些无形资产的评估，例如工程图纸转让、计算机软件转让、无法预测收益额的无形资产转让等。

3. 无形资产成本法的应用

运用成本法评估无形资产的基本公式为：

无形资产评估值 = 无形资产重置成本 × 成新率

其中，公式中涉及的各项经济技术指标确定如下：

（1）重置成本。运用成本法评估无形资产，必须先确定其重置成本。重置成本是指在现行市场条件下重新购建一项与被评估无形资产功能相同的全新资

45

产所支付的全部货币总额。在其他条件既定的时候，重置成本越高，其重置价值越大。

一项无形资产的取得方式不外乎外购和自创两种。下面分别按这两种途径估算无形资产的重置成本。

外购无形资产的重置成本。外购无形资产由于其原始购入成本在企业账簿上有记录，相对于自创无形资产的重置成本的估测更容易一些，一般包括购买价和购置费用。具体可以采用以下两种方法：①市价类比法。在无形资产交易市场选择类似的参照物，再根据功能和技术先进性、适用性对参照物的价格做适当调整，从而确定其现行购买价格的一种方法。②物价指数法。以无形资产的账面历史成本为依据，用物价指数进行调整，进而估算其重置成本。

重置成本＝无形资产账面成本×（评估时物价指数/购建时物价指数）

无形资产涉及两类费用，一类是物质消耗费用，一类是人工消耗费用，前者与生产资料物价指数相关度较高，后者与生活资料物价指数相关度较高，并且最终通过工资、福利标准体现出来。不同无形资产两类费用的比重可能有较大差别，在生产资料物价指数与生活资料物价指数差别较大的情况下，应按两类费用的大致比例分别适用生产资料、生活资料物价指数估算。两种价格指数比较接近，且两类费用比重有较大倾斜时，可按比重较大的费用适用的物价指数估算。物价指数法估算的重置成本，仅仅考虑了价格变动因素，对于更新速度比较快的无形资产采用物价指数法估算的重置成本往往会偏高一些。

自创无形资产的重置成本。自创无形资产的成本是由创建该项无形资产时所消耗的物化劳动和活劳动费用构成的，在评估实践中自创无形资产往往没有账面价格，具体方法有两种：

①重置核算法。将无形资产开发的各项支出按现行价格和费用标准逐项累加核算，注意将资金使用成本和合理利润考虑在内。其计算公式为：

重置成本＝直接成本＋间接成本＋资金成本＋合理利润

其中，直接成本按无形资产发明创造过程中实际发生的材料、工时消耗量的现行价格和费用标准进行估算。

直接成本不能按现行消耗量计算而按实际消耗量计算，因为无形资产是发明创造，无法模拟现有条件的成本费用。

②倍加系数法。对于投入智力比较多的技术型无形资产，考虑到科研劳动的复杂性和风险，可用倍加系数法估算无形资产的重置成本。

（2）成新率。成新率是运用成本法中的一个重要参数指标。由于无形资产没有物质实体，不存在实体性贬值，因此，成新率在无形资产评估中的运用受到一定限制。在无形资产评估中，成新率的确定应考虑无形资产使用效率与时间的关系，影响无形资产成新率的因素是无形资产的功能性贬值和经济性贬值。功能性贬值是由于技术相对落后造成的贬值，即由于技术进步出现性能更优越的新资产，使原有资产部分或全部失去使用价值而造成的贬值。在无形资产评估实践中，估算功能性贬值时，主要通过对比及比较同类无形资产确定贬值额。无形资产的经济性贬值是由于外界因素的变化而使无形资产不能发挥其应有的功能和作用所引起的无形资产价值损失。

通常，无形资产成新率的确定，可以采用专家鉴定法和剩余经济寿命预测法进行。

①专家鉴定法。专家鉴定法是指邀请有关技术领域的专家，对被评估无形资产的先进性、适用性作出判断，从而确定其成新率的方法。

②剩余经济寿命预测法。它是由评估人员通过对无形资产剩余经济寿命的预测和判断，从而确定成新率的方法。其计算公式为：

成新率＝剩余使用年限/（已使用年限＋剩余使用年限）×100%

公式中已使用年限比较容易确定，剩余使用年限应由评估人员根据无形资产的特征分析判断而获得。

4. 成本法的优缺点

无形资产评估中，由于无形资产自身的特性，应用成本法评估无形资产较少。其优点是：成本法比较充分地考虑了无形资产的重置成本和应用损耗，适用于以资产重置、补偿为目的的某些无形资产业务，尤其当无形资产未来收益难以预测或难以取得市场参照物的情况下，即应用收益法或市场法的客观条件还不完全具备的条件下，可以采用成本法进行评估。然而，采用成本法评估无形资产也有很大的局限性，主要体现在难以确定其成本，而且以历史资料为依据确定目前价值，必须充分分析这种假设的可行性。另外，经济性贬值也不易全面估算。

无论如何，基于以上分析，多数情况下，成本法经常被当做次要的方法来衡量无形资产的价值。

案例分析

从可口可乐收购汇源谈品牌价值评估

2008年9月3日，中国汇源果汁集团有限公司宣布，可口可乐提出以179.2亿港元收购汇源果汁（1886.HK）全部已发行股本。另据可口可乐公司发布的消息，控制汇源果汁66%股份的三大股东已经接受该项交易。

不管本次收购最终能否通过政府的反垄断审查，我们都可以由此出发谈一谈有关品牌价值的话题。

可口可乐收购汇源果汁的价格按美元计算大概是23亿美元，此前，联想集团收购IBM个人电脑业务时支付的对价是12.5亿美元。显然，汇源果汁集团的价值远远高于IBM个人电脑业务的价值。

那么，"汇源"的品牌价值与"Thinkpad"相比，哪个更高？

这就涉及品牌价值的评估标准问题。

Interbrand和世界品牌实验室的品牌价值评估体系，都是以企业为基础的，但是在现实生活中，单一业务的价值也是一个极其重要的内容，而且往往更具实际意义。我们屡见不鲜的"分拆上市"现象，以及通过剥离特定业务使企业股价得以提升的案例，都是强有力的佐证。"2 - 1 = 3"，这是值得深思的。如果考虑到某项被剥离的业务往往也具有价值，"2 - 1 = 3"的公式甚至可以改写成"2 - 1 = 3 + 1"。

之所以会存在这种现象，是因为能够创造价值的，不仅仅是品牌。反过来也就是说，品牌无法说明一切。

当然，这显然不是说品牌就没有相对独立的价值。同一家中国企业制造的商品，贴上不同的商标，价格就差异很大，其根源就在于品牌的相对独立性。联合利华无限期租赁"中华"品牌，实际上就是试图为"中华"这个品牌单独定价。当然，这样一种特殊的供求关系，很难找到一个合理的价格。类似的案例还有香港加多宝租用"王老吉"。

长期以来，并购重组都是全球经济领域极其重要的现象，与单独为品牌定价的现象相比，要显著和普遍得多。但是Interbrand和世界品牌实验室的品牌价值评估体系，基本上忽略了这一点。也就是说，他们的品牌价值评估体系更多的是为"理论"服务（如果不是为企业的"虚荣心"服务的话），而不是为经济生活的实际需要服务。因此，Interbrand和世界品牌实验室在事实上把品牌庸俗化了。作为一位品牌界的人士，无论我们怎样谦虚地推崇投资银行的地位和作用，都不应该觉得自己的遗憾可以因此减轻一点。

基于上述理由，我认为单独评估品牌的价值是没有太大必要的。企业是以利润最大化为目标的组织，在实际经济生活中，评估具体业务的赢利能力要比单纯评估企业品牌的价值更加重要。

而且我们通常讲的"品牌价值"这个概念，如果对它进行深刻的剖析，就会发现它无非是说"值多少钱"。这个看起来"超凡脱俗、颠扑不破的"概念，一旦脱离具体的交易环境，就只能是温室里的花朵，一点儿都经不起风吹雨打。按照Interbrand的评估方法，先确定企业为了让这个品牌实现未来五年的收益所需要投入的有形资产，再用未来收益减去有形资产投入，从而得到品牌价值。可是对不同能力的经营者来说，同一个品牌的价值是不同的，这也恰恰就是并购重组行为得以发生的前提条件。更何况，在不同的宏观经济形势下，同一个品牌的价值也显著不同，这就无须赘言了。

就算进行品牌价值评估仅仅是为了知道"谁比谁更强"，一点儿都不在乎它到底值多少钱，要是真的按世界品牌实验室的评估方法进行，得到的结果也是不可靠的。由于不同的行业有不同的发展前景，如果没有规模上的显著差别的话，就很难说某行业的 A 企业比另一行业的 B 企业更强，或者价值更高。而且，从本质上讲，品牌最重要的意义在于竞争优势，品牌天然地就是一个与竞争相联系的范畴，没有竞争就没有真正的品牌。超越竞争格局和行业特性去比较品牌，评估品牌的价值，搞个"世界品牌 500 强"排行是没有多少实际意义的。

不妨想想"品牌"的意义到底在哪里，回归到企业打造品牌的动机。有动机打造品牌的企业，首先是想避免被淘汰，其次是想赚取超额利润。至于结果是求仁得仁，还是求荣取辱，是种豆得瓜，还是种瓜得豆，则是另一个问题。

从这一点上说，中国企业永远都不应该对某些不切实际的理论体系进行盲目崇拜，依笔者看，不妨在哪座山就唱哪首歌，讲个实在。更不要因为没有入选"世界品牌 500 强"，就自惭形秽了。中国的消费者同样要敢于扯下唬人的"大旗"，哪怕它是真正的"虎皮"。

如果非要搞品牌排行榜，按行业分类则显得稍微合理一点儿，因而也更科学一点儿，因为在同一个行业中，一旦形势突变，每一个企业都必须面对现实，至于谁可能活得更好，在很大程度上还是有迹可循的。搞这种品牌排行榜所依据的基本理论，应该注重研究不同行业品牌发展的基本规律，着重评估企业的竞争优势，以引导企业培育全方位的竞争能力。这对我们的品牌理论发展是一个很大的考验。

总之，笔者认为，品牌理论最大的意义在于指导企业怎么样去打造品牌，取得竞争优势，而不是评估品牌的价值。企业价值或者业务价值的评估，留给投资银行或者资产评估机构去解决吧。

资料来源：何志文. 品牌中国网. 转引自国际财经时报，http：//www.ibtimes.com.cn/articles/20080904/kekoukele-huiyuan-pinpai_2htm.

➡ **问题讨论：**

1. 你同意作者关于品牌价值评估的观点吗？
2. 你认为品牌价值评估能否获得品牌的真实价值。

本章小结

★★★★

　　无形资产可分为狭义的概念和广义的概念，狭义的无形资产一般是指无形资产资源，比较确切的无形资产资源概念是：无形资产是无形固定资产的简称，是指不具有实物形态而主要以知识形态存在的独占经济资源，它是为其所有者或合法使用者提供某种权利或优势的固定资产。这种资产应用得当可创造收益。无形固定资产与有形固定资产一起构成了固定资产的总体。无形资产一般具有无形性、法律性、独占性、交易的特殊性、公开性、作用的广泛性、非标准性等特点。无形资产的组成要素一般包括知识产权、秘密信息、特许经营权、商誉等内容。无形资产的概念与特征、无形资产的基本组成要素、无形资产价值管理的特点、无形资产价值管理的影响因素需要考虑：使用期限、无形资产实现的风险因素、无形资产保护的法律因素、实施的环境因素、收益因素、价格支付方式、转让方式与转让次数、成本因素。无形资产价值管理的程序包括：明确无形资产评估业务的基本事项；签订无形资产评估业务约定书；编制无形资产评估计划；鉴定无形资产；收集评估资料；选择评估方法评定估算；编制和提交评估报告；工作底稿归档。无形资产评估的方法包括：市场法、收益法、成本法。

第二章

品牌资产的概念及其价值管理的意义

学习目标

★★★★

知识要求　通过本章的学习，掌握：

● 品牌资产的概念
● 品牌资产的基本特征
● 品牌资产价值管理的意义

技能要求　通过本章的学习，能够：

● 领会品牌资产价值管理的意义
● 针对具体品牌分析品牌资产的特征
● 基于综合视角分析品牌资产的来源及构成

学习指导

★★★★

1. 本章内容包括：品牌资产的概念、品牌资产的基本特征、品牌资产价值管理的意义。

2. 学习方法：独立思考，抓住品牌资产价值管理的本质特征；结合实际分析品牌资产价值的来源及构成。

3. 建议学时：4学时。

第一节 品牌资产的概念

引导案例

沙县小吃的品牌价值

有人说中国最大的餐饮连锁是沙县小吃,此话言之有据!不完全统计沙县小吃的终端规模达到 53000 家之多,仅福建沙县当地外出从业人员已近 10 万之众,他们散落在城市的各个角落,或 20~30 平方米,或 3~5 人,即可创造 30 万元左右的年营业额。如此算来,沙县小吃整体规模达 160 亿元之巨,这是国产快餐第一品牌"真功夫"营业额的 10 余倍,可与肯德基、麦当劳的中国区营业额相媲美,网点数量也是远超过前二者近 20 倍。

未来几年,沙县小吃将以每年几千家的速度,从福建和江、浙、沪的根据地市场向全国扩张。南进广东、海南,深入湘、赣、黔、渝之地,北跨鄂、豫、皖,进伐京、鲁、冀。这是顺应趋势之必然,在未来的 10 年,中国快餐业将以 30% 以上的速度增长。

沙县小吃在区域性品牌建设上是具有示范意义的。

政府:沙县当地政府对于沙县小吃的发展提供了政策引导、金融借贷、技术培训多方面的支持,完成了从资源整合到人员输出的产业链建设。从政治和经济政策的高度为这个地域品牌建设奠定了扎实的基础。就如同一个企业做品牌,决定着这个品牌成长的第一个内部因素就是企业意志——有多大决心、就配置多大资源。

行业:沙县小吃有着统一的标志符号,并且这个符号在全国得到了推广和使用,虽然不是很标准,但是迈出了难能可贵的第一步(标识是品牌建设和传播的第一步)。行业积极推动沙县小吃品牌的维护和管理,首先,在各地打假,维护沙县小吃品牌的正宗性,也维护了沙县从业人员的利益独享(就如企业防止假货的出现);其次,积极维护行业内的经营秩序,避免出现同业恶性竞争的状况(划定区域授权,避免窜货的出现);再次,逐步在全国建立新型的标准店,提升整体品牌形象(这个动作国内很多企业都在做,目的无非是品牌溢价和形象提升);最后,品牌管理的系统化体系建设。

人员:福建人的市场开拓能力是全世界的人都见识到的。在国内的很多行业市场内都能听到福建人的声音，比如陶瓷、石材行业最大的经销商是少不了福建人的。他们相互帮扶，非常团结。沙县小吃的福建人一般只用福建面粉厂出的面粉和供应的馅料，所以小吃开到哪里，福建人的面粉厂和配套也就开到哪里。一旦有人发现新市场，可能不出两个月，他们的朋友和乡亲就会密布这个区域，形成信息共享、凝聚力强、配套基础好的封闭的产业链。企业的团队文化是良好的，这也决定这个品牌发展的持续性。

传播：沙县小吃的传播做到了"举高旗、做大事、能落地"。首先，沙县政府邀请了国家领导人视察，将这个区域性的品牌建设提高到了国计民生，可谓建立了品牌传播的高度；其次，每年举行沙县小吃节，这是一次行业的聚会、产品的创新，更是一件对行业和消费者能够产生影响力的公关事件；最后，在沙县小吃的店里你经常可以看到国家领导人视察等信息的终端发布。正如奇正一直秉承了两个观点：要做公关就要做大，做的越大越省钱；品牌成于运动，关键是要落实到终端执行，拉动销售，才是王道。

资料来源：中华品牌管理网，http://www.cnbm.net.cn/article/ar290122775.html.

➡ **思考题：**

1. 沙县"小"吃何以做"大"？
2. 沙县小吃如何提升自身的品牌价值？

一、品牌资产的概念

现代品牌理论特别重视和强调品牌是一个以消费者为中心的概念。一个品牌如果没有给消费者带来功能和情感上的利益，品牌就没有价值可言。目前，国内外学者对品牌资产概念的理解仍然是仁者见仁，智者见智，存在分歧。本节从三个视角对品牌资产进行阐述。

问题 1：何谓品牌资产，可以从哪些角度来定义？

1. 产出视角的品牌资产定义

产出视角是从财务视角来对品牌资产进行描述，具体表现为品牌在市场上给产品价格或销售额所带来的增值，并最终反映到公司财务报表或金融市场的价值增值上。一些代表性的品牌资产定义如：肖克和维茨认为，品牌资产是有品牌产品和无品牌产品之间的现金流量差额；穆林和梅茨认为，品牌资产是高于一般竞争者价格的附加值；芝加哥大学的西蒙和沙利文根据公司未来现金流量的影响确定品牌资产。就以上三个定义来看，品牌资产可以直接反映在产品的价格上，也可以反映在现金流量上。正因为品牌资产体现为财务收益，所以许多管理者也经常用"品牌价值"来替代"品牌资产"。

一个强势品牌是非常有价值的，应该被视为具有巨大价值的可交易资产。英国 Interbrand 公司执行董事 Paul Stobart 是该概念模型的典型代表，他认为："关于品牌的一个重要问题不是如何创建、营销，而是如何使人看到它们的成功及在财务上的价值。"

现在全世界比较著名的品牌评估机构 Interbrand 和 Financial World 及我国北京的名牌资产评估事务所使用的品牌资产评估方法都是建立在财务会计概念模型基础上的。因此，应用品牌资产财务会计概念模型的主要目的是：①向企业的投资者或股东提交财务报告，说明企业经营绩效；②便于企业资金募集；③帮助企业制定并购决策。

财务会计概念模型把品牌资产价值货币化，符合公司财务人员把品牌作为资本进行运作的需要。但是这一概念模型存在许多不足之处：①过于关心股东的利益，过于关心短期利益，很可能导致公司短期利益最大化，从而牺牲品牌的长期利益增长。②过于简单化和片面化。因为品牌资产的内容十分丰富，绝不是一个简单的财务价值指标所能概括的。③财务会计概念模型对于品牌管理没有任何帮助，它只能提供品牌的一个总体绩效指标，却没有明确品牌资产的内部运行机制。

2. 来源视角的品牌资产定义

来源视角是从消费者视角对品牌资产进行描述，表现为消费者与品牌之间的关系。品牌资产是因为消费者的认知和认同而存在的，消费者与品牌的关系决定了品牌资产的高低，所以是品牌资产的来源。从消费者角度来正式定义品牌资产是凯勒（Kelley）教授最早提出的创新观点。他在权威期刊《营销学报》（Journal of Marketing）上发表的论文《概念化、测量与管理基于消费者的品牌资产》成为这个领域的经典之作。凯勒认为，基于顾客的品牌资产（Customer-Based Brand Equity）是品牌通过营销传播而使消费者在品牌知识上反映出来的差异化效应。其中，品牌知识（Brand Knowledge）包括品牌知名度（Brand Awareness）和品牌联想（Brand Association）两部分内容。这一定义指明了品牌资产来自于消费者对品牌知识的掌握，强调了消费者在品牌资产形成过程中的作用。Pokormy 认为，消费者看待品牌资产的关键首先在于建立一个持久的积极的品牌形象。

品牌形象事实上是一个品牌本身或生产品牌的企业的个性体现，消费者可以用形容词来描述其对品牌或企业的感觉和认识。Kelley 和 Krishnan 则认为长期保持顾客忠诚度关键在于让消费者了解品牌，让消费者掌握更多的品牌知识。消费者对品牌知识的了解可以分为几个阶段进行：第一阶段是品牌知名度、品牌形象。Kelley 认为品牌知名度又分为品牌认知和品牌回忆，品牌形象又可分为品牌态度和品牌行为；如果建立一个好的品牌联想，消费者就可以形成一个积极的品牌态度。品牌能够越多地满足消费者，消费者对品牌的态度就越积极，也就有越多的品牌知识可以进入消费者的脑海。第二阶段是品牌核心利益。一旦在消费者心目中建立了品牌的知识，品牌管理者就要确定品牌的核心利益——品牌能够满足消费者哪一方面的核心需要。Dyson、Faar 与 Hollis 也提出了一个 Brand-Dynamics Pyramid 模型，他们认为：首先，一个品牌必须拥有提示前知名度；其次，必须建立与消费者需求的联系，能够满足消费者的某种核心需要；再次，品牌的产品功能和绩效必须达到消费者的要求。因此，第三阶段也是最后一个阶段是品牌必须与其最终消费者建立某种情感联结。只有知道品牌处于金字塔的哪一个位置，品牌经理才能制定适宜的战略和策略来维持或提高顾客忠诚度。Aaker 在综合前人研究的基础上，又提炼出品牌资产的"五星"概念模型，即认为品牌资产是由品牌知名度、品牌形象、品牌的感知质量、品牌忠诚度及其他品牌专有资产五部分组成。这一基于品牌消费者关系的品牌资产概念模型把品牌资产的组成模块化，有利于品牌资产的管理。

迄今为止，绝大部分学者都是从消费者角度来定义品牌资产的。他们意识到：如果品牌对于消费者而言没有任何意义，那么它对于投资者、生产商或零售商也就没有任何意义。因此，品牌资产的核心便成为如何为消费者建立品牌的内涵。

3. 综合视角的品牌资产定义

产出或来源的角度都只是从一个侧面来界定品牌资产，并不全面。于是，更多的学者和机构试图将二者结合，提出更完善的品牌资产定义。比如，早期的品牌资产研究者、美国卡耐基—梅隆大学教授彼得·法古哈（Peter Farquhar）认为，品牌资产是品牌给产品带来的超越其使用价值的附加价值或附加利益。其中超越其使用价值的附加价值是针对消费者而言的，而附加利益是针对企业、经销商而言的；美国营销科学研究院（MSI）认为，品牌资产是品牌的顾客、渠道成员、母公司对于品牌的联想和行为，这些联想和行为使得产品可以获得比在没有品牌名称的条件下更多的销售额或利润，可以赋予品牌超过竞争者的强大、持久和差别化的竞争优势；美国得克萨斯州立大学营销学者斯瑞瓦斯塔瓦（Srivastava）认为，品牌资产包括品牌强度和品牌价值。品牌强度是品牌的顾客、渠道成员、母公司对于品牌的联想和行为，它们使得品牌可以享有持久的、差别化的优势，而品牌价值则是品牌当前以及未来获取利润及降低风险的能力；品牌权威学者、美国加州大学伯克利分校的大卫·阿克（David A. Aaker）教授认为，品牌资产是一组与一个品牌的名字及符号相关的资产和负债，它能增加或减少某产品或服务所带给该企业或顾客的价值。在此，带给企业的价值是指财务收益，而带给顾客的价值是指顾客利益。这些综合视角的定义一方面突出了品牌资产对企业的财务利益，另一方面也指出了品牌资产与消费者所获得的价值相关。

二、品牌价值链

问题 2：什么是品牌价值链？

品牌资产既可以从来源的角度来理解，也可以从产出的角度来理解，二者究竟是怎样一种逻辑关系呢？针对这一问题，凯勒教授提出了品牌价值链（Brand Value Chain）模型。

品牌价值链是分析品牌资产形成机理的一个理论模型，从左到右逐层推进，依次包括营销活动投入、顾客心智、市场业绩和股东价值四个价值阶段。首先，企业需要进行大量的品牌营销活动，以培育品牌资产。这些营销活动包括战略营销和策略营销的全部内容以及相关的支持。当消费者不断接触到这些营销活动之后，他们开始在心理上产生了反应，与品牌的关系逐渐升级，包括对品牌的熟悉、了解和记忆程度，对品牌的满意度和信任度、对品牌的认同度和尊重度等，这就是顾客心智阶段。随着品牌在顾客心中的位置越来越重要，品牌购买行为就越可能发生，相应带来的是市场业绩的不断提升。市场业绩表现为溢价销售、顾客持续购买、市场份额增大、延伸产品的购买等。业绩的提升会体现在财务报表的收益栏上面，并在股市上以股价形式反映出来，股东也得到了价值回报。股东的价值总和就是品牌的市场价值，也就是品牌资产的产出形式。

从一个阶段过渡到另一个阶段的过程中，还分别受到外部条件的影响。具体来看：①从营销活动投入到顾客心智受到营销质量的影响。营销质量的好坏由营销活动的明确性、相关性、独特性和稳定性决定，如果消费者对企业营销所传递的品牌信息不清晰，品牌信息与消费者需求没有关系，营销活动并不具有差异性，营销活动没有经过整合等，那么营销活动的投入不一定能够产生理想的顾客认知和认同。②从顾客心智到市场业绩受到市场条件（Market Conditions）的影响。市场条件包括竞争者反应、渠道支持和顾客规模等因素，如果竞争者也开展了有效的营销活动，渠道合作伙伴并没有大量支持，而且顾客规模偏小，那么市场业绩也不会很好。③从市场业绩与股东价值之间有投资效益（Investor Sentiment）。投资效益受到金融市场动能（Market Dynamics）、成长潜力、风险概括和品牌贡献率的影响，如果金融市场疲软、行业成长速度缓慢、行业面临高风险以及该品牌对公司整体的贡献不算大，那么股东价值也不会高。

第二节 品牌资产的基本特征

引导案例

从 0 元到 35 亿元获利的战略思考

法国最大的制药集团赛诺菲—安万特（欧洲证交所代号：san，纽约证交所代号：sny）和 bmp 太阳石（纳斯达克证交所代号：bjgp）2010 年 10 月 27 日宣布：双方签署正式交易合同、赛诺菲—安万特将按每股 10 美元的现金作价收购 bmp 太阳石的所有已发行在外的股份，以摊薄后股份计算的收购总价约为 5.206 亿美元（折合人民币近 35 亿元）创下了外资企业收购中国药企花钱最多的一个案例。bmp 太阳石将与赛诺菲—安万特集团旗下一全资子公司进行合并。上述协议达成的每股收购价较 bmp 太阳石 2010 年 10 月 27 日的最终收盘价溢价了 30%。bmp 太阳石的董事会已经一致同意批准上述交易。

资料来源：孟庆亮. 中华品牌管理网，http://www.cnbm.net.cn/article/ar281897412.html.

➡ **思考题：**

1. 太阳石的品牌价值如何？

2. 太阳石的品牌资产有何特征？

不同于其他品牌概念，品牌资产具有资产的一般特点，但品牌资产又是一种特殊的资产，具有其他资产所没有的特点。一般认为品牌资产有以下几个主要特点。

问题 3： 品牌资产具有哪些基本特征？

1. 品牌资产的价值性

品牌资产的提出让管理者明白，品牌是企业最重要的一项资产。品牌的资产来自该品牌的客户资源，这将支撑品牌在未来很长的一段时间内持续获利。可口可乐前总裁伍德拉夫说："如果可口可乐的工厂一夜之间化为灰烬，我仍然可以在很短的时间内再造一个可口可乐。"他说这话的底气是缘于可口可乐的品牌价值千金。正因为品牌具有价值，所以在企业收购中，除了收购设备、产品、技术、人才等有形和无形资产之外，还需要对品牌进行估价。2004 年

11 月，联想花了 12.5 亿美元收购 IBM 的 PC 业务，看中的就是 IBM 及其子品牌 Thinkpad 等品牌在 PC 领域的影响力；而 2006 年初，国际啤酒巨头英博（Interbrew）宣布以 58.86 亿元收购福建雪津啤酒厂，该收购价格是雪津 2005 年净资产的 10 倍之多，超出的那部分价值正是雪津啤酒品牌资产的价值。

2. 品牌资产的无形性

品牌资产属于无形资产的一种，是与企业的有形资产如厂房、机器等相对应的。追求价值增值是资本的直接目的，也是资本的最根本特征，品牌资产在运动中要带来剩余价值。资本增值是在运动中实现的，运动性是资本的重要特征。品牌资本的运动性表现在品牌资本循环和周转的无限性以及品牌资本向外转移的开放性两个方面。同样，品牌资本的价值增值也是在不断的、周而复始的循环中实现的。根据《国际会计准则》规定，从 1985 年 1 月 1 日开始，购入的品牌价值可以作为一项无形资产，列入资产负债表。这个"购入的品牌价值"实际上也只能是大致估算，因为品牌资产来源于品牌与消费者的关系——一个资产的模糊地带，而不是精确的财务成本的简单叠加。可以说，品牌资产的评估是在用定量的方法来测量定性的内容，所以数据无法做到精准。由于品牌资产是无形的，导致很多管理者没有意识到或者经常遗忘品牌的重要性，于是品牌危机、商标抢注等损害品牌资产的事件时有发生。因此，有必要将品牌资产以指标体系和财务数据的形式展现给管理者，随时提醒他们注意当前及未来的品牌行为对品牌资产将产生怎样的影响。

3. 品牌资产的波动性

品牌资产是一个动态的概念，它是企业品牌管理行为的结果。企业正确或错误的品牌行为都会在品牌资产那里得到反映。如果不认清品牌资产的波动性，企业在品牌建设上就会犯一劳永逸的错误。这方面的案例不在少数，如太阳神凭着 CI 系统和好产品在 20 世纪 90 年代初期的中国保健品行业叱咤风云，但由于疏于对品牌的继续建设，以致于今天的保健品行业已是"城头变换大王旗"。再看韩国"三星"，90 年代初期还是一个给日本"三洋"等品牌代工的小企业，后来由于"三星"总裁开始狠抓品牌建设工作，品牌业绩和地位直线上升，2007 年在英特尔品牌公司（Interbrand）全球最佳品牌榜单上排名第 21 位，已超过"索尼"（25 位）成为亚洲第一大电子品牌。不胜枚举的案例告诉我们，品牌资产是需要规划和呵护的，任由其发展可能会导致品牌资产的下滑。

4. 品牌资产的积累性

品牌资产来源于企业与消费者的关系，而这层关系又是在与营销者、产品、营销活动无数次接触中逐渐形成的。从接触点管理的角度来讲，每一次接触都是建立消费者——品牌关系的关键时刻，也是积累品牌资产的关键时刻。认识到品牌资产的积累性，企业就能够时时以"为品牌资产服务"的理念来规范自己的各项行为。另外，品牌资产的积累性也暗示了"罗马不可一日建成"，不可能存在品牌资产的"速成宝典"。尽管品牌可以通过广告轰炸或媒体炒作"一夜成名"，但品牌知名度只是品牌资产当中若干要素的一部分，而非全部。要想建立雄厚的品牌资产，企业还需踏踏实实地精耕细作，把消费者与品牌关系经营好。

5. 品牌资产的竞争性

品牌资产的增值性决定了资本与资本之间必然要展开竞争，而竞争一旦形成，资本的存在和运动又会转化为一种外在的强制力，所以，竞争性既是资本的内在属性，又是面临外在压力的反应。品牌从它诞生之日起，就与其他企业的同类品牌之间存在着必然的竞争关系，并且品牌资产的增值也伴随着品牌的竞争活动。

6. 品牌资产的多样性

品牌资产可以涉及人们日常生活的吃、穿、住、行、用等各个方面，可以说与人们的日常生活息息相关。

第三节　品牌资产价值管理的意义

引导案例

互联网企业的品牌价值何以体现？

近期，品牌中国产业联盟发布了"2010 品牌中国 1000 强"，腾讯、百度进入前 10 名，分别以 522.37 亿元和 375.04 亿元分列第 4 位和第 6 位。阿里巴巴、新浪、携程、网易、搜狐进入百强。进入 500 强的 15 家互联网企业的品牌价值总和为 1379.87 亿元，平均 91.99 亿元，比整个 500 强品牌价值的平均值要高，也说明了互联网行业的发展势头较为迅猛。

从整个价值排行来看，互联网品牌价值体现在以下三点：一是与用户的广泛接触，也就是品牌体验的感知度较高；二是品牌要有较好的口碑，用户的认同感要强；三是品牌溢价能力很强，能将信息流最大化地转化为现金流。这三点也是目前互联网企业发展的头疼问题。

1. 品牌竞争力来自于对用户的黏性

互联网品牌价值排行前三强的腾讯、百度和阿里巴巴（以128.01亿元排名第24位）都在自己的核心领域很难找到竞争者，而且赢利模式成熟，赢利能力强。百度的搜索、腾讯的即时通讯和阿里巴巴的电子商务都是一马当先，如入无人之境。这些黏住用户的服务或产品，是品牌的接触点，体验过程中会形成品牌感知；黏性越大，则感知越强，品牌认知度就越高。这也是很多网站为什么没有流量的直接原因，也就是对用户的黏性不够。

2. 品牌认同感来自于广泛的好口碑

成功的品牌就是企业主和消费者彼此关爱、持续不断地付出情感的结晶，珍贵而美好。在这场品牌感情中，看起来似乎企业主始终处在一个主动的地位，但实际上品牌的诞生却总是由消费者孕育的。这点在互联网行业体现得更加淋漓尽致。

而要建立这种认同感，需要良好的口碑，包括用户体验和社会评价。用户的认同感来自于用户的口碑，社会的认同感来自于媒体、行业、政府、大众的口碑。腾讯、百度和阿里巴巴排名靠前也是用户和社会口碑良好。排名在100位以后的盛大网络和完美时空的失分就在于社会责任缺失，普遍口碑较差，品牌认同感较差。

3. 品牌溢价能力来自于流量转化率

综观整个榜单，不管用户流量多大，但如果没有清晰的赢利模式和持续稳健的赢利能力，品牌的可持续价值就无从体现。排名301位的土豆网、358位的当当网和415位的天涯社区，以及排名500名后的优酷、酷6、激动网、大众点评网、人人网等社会化媒体都是赢利模式不清晰，虽然有流量，但转化为现金流的能力有限。

相对于其他行业而言，中国互联网与西方国家相比，起步相差无几，涌现出了像阿里巴巴、百度这样的互联网巨头。但传统行业发展相对滞后及收入的差异，使得中国互联网的步伐相对于西方国家来讲，还有待"质"的提高。

"品牌中国1000强"的出炉是对互联网行业品牌价值的一次梳理，以后若推出行业排行榜就更好了！不过通过这次品牌价值排行，也印证了互联网的品牌竞争力、认同感和溢价能力正是用户黏性、口碑和转化率的综合较量。期待中国互联网的品牌价值快速提升，更多品牌进榜。

资料来源：穆峰.互联网企业的品牌价值何以体现？www.dzwww.com/finance/jiaodian/zxbb.

思考题：

1. 互联网品牌的价值如何体现？

2. 我国互联网品牌建设有何作用和意义？

品牌资产评估是企业或评估机构采用专业的测量工具对品牌资产现状进行量化描述的过程。它可以分为品牌资产来源（消费者角度）的评估和品牌资产产出（财务角度）的评估两类。无论是哪一个角度的评估，都要用定量的指标来反映定性的内容，因此品牌资产评估是一项非常困难的工作。由于评估的专业性限制，一般的企业都无法独立完成，需要依靠专业评估机构的力量。在品牌资产的理论体系里，评估占据着非常重要的地位。以下从来源评估和产出评估两个方面说明评估的意义。

问题 4： 品牌资产价值管理的意义包括哪些？

1. 提高购买品牌的兴趣和可能性

消费者的购买目的和偏好是不同的，只有当企业的品牌内涵与消费者的购买目的一致或者接近时，才能引起消费者的购买兴趣和欲望。因此不同的品牌会有不同的目标消费群，由于它们拥有不同的品牌内涵，就会吸引不同的消费者成为企业的主要消费者。比如宝马汽车是汽车性能卓越、设计优异、创新的代名词，BMW 高尔夫球公开赛、一级方程式比赛以及 "007" 电影系列，这些品牌形象活动有效地增强了品牌的动感和运动性、设计美学和杰出质量的品牌内涵。而奔驰总是与王者风范联系在一起的，其品牌的核心是尊贵，因此奔驰汽车也是一些国家领导人最喜欢的汽车。

2. 保持和提高价格的能力

我们在现实生活中对品牌感受最深刻的是那些名牌的价格，在不考虑品牌效应的情况下，对于功能、质量完全相同或者相当接近的商品，也即其有形价值是相近的，而一旦贴上名牌标签，则商品价格就完全不同。比如中国台湾仁宝集团，是全球第二大笔记本电脑制造商，它为著名计算机品牌戴尔（Dell）代工生产笔记本电脑，同时自己也生产自有品牌 "联宝" 笔记本电脑，因此戴尔的几款笔记本电脑规格、质量同 "联宝" 几乎是完全相同的，但是因为贴的品牌标签不同，其产品价格也就相差甚远。这一部分的差额收益，就是品牌资产所产生的附加值。它是一种无形价值，一般只要经济上能承受，消费者都愿意购买品牌商品，其中一个重要原因就是看重该品牌所能带来的服务和它代表的企业的精神和文化。如海尔就是以良好的售后服务而闻名的，购买了海尔产品也就意味着购买了海尔良好的售后服务，因此名牌产品的价格相应较高也就可以接受了。

3. 增强抵抗竞争的能力

在我国市场经济体制日益发展和完善的条件下，企业的其他资产必须与品牌资产相结合才能发挥其被优化的作用。品牌的获利能力可以比其他形态的资产更强，从而使它的价值也可以比其他资产的价值更高，因此常常成为企业融资信贷的保证，能够在企业陷于困境的时候帮助企业渡过难关。例如，可口可乐公司总裁关于可口可乐烧毁后重建的戏言也是基于其庞大的品牌资产的基础之上的。因此，品牌资产对于企业来说，是一种企业文化，是一种保护企业和激励企业去开发、创新的手段，可以增强企业抵御风险和竞争的能力。

4. 提高品牌延伸的能力

品牌资产可以提高品牌延伸的能力。例如红塔集团，按照北京名牌资产评估有限公司 2001 年的评估报告，它连续七年位居中国最有价值的品牌，价值已达 460 亿元人民币。那么，红塔集团是如何利用这笔庞大的品牌资产的呢？红塔集团曾经以这个品牌为支撑，进入了木业，它购置木材、建造厂房、引进设备、收购生产厂家。我们观察一下，企业以这样的方式对品牌资产加以利用的例子并不是红塔集团所独有的。海尔集团也是非常著名的企业，海尔集团通过生产电冰箱成为了著名的品牌，海尔集团同样以海尔品牌资产为依托向手机、电脑等行业延伸了品牌。对这样的做法，很多人有议论和担忧，红塔集团和海尔集团将品牌延伸至众多行业，能否带来品牌增值？其实这个问题我们可以从另一个角度进行分析。为什么红塔集团和海尔集团能够向别的行业进行延伸？主要原因是红塔集团和海尔集团已经具有很强大的品牌资产，而品牌资产提高了品牌延伸的能力，虽然说这种延伸可能没有成功，但那只是企业的策略没有得到消费者认可而已。

5. 方便企业间的品牌兼并与收购

企业间的兼并与收购在当今市场经济环境下非常普遍，而品牌作为企业一项非常重要的资产需要被估价。品牌资产评估的提出完善了企业资产在资产负债表上的记录，使企业资产得到全面的反映，如果不对品牌资产进行评估，那么企业的价值将大大被低估。

6. 有助于对品牌建设的成效进行监控

像品牌资产的来源评估一样，品牌资产的产出评估也可以对品牌建设的成效进行监控。所不同的是，来源评估直接反映了顾客的心理，而产出评估反映的是财务收益。这个财务收益反映的是品牌未来几年的现金流量折现，体现了品牌对企业收益的贡献。引用早期进行世界最有价值品牌排名的美国《金融世界》杂志的说法："一旦建立了品牌评价基础，就可以在时间坐标上绘制出品牌价值变化曲线。因为一年一度，管理者便可以通过品牌微量变化曲线，很快辨认问题所在并很快纠正。"

7. 有助于获得利益相关方的支持

企业的利益相关方主要有股东、人才、顾客、金融机构、中间商等。吸引这些利益相关者的合作需要企业实力的展示。投资总额、账面收益等作为企业实力的代表有其局限性，因为它没能反映出企业的成长性；而品牌资产比较合适，因为它能够比较明确地反映出企业在未来几年可能获得的收益。一个有实力的企业通过品牌资产评估将品牌价值数字化，从而更容易增强股东的投资信心、吸引更多优秀人才的加盟、吸引更多的顾客放心购买、吸引更好的中间商以及更多渠道的融资。

案例分析

"三鹿"究竟值多少钱？

三鹿品牌值不值钱？这是一个定性的问题。怎样评估三鹿品牌还值不值钱，这需要理解品牌的价值是如何构成的。品牌是消费者体验的结果，品牌的价值在于消息费者的认知度、参与度、忠诚度，这三个"度"支撑着品牌的价值。如果把品牌的三个维度用百分制来打分，就可以测算出三鹿品牌的维度分值的状况。

测算方式是将参与度、忠诚度合在一起算70分，认知度算30分。因为在品牌的三维度关系中，所有的品牌认知度，只有变成品牌参与度才能实现价值，只有把参与度变成忠诚度才能实现品牌的长期价值。

我们用这三个维度细分三鹿的品牌价值，品牌的认知度，它包括三个部分，知名度、美誉度、联想度。对于三鹿品牌而言，三鹿的品牌知名度应该是很高的，所以可以给10分；而三鹿的美誉度可以说大打折扣，可以说美誉度的价值已趋于零；对于三鹿品牌现在的联想度，消费者想到三鹿就会联想到毒奶粉，其联想度也是趋于零。也就是说，在认知度的维度里，三鹿品牌只能获得10分。

品牌参与度，即买你产品的实际参与。三鹿的参与度我们分为广度和频度。从广度上看，三鹿的消费网络遍布全国，它的消费群体是非常庞大的；从频度上看，即消费的频率，是否每天都有人喝三鹿奶粉，经历着奶粉污染事件的三鹿，购买三鹿奶粉的参与行为已在瞬间变成了零。也就是说，三鹿品牌的参与维度只能获得零分。

品牌忠诚度，忠诚度表现为长期购买并具有排他传承的特点。经历了奶粉污染的三鹿品牌，在这方面已经十分危险。准确地说，三鹿奶粉已经失去了消费市场，也就不具备品牌的忠诚度了，在这方面的30分同样变为零，同时，参与度与忠诚度合在一起的10分，三鹿品牌也得不到。

总体说来，经过三维度的测算，三鹿品牌价值只能获得10分。因此，从品牌定性来说，三鹿面临的不是没品牌价值，而是如何在仅有的品牌残值基础上进行恢复，包括有足够的资金补偿消费者损失，有足够的时间让消费者重新认识三鹿。现在三鹿品牌正是处于这样一个尴尬的境地。

三鹿品牌值多少钱？既然从定性角度看三鹿品牌有价值，那么到底值多少钱呢？关于三鹿品牌的价值，我们需要理清三个数据。第一个数据是2006年中国品牌500强组委会认定，三鹿品牌价值达149.07亿元，现在看来，这个价值实质是个泡沫。第二个数据是通过三鹿和品牌授权获得的收益得出来的。三鹿的品牌经营体现为加盟商的品牌授权，三鹿只凭品牌与管理，就能获得其品牌授权方利润的50%。也就是说，三鹿品牌价值占其整个销售利润的一半，品牌价值可以说很高。第三个数据是比较清楚的，三鹿在三年前的估价是21亿，现在是22亿。现在有买家愿意出价6.9亿购买三鹿的有形资产，22个亿当中有15亿没了，可以说消失的15个亿就是三鹿的品牌价值。通过买家出价，三鹿真实的品牌价值该浮出水面了，而这个价值比所谓的149多亿的品牌价值更要靠谱。

从定量上看，三鹿品牌价值值15个亿，从定性角度看，品牌资产价值缩水到原来的10%，因此，我们可以得出这样的结论，三鹿目前的品牌价值仅为1.5亿。

资料来源：杨曦沦. http://www.cnbm.net.cn/article/ac156362592.html.

64

问题讨论：

1. 你认为三鹿的品牌还有价值吗？
2. 你认为该估算方法是否科学？

本章小结

产出视角是从财务视角来对品牌资产进行描述，具体表现为品牌在市场上给产品价格或销售额所带来的增值，并最终反映到公司财务报表或金融市场的价值增值上。来源视角是从消费者视角对品牌资产进行描述，表现为消费者与品牌之间的关系。品牌资产是因为消费者的认知和认同而存在的，消费者与品牌的关系决定了品牌资产的高低，所以是品牌资产的来源。产出或来源的角度都只是从一个侧面来界定品牌资产，并不全面。于是，更多的学者和机构试图将二者结合，提出更完善的品牌资产定义。品牌价值链是分析品牌资产形成机理的一个理论模型，从左到右逐层推进，依次包括营销活动投入、顾客心智、市场业绩和股东价值四个价值阶段。

　　品牌资产具有价值性、无形性、波动性、积累性、竞争性和多样性等特点。通过品牌资产管理可以提高购买品牌的兴趣和可能性，保持和提高价格的能力，增强抵抗竞争的能力，提高品牌延伸的能力，方便企业间的品牌兼并和收购，有助于对品牌建设的成效进行监控，有助于获得利益相关方的支持。

第三章

品牌资产的构成要素

学习目标
★★★★

知识要求 通过本章的学习，掌握：

● 品牌资产的有形构成要素内容
● 品牌资产的无形构成要素内容
● 品牌资产变动的影响因素包括什么

技能要求 通过本章的学习，能够掌握：

● 分析企业品牌资产
● 根据其影响因素，提升企业品牌资产

学习指导
★★★★

1. 本章内容包括：品牌资产的有形构成要素；品牌资产的无形构成要素；品牌资产变动的影响因素等。

2. 学习方法：独立思考，抓住重点；与老师同学讨论学习心得；结合实际，理论与实践相结合等。

3. 建议学时：6 学时。

引导案例

Grand Met 公司对 Heublein 牌子的确认

Grand Met（Grand Metropitan）公司是在食品、酒、零售和百货行业中拥有国际声誉的公司。从市场占有率的角度看，它位居英联邦大公司前 10 名以内，是欧洲 30 个大公司之一。该公司的许多产品驰名世界，同时它还是英联邦公司中第一个将品牌价值记入资产负债表中的开辟先河者。

1987 年，Grand Met 公司对哈比林（Heublein）这个美国重要的饮料公司品牌的确认，是该公司实行改革的一个重要步骤。早在 1785 年，安德瑞哈比森和他的儿子创立了哈比林这个牌子，该公司从瓶装鸡尾酒起步发展为既经营进口葡萄酒又出售本公司各类产品的公司。1939 年，该公司花了 14000 美元买下了西蒙诺夫伏特加酒，并使其成为美国人喜爱的饮料。至 1987 年西蒙诺夫伏特加酒大约年销售量达 1.4 亿箱，成为最畅销的伏特加酒，在酒类中仅次于贝卡迪牌屈居世界第二位。哈比林拥有自己的伏特加饮料、二等伏特加酒、白兰地、伏特加鸡尾酒，还有世界范围的代销处等。从商业视角审视，Grand Met 公司确认 Heublein 牌子的这一活动是很合乎逻辑的。将 Heublein 牌子与 Grand Met 公司创造了巨大利益的北美销售网和公司为此耗费的全部开支综合考虑的观点，不仅 Grand Met 公司赞成，就连《财政时报》也在此消息宣布后一天很快做了报道，并分析说 Heublein 牌子过去在城市收支状况的确认将有利于 Grand Met 公司的发展并将受到分析家们的欢迎。

但是，以传统的账目合算方式，Heublein 牌子对 Grand Met 公司而言是毫无用处的。资产、工厂和其他固定资产都有价值，唯独品牌在实践中一钱不值。1988 年 1 月，Grand Met 公司推出了第一套确认结果。因为 Heublein 牌子没有价值，所以 56.5 英镑将作为信誉费用从 80 万英镑的公司支出中被注销。Grand Met 公司董事长面临的一个问题是，联合资产负债究竟是否真实、公平地反映了集团的财产状况？这个资产负债表依据的是英国普遍接受的核算原则，然而集团最有用的财产——品牌却没有计算在内。

然而，董事长并不认为不包括品牌因素在内的账目是真实公平的。Grand Met 公司董事会也在思考这样一个问题：花费在 Heublein 牌子上的资金全部浪费了还是不可收回了？Heublein 的成本范围会偏离标准账目活动吗？在账目被写出之后，品牌的价值会达到原有成本吗？然而阶段的结果是 Grand Met 公司委员会的一个实践，即品牌提供给所有者的商业利益。这个利益是能形成的额外的或者是提高的利益，它超出了同等的不注册品牌所能带来的利益。1988 年 8 月，Grand Met 公司打算评估其品牌，并形成一个适合的主要原则的通知，这成了人们关注的焦点。它决定重新形成的不仅有收购的 Heublein 品牌，而且有最近收购的其他品牌。

通过进一步调查公司的主打产品，人们明白了名牌因素在经营成败中的重要地位，而经营和发展品牌的能力正是公司群体的主要竞争优势。管理部门认识到，拥有一个成功的牌子就意味着在可预见的未来有了保障的财源，很多有力的事实表明，拥有名牌可在定量的交易中获得比非名牌和新创名牌大得多的利润。尽管生意管理的其他因素诸如费用控制和技术领先地位等对获得成功也很重要，但他们似乎并不会影响公司团体的长远利益，而名牌以同样的方式却能对此影响深远。

资料来源：新广告商务资讯网。

➡ **思考题：**

1. Grand Met 公司为什么要购买 Heublein 这个牌子？Heublein 给 Grand Met 公司带来了什么？

2. 从 Grand Met 公司购买 Heublein 这个牌子看，名牌可为企业带来哪些价值？

第一节 品牌资产的有形构成要素

品牌资产确实存在，学术界和业界从不同的方面描述和概括出了它的价值。但是品牌资产是一种无形资产，它不可能由有形的实物资产来表示，而必须借助于别的因素，如品牌的名称、标志、包装等。由于品牌资产形成的基础和意义在于消费者看到品牌的方式以及由此产生的消费行为，因此，要使消费者对品牌所标示的商品和服务进行购买和消费，就需要投资于品牌形象，获得消费者的亲近和认同，从而让消费者接受这一品牌，形成品牌忠诚度，最终达到企业经营的终极目标——积累品牌资产。

品牌资产可以分成两部分，即品牌资产的有形要素和无形要素。品牌资产是基于消费者对该品牌形成相对稳定的形象认知，并在此基础上对该品牌产生偏好和忠诚，形成品牌资产的无形要素；而品牌资产的有形要素则为无形要素的形成提供了物质层面的支撑。

品牌资产的有形要素是指那些用以标记和区分品牌的商标设计等有形的事物。从品牌发挥区分作用的情况和一些著名品牌成功的历史来看，有形要素主要包括品牌的标志和标记、广告和广告乐曲以及包装等。

问题 1： 品牌资产有形构成要素所包含的内容？

1. 品牌名称

品牌名称是信息传达中极有效的"缩写符号"，它简洁地反映了生产和服务的中心内容或者企业所倡导的观念、文化等核心要素。消费者了解营销信息花费的时间往往需要几分钟，而注意、理解并记住一个品牌名称却只需要几秒钟的时间。比如 Lenovo 就是品牌名称的一个典范。2003 年，联想集团将其英文标识从"Legend"更换为"Lenovo"，其中"Le"取自原标识"Legend"，代表传承一贯传统；新增加的"novo"取自拉丁词"新"，代表联想的核心是创新。

2. 标志和标记

标志和标记从产生之日起一直都是表示起源、所有权或组织的一种方式。研究表明，一些接触视觉的品牌要素往往在传播品牌和建立品牌资产时起关键作用，因为与竞争对手相区别的属性必须包含鲜明的个性和特色的文化等抽象的内涵，而简洁、凝练的标志和标记则可将这些个性和丰富的内涵生动、形象、直观地传达给目标群体。

深圳金地集团坚持以科学理性的思维和方法为基础，以博大精深的专业知识为后盾，运用科学合理、适合消费者实际需求的规划设计，力求给消费者一个舒适完美的居住环境，实现业主高品质生活的需要，也因此提炼出了"科学筑家"作为金地（Gemdale）品牌的核心诉求点。

3. 广告语和广告乐曲

广告语是用来传递有关品牌的描述性或说服性信息的短语，如可口可乐的"永远是可口可乐"等；此外，恰当、独特的广告语和广告乐曲也会加深消费者对品牌的印象和认知，如在新天地葡萄酒的广告片中，选用了电影《花样年华》的主题曲，再加上梁朝伟和张曼玉的表演，取得了良好的传播效果。

4. 包装

包装是设计和制造产品的窗口和外部包扎物，是产品整体中一个重要的组成部分。它不仅具有保护商品、便于携带和运输等基本作用，还能标明品牌并传递描述性和说服性信息，从而促进销售，增加利润。因此，包装被誉为"沉默的推销员"。

关键术语：品牌名称

品牌名称是信息传达中极有效的"缩写符号"，它简洁地反映了产品和服务的中心内容或者企业所倡导的观念、文化等核心要素。

营销视点：包装设计技巧

也许你未曾留意过牙膏的包装，其实它们的构图和色彩包含了很多商品包装设计的技巧和方法。"高露洁"牙膏的主色调为暖色。左侧图像部分的色彩以大面积的红色为主，配以少量的黄色为阴影和背景。而右侧的图像部分却以冷色的蓝天和白云为主体（制作中以蓝白渐变代替），这样的色彩搭配非但没有显得格格不入，还与纯红色并列，使得色彩对比强烈，相得益彰。以深蓝色为阴影的"坚固牙齿、口气清新"好像浮动在广阔的天空中，点明了牙膏的特性。

第二节　品牌资产的无形构成要素

根据菲利普·科特勒的观点，品牌是一个复杂的符号标志，它能表达六个层次的意思，即属性、利益、价值、文化、个性和使用者。只有让品牌的内涵跟消费者之间建立起某种联系，即让消费者对品牌所包含的意义有所认知、感受和体验，并当在消费者的头脑中占有一席之地时才能形成品牌资产。正是从这个角度出发，通常将品牌资产分为品牌知名度、品牌美誉度、品质认知、品牌联想、品牌忠诚度以及附着在品牌上的其他资产六个方面。

一、品牌知名度

问题 2：如何理解无形构成要素中的"品牌知名度"？

品牌的知名度是指某品牌被公众知晓并了解的程度，它表明品牌为多少或多大比例的消费者所知晓，反映的是顾客关系的广度。品牌知名度是评价品牌社会影响大小的指标。品牌知名度的大小是相对而言的，名牌就是相对知名度高的品牌。

（一）品牌知名度的层级

品牌知名度的范围很大，包括一个连续的变化过程。一般将知名度分为四个层次：无知名度（Unaware of Brand）、提示知名度（Aided Awareness）、未提示知名度（Unaided Awareness）和第一提及知名度（Top of Mind）。四个层次呈金字塔形，从底层往上发展，实现难度逐渐加大，当品牌达到第一提及知名度时，意味着到达了金字塔的顶端。从品牌管理的角度，产品经理应关注后三个层次。

1. 无知名度

无知名度指消费者对品牌没有任何印象，原因可能是消费者从未接触过该品牌，或者该品牌没有任何特色，根本无法引起消费者的兴趣，十分容易被消费者遗忘。消费者一般不会主动购买此品牌的产品。

2. 提示知名度

提示知名度是指消费者在经过提示或某种暗示后，可想起某一品牌，能够说自己曾经听说过的品牌名字。比如当问及电脑有哪些品牌时，可能有的人不能马上回答上来。但如果接着问他们知不知道"联想"电脑时，他们会给出肯定的答复，那么"联想"就只在提示知名度层次。这个层次是传播活动的第一个目标，它在顾客购买商品选择品牌时具有十分重要的地位。

3. 未提示知名度

未提示知名度指消费者在不需要任何提示的情况下就能够想起来的某种品牌，即能正确区别先前所见或听到的品牌。对某类品牌来说，具有未提示知名度的往往不是一个品牌，而是一串品牌。比如，提到手机，我们会马上想到摩托罗拉、爱立信、三星、诺基亚；提到小汽车，奔驰、宝马、雪弗莱、奥迪等就会出现在我们的脑海里了。虽然对于这些具体的品牌来讲，它们都不是唯一一个能被马上想到的，但至少有一点值得肯定，那就是消费者对这些品牌都形成了较深刻的印象，消费者在选购产品时会在这些品牌中进行比较，哪种品牌的特征更能满足消费者的偏好，哪种品牌的产品就能被消费者选中。

4. 第一提及知名度

第一提及知名度是指消费者在没有任何提示的情况下，所想到或说出的某类产品的第一个品牌。比如想到咖啡，就会想到雀巢；想到香烟，就会想起万宝路；想到微波炉，就会想起格兰仕。第一提及知名度的品牌，是市场领先者，或者说是强势品牌（Strong Brand），当然，不同的消费者对同类产品的第一提及品牌是不同的。调研显示，第一提及的品牌在消费者心目中形成了强有力的偏好，是他们购买该类产品的首选品牌。

产品经理的任务之一就是让本企业的品牌进入金字塔的第二和第三个层次，最好是顶层，即具有第一提及知名度。

（二）品牌知名度的资产价值

1. 品牌知名度是品牌资产形成的前提

品牌资产的拥有者是企业，但赋予品牌资产价值的却是消费者，没有消费者的购买，品牌资产的价值是无法实现的。品牌知名度是消费者赋予品牌一定资产价值的第一步，品牌知名度的高低与品牌资产的大小是成正比的。因为消费者总是喜欢买自己知道、熟悉的品牌，熟悉意味着距离的拉近，意味着不安全感的减少。人们只会对已经熟悉的产品产生好感，进而产生忠诚。

消费者购买行为模式五阶段的第二阶段是收集信息，即当消费者决定购买某种产品时，便会收集有关产品的信息，显然，消费者所熟悉的这类产品的品牌，首先，进入其信息库；其次，如果消费者不熟悉该类产品品牌，需要向有关人士咨询这类产品的信息时，他通常首先想知道的是这类产品中知名度高的品牌有哪些，即使范围的品牌进行选择被咨询者也会首先把自己熟悉的、知名度高的品牌介绍给他人；最后，只有进入消费者产品信息库的品牌才可能成为消费的最终选择，品牌知名度越高，越容易进入消费者的选择域。

大量研究表明，深入人心的记忆与人们的购买态度和购买行为之间存在关系，各品牌在测试中被记起的先后次序不同，它们在被优先选择和购买的可能性上也表现出很大的差别。对于经常购买的日用消费品，品牌知名度的作用更是至关重要，因为品牌购买决策一般是在去商店之前就做出了。综观中外品牌，资产高的品牌无一不是具有极高知名度的品牌。2002 年全球最有价值品牌排名第一的是可口可乐，提到可口可乐，不同肤色不同语言的人都会产生一致的认识，可口可乐——世界碳酸饮料之王。2002 年中国最有价值品牌排名中，海尔首次以 486 亿元人民币的价值超过了红塔山，"海尔兄弟"家喻户晓这个事实也让这个结果不足为奇。

2. 弱化竞争品牌的影响

品牌知名度的高低是一个相对的概念，是同类品牌比较的结果。当消费者对某种品牌具有较高的认知时，自然会影响对其他品牌的认知，因为消费者的偏好有限，对信息的存储有限。消费者对信息的吸纳，一般要经过"过滤"这么一个环节，只有那些对消费者有用的、新鲜的、有特殊意义的信息才可能进入消费者的"长时记忆"而被储存起来。品牌知名度越高，意味着消费者对该品牌的印象越深刻，竞争品牌进入消费者的"印象领域"的难度也越大。

（三）品牌知名度的测量

测量品牌知名度包括三个方面：公众知名度、社会知名度和行业知名度。

1. 公众知名度的测量

从市场营销的角度来说，品牌的公众知名度是指某品牌在相关公众的影响力，即主要是指该品牌在顾客中的影响力。通常采用简单测量法和复合测量法来测量。

（1）简单测量法：简单测量法只是测量被访问者是否知道某品牌的名称。
您知道××品牌吗？
◇知道　　　　◇不知道

品牌知名度 = 知道该品牌的人数/被调查总人数 × 100%

简单测量法由于测量的指标过于简单，得出的结果过于笼统，而使得在进一步考察影响知名度的更深层次的因素时无法发挥作用。

（2）复合测量法：复合测量法是运用多个指标的综合结果来反映品牌的公众知名度，通过总加测量法来进行。例如，可以在测量表中列出几个问题供调查对象选择：

①您对 × × 品牌的名称

◇很熟悉　　◇熟悉　　◇一般　　◇不熟悉　　◇很不熟悉

②您对 × × 品牌的标识

◇很熟悉　　◇熟悉　　◇一般　　◇不熟悉　　◇很不熟悉

③您对 × × 品牌提供的产品

◇很熟悉　　◇熟悉　　◇一般　　◇不熟悉　　◇很不熟悉

④您对 × × 品牌提供的服务

◇很熟悉　　◇熟悉　　◇一般　　◇不熟悉　　◇很不熟悉

⑤您对 × × 品牌的广告

◇很熟悉　　◇熟悉　　◇一般　　◇不熟悉　　◇很不熟悉

每道题的答案取值分别为 4、3、2、1、0。根据回答者对每道题的回答结果记分，然后，计算总和分数。每个回答者的得分计算方法为：

$x = \sum XN$

其中，X 为每题的得分，N 为回答者的人数。

使用复合测量法，可以针对不同的情况设计不同的指标，指标数量的多少可以根据企业的实际要求而定。

在实际工作中，两种测量法可交替使用，既要了解品牌的一般知名度，也要把握品牌的公众知名度的具体构成要素。

2. 社会知名度的测量

品牌的社会知名度是指某品牌在社会大众中的影响力，通常用该品牌在大众媒体上出现的频率来表示。大众传播对社会大众的舆论导向作用巨大。传播的力度和深度是其他方式所不能比拟的。品牌知名度的提高主要依赖于传播的力度。考察社会知名度，可以根据企业对品牌的定位，将有关大众传播媒体分类，然后分别计算出该品牌在各类别媒体上出现的频率，就可以得到该品牌的社会知名度。

3. 行业知名度的测量

品牌的行业知名度是指某品牌在相关行业（特别是在本行业）中的影响力，通常也是通过问卷调查的方法来研究。调查品牌行业知名度可以参照品牌公众知名度的方法。在每个行业中往往存在若干个品牌，行业知名度可以反映出某品牌的行业地位、本品牌与竞争品牌在知名度上的差异。

二、品牌美誉度

问题 3：如何理解无形构成要素中的"品牌美誉度"？

品牌的美誉度是指某品牌获得公众信任、支持和赞许的程度。相对于品牌知名度这个量的指标而言，品牌美誉度是一个质的指标，只有建立在美誉度基础上的品牌知名度才能真正形成品牌资产。

（一）品牌美誉度的资产价值

品牌美誉度的资产体现在"口碑效应"上，即通过人们的口头称赞，一传十，十传百，引发源源不断的销售。一些调查报告显示由口头信息所引起的购买次数是广告引起的购买次数的 3 倍，口传信息的影响力是广播广告的 2 倍、人员推销的 4 倍、报纸和杂志广告的 7 倍。品牌的美誉度越高，"口碑效应"就越明显，品牌的资产价值也就越高。

（二）品牌美誉度的测量

品牌美誉度的测量包括公众美誉度、社会美誉度和行业美誉度三个方面。因为行业内部影响因素比较复杂，所以行业美誉度只作为参考，应重点对公众美誉度和社会美誉度进行考察。

1. 公众美誉度的测量

品牌的公众美誉度也可以用简单测量法和复合测量法来考察。

（1）简单测量法。运用一项指标对品牌美誉度进行的测量。如：

您喜欢××品牌的产品吗？

◇喜欢　　◇不喜欢

品牌美誉度 = 对该品牌持赞誉态度的人数/被调查总人数 × 100%

（2）复合测量法：运用多项指标对品牌美誉度进行加总测量。即根据对某品牌的特征研究，提出若干测量指标，将这些指标及其取值录入问卷，根据回答结果计算总和分数，就可以得出该品牌的复合美誉度。

运用复合测量法研究品牌美誉度的关键步骤是设计出具体的测量指标。下列项目可作为测量指标的参考：技术优良；研究开发力强；认真对待顾客投诉；企业规模大；希望到此公司就业；新鲜感；信赖感；具有清新的形象；国际竞争力强；公司风气良好；经营者优秀；对顾客服务周到；销售网络相当完善；想购买公司的股票；对社会的贡献大；喜欢公司的产品。

在实际调查中，可以根据需要设计指标。每一项指标的取值，可以使用二级、三级或五级，根据回答者的实际得分计算出结果，该结果可以是一个绝对数，也可以换算成相对数（百分数）。

2. 社会美誉度的测量

品牌的社会美誉度是通过大众传播媒体对某品牌报道的性质来考察，它以正面积极的报道占总报道量的比重来表示。例如，某品牌被大众传播媒体报道的次数为 312 次，其中 123 次为正面积极的报道，那么，该品牌的社会美誉度就是 $123/312 \times 100\% = 39.42\%$。

三、品质认知

问题 4： 如何理解无形构成要素中的"品质认知"？

（一）品质认知的含义

产品品质从狭义上理解是指产品的适应性，即产品为达到使用目的应具备的性质；从广义上理解，品质是指产品的使用价值及其属性能满足社会需要的程度。企业、经销商和最终用户各自对产品品质的评价标准是存在差异的，原因在于评价者在判断产品品质优劣时，不仅渗入了自身的利益因素，而且还渗入了个性、心理、环境等方面的因素。从这一角度我们可能会觉得产品品质是一个主观的概念。但是消费者作为一个群体，特别是存在同质性的消费者群体，对产品品质的判断会呈现出某种共同的图景，潜藏在共同图景下的则是消费者所采取的共同或类似的品质评价标准。从这个意义上来看，品质评价标准具有客观性。根据品质评价标准客观性的原则，我们来分析消费者对产品的品质认知。

品质认知是指消费者对产品或服务的适应性和其他功能特性适合其使用目的的主观理解或整体反应，是消费者对产品客观品质的主观认识，它以客观品质为基础，但又不等同于产品的客观品质。不同产品的客观品质可能完全相同，但消费者对不同产品的品质认知却相差甚远。这种例子不胜枚举，许多商品在标上名牌商标后，身价倍增。显然，消费者形成品牌偏好和品牌忠诚的重要影响因素不是产品的客观品质，而是产品的认知品质。它不仅包括产品自身的品质，还包括产品服务的品质。P&G，世界一流产品；海尔，星级服务，都是消费者对品牌的一种认同。品质认知大体上包括产品功能与特点、适用性、可信赖度、耐用度、外观、包装、服务、价格、通路等。

（二）品质认知的资产价值

产品品质是品牌资产的基础，或者说是维系、发展长期顾客关系的一个重要方面。品质认知的资产价值体现在四个方面：提供购买理由、产生溢价、提高通路谈判能力、提高品牌延伸力。

1. 提供购买理由

产品使用价值是消费者选择产品的基本理由，产品品质则是体现产品使用价值大小的主要因素，产品品质的高低将直接影响消费者从产品消费中获得的利益。强势品牌受消费者青睐的主要原因在于其卓越的品质，许多消费者愿意购买名牌，就是因为这些品牌的产品品质有保证。

2. 产生溢价

消费者愿意支付更高的价钱购买他们认为高品质的品牌产品。例如，NIKE的产品价格要明显高于同类产品，但消费者对 NIKE 产品的高品质认知使得他们愿意花更多的钱购买其产品。

3. 提高通路谈判力

具有高品质产品的企业在与代理商、分销商、零售商等成员谈判时具有优势。经销商都乐于出售受消费者青睐的品牌，一是销售量有保障，二是减少交易费用，三是提高自身形象。由于经销商的形象直接受其提供的产品或服务的影响，因而，经销高品质的产品对提升经销商自身形象起着举足轻重的作用。

4. 提高品牌延伸力

品牌延伸成功与否受诸多因素的影响，而延伸品牌本身的品质是消费者能否接受延伸品牌的基础，只有拥有高品质印象的品牌在品牌延伸上才可能产生较大的辐射力。消费者对延伸品牌产生认同的主要原因是，消费者认为采用延伸品牌的产品与原品牌的产品具有同样的品质。

四、品牌联想

问题 5：如何理解无形构成要素中的 "品牌联想"？

(一) 品牌联想的含义

品牌联想是消费者在看到某一品牌时所引发的对该品牌所有印象、联想和意义的总和，如产品特点、使用场合、品牌个性、品牌形象等。比如，万宝路总是让人想起孤独而阳刚的牛仔、男子气概、神采飞扬的群马、自由奔放的西部原野、新鲜的太阳与空气、男人的友谊等，百事可乐则可以让人充分领略青春动感、活力无限。品牌联想（或品牌联系）大致可分为三个层次：品牌属性联想、品牌利益联想和品牌态度。

1. 品牌属性联想

品牌属性联想是指对于产品或服务特色的联想，比如消费者认为产品和服务是什么。品牌属性可分为与产品有关的属性和与产品无关的属性。与产品有关的属性联想是指产品的物理组成和服务要求，它决定了产品的本质和等级。与产品无关的属性并不直接影响产品性能，但它可能影响购买或消费的过程。比如，品牌名称、产品价格、使用者状况、品牌标识、品牌原产地等。

（1）品牌名称联想。品牌名称是消费者对品牌的初步接触，由于各地文化差异、风俗习惯、宗教信仰等的不同，由品牌名称带来的联想会诱发消费者对品牌的偏好。家乐福、奔驰、好美佳等品牌名称十分符合中国人的价值取向。

（2）产品价格联想。产品价格是市场营销组合中的重要组成部分，它虽然与产品特性或服务功能无直接联系，但它对购买也会产生重大影响。消费者常根据品牌价格的高低来判断品牌的档次，并将价格与产品质量联系起来。

（3）品牌使用者状况联想。消费者对品牌的感知在很大程度上受品牌使用者的个性、形象、地位的影响。

（4）品牌标识联想。

（5）品牌原产地联想。德国的汽车使消费者产生质量优异的联想，美国车给消费者的联想则是大气，购买日本车的消费者看重的是车的外形及省油。

2. 品牌利益联想

品牌利益联想是指消费者感觉某一品牌产品或服务属性能给他带来的价值和意义。品牌利益联想又可分为产品功能利益联想、产品情感利益联想和体验利益联想。

（1）产品功能利益联想。产品功能利益是指产品或服务固有的内在的可以提供给消费者的利益，这种利益一般与"产品相关属性"匹配，它是消费者购买该产品最基本的动机，比如购买自行车代步，购买手机为了沟通便利，购买MP3可以更好地听网上音乐。有些品牌带有很强的功能利益，比如可口可乐提供解渴饮料，迪斯尼提供休闲娱乐，麦当劳供应新鲜美味的汉堡。

（2）产品情感利益联想。情感利益是指产品或服务能提供给消费者的相对外在的利益，它一般与"产品无关属性"相匹配，尤其是使用者状况。这种情感的利益满足消费者的社交需要、自尊需要等一些比较高层次的需要，消费者根据自我形象可能认为某一品牌很显赫或很孤傲，或很时髦，抑或说很流行。比如说，消费者有时会认为某一品牌只供特定人群使用，如劳斯莱斯——皇家的坐骑；柒牌西服——成功男士的选择；劳力士——尊贵典雅、崇尚个性的人的最爱。

（3）体验利益联想。体验利益是指消费者消费产品或服务后的感受，它既与"产品相关属性"相匹配，又与"产品无关属性"相匹配，这些利益能使消费者获得感观愉悦或者某种刺激。例如，搽一身兰蔻（LANCOME）香水于人群中走过，在感受众人驻足品味的同时，优雅与自信也会不经意地写满你的脸。

3. 品牌态度

品牌态度是最高层次也是最抽象的品牌联想，它是指消费者对品牌的总体评价。品牌态度直接影响消费者品牌的选择，它通常建立在品牌属性和品牌利益之上。例如，消费者对餐饮店做出的总体评价，主要通过这几个方面的考核，如餐饮店的地理位置，店堂的布局、设计，服务的速度、态度，口味，价格等。品牌态度有一定的幅度，从厌恶到喜欢就有几个层次。值得一提的是，品牌态度是难以改变的。要想改变消费者对品牌的态度，企业需要付出很大的代价。

（二）品牌联想的资产价值

积极的品牌联想意味着品牌被消费者接受、认知，进而可形成品牌偏好和品牌忠诚。品牌联想的价值包括以下几个方面：

1. 品牌联想有助于品牌认知，扩大品牌知名度

白色的西装、满头的白发、饶有趣味的山羊胡子及亲和的微笑，这就是KFC 国际形象的最佳标志。看到 KFC 的标志，我们就想到了新鲜美味的香辣鸡翅、原味鸡块、鸡腿汉堡，热情、快捷的服务，良好、卫生的用餐环境。KFC 所产生的这种联想使得它在中华大地遍地开花，征服了中国大量的年轻消费者。

2. 产品差异化

产品越来越趋向于同质化，只有形象差异才能对市场和消费者产生震撼。同样是纸和烟草的组合，"万宝路"香烟变成了强悍阳刚的牛仔，"健"牌激起人们对休闲天地的向往，"555"成为高科技的象征，"百乐门"塑造了一个温馨浪漫的情侣世界。没有这些定位各不相同的品牌形象塑造，香烟靠什么与消费者沟通并形成联系？"万宝路"、"健"牌、"555"、"百乐门"又如何成为世界级名牌？有区别的联想为竞争者制造了一道无法逾越的障碍。品牌名称、定位、广告等沟通手段都可以创造差异化的品牌联想。

3. 提供购买理由

无论品牌属性联想还是品牌利益联想或消费者对品牌的态度都直接与消费者利益有关，从而能提供一个特别的理由促使消费者购买或使用这个品牌。我国西藏有一个矿泉水品牌——"喜马拉雅"，在它的广告中特别指出了，水源地是"拉萨以北果拉山海拔 5000 米"，"喜马拉雅，更高的是天……"许多消费者之所以购买这种品牌，是因为由该品牌产生的丰富联想让消费者感到了某种满足。

4.品牌延伸的重要因素

品牌所具有的联想可以用于其他产品上，因为它们可以共享同一种联想。比如海尔的"高品质，零缺陷，星级服务"造就了海尔冰箱、海尔洗衣机、海尔彩电、海尔空调、海尔电脑……

五、品牌忠诚

问题 6： 如何理解无形构成要素中的"品牌忠诚"？

（一）品牌忠诚的含义

在现实生活中，可以发现一种有趣的购买现象：相当一部分消费者在品牌选择上呈现高度的一致性，即在某一段时间甚至长时间内重复选择一个或少数几个品牌，很少将其选择范围扩大到其他品牌。这种消费者在一段时间甚至很长时间内重复选择某一品牌，并形成重复购买的倾向，就可称为品牌忠诚。

Oliver 在 1997 年的时候是这样定义品牌忠诚的：一种对偏爱的产品和服务的深深承诺，在未来都持续一致地重复购买和光顾，因此产生了反复购买同一个品牌或一个品牌系列的行为，无论情境和营销力量如何影响，都不会产生转换行为。这是迄今为止，较为成型的品牌忠诚定义，它包括了行为忠诚和态度忠诚两个方面，也是普遍被接受的定义。

品牌忠诚度是品牌资产的重，拥有一群忠诚的消费者，就像为自己的品牌打造了一道难以跨越的门槛，它能阻挡竞争对手的刻意模仿、破坏性的销价，它也是一个品牌所要追求的最终目标。据美国一个调查公司对 22 个品牌的消费者进行的长期跟踪调查显示，"平均品牌"（也就是把 22 个品牌进行综合，以一个"平均品牌"来代表他们的整体特性）的高、中、低度行为忠诚者占被调查者的比例分别为 12%、14%、74%。显然，从消费者数量看，高度行为忠诚者所占的比例比较低，只占低度行为忠诚者的 16.2%。但是，与此形成鲜明对比的是，高度行为忠诚者的品牌购买量占该品牌销售量的 69%，而低度行为忠诚者品牌购买量仅占 5%，这足以说明高度行为忠诚者对于品牌的重要性，品牌忠诚度也是品牌资产中最核心、最具价值的内容。

（二）品牌忠诚的类型

按品牌忠诚的形成过程，品牌忠诚可以划分为认知性忠诚、情感性忠诚、意向性忠诚和行为性忠诚四种类型。消费者行为学者认为，在消费者态度形成过程中，消费者会首先收集相关品牌的信息（认知）；然后对这些零碎而复杂的信息进行重新整理、加工之后，会对该品牌做出肯定或否定的综合评估（感情评估）；并在这一综合评估的基础上产生某种行为意向。因而，品牌忠诚的形成过程首先是认知性忠诚，其次是情感性忠诚，再次是意向性忠诚，最后是行为性忠诚。

1. 认知性忠诚

它是指经由品牌相关信息直接形成的，认为该品牌优于其他品牌而形成的忠诚。对某个品牌认知性忠诚的顾客，仅仅是认可该品牌产品或服务的相关品质，一旦其他竞争品牌产品的品质更好，或者性价比更高时，此类顾客就极有可能转向竞争品牌，因而认知性忠诚也是最浅层次的忠诚。

2. 情感性忠诚

它是指在使用某种品牌并获得持续满意后，形成的对该品牌的偏爱和情感。在很多情况下，情感性忠诚是指某一品牌的个性与顾客的生活方式、价值观念相吻合，顾客对该品牌已产生了感情，甚至引以为豪，并把它当做自己的朋友和某种精神寄托，进而表现出持续购买的欲望和行为。比如，一位美国报纸编辑说："可口可乐代表美国所有的精华，喝一瓶可口可乐就等于把这些美国精神灌注体内，可乐瓶中装的是美国人的梦。"如果顾客持有这样的"心理体认"，不论其实际上购买与否，都说明他对该品牌具有较高的情感性忠诚。有一点还需要指出的是，出于种种原因，喜欢某个品牌的顾客不一定就会购买这个品牌的产品和服务，如高昂的价格很可能就会让有些顾客退而求其次。

3. 意向性忠诚

它是指顾客十分向往再次购买某个品牌，不时有重复购买的冲动，但是这种冲动还没有转化为行动。顾客的意向性忠诚既包括顾客与品牌保持关系的意愿，也包括顾客追求自己偏好品牌的动机。企业可以根据顾客与品牌保持关系的意愿和顾客的行为意向，来衡量顾客的意向性忠诚，以预测顾客将来的购买行为。

4. 行为性忠诚

它是指顾客将忠诚的意向转化为实际行动，顾客甚至愿意克服障碍实现购买。行为性忠诚的顾客反复购买某个品牌的产品和服务，他们的购买决策行动是一种习惯性反应行为，他们不留意竞争对手企业的营销活动，不会特意收集竞争对手企业的信息。行为性忠诚反映顾客实际的消费行为。但出于惰性或因某个企业的市场垄断地位而反复购买某个品牌的产品或服务的顾客并不是真正的忠诚者。

（三）品牌忠诚的资产价值

研究发现，吸引一个新的消费者的花费是保持一个已有消费者的花费的4~6倍；从品牌忠诚者身上获得的利润是品牌非忠诚者的9倍之多。美国的一项调查结果也表明，在许多产品和服务业中，如果企业能够将顾客对品牌的忠诚度提高 5% 的话，该品牌产品或服务的利润率就会相应地提高 1%。所以，品牌忠诚度是一项战略性资产，如果对它进行恰当的经营和开发，那么它就会给企业创造多项价值。品牌忠诚的资产价值分析如下：

1. 降低营销成本

留住老顾客比争取新顾客的成本小得多的原因有二：一是降低直接营销成本，说服老顾客特别是品牌忠诚者购买本企业的产品比说服新顾客要容易得多，相关的沟通、广告、推广费也可大大减少。二是降低相对营销成本，本企业品牌的忠诚者是竞争者品牌的新顾客，竞争者要说服本品牌忠诚者购买他们的产品需付出相当大的营销成本代价。为争夺本品牌的忠诚者，本企业的营销成本降低，竞争者的营销成本却要增加。Desatulock 和 Detzel 在其《努力保持消费者》一书中谈道："在汽车行业中，一个终生消费者可以平均为其所忠诚的品牌带来 14000 美元的收入，在应用制造业，一个终生忠诚的消费者价值超过 2800 美元；地方超级市场每年可以从忠诚的消费者那里获得 4400 美元左右。"

2. 增加通路谈判力

经销商知道，销售拥有大量品牌忠诚者的品牌比其他品牌要容易得多，这在无形中对商店的进货决策产生控制作用。在企业推出新的产品规格、种类或品牌延伸的产品时，这种作用显得尤为重要。

3. 吸引新顾客

品牌忠诚代表着每一个消费者都可以成为一个活的广告。对于潜在的购买者和高关心度的商品，品牌忠诚可以使顾客成为品牌的倡导者，以优秀的广告和美好的使用经验形成口碑，口口相传，创造新的使用者。

4. 减缓竞争威胁

品牌如果拥有一批忠诚的购买者，则该品牌抵御竞争产品攻击的能力会大大增强，因为忠诚的消费者一般对所选择的品牌有一种眷恋感，他们很难发生"品牌转换"。这就给竞争对手造成了很大的市场进入阻力，并削弱了竞争者的利润能力。品牌忠诚还为企业争取到了对竞争做出反应的时间。如果竞争者开发了一种新产品，就会逼迫企业对产品进行改进，而品牌忠诚的存在就给企业争取到了对产品进行改良的缓冲时间，以开发出更卓越的产品来对抗竞争者。

（四）品牌满意与品牌忠诚

品牌满意是指顾客需求得到满足后的一种心理反应，是顾客对该品牌产品和服务的相关特征或者该品牌产品和服务本身满足自己需求程度的一种判断。依据满意水平的不同，顾客对某个品牌的满意有满足、高兴、好奇、惊喜等多种表现形式。品牌满意是品牌忠诚的基础，但品牌满意并不一定会导致品牌忠诚，两者之间的关系具体表现为：

1. 品牌满意是品牌忠诚的前提条件

很多学者认为，品牌满意是品牌忠诚的核心，如果顾客对自己消费某个品牌的经历不满意，他就不会忠诚于该品牌。企业要培育顾客的品牌忠诚，就必须为顾客提供满意的品牌消费经历。同时，品牌忠诚的形成是一个动态的过程，企业只有满足顾客不断变化的需求，始终为顾客提供满意的品牌消费经历，才可能把顾客对该品牌的满意转化成忠诚。

2. 品牌满意不是品牌忠诚的充分条件

对自己在某个品牌消费经历满意的顾客不一定就会忠诚于该品牌。国外学者的实证研究表明，在声称自己满意或非常满意的顾客中，65%~85%的顾客会"跳槽"，转而购买竞争品牌。在美国汽车业，85%~95%的顾客声称自己满意或非常满意，但只有30%~40%的人在第二次购买汽车时选购同一品牌。社会交换理论指出，人们是否愿意保持某种关系并不是由他们对这一关系的满意程度决定的，如果人们能从其他关系中获得更大的利益，他们就可能会终止现有的关系。顾客与品牌之间的关系也是如此。如果其他品牌能够为顾客提供更大的利益，顾客就可能会转而购买其他品牌的产品和服务。因而，品牌满意是品牌忠诚的一个必要条件，却不是充分条件。

3. 企业可以采取其他方式调节两者之间的关系

如企业与顾客建立社交性联系，某品牌的服务人员与顾客建立私人关系，品牌与顾客之间的互动加强后，顾客对品牌的满意对品牌忠诚的影响就会逐渐减弱。同时，品牌转换成本、顾客的品牌归属感等也会影响品牌满意与品牌忠诚之间的关系。

（五）品牌忠诚度的测量

如果要对品牌忠诚度进行更深入的研究，以更好地指导企业制定相关的营销策略以及品牌建设的话，企业就有必要按照一定的标准先将顾客的品牌忠诚度进行量化。综合起来，测量方法大致可以分为以下六类：

1. 按购买比例来测量

对顾客购买所有品牌量进行排序以确定忠诚度，比如在一年中某顾客购买了几个品牌A、B、C，按比例排序为70%、20%和10%，那么就意味着他最忠诚于A品牌，忠诚度为70%。

2. 按重复购买次数来测量

在一定的时间内，消费者对某一品牌产品的重复购买次数越多，说明他对这一品牌的忠诚度越高，反之则越低。当然，由于产品的用途、性质、结构等因素会影响消费者的再购买次数，因此在确定这一指标的合理界限时，要根据不同产品的性质区别对待，不可一概而论。比如，快速消费品的重复购买次数至少要达到 3 次，才称得上品牌忠诚；但汽车、冰箱之类的耐用消费品，就不能用 3 次作为衡量指标了。

3. 按购买决策需要的时间来测量

根据消费者的心理规律，消费者购买商品都要经过挑选这一过程，但由于对相关品牌的熟悉程度、偏好程度等的不同，消费者做出购买决策需要的时间是不同的。通常，顾客的品牌忠诚度越高，购买决策需要的时间就越短；反之，忠诚度越低，购买决策需要的时间就越长。在利用这个指标测量顾客的品牌忠诚度时，也要考虑产品的价格、用途和使用时限等因素。例如，大多数女性在选购洗衣粉、香皂、洗发水等价格不高的日用品时，在超市里短时间内就能做出决策，而在购买服装时，即使面对自己忠诚度很高的服装品牌，也不能马上就做出决策。

4. 按顾客对价格的敏感程度来测量

事实表明，对于喜欢和依赖的品牌，消费者对价格变动的承受能力强，即敏感度低；反之对于那些自己不是很喜欢或依赖性不高的品牌，消费者对其价格变动的承受能力很弱，即敏感度高。比如，现在物价普遍上涨 r，每罐百事可乐价格上涨 1 角钱，涨幅 5%，这丝毫不会影响某位百事可乐忠诚消费者的购买，但当这位消费者看到某品牌的茶饮料也涨价 r，也涨了 1 角钱时，以前偶尔也会买点茶饮料的他却明显地感觉到了，并愤愤然地拒绝再次购买。

5. 按顾客对竞争产品的态度来测量

顾客对某品牌产品的态度发生变化，大多是由于竞争品牌而引起的。因此，根据顾客对竞争品牌的态度，可以从反面角度来判断对某一品牌忠诚度的高低。比如，当竞争品牌降价促销或推出品质更好的产品时，品牌忠诚度不高的顾客可能就要"移情别恋"了，而品牌忠诚度很高的消费者却能熟视无睹。

6. 按顾客对产品质量的承受能力来测量

任何产品都有可能出现由各种原因造成的质量问题，如果顾客对该品牌的忠诚度较高，当产品出现质量问题时，他们会采取宽容、谅解和协商解决的态度，不会因此而立即失去对它的偏好；如果顾客的品牌忠诚度较低，产品出现质量问题时，他们会感到自己的正当权益被侵犯了，极有可能产生反感情绪，有些甚至要通过法律方式向企业进行索赔。

关键术语： 品牌知名度

品牌的知名度是指某品牌被公众知晓、了解的程度，它表明品牌为多少或多大比例的消费者所知晓，反映的是顾客关系的广度。

品牌美誉度

品牌美誉度是指某品牌获得公众信任、支持和赞许的程度。

品质认知

品质认知是指消费者对产品或服务的适应性和其他功能特性适合其使用目的的主观理解或整体反应，是消费者对产品客观品质的主观认识，它以客观品质为基础，但又不等同于产品的客观品质。

品牌联想

品牌联想是消费者在看到某一品牌时所引发的对品牌所有印象、联想和意义的总和，比如产品特点、使用场合、品牌个性、品牌形象等。

品牌忠诚

消费者在一段时间甚至很长时间内重复选择某一品牌，并形成重复购买的倾向，就可称为品牌忠诚。

六、附着在品牌上的其他资产

与品牌资产相关的还有一些专门的特殊的财产，如专利、专有技术、分销系统等。这些专门财产如果很容易转移到其他产品或品牌上去，则它们对增加品牌资产所作的贡献就很小；反之，则成为品牌资产的有机构成。

专利竞争是国际间竞争的战略制高点，它既是企业的进攻手段，也能从长远利益出发，阻止竞争对手的攻击。"产品未动、专利先行"已是跨国公司熟谙的竞争战略。在知识经济时代，惟有善用专利，才能将公司价值完全发挥。中国的企业应该从战略的高度上更加致力于对专利技术的开发和吸收，或者制定相应的应对措施，从而使自己不至于在未来的发展中遭遇四处碰壁的困境。IBM 目前仍然保持着拥有全世界专利最多的地位。自 1993~2002 年，IBM 连续10 年位居全美专利注册排行榜的榜首。2002 年，IBM 的研发人员累计荣获专利 22358 项，这个纪录史无前例，远远超过 IT 界排名前 11 大美国企业所取得的专利总和，这 11 家 IT 强手包括：惠普、英特尔、Sun、微软、戴尔等。然而，就在 10 年前，IBM 因为忽视对个人计算机领域的专利技术的控制，差点招致灭顶之灾。造成 IBM 衰落的最主要原因是战略决策的失误。过去 IBM 一直以大型机及其软件为主营业务。大型机及其软件每年大约为其创造 40 亿美元的利润，产生 70%的投资回报率。但 IBM 没有料到，自己投巨资首先开发的个人计算机会彻底改变计算机行业的格局，特别是没有预料到个人计算机成长将代替大型机、微型机这些 IBM 传统的优势之所在。当它意识到 PC 机的发展潜力时，却没能控制住 PC 最有价值的两个关键部分：微处理器和操作系统。最终操作系统的专利控制权落在了比尔·盖茨的手中。微处理器的专利控制权则落在了英特尔的手中。IBM 的再次崛起，在很大程度上要归功于其战略的再次调整，积极鼓励员工在任何领域进行发明，因为你很难知道未来产品到底需要哪种专利。因此，专利覆盖的范围越广越好。

　　技术可以分为两类：基础性技术和专有技术。专有技术能够被一家公司拥有，例如，一家制药公司可以拥有某种药品配方的专利权。只要专有技术受到保护，它就可以成为长期竞争优势的基础，使得公司可以从中获得比竞争对手高的利润。"可口可乐"的神秘配方这一百多年以来一直被当做商业机密，这种神奇的药水，勾起了人们无限的遐想，这对"可口可乐"品牌的个性和形象产生着积极的影响，配方的价值也就自然地融入"可口可乐"品牌之中。

　　2004 年 1~6 月国内售出的手机总量中，国产品牌所占比例从 49%降至 46%，销售额比重从 42%降至 37%。在中国手机市场上，诺基亚和摩托罗拉等国际移动电话制造商抑制了中国手机品牌快速上升的势头。这一胜利的取得，很大程度上是依靠对分销链的改善，以及推出新设计的机型等。有迹象显示，从销售量来看，中国本土移动电话厂商的市场份额已趋于稳定；而从销售金额上看，市场份额正在下降。国内手机制造商到 2003 年虽然已占据了手机销售的半壁江山，但在目前国内厂商的上升势头似乎已停止。诺基亚中国移动电话业务负责人赵柯林把国际品牌的复兴大部分归因于建立分销系统的种种努力。此类分销系统已发展到中国大城市之外的市场。娃哈哈之所以能成功挑战"两乐"，在很大程度上也要归功于它独特的分销系统。

第三节　品牌资产变动的影响因素

　　一个新品牌产生时，它的品牌资产等于零，随着品牌经营的不断深入，品牌资产才逐渐产生。而上述品牌资产的品牌认知、品牌联想、品牌忠诚不是同时产生的，而是遵循了一定的规律和顺序。国外众多品牌研究机构的研究表明：一个品牌首先要有知名度，随着知名度的不断提升，开始产生品牌认知度；随着品牌认知的不断深入，开始产生品牌联想；随着品牌认知和品牌联想的产生开始产生品牌忠诚度。由于品牌资产的累积，其品牌资产价值也将越来越大。说明了品牌资产不是一成不变的，而是众多因素共同作用的结果。因此品牌资产必然受到相关因素的影响，而能够影响品牌资产的因素主要有以下五个。

问题 7：品牌资产变动的影响因素包括哪些？

1. 主要的新产品

尽管许多新产品对品牌资产不会产生明显的影响，但是也有例外，如当革命性的产品或部分更新换代的产品将对企业的未来有至关重要的影响的时候就可以对品牌资产产生影响。那些没有跟上产品更新换代的企业的品牌资产也将受到很大的影响，其品牌资产价值也将大幅度缩水。如 DVD 的发明对于 VCD 产品来说就扮演了"终结者"的角色。

2. 产品问题

三菱公司因为产品质量问题使品牌形象受到了很大的损害。三菱公司在出现质量问题后，第一反应就是掩盖事实，指望别人不知道，事情就慢慢过去了，公司里也没有人站出来承担相应的责任。这样做不但导致消费者对公司产品失去了信心，使公司原有的品牌资产受损，而且使公司的原有股东失去了信心，如拥有三菱公司 37%股份的戴姆勒—克莱斯勒公司已经否决三菱重建所需资金的建议，使三菱员工的积极性大受打击，三菱公司处于倒闭的边缘。

3. 高层管理的变动

一个企业高层管理的变动，一方面可能导致本企业各种策略的夭折；另一方面也会引起外部的质疑。特别是消费者可能产生"是否产品出现了什么问题"等疑问。假如高层变动不能顺利过渡，必然影响企业形象和品牌资产。如 2004 年 8 月关于健力宝集团易帅的事情就闹得沸沸扬扬，并且业界对健力宝集团已经产生了信任危机，导致品牌受损。根据 2004 年 5 月份赛迪网推出的"关于企业高层变动是否会给企业和个人带来伤害"的调查，占调查样本 30%的人认为高层管理的变动"对原企业伤害很大"，同时认为"对自身发展也有伤害"的占到调查样本的 69.70%。这些数据说明企业高层变动可能造成一种一损俱损的局面。

4. 竞争者的行为

竞争者的行为对企业产生影响是不言而喻的。特别是一些开创先河的举动更是如此。2002 年，中国的手机市场竞争激烈，诺基亚为了保持在中国市场的竞争优势，采取了开通诺基亚俱乐部（Nokia Club）中文网站的办法。作为一个独特的网上社区，该网站精心打造的四大频道——音乐、电影、卡通和游戏，为诺基亚手机用户提供内容丰富的创新应用和服务。每一个诺基亚手机用户都可以通过下载诸如音乐铃声、待机图标、动画屏保、图片信息以及游戏软件等品牌化的数字内容，享受便捷、实用、充满趣味的沟通体验，使诺基亚用户可以充分个性化他们的手机。诺基亚俱乐部可以实现消费者与诺基亚之间持续的网上互动，建立双方的感情纽带，从而有助于提高消费者对诺基亚品牌的忠诚度。如果其他竞争者没有相应的应对策略的话，其品牌资产必然会受损。

5. 法律问题

因为法律是国家根据民众的意愿起草和发布的，是关系到国计民生的大事。因此特别是与消费者权利和产品标准有关的法律颁布，必然要影响到企业以及企业的品牌资产。关于法律问题中最经典的当属美国的消费者权益保护运动。1962年，约翰·肯尼迪的总统咨文宣称消费者具有安全权、被告知权、选择权和发表意见的权利后，起初许多企业都受阻于消费者运动。但仍有少数企业采取了大胆的主动措施来认可消费者的意图。如惠尔浦公司做出了积极的响应，改善了消费者的信息和服务，不但没有受到法律问题的困扰，而且扩大了其市场份额和利润，相应的其品牌资产价值和品牌忠诚度都上升了。再比如国家发布了汽车的尾气排放标准后，那些排放超标的汽车企业将受到严重影响，不但体现在销售数量上，而且将体现在品牌资产价值上。

考试链接

需要重点掌握的知识或技能：

1. 掌握品牌资产有形要素的构成。
2. 理解各有形要素的含义。
3. 掌握品牌资产无形要素的构成。
4. 理解各无形要素的含义。
5. 掌握各无形要素的资产价值及测量。
6. 掌握品牌资产变动的影响因素。

案例分析

星巴克如何打造品牌？

《商业周刊》评出的2001年全球100个最佳品牌中，星巴克排名第88位。与排名第一的可口可乐的品牌价值（689亿美元）相比，星巴克的品牌价值（18亿美元）是个小数。但是，《商业周刊》称星巴克是最大的赢家，因为在该年度，许多著名品牌的价值是大跌的（如施乐的跌幅为38%，亚马逊和雅虎的跌幅均为31%），而星巴克的品牌价值却猛增了38%，在100个著名品牌中增速位居第一。

要想确切地知道全球到底有多少家星巴克咖啡店是一件困难的事，因为全球每天都有咖啡店新开张——仅在中国的上海，每月就有一家新开张的星巴克咖啡店。目前它的店铺已遍布三大洲，最新的统计数字是 4435 家。除出售咖啡外，星巴克还出售自己品牌的咖啡器具、音乐制品和糖果。

星巴克公司创办于 1971 年，创始人是杰瑞·鲍德温（Jerry Baldwin）、泽夫·西格尔（Zev Siegl）和戈登·鲍拉（Gordon Bowler），公司主要销售咖啡豆。从 1971 年西雅图的一间咖啡零售店，发展成为国际最著名的咖啡连锁店品牌，星巴克创造了一个企业扩张的奇迹。

据克劳和库苏马诺的研究，企业快速成长有三种方式：其一，递加——将拿手好戏演到最好；其二，复制——在新区域重复商业模式；其三，粒化——选择特定业务单元发展。

星巴克的迅速成长差不多同时运用了这三个战略——星巴克在产品和服务上精益求精，即"递加"；不断在不同的区域增开咖啡店就是"复制"；从同时出售产品和服务转向以提供服务和体验为主，这实际上是"粒化"战略。

在谈到星巴克的成功之道时，星巴克主席兼 CEO 霍华德·舒尔茨说："顾客越来越精明了，再也不像以前那样相信商家了。因此我相信，今天建立一个品牌变得更为复杂了，因为人们有更多的选择。"

品牌的建立，似乎永远与巨额的广告费联系在一起。这方面的例子举不胜举。星巴克之所以值得关注，在于它开创了一种不依赖于广告的品牌建立模式。

这是一种什么样的品牌建立模式？星巴克到底靠什么取胜？雅斯培·昆德（Jesper Kunde）在它的《公司宗教》（Corporate Religion）一书中认为，星巴克的成功在于：在消费者需求的重心由产品转向服务，再由服务转向体验的时代，星巴克成功地创立了一种以创造"星巴克体验"为特点的"咖啡宗教"。

星巴克（Starbucks）这个名字来自于麦尔维尔的小说《白鲸》（Mobby Dick）中一位遇事极其冷静，极具性格魅力的大副，他的嗜好就是喝咖啡。麦尔维尔被海明威、福克纳等美国著名作家认为是美国最伟大的小说家之一，在美国和世界文学史上有很高的地位，但麦尔维尔的读者并不算多，主要是受过良好教育的人，而知道 Starbucks 这个人的更是少数的。星巴克咖啡的名称暗含其对顾客的定位——不是普通的大众，而是有一定社会地位、有较高收入、有一定生活情调的人群。星巴克咖啡不是快餐领域的麦当劳的翻版——后者面向所有消费者，尤其是对儿童和收入不高的消费者有很大的吸引力。星巴克的这种有所为、有所不为的经营方式取得了极大的成功。它追求的不是顾客的数量而是顾客的质量，是特定人群对于星巴克咖啡的"品牌忠诚度"。在美国，有些顾客每月光顾星巴克咖啡店的次数竟然高达 18 次。星巴克文化属于美国大众文化的一部分，更是美国大众文化中的精英文化，也可以说是精英文化中的大众文化。

1. 星巴克体验（Starbucks Experience）

星巴克的价值主张之一是：星巴克出售的不是咖啡，而是人们对咖啡的体验。这令人想起了东方人的茶道、茶艺。茶道与茶艺的价值诉求不是解渴，而是获得某种独特的文化体验。著名作家董桥说过，有身份的人不饮无道之茶，茶有茶道。而星巴克的成功在于它创造出的"咖啡之道"，让有身份的人喝"有道之咖啡"。

他们对产品质量的要求达到了发狂的程度。无论是原料豆及其运输、烘焙、配制、配料的掺加、水的滤除，还是最后把咖啡端给顾客的那一刻，一切都必须符合最严格的标准，都要恰到好处。除了产品本身之外，"星巴克体验"还包括店内诱人、浓郁的环境——时尚而雅致，豪华而亲切。人们来到星巴克，为的是放松或约会，摆脱繁忙的工作琐事。人们每次光顾咖啡店都能得到精神和情感上的报偿。因此，无论是其起居室风格的装修，还是仔细挑选的装饰物和灯具，煮咖啡时的"嘶嘶"声，将咖啡粉末从过滤器敲击下来时发出的"啪啪"声，用金属勺子铲出咖啡豆时发出的"沙沙"声，都是顾客熟悉的、感到舒服的声音，都烘托出一种"星巴克格调"。

星巴克将咖啡豆按照风味来分类，让顾客可以按照自己的口味挑选喜爱的咖啡。"活泼的风味"——口感较轻且活泼、香味均衡、质地滑顺、醇度饱满，并且能让人精神振奋；"粗犷的风格"——具有独特的香味，吸引力强。

2. 星巴克在产品、服务和体验上营造自己的"咖啡之道"

（1）产品：星巴克所使用的咖啡豆都是来自世界主要的咖啡豆产地的极品，并在西雅图烘焙。

（2）服务：星巴克公司要求员工都必须精于咖啡的知识及制作咖啡饮料的方法。除了为顾客提供优质的服务外，还要向顾客详细介绍这些知识和方法。

（3）体验：来过Starbucks咖啡店的人都会产生一些独特的经验，即"星巴克体验"。星巴克一方面鼓励顾客与顾客之间、顾客与星巴克员工之间进行口头或书面的交流；另一方面，也鼓励员工与员工之间为自己是一个星巴克人而感到骄傲。

3. 第三场所（Third Place）

星巴克公司努力使自己的咖啡店成为"第三场所"——家庭和工作以外的一个舒服的社交聚会场所，成为顾客的另一个"起居室"，既可以会客，又可以独自在这里放松身心。可以说，星巴克的这个目标实现了，因为有很多顾客在一月之内会光顾咖啡店十多次。

4. 浪漫（Romance）

星巴克人认为，自己的咖啡只是一种载体，通过这种载体，星巴克把一种独特的格调传给顾客，这种格调就是"浪漫"。星巴克努力把顾客在店内的体验化作一种内心的体验——让咖啡豆浪漫化，让顾客浪漫化，让所有感觉都浪漫化……这些都是顾客在星巴克感到满意的因素。舒尔茨说："我们追求的不是最大限度的销售规模，我们试图让我们的顾客体会品尝咖啡时的浪漫。"

5. 授权（Delegation）

眼下有很多管理学家都谈到"授权"的概念，其中许多还描绘了精致的示意图，告诉你怎样才能做到这一点。但他们忽略了关键的一点，即在所有"授权"中，品牌授权可能是最具风险又最具收益的。当你把培育品牌的权利下放给每一个员工，而不是由高层管理人员来包揽时，每个员工的行为就直接与品牌价值有关了。

6. 学习旅程（Learning Journey）

星巴克的"学习旅程"（每次 4 小时，一共 5 次的课程），是所有新合伙人在就业头 80 个小时中都要上的课程。从第一天起，新合伙人即熏陶在星巴克的这种价值和基本体系之中。

在新店正式开业之前一周，新合伙人的新友们会参加开业前的聚会。在一周内晚间所获得的收入，会作为慈善金交给咖啡店所在的社区。在聚会当天，店主鼓励合伙人煮咖啡品尝，并与其他合伙人一起同顾客讨论。这有助于合伙人与顾客学到更多关于星巴克所提供的不同咖啡的知识。

7. 零售复制法（Retail Duplication）

舒尔茨经常说，星巴克以一种商业教科书上没教过的方式创立了自己的品牌。星巴克的"第三场所"的概念，集中体现了成功的"零售复制法"，而又不成为咖啡店行业中的麦当劳。舒尔茨说："星巴克的成功证明了一个耗资数百万的广告不是创立一个全国性品牌的先决条件，即它并不能说明一个公司有充足的财力就能创造名牌产品。你可以循序渐进，一次一个顾客，一次一家商店或一次一个市场来做。实际上，这也许是在顾客中建立信任的最好方法。通过这种直接对话的方式，再加上你的耐心和经验，用不了多久，你就会将一个地方性品牌提升为一个全国性的品牌——一个多年来关切个人消费者和社区利益的品牌。"这说明了为什么广告并非星巴克发展的推动力。从建立至今，星巴克花在广告上的费用不超过 2000 万美元。

"办好一个店，就等于办好了一万个店。"这听起来匪夷所思，然而却是事实。实际上，创办至今只花了不到 2000 万美元广告费的星巴克公司的目标是——全球开 20000 家星巴克咖啡店。了解星巴克经营之道的人都知道，这对于星巴克来说并非什么难以实现的神话。

8. 咖啡宗教（Coffee Religion）

这是雅斯培·昆德在《公司宗教》一书中讨论星巴克品牌时使用的一个词汇。把咖啡与宗教这两样东西相提并论似乎不伦不类，其实不然。著名的宗教社会学家卢克曼认为，在现代社会，随着体制化的宗教（有形的宗教）的变化，将出现越来越多的"无形的宗教"。人们在少男少女对明星的崇拜中，在球迷们狂热的呐喊中，在各种亚文化群体（如同性恋群体）中，都能感受到不似宗教胜似宗教的东西。《经济学家》杂志最近发表的一篇文章说：从仅仅为了确认产品到包含整个生活方式，品牌正逐级演化成一个不断增长的社会空间。在发达国家里，有人认为，品牌已经扩张到有组织的宗教衰落后留出的真空中。消费者愿意为一个品牌付出额外的钱，是因为这个品牌似乎代表了一种生活方式或者一套理念。

因此，耐克用"Just Do It"来说服跑步者，他们出售的是个人的成功；可口可乐则把其"嘶嘶"作响的饮料与无忧无虑的快乐联系在一起。

星巴克的"咖啡宗教"是由具有大致相通的人生情调、社会身份的人组成的一个共同体。用舒尔茨的话来说，"如果人们认为他们与某公司有着相同的价值理念，那么他们一定追求该公司的品牌"。星巴克公司就是这种"咖啡宗教"的"教会"，星巴克咖啡店就是散布在各处的"教堂"，星巴克的合伙人就是这种"宗教"的"神职人员"，在经过严格的教育和价值熏陶后，把一套知识、格调传达给他们的"教民"——常常到咖啡店来做"晨祷"和"晚祷"的顾客。

把星巴克定义为一种"咖啡宗教"后，人们更能理解星巴克的品牌战略。所有的传统宗教都是以口口相传的方式传播的。这种看似原始、笨拙的传播方式的力量是惊人的，正如耶稣最初只有12个门徒（其中还有一个叛徒），如今信仰他的人却接近12亿人一样。有强烈人文精神的人会把这种"咖啡宗教"斥为"拜物教"，但他们无法否认，这种"无形的宗教"的影响力是难以抵挡的。

资料来源：丁桂兰. 品牌管理. 武汉：华中科技大学出版社，2008.

➡ 问题讨论：

1. 你认为星巴克这个品牌包含哪些品牌要素，分别是什么？

2. 为什么星巴克这个品牌能够快速地成长？

3. 星巴克品牌扩张的方式有哪些？

4. 试分析星巴克这个品牌是如何塑造的。

本章小结

★★★★

　　本章首先介绍了品牌资产的有形构成要素，是指那些用以标记和区分品牌的商标设计等有形的事物。主要的有形要素有：品牌的标志和标记、广告和广告乐曲以及包装等。其次介绍了品牌资产的无形构成要素，包括品牌知名度、品牌美誉度、品牌联想、品牌认知、品牌忠诚度以及附着在品牌上的其他资产。最后，介绍了影响品牌资产变动的因素，包括主要的新产品，产品问题，高层管理变动，竞争者行为，法律问题。

第四章

品牌价值化经营

学习目标

★★★★

知识要求 通过本章的学习，掌握：

● 工业产权与品牌价值塑造
● 销售渠道与品牌价值传递
● 品牌质押与品牌价值经营
● 品牌资产并购与品牌价值经营
● 品牌特许经营与品牌价值经营

技能要求 通过本章的学习，能够掌握：

● 专利与商标的应用
● 品牌渠道管理的方法
● 品牌资产质押的模式
● 品牌资产并购的方法
● 品牌特许经营的操作

学习指导

★★★★

1. 本章内容包括：工业产权、品牌渠道拓展、品牌质押、品牌并购、品牌特许经营等。

2. 学习方法：独立思考，抓住重点；与同学讨论品牌价值经营的不同路径；针对品牌并购、品牌特许经营等进行案例研究。

3. 建议学时：8 学时。

第一节　工业产权与品牌价值

　　大众传媒的迅速普及使得品牌作为企业无形资产的价值与日俱增，其所体现的品牌力成为企业最具有竞争力的竞争手段之一。因此，实现品牌资产的价值化已成为企业品牌资产管理的重要内容。

引导案例

奥普公司的品牌经营战略

　　杭州奥普电器有限公司成立于 1993 年，是一家专业生产、销售卫浴取暖电器的企业，是杭州市纳税大户、市级重点工业企业。1993 年，中国第一台浴霸产品在奥普公司诞生，这是一个集取暖、照明、换气于一体的"三合一"浴室取暖器。

　　奥普作为中国浴霸行业的领先者，从 2002~2007 年，连续 6 年占据市场销量第一的位置，市场占有率高达 40% 以上，在行业中遥遥领先。15 年以来，奥普凭借出色的设计、高质量的产品、完善的售后服务赢得了市场的赞誉。2006 年 12 月 8 日，奥普集团控股有限公司在香港主板成功上市，市值 25 亿港元。奥普公司作为"中国创造"的典范，在中国家喻户晓，是目前亚洲最大的卫浴取暖电器的研发生产基地。

　　奥普公司相继通过了 ISO9001 和 ISO14001 认证；奥普浴霸分别取得 CCC、UL、CUL、CE、SAA、KS、HVI 等多个产品认证，远销北美、欧洲、大洋洲在内的 50 多个国家和地区；奥普品牌陆续获得"浙江名牌"、"浙江省著名商标"、"浙江省知名商号"等荣誉；2005 年，奥普浴霸被授予"国家免检"称号；2006 年 1 月，奥普商标被认定为"中国驰名商标"。奥普公司致力于科技的创新，有强大的技术和研发能力，拥有 100 多项专利，积极参与了 5 项国家及行业标准的制定和修订工作，是《浴霸》国家标准制定的组长单位。

　　资料来源：杨晨. 品牌管理理论与实务. 北京：清华大学出版社，北京交通大学出版社，2009.

　➦　**思考题：**

　　1. 奥普公司的品牌价值体现在哪里？

　　2. 奥普的品牌之路给我们什么启示？

一、工业产权与品牌

问题 1： 什么是工业产权？工业产权与品牌的关系是什么？

工业产权，是指人们依法对应用于商品生产和流通中的创造发明和显著标记等智力成果，在一定地区和期限内享有的专有权。按照《保护工业产权巴黎公约》的规定，工业产权包括发明、实用新型、外观设计、商标、服务标记、厂商名称、货源标记、原产地名称以及制止不正当竞争的权利。在我国，工业产权主要是指商标专用权和专利权。

关键术语： 工业产权

工业产权，是指人们依法对应用于商品生产和流通中的创造发明和显著标记等智力成果，在一定地区和期限内享有的专有权。

知名品牌的创立离不开工业产权，即专利和商标。从消费者体验价值的角度，专利反映品牌的含金量，能使消费者获得更多的产品体验价值。品牌拥有的专利越多，说明品牌产品的技术力量越强、附加价值越高，其质量和品牌信誉越有保障，进而有助于企业掌握市场发展的主动权，获得市场竞争优势。由此，消费者对该品牌的认知度和忠诚度也会大大提升，对其产品价值的评价也会提高。例如日本松下电器公司一年的专利申请达 1 万件以上。在松下、佳能、海尔等品牌的宣传资料上常有"含专利××项"的介绍，目的是提高品牌内在的技术含量，外显品牌的内在价值，获得消费者的认同。

商标则有利于消费者识别和记忆企业的产品，促使消费者发生重复购买行为，并推荐其他消费群体购买该品牌产品，从而提高企业品牌的知名度。例如，海尔、格兰仕等诸多企业在产品宣传广告，以及产品外包装上都宣传其产品获得"中国驰名商标"称号，以外显品牌产品的价值。由此可见，专利和商标是企业创造品牌价值的内核，有助于企业提高品牌的知名度、美誉度和忠诚度。

二、工业产权的获取

问题 2：工业产权的获取及使用途径包括哪些？

(一) 企业"专利"战略

1. 专利利用战略

专利利用战略包括对本企业申请获权专利的利用和对其他企业专利的利用及其他企业利用本企业专利三个方面。具体战略的选择、运用、组合应科学地分析本企业与竞争对手或者合作方的企业规模、企业类型、企业业绩、企业信誉、企业技术实力、企业品牌实力、企业信息能力、企业发展战略等多方面的因素，在实践中灵活地选择和实施。

（1）专利独占战略，对任何国家的企业都不授予许可实施权，只追求专利权企业独家利益。但该企业要能承担开拓市场的风险和具有投资的条件。

（2）许可实施战略，许可其他企业实施本企业专利，收取一定的费用，该战略在本企业无条件实施的情况下采用。

（3）许可使用战略，自身生产能力远远不能满足市场需求的情况下，可许可其他企业使用本企业专利，收取一定使用费用的战略。

（4）专利与产品相结合的战略，持有基本专利的企业，允许其他企业使用自己的专利，但作为交换的条件，把本企业的产品强加给对方以提高自己在市场竞争中的地位。

（5）专利与商标相结合的战略，商品投放市场后，为了取得更大的利益，可以将专利权和相关商标权捆绑在一起出让或者许可。商标在市场上站稳脚跟，需要一定的时间和投资，为了减少商标的广告投资，可以采用强制使用商标作为使用专利权交换条件的战略。

（6）专利投资战略，以专利技术入股，与当地资本联合逐步在各国设立合资公司或合营公司，在该公司利用本企业的专利技术，从而掌握其支配权。例如，美国的杜邦公司擅长采用此战略。

（7）交叉许可战略，随着技术的复杂化、复合化发展趋势的加强，即使是大企业，也不可能独占技术，于是出现将各自拥有的技术互相靠拢，签订以相互的专利权交叉实施许可合同的战略，从而形成联合技术优势。另外，在与同行其他企业的技术十分接近，甚至权力归属错综复杂的情况下，为了防止混乱，也可采用交叉许可战略。可以是同类技术交换，也可以是不同的技术相互交换来弥补自身的薄弱环节。

（8）专利协作战略，各企业将相互拥有的专利权拿出来合作，是一种协同合作的战略。多以生产合作的形式出现，以防止出现专利纠纷。

（9）引进专利战略，本企业自身不搞技术开发，专门引进其他企业优秀专利技术的战略。

（10）专利收买战略，将竞争对手的专利全部买下，从而达到独占市场的战略。与引进专利战略不同，收买专利的目的不限于引进技术，最终是为了独占市场，专利收买战略要适可而止，否则就可能违反"反垄断法"。

（11）专利出售战略，当本企业专利闲置，成为虚价值或者低价值资产存量时，可将专利权当作普通商品出售，达到盘活企业资本的目的。

（12）专利回输战略，国家和企业均可采取专利回输战略。

（13）专利与标准相结合的战略。

美国每年花费7亿多美元用于研究和制定技术标准。这些标准大都捆绑了大量的美国专利。相反，中国每年仅仅用8000多万人民币研究和制定技术标准。由于中国每年要签发约4000个技术标准，因此每个标准能够获得的研究和制定费用平均约为2万元。目前，许多发达国家、跨国公司和产业联盟都力求将自己的专利技术提升为标准，以获取最大的经济利益，"技术专利化、专利标准化、标准垄断化"已经成为知识经济条件下国际竞争的新的游戏规则。标准的实质和特征就是技术体系中技术的知识产权，由于专利权具有地域性和排他性，一旦这种标准得到普及，会形成一定形式的垄断，尤其是在市场准入方面，它会排斥不符合该标准的产品，只将符合自己标准的产品奉为嫡传，从而达到排斥异己的目的。这就是技术标准和知识产权关系的关键所在。我们要与现在国际的技术标准与知识产权政策的游戏规则接轨，并制定出自己的技术标准与知识产权政策相结合的最佳方案。近年来，中国已经开始在一些重大领域投巨资研究和制定技术标准。例如，中国实施了三大领域（数字电视、EVD、等离子显示屏）的标准战略：清华大学、上海交大获得了国家3亿多元的拨款用于研究和制定数字电视的技术标准；在激光视盘机领域，中国信息产业部对北京阜国公司EVD技术标准的研究和制定提供了大力支持；在等离子显示屏领域，中国东南大学获得了较大的支持。中国近年来还公布了无线通信方面的加密技术标准。在制定上述技术标准的过程中，均要捆绑中国企业的专利，尤其是核心专利。在标准中推行专利战略的措施有：力争将自有专利技术纳入标准体系；组建知识产权联盟参与标准的制定；适度使用专利标准等技术壁垒。Phillips公司早在1998年就成立了"系统标准特许部"，负责技术标准管理工作和专利许可工作，形成了具有自己企业特色的"专利许可的特色套餐"。

活动 1：专利获取练习

某公司拥有某项专利，假如你是该企业的老板，请制定该项专利的使用策略。教师将学生分成若干小组进行讨论，每组同学派代表汇报其讨论成果。

2. 专利防御战略

在其他企业进行专利改进，或者其他企业的专利妨碍了本企业，为保护本企业，使本企业不受损失或使本企业所受损失减少到最低，需要采取专利防御战略。

（1）专利地图战略，在选定专利技术开发目标阶段，应充分利用专利文献制成专利地图等工具，分析、了解其他企业的专利情况，将产品开发引导到不侵犯他人专利的方向上，然后，还要密切注意其他企业专利的动向和最新进展，将此工作作为日常工作。

（2）文献公开战略，当没有必要取得独占权，但若被其他企业抢占在先申请专利又不妥当时，可抢先将技术内容在杂志上公开，虽然自己未能取得专利，但也达到了防止其他企业取得专利的目的。

（3）异议干扰战略，对其他企业申请专利权可以采取经常性的妨碍活动，提异议，请求专利复审委员会宣告无效。在中外法院受理的专利侵权案件中，以及在美国国际贸易委员会受理的 337 个案件中，绝大多数被告都会反诉对方专利无效。在这些案件中，相当多的专利会被宣告无效。

（4）异议获取技术信息战略，以异议获取更多的技术信息，对他人申请获权的基本发明进一步研究，作出更具先进性的改进发明，或对基本发明作表面上的改动，申请大量外围专利，迫使对方交叉许可，或者形成对抗的局面。

（5）外围专利战略，在竞争对手已经获得授权的基本专利的基础上开发质量更好的改进专利，或者申请大量的外围专利。

（6）绕开权项战略，绕过对方专利权项，开发不相抵触的技术。

（7）权项落空战略，当无法绕过对方专利权项时，应认真研究对方的权利要求书，看本企业的产品是否在其权利要求保护范围内，如若不在，提出证明。

（8）先使用权战略，若本企业的产品在对方专利的权利保护范围之内时，可提出自己的先使用权。

（9）引进、收买、取得实施许可专利战略，引进、收买对方的专利，或取得对方的专利实施许可。

（10）期满使用战略，有些基本专利无法突破，该基本专利若很快到期，可等到期满后再使用。

（二）商标使用策略

商标具有区别商品或服务提供者的作用，能够引导消费者认牌购物或消费，减少顾客的选择成本，从而提高企业品牌的认知度。在实践中，企业可以通过以下渠道获取商标专利权。

1. 内部获取渠道

内部获取渠道是指企业通过注册的方式来获取商标权。在实践中，我国企业也运用非注册商标销售产品。由于注册商标相对于非注册商标，其所有人可以排除他人在同一种商品或类似商品上注册相同或近似的商标，并且可以享有商标专利权。我国的"狗不理"、"王致和"等商标在海外均出现被抢注的遭遇，影响了品牌价值的实现。因此，企业应适时地注册商标，以保护企业的利益，维护品牌的价值。

2. 外部获取渠道

外部获取渠道是指企业通过并购的方式获取处于困境中的知名商标。例如，2004年1月，TCL与法国汤姆逊达成协议收购其商标，使得TCL可借助汤姆逊的商标在欧美市场上销售其产品。

3. 合作获取渠道

合作获取渠道是指企业通过商标联盟、合作的方式，成立新的合作商标，以提高新商标的知名度和认知度。例如，2001年8月，瑞典电信设备制造商Ericsson与日本电子消费品巨头Sony达成协议，成立新手机商标"Sony-Ericsson"，既提高了企业的资源整合能力，也提高了消费者对该商标手机的购买信心。

第二节 市场渠道与品牌价值

引导案例

"王老吉"的品牌推广战略

凉茶是广东、广西地区的一种由中草药熬制，具有清热去湿等功效的"药茶"。在众多老字号凉茶中，又以王老吉最为著名。王老吉凉茶发明于清朝道光1821年间，至今已有190年的历史，被公认为凉茶始祖，有"药茶王"之称。如今，王老吉凉茶更随着华人的足迹遍及世界各地。

　　"怕上火，喝王老吉"，已经成为耳熟能详的广告语。为更好地唤起消费者的需求，王老吉在电视广告上选用了消费者认为日常生活中最易上火的五个场景：吃火锅、通宵看球、吃油炸食品薯条、烧烤和夏日阳光浴，画面中人们在开心享受上述活动的同时，纷纷畅饮红罐王老吉。结合时尚、动感十足的广告歌反复吟唱"不用害怕什么，尽情享受生活，怕上火，喝王老吉"，促使消费者在吃火锅、烧烤时，自然联想到红罐王老吉，从而促成其购买行为。

图 4-1　王老吉凉茶广告

　　在市场推广上，除了强调传统渠道的 POP 广告外，还配合餐饮新渠道的开拓，为餐饮渠道设计布置了大量终端物料，如设计制作了电子显示屏、灯笼等餐饮场所乐于接受的实用物品，免费赠送。在传播内容选择上，充分考虑终端广告应直接刺激消费者的购买欲望，将产品包装作为主要视觉元素，集中宣传一个信息："怕上火，喝王老吉饮料。"餐饮场所的现场提示，最有效地配合了电视广告。正是这种针对性的推广，消费者对红罐王老吉"是什么"、"有什么用"有了更强、更直观的认知。目前餐饮渠道业已成为红罐王老吉的重要销售传播渠道之一。

　　同时，在针对中间商的促销活动中，王老吉还充分考虑了如何加强餐饮渠道的开拓与控制，推行"火锅店铺市"与"合作酒店"的计划，选择主要的火锅店、酒楼作为"王老吉诚意合作店"，投入资金与他们共同进行节假日的促销活动。由于给商家提供了实惠的利益，因此红罐王老吉迅速进入餐饮渠道，成为主要推荐饮品。

图4-2 王老吉的促销活动

红罐王老吉成功的品牌定位和传播，给这个有190年历史、带有浓厚岭南特色的产品带来了巨大的效益：2003年，红罐王老吉的销售额比去年同期增长了近4倍，由2002年的1亿多元猛增至6亿元，并以迅雷不及掩耳之势冲出了广东，2004年，尽管企业不断扩大产能，但仍供不应求，订单如雪片般纷至沓来，全年销量突破10亿元，以后几年持续高速增长，2008年销量突破100亿元大关。

资料来源：佚名.红罐王老吉品牌定位战略.哈佛商业评论，2008.

➡ **思考题：**

1. 王老吉实施的品牌推广战略有何成功经验？
2. 王老吉品牌渠道推广是否有助于其品牌价值的提升？

一、市场渠道力与品牌价值传递

问题3： 市场渠道力与品牌价值之间的关系是什么？

市场渠道力是指拥有品牌的企业对市场渠道的掌控能力。品牌的市场渠道力可以减少顾客的购买时间和成本，有利于企业争取更多的目标消费者，实现产品市场销售量的最大化，提高品牌的知名度和美誉度。例如，企业通过市场渠道建设，能够更好地控制市场销售终端，及时、准确地掌握消费者需求，使企业产品能更好地满足消费者体验价值的需要。又如，企业通过对市场渠道的控制，进行适度的品牌促销推广，可提升消费者对品牌的知名度，提高产品销量。因此，市场渠道力可以传递品牌价值，使品牌价值被消费者知晓和感知，从而提高品牌的市场认可度。

关键术语：市场渠道力

市场渠道力是指拥有品牌的企业对市场渠道的掌控能力。

二、渠道控制管理

企业只有掌控销售渠道才能将品牌的价值以低于成本和便捷的方式传递给消费者，才能提高企业的抗风险能力。因此，企业应注重对渠道掌控的管理，以提高品牌的价值和市场竞争力。

问题 4：渠道控制管理应从哪些方面着手？

(一) 建设品牌核心渠道

核心渠道建设是指企业通过对消费者的分析，建立密集的分销网络，从而将企业产品传递给消费者。企业品牌核心渠道的建设应强化以下环节的管理。

1. 重视目标消费者分析

企业应注重对消费者购买便利性及购买成本的分析，研究消费者的地理区域分布情况，以提高核心渠道建设的有效性。

2. 构筑密集的分销网络

密集的分销网络不仅可以降低顾客购买产品的成本，而且可以抗衡竞争对手。因此，企业应结合销售区域的情况和企业的渠道整合能力，构建密集的分销网络，以提高企业的渠道掌控能力。

3. 培养消费者对品牌的关注程度

无论是成熟市场还是刚刚开发的新市场，企业都要培养消费者对其品牌的专注程度，以提高消费者对该品牌的购买倾向。例如，金利来持续不断地在中央电视台做广告，旨在提高消费者对品牌的关注程度。

(二) 提升渠道驱动力

产品进入核心渠道后，会进入自然销售状态。自然销售状态的优点是销售费用低；缺点是销售业绩不会太高，一旦竞争者介入，企业的销售业绩就会下滑。因此，企业应通过以下管理措施，提升渠道驱动力，提升品牌的市场吸引力。

1. 树立与消费者分享利益的观念

企业对销量和价值的渴求与消费者对品牌体验价值的渴求是统一的。因此，企业应树立利益共享的观念，在获取自身销售业绩的同时，使客户通过核心渠道能体验到企业品牌快捷的价值。

2. 运用销售策略提升其渠道力

渠道驱动的实现需要企业制定合理的销售策略，以提高渠道竞争力。例如，薄利多销，其目的是吸引更多的消费者。我国品牌化妆品"大宝"，就是利用低价优质来吸引消费者的。

3. 采取渠道错位竞争

渠道错位竞争的目的是错开与竞争对手的区域、渠道、消费者群体、促销时机，以及提前或滞后销售的方式。但是，错位不是"错向"，企业应紧盯竞争对手的销售动态实施错位竞争方案。

4. 利用新产品驱动

推出新产品是企业维系持续经营、实现品牌持续价值化的必然选择。在既定的渠道策略下，企业要持续地把区别于竞争对手的新产品推向市场，以提高渠道的吸引力。例如，肯德基不断推出有别于麦当劳且适合中国消费者口味的新产品，如皮蛋瘦肉羹、老北京鸡肉卷、安心油条等。

（三）控制终端市场

同质化的竞争趋势使企业把竞争焦点转向终端市场，以提高企业的市场竞争力和风险抵抗力（如产业危机、金融风暴等）。企业在控制终端市场时，需要关注以下环节的管理。

1. 注重终端品牌的推广

由消费行为过程可知，消费者在购买产品的过程中对各种相关品牌的信息会表现得较为敏感。因此，企业需要重视品牌的设计和宣传推广，以提高消费者对品牌的识别度和认知度，并使其产生购买行为。

2. 明确促销目的

企业促销活动需要明确促销主题，即或者是提升销量，或者是遏制竞争对手的产品，或者是推广新产品。例如，高露洁牙膏的贝壳对比实验广告，其目的就是与竞争对手的产品相区别。然而，若企业对一个促销活动附加太多的促销目的则会降低促销活动的功效，背离促销活动的初衷。

第三节　品牌资产质押与品牌价值

引导案例

品牌资产质押

2006 年 9 月，上海顺利完成了专利质押融资第一单，上海中药制药技术有限公司通过专利质押方式，成功地向工商银行张江支行贷款 200 万元。

《中国知识产权报》2006 年 9 月 15 日报道：《"桐君阁"质押贷款 2580 万元》。2009 年 9 月 12 日，重庆桐君阁股份有限公司通过无形资产质押的方式，为其控股企业太极集团涪陵制药厂担保贷款 2580 万元。该公司将其控股子公司拥有的"桐君阁"商标质押给浦东发展银行重庆分行涪陵支行。据介绍，"桐君阁"商标品牌评估价值为 18.65 亿元。

资料来源：笔者根据网络资料整理而成。

思考题：

1. 品牌资产质押为什么可以融资？
2. 品牌资产质押有何风险？

一、品牌资产质押的含义

品牌资产质押在国外已有较长历史，且在发达国家形成了较完善的法律制度及配套中介服务体系，充分保障了品牌资产业务的顺利发展。

问题 5：什么是品牌资产质押？

品牌资产质押作为品牌资产价值经营的重要方式之一，日益受到国内企业的重视，已成为企业获得发展资金的重要方式。可口可乐原老板伍德拉夫曾说，即使可口可乐所有的工厂一夜之间化为灰烬，单凭可口可乐的品牌价值，为之贷款的银行就会争先恐后。

质押是指债务人或第三方将其动产或权利移交债权人占有，将该资产作为债权的担保，当债务人不履行债务时，债权人有权依法就该动产或权利卖得的资金优先受偿。按质物不同，质押可以分为动产质押和权利质押。2007 年《中华人民共和国物权法》第 223 条规定，"可以转让的注册商标专用权、专利权、著作权等知识产权中的财产权"可以进行权利质押。品牌质押主要是指以商标权、专利权等为质押物的资产质押，其目的是盘活企业无形资产。

关键术语：品牌质押

品牌质押主要是指以商标权、专利权等为质押物的资产质押，其目的是盘活企业无形资产。

二、品牌资产质押的市场风险

问题 6：品牌资产质押面临的风险有哪些？

品牌资产质押面临着无法回避的估值风险，主要包括以下内容：

1. 知识产权固有的风险

知识产权具有时间性、专有性、地域性等特点，其专业性、技术性非常强，贷款人通常缺乏相关方面的知识，对于出质的品牌价值难以估计，也无从测知其收益和风险。

2. 财产自主性及有效性不确定

知识产权的拥有依赖于法定条件的满足。按照法律规定，中国商标权法定保护期为 10 年，在商标权有效期间可能会因仲裁或诉讼被确认为无效、侵权，工商行政部门可以采取封存或收缴侵权人的商标标识，消除现存商品或包装上的标识等行政处罚手段，或者采取行政强制措施。当然商标权 10 年有效期届满可以申请续展，但若届时未及时续展则商标权就会失效。根据法律规定，中国发明专利权的保护期为 20 年；实用新型专利权和外观设计专利权的保护期限为 10 年。专利权会因其保护期限届满而终止其效力。

3. 财产收益的测度困难

品牌专用权对借款人的价值效用与其对非所有人的价值效用是不同的。知识产权的价值实现更依赖于所有者、管理者、特许使用者的技能，或者产品本身的质量标准和生产流程，质权人可能因不具备同样的管理水平和生产技能，难以获得相应的效益。因此，品牌资产质押中借款人财产收益的测度较为困难，即品牌质押具有收益的不确定性。

4. 不同的权益难以分割

知识产权的质押是其权益质押，还是其所蕴涵的使用费抵押，两者很难区分。贷款人如果接受知识产权的担保融资，应具备评估此类财产作为担保资产所产生风险的技能。实践中知识产权的收益分割和界定较难把握，即品牌质押具有较大的风险性。

三、品牌资产质押的模式

问题 7：品牌资产质押的模式包括哪些?

品牌资产质押作为企业利用无形资产融资的重要方式，其主要模式包括:

1. 联手担保公司模式

联手担保公司模式主要是指由担保公司作为品牌资产质押的经纪机构，参与企业的品牌无形资产融资的一种模式。市场知名度高的企业商标质押，特别是其与企业股权组合质押后，其信贷担保的风险完全可以控制。目前，在企业品牌尚难凭借无形资产的魅力打动银行的情况下，担保行业已介入融资过程。联手担保模式可以解决具有品牌优势的企业贷款难、担保难等问题，帮助企业突破生产经营扩张的资金瓶颈。例如，2004 年 8 月 26 日慧聪网报道：湖南长沙某知名公司顺利地与招商银行长沙分行签订了贷款协议，获得了 1000 万元的流动资金贷款，用于扩大再生产。

2. 政府协调模式

政府协调模式是指政府部门参与企业品牌资产质押和融资过程的一种模式，政府部门在企业的品牌资产质押融资活动中起到协调管理的作用。例如，2006 年 9 月，上海中药制药技术有限公司专利质押事件之后，浦东新区知识产权中心与工商银行张江支行就达成合作协议。政府就扶持科技型中小企业在自主创新方面进一步合作，探索专利质押的科学操作模式。工商银行张江支行有关负责人表示，专利质押的成功探索，为商业银行主动开辟贷款业务新品种增强了信心。

第四节 品牌资产并购与品牌价值

在全球化趋势的带动下，企业并购的浪潮正席卷全球。在中国市场上，并购尤其是品牌并购事件呈现逐渐增多的趋势。

引导案例

青岛啤酒的品牌并购

青岛啤酒股份有限公司（以下简称青岛啤酒）的前身为国营青岛啤酒厂，始建于1903年，是中国历史悠久的啤酒制造厂商之一。青岛啤酒的发展目标是充分发挥其品牌及技术优势，以民族资本为主，实行高起点发展、低成本扩张，尽快实现规模经济，整合民族工业力量，把青岛啤酒建成具有超实力、跨地区、跨行业、综合性的大型企业集团。

20世纪90年代后期，青岛啤酒运用并购等资本运营方式，在全国18个省、市、自治区拥有50多家啤酒生产基地，基本完成了全国性的战略布局。

青岛啤酒作为一个百年品牌和上市公司，拥有技术、资金、品牌、人才、管理等五大优势，而这些优势是其他品牌所不能比拟的。从行业环境来看，国内啤酒企业分化、重组，各大集团据守一方的格局已经形成，青岛啤酒要迅速做大，只有并购一条路。

青岛啤酒的并购非常成功，青岛啤酒资本运营的经验也很丰富。为了对新并购企业进行资源整合，青岛啤酒派出三个小组：第一个是灌模小组，实行厂务公开，选拔干部，注入青岛啤酒企业文化、管理理念和市场理念；第二个是技术工艺小组，实施设备改造，以青岛啤酒的工艺要求生产啤酒；第三个是贯标小组，将被并购企业作为青岛啤酒的子公司，按国际化和标准化进行管理。这三个小组是青岛啤酒并购管理的法宝。

青岛啤酒完成并购后，只需对并购企业注入少量资金，就能迅速扭转其被动局面，生产经营活动力大增。被并购企业没了包袱，背靠大树，底气十足，与那些背着包袱的企业竞争，显然是赢家。

青岛啤酒通过并购获得了企业的迅速发展和品牌资产的快速增长。2007年，青岛啤酒实现啤酒销售量505万千升，在中国的市场占有率达13%。2007年世界品牌实验室（World Brand Lab）公布的数据显示，青岛啤酒的品牌价值为258.27亿元，居中国啤酒行业首位。

青岛啤酒为2008年北京奥运会赞助商。

资料来源：杨晨. 品牌管理理论与实务. 北京：清华大学出版社，北京交通大学出版社，2009.

思考题：

1. 青岛啤酒品牌并购的成功经验有哪些？
2. 品牌并购有何风险？

一、品牌资产并购的定义

问题 8：品牌资产并购的含义是什么？

并购是兼并（Merger）与收购（Acquisition）的统称，是企业通过对另一企业控制权的掌握发展自身的一种手段。兼并与收购既有共同点又有不同点，其相同之处在于，两者都具有扩大企业自身实力和影响力、提升品牌资产价值的功效，都是通过资产运营控制另一家企业的手段。不同之处是两者所带来的法律后果不同，收购只会使企业的控制权发生转移，兼并则会导致一方或多方的解散及其法人资格的注销。

品牌资产并购主要是通过对另一家或一家以上企业品牌的兼并和收购，扩大企业自身的品牌运营规模，优化企业的品牌资产资源。

二、品牌资产并购的市场价值

问题 9：品牌资产并购的市场价值体现在哪里？

品牌资产并购能给企业带来市场竞争力的提升及品牌资产价值的增加。品牌资产并购的市场价值主要体现在以下三个方面：

1. 整合被并购企业的资源

品牌资产的并购方可以利用被并购企业的人力资源和生产设备，降低并购方的生产成本，拓展产品种类；利用被并购企业的销售渠道，实现渠道力的整合，扩大市场占有率；利用被并购企业的品牌推出新产品，从而提升企业品牌的市场价值。由此可见，有效的并购方案能使并购企业利用品牌资产资源，实现企业发展的良性循环。例如，我国的联想集团并购了 IBM 的 PC 领域相关技术和品牌，使企业不仅可以利用并购技术生产高质量的产品，而且可以利用 IBM 的品牌提升企业的终端渠道掌控力。

2. 获取高额利润

并购方可以凭借其规模大、技术先进、品牌知名度高和品牌资产价值高的优势，选择有技术优势、品牌优势和发展前景的企业作为并购对象，利用被并购企业的优势，实现强强联合，达到获取高额利润的目的。同时，企业可通过并购同行竞争对手来实现其对行业的垄断，从而获得高额利润。

3. 核心技术能力的延伸

品牌资产并购使得并购方和被并购方之间的不同技术创新项目相组合，产生整合效应并形成新的核心技术，进而提高并购双方的核心竞争力。企业根据持续发展的需要，合理选择并购对象可以实现并购企业品牌核心价值能力的构筑与拓展。例如，阿里巴巴是全球国际贸易领域最大、最活跃的网上交易市场和商人社区。阿里巴巴的目标是形成电子商务＋门户＋搜索＋即时通信，组成囊括互联网领域业务的完整核心业务链。2005年，阿里巴巴并购了雅虎中国，进而运用雅虎的搜索技术，丰富和扩大了电子商务的内涵，实现了核心技术能力的延伸，提升了阿里巴巴的品牌资产。

三、品牌资产并购的类型

问题 10： 品牌资产并购的类型包括哪些？

企业品牌资产并购是一种复杂多变的经营行为，其最主要的划分方法是按照行业标准，可划分为横向并购、纵向并购和混合并购等类型。

1. 横向并购

横向并购（Horizontal M&A）是指生产同类产品企业之间的品牌并购，即竞争对手之间的互相并购。横向并购容易实现规模经济，同时产生技术和管理的协同效应，即形成"1＋1＞2"效应。有效的品牌并购能使企业的运行效率大幅度提高，实现规模效益递增。例如，1997年3月，海尔集团并购了以生产洗衣机为主的爱德集团公司。此后，在海尔集团企业理念的影响下，以海尔命名的新一代电脑控制全自动洗衣机从顺德走向市场，实现了品牌资产的增值。横向并购的特点如下：

（1）品牌横向并购可以迅速扩大企业的生产规模，便于企业在更大范围、更高水平上实现专业化的分工协作，提高产品质量，降低产品成本，从而增加品牌的市场竞争能力，提升品牌资产的价值。

（2）横向并购能够改变行业竞争状况，提高行业集中度，扩大并购企业的市场份额和竞争优势，形成品牌的行业垄断，获取垄断利润，达到品牌资产价值的大幅增加。

2. 纵向并购

纵向并购（Vertical M&A）是指处于同类产品价值链不同环节的企业并购。例如供应商和客户之间的并购，是价值链上、下游之间的并购。纵向并购是生产过程或经营环节相互连接、密切联系的企业间的并购。例如，石油行业内的原油开采、石油精炼、化工与石油制品的销售企业之间的并购就属于纵向并购。

企业纵向并购的目的有两个：一个是降低交易成本，获取垄断利润。纵向并购实际上是对市场交易的一种替代，可以降低企业在外购过程中的搜寻和谈判成本。另一个是缩短企业的交易周期，节约运输和仓储费用，保证原材料和零部件的及时供应。

3. 混合并购

混合并购（Conglomerate M&A）是指处于不同行业的企业间的品牌并购，即并购双方既不是竞争对手，又不具有投入产出关系。混合并购一般有以下三种形态：

（1）产品扩张型并购。产品扩张型并购是指品牌优势企业以原有产品和市场为基础，通过并购其他企业进入相关产业的经营领域，达到扩大经营范围、增强企业实力的目的。例如，2004 年 TCL 集团对以手机产品为主的阿尔卡特的并购。

（2）市场扩张型并购。市场扩张型并购是指品牌优势企业通过并购目标企业的销售网络，从而扩张其市场领域，提高市场占有率。例如，2002 年 3 月联想集团并购管理咨询公司汉普国际，目的是借助汉普国际的咨询特色发展其 IT 咨询业务，扩张其经营市场领域。

（3）纯粹混合型并购。纯粹混合型并购是指产品和市场都没有关联的企业间的并购。例如，2003 年 11 月，中国重型汽车集团有限公司并购小鸭电器，以此解决其重型汽车业务整体上市等问题。

混合并购能形成多元化经营的企业集团，并可使集团内部享受到生产、销售及品牌资产等多方面的组合优势。

第五节　品牌特许经营与品牌价值

特许经营源于美国，是品牌联盟延伸的一种方式。企业通过品牌特许经营权方式，既扩大了企业品牌的知名度，又可为企业品牌的成长获得资金支持，实现资产价值的增值。

引导案例

7-11 便利店的特许经营

7-11 公司是世界上最大的便利店特许组织。该公司在全世界拥有 14000 多个特许加盟店，以较低的成本实现了经营规模的快速扩张。该公司自 1992 年起在中国开展特许经营业务。

7-11 便利店的店铺营业面积按总部的统一规定，约为 100 平方米。商店的商品构成为食品占 75%，杂志、日用品占 25%。商店的商圈为 300 米，经营品种达 300 种，都是比较畅销的商品。另外，总部每月要向分店推荐 80 个新品种，即经营的品种经常更换可以给顾客新鲜感。商店内部的陈列布局，由总部统一规定、设计。商店的建设、管理遵循 4 项原则：①商品必须齐全；②实行限度管理；③店内保持清洁、明快；④亲切、周到的服务。这 4 项原则是 7-11 便利店成功的秘诀。

7-11 公司便利店的特许经营制度主要包括以下内容。

1. 培训受许人及员工

7-11 公司为了使受许人适应最初的经营模式，对受许人实行课堂训练和商店训练，使其掌握 POS 系统的使用方法、接待顾客的技巧、商店的经营技巧等。总部应受许人的要求，围绕商店营运和商品管理、接待顾客等内容，可为其提高员工、临时工的业务经营能力，提供短期基础培训等服务。

2. 合理进行利润分配

7-11 公司的毛利分配原则是：总部将毛利额的 57% 分给 24 小时营业的受许人（16 小时营业的为 35%），其余为总部所得。商店开业 5 年后，根据受许人经营的实际情况，可按成绩增加 1%~3% 的毛利额对受许人实行奖励。如果受许人毛利率达不到预定计划，受许人可以得到一个最低限度的毛利额，以保证收入。

3. 给予多项指导

7-11 公司总部对受许人开业前要实行市场调查，从经营技巧培训，人才的招募与选拔，设备采购、配货，以及各种现代化的信息设备及材料方面对受许人给予支持，并为受许人的日常经营、财务事务等工作提供指导。

资料来源：杨晨. 品牌管理理论与实务. 北京：清华大学出版社，北京交通大学出版社，2009.

➡ 思考题：

1. 7-11 公司的成功经验有哪些？

2. 要想获得 7-11 公司的特许经营权需要具备哪些条件？

一、品牌特许经营的含义

问题 11：品牌特许经营的含义是什么？

特许经营是 21 世纪主流的商业经营模式，作为一种经营方法，它可以向任何行业领域扩张。根据中国商务部定义，特许经营是指通过签订合同，特许人将有权授予他人使用的商标、商号、经营模式等经营资源，授予被特许人使用；被特许人按照合同约定在统一经营体系下从事经营活动，并向特许人支付特许经营费。

特许经营最早起源于美国，1851 年 Singer 缝纫机公司为了推广其缝纫机业务，开始将缝纫机的经销权授予在美国各地设置的加盟店。撰写了第一份标准的特许经营合同书，在业界被公认为是现代意义上的商业特许经营的起源。

特许经营（Franchising）是许可证贸易的一种变体，特许权转让方将整个经营系统或服务特许经营系统转让给独立的经营者，后者则需支付一定金额的特许费（Franchise fee）。中国政府对特许经营的法律定义：特许经营指特许者将自己所拥有的商标（包括服务商标）、商号、产品、专利和专有技术、经营模式等以特许经营合同的形式授予被特许者使用，被特许者按合同规定，在特许者统一的业务模式下从事经营活动，并向特许者支付相应的费用。

二、品牌特许经营的市场价值

问题 12： 品牌特许经营的市场价值体现在哪里？

特许经营已有一百多年的发展历史，它所取得的成功已为世人瞩目。近几年，特许经营在我国也获得了巨大发展。

这一经营模式之所以长盛不衰，有其特有的经营优势。

（一）特许商利用特许经营实行大规模的低成本扩张

对于特许商来说，借助特许经营的形式，可以获得如下优势：

（1）特许商能够在实行集中控制的同时保持较小的规模，既可赚取合理利润，又不涉及高资本风险，更不必兼顾加盟商的日常琐事。

（2）由于加盟店对所属地区有较深入的了解，往往更容易发掘出企业尚没有涉及的业务范围。

（3）由于特许商不需要参与加盟者的员工管理工作，因而本身所必须处理的员工问题相对较少。

（4）特许商不拥有加盟商的资产，保障资产安全的责任完全落在资产所有人的身上，特许商不必承担相关责任。

（5）从事制造业或批发业的特许商可以借助特许经营建立分销网络，确保产品的市场开拓。有人讲，有人的地方就有可口可乐，有色彩的地方就有柯达。为什么这些品牌能够无处不在？原因就在于它们利用了特许经营方式进行了大规模的低成本扩张。

（二）加盟商借助特许经营"扩印底版"

有人形象地把加盟特许经营比喻成"扩印底盘"，即借助特许商的商标、特殊技能、经营模式来反复利用，并借此扩大规模。

（1）可以享受现成的商誉和品牌。加盟商由于承袭了特许商的商誉，在开业、创业阶段就拥有了良好的形象，使许多工作得以顺利开展。否则，借助于强大广告攻势来树立形象会是一大笔开支。

（2）避免市场风险。对于缺乏市场经营的投资者来说，面对激烈的市场竞争环境，往往处于劣势。投资一家业绩良好且有实力的特许商，借助其品牌形象、管理模式以及其他支持系统，其风险会大大降低。

（3）分享规模效益。这些规模效益包括：采购规模效益、广告规模效益、经营规模效益、技术开发规模效益等。

（4）获取多方面支持。加盟商可从特许商处获得多方面的支持，如培训、选择地址、资金融通、市场分析、统一广告、技术转让等。

（三）特许经营因其管理优势而受到消费者的欢迎

特许经营成功发展的另一个原因就是准确定位。由于能准确定位，使企业目标市场选择准确，能围绕目标市场进行营销策略组合，并能及时了解目标市场的变化，使企业的产品和服务走在时代前列。

三、品牌特许经营的类型

问题 13：品牌特许经营的类型有哪些？

（一）特许经营按特许权的内容划分

1. 产品品牌特许经营

较早出现的特许方式被称为"产品品牌特许经营"，又称"产品分销特许"，是指特许者向被特许者转让某一特定品牌产品的制造权和经销权。特许者向被特许者提供技术、专利和商标等知识产权以及在规定范围内的使用权，对被特许者所从事的生产经营活动并不作严格的规定。这类特许经营形式的典型例子有汽车经销商、加油站以及饮料罐装和销售等。目前在国际上这种模式逐渐向经营模式特许经营演化。

2. 经营模式特许经营

"经营模式特许经营"被称为第二代特许经营，目前人们通常所说的特许经营就是这种类型。它不仅要求加盟店经营总店的产品和服务，质量标准、经营方针等都要按照特许者规定的方式进行。被特许者需缴纳加盟费和后继不断的权利金（特许权使用费），这些经费使特许者能够为被特许者提供培训、广告、研究开发和后续支持。这种模式目前正在国内外快速发展。

（二）特许经营按特许双方的构成划分

1. 制造商和批发商

软饮料制造商建立的装瓶厂特许体系属于这种类型。具体方式是，制造商授权被特许者在指定地区使用特许者所提供糖浆并装瓶出售，装瓶厂的工作就是使用制造商的糖浆生产饮料并装瓶，再按照制造商的要求分销产品。可口可乐是最典型的例子。

2. 制造商和零售商

汽车行业首先采用这种特许方式建立了特许经销网。在石油公司和加油站之间有同样的特许加盟关系。它的许多特征同经营模式特许经营有相似之处，并且越来越接近这种方式，汽车制造商指定分销商的方式已经成为经营模式特许。

3. 批发商与零售商

这种类型的业务主要包括计算机商店、药店、超级市场和汽车维修业务。

4. 零售商与零售商

这种类型是典型的经营模式特许，代表企业是快餐店。

（三）特许经营按授予特许权的方式划分

1. 单体特许

单体特许是指特许者赋予被特许者在某个地点开设一家加盟店的权利。特许者与加盟者直接签订特许合同，被特许者亲自参与店铺的运营，加盟者的经济实力普遍较弱。目前，在该类被特许者中，相当一部分是在自己原有网点基础上加盟。单体特许适用于在较小的空间区域内发展特许网点。

优点：特许者直接控制加盟者，对加盟者的投资能力没有限制，没有区域独占，不会给特许者构成威胁。

缺点：网点发展速度慢，总部支持管理加盟者的投入较大，限制了有实力的被特许者的加盟。

2. 区域开发特许

特许者赋予被特许者在规定区域、规定时间开设规定数量的加盟网点的权利。由区域开发商投资、建立、拥有和经营加盟网点；该加盟者不得再次转让特许权；开发商要为获得区域开发权交纳一笔费用；开发商要遵守开发计划。该种方式运用得最为普遍，适用于在一定的区域（如一个地区、一个省乃至一个国家）发展特许网络。特许者与区域开发商首先签订开发合同，赋予开发商在规定区域、时间的开发权。当每个加盟网点达到特许者要求时，由特许者与开发商分别就每个网点签订特许合同。

优点：有助于开发商尽快实现规模效益；发挥开发商的投资开发能力。

缺点：在开发合同规定的时间和区域内，特许者无法发展新的加盟者；对开发商的控制力较小。

3. 二级特许

特许者赋予被特许者在指定区域销售特许权的权利。二级特许者扮演着特许者的角色；对特许者有相当的影响力；要支付数目可观的特许费；它是开展跨国特许的主要方式之一。特许者与二级特许者签订授权合同；二级特许者与加盟者签订特许合同。

优点：扩张速度快；特许者没有管理每个加盟者的任务和相应的经济负担；二级特许者可根据当地市场特点改进特许体系。

缺点：把管理权和特许费的支配权交给了二级特许者；过分依赖二级特许者，特许合同的执行没有保证；特许收入分流。

4. 代理特许

特许代理商经特许者授权为特许者招募加盟者。特许代理商作为特许者的一个服务机构，代表特许者招募加盟者，为加盟者提供指导、培训、咨询、监督和支持。它是开展跨国特许的主要方式之一。特许者与特许代理商签订代理合同，特许者与加盟者签订特许合同，合同往往是跨国合同，必须了解和遵守所在国法律。代理商不构成特许合同的主体。

优点：扩张速度快；减少了特许者开发特许网络的费用支出；对特许权的销售有较强的控制力；能够对被特许者实施有效控制而不会过分依赖代理商；能够方便地中止特许合同；可以直接收取特许费。

缺点：特许者要对代理商的行为负责；要承担被加盟者起诉的风险；要承担汇率等其他风险。但品牌延伸对企业而言，既可能是一本万利的好事，也可能是前进中万劫不复的深渊。未经理性决策的品牌延伸是很危险的。若对不可延伸的品牌进行延伸，或延伸到不应延伸的领域，无疑风险很大。要有效地回避品牌延伸风险，并大力发挥品牌延伸的作用，使企业迅速上新台阶，必须先对是否可以品牌延伸、延伸到哪些领域做出正确决策。

考试链接

需要重点掌握的知识和技能：

1. 掌握工业产权的概念。
2. 理解专利的利用与保护。
3. 掌握商标权的获取。
4. 掌握渠道控制的手段和方法。
5. 掌握品牌资产质押的含义。

6. 了解品牌资产质押的风险。

7. 掌握品牌资产质押的模式。

8. 理解品牌资产并购的市场价值。

9. 掌握品牌资产并购的类型。

10. 理解品牌特许经营的含义。

11. 掌握品牌特许经营的类型。

案例分析

特许经营成就品牌价值——从可口可乐公司的特许装瓶说起

特许经营对品牌价值的增长功不可没。特许经营对品牌的扩张往往是"四两拨千斤",远非常规的品牌培育、拓展、延伸式的"慢工出细活"过程可以相比。特许经营通过统一品牌运作和管理,积聚各方资源,满足最大范围消费者的需求,造就许多国际知名品牌。如可口可乐公司的特许装瓶系统巧妙地将品牌扩张和企业扩张结合在一起,别出心裁地营造出了一个世界级的可口可乐"红色世界",达成了可口可乐品牌在世界上的快速成长,促成了"可口可乐"成为世界第一品牌的目标,并成就了该品牌的巨大市场价值。

可口可乐公司在全球 180 多个国家和地区销售其碳酸饮料系列产品,"可口可乐"是世界第一品牌,品牌价值已达 700 多亿美元。可口可乐公司于 20 世纪早期尝试性地向一些地方性企业授予装瓶和销售经营权,逐渐建立了一个全国性的生产销售网络;第二次世界大战后通过向全球各地区扩大生产和销售,建立起操作规范和内涵丰富的特许经营网络,使可口可乐系列品牌在各地茁壮成长,取得了品牌的飞速发展和扩张。

在实施特许经营策略前夕,可口可乐公司虽已经过四五十年的发展,但受资金、信息等因素的影响,一直未能踏上国际化的路途。

(1) 因未实施独特的特许装瓶厂网络,"可口可乐"仅仅是一个地方性的软饮料产品品牌。可口可乐公司自有资金能力有限,经销商和消费者的要求得不到及时的满足,品牌滋长缺乏土壤。

1904 年,可口可乐公司已经在国内 379 个城镇销售其碳酸饮料——可口可乐。由于从生产基地运输到各地的运输费用较高,产品也不能及时送达。于是公司决策层考虑在产品销售当地设置生产厂。恰好小城镇的经销商希望拥有自己的公司,与快速蓬勃发展的可口可乐公司合作也是他们的梦想,双方一拍即合,考虑联合设厂,共同承担生产基地建设费用。这只是体现了特许装瓶系统的雏形,公司产品并未因此走出国门。

第二次世界大战时期，世界级战争让美国参战士兵长期有家不能回。在条件艰苦的前线，代表美国文化和美国生活的可口可乐饮料能让他们有了一点点"家"的感觉——当他们喝上一口清凉可口的"可口可乐"饮料后，马上就能体会到在家的舒适安逸，他们觉得自己仍旧过着美国式的生活。所以可口可乐公司运输到前线的"可口可乐"饮料在战区特别受欢迎，士兵对它有很大的需求。在这当中，艾森豪威尔这位联军指挥官无意间成了可口可乐公司向海外扩展的"功臣"：看到"可口可乐"饮料能让士兵摆脱孤独和苦恼，能稳定军心，提高士气，他亲自写信到亚特兰大可口可乐总部，要求每月给前线战士生产600万瓶可口可乐饮料。可以说，是极大的消费需求促进了可口可乐公司全球化的进程。试验工厂于1942年在前线建成，受到了广大消费者的热烈欢迎。但可口可乐品牌还只在美国参战士兵和部分盟军战士中传播和传颂，品牌全球化尚未形成。

巨大的市场前景使可口可乐管理层猛然醒悟：一定要充分利用这次世界大战的机会拓展国外市场并向全球进军！此时，特许装瓶模式才开始正式进入管理层的决策意识中，他们确立了建立特许装瓶系统为企业和品牌扩张的思路。

（2）由于品牌信息来源不足，不能透彻地了解当地情况，导致了分析问题脱离实际，决策准确性不强，品牌发展受到局限。

市场细分化是第二次世界大战后市场营销理论和战略的新发展。顾客是复杂多样的，一个企业不可能为所有的细分市场提供最佳的服务，只能根据自己的目标和资源，集中力量为一个或几个细分市场服务。"可口可乐"饮料虽然是单一的碳酸饮料，但各地的品牌具体策划和实施还必须针对实际情况而有所差别。市场信息的缺乏和不切合当地市场的实际，是可口可乐全球化发展的掣肘。

（3）未实施特许经营前，企业创始人未曾想能将其企业发展成为跨国巨鳄，拱手将企业出卖，将品牌发展的机遇白白奉送于人，差点也失去了品牌发展的机遇：可口可乐公司的创立者、可口可乐产品的开发者、可口可乐品牌的最初拥有人——彭伯顿先生，虽然研制出了可口可乐产品，并扩大了国内销售，但让可口可乐走向世界的人并不是他。这也成了他经营企业的一个极大遗憾：他找不到企业发展的最佳路径，最后他不得不将自己一手创立的可口可乐出售，将世界上的第一个可乐品牌、未来的世界第一品牌交给他人去经营。

由于可口可乐公司在描绘企业发展蓝图时能进行充分的研究与分析，同时抓住机遇，在企业发展上打破传统模式，乐于创新，寻找自己的发展道路，适时地推行特许装瓶厂经营系统，从而使企业出现了超常规发展，品牌营造更是登上了一个国际性的舞台。

（1）本土化原则使特许装瓶厂系统成为可能。对本土化理念功高至伟的当属提出者伍德夫，其理论精髓是：①在当地设立公司；②由当地筹措资金，总公司原则是不出钱；③除了可口可乐秘密配方的浓缩液外，一切设备、材料运输、销售等，均由当地企业自制自办。

伍德夫先生看中了公司的发展机会，借助第二次世界大战，果断地宣布，可口可乐公司将在全世界任何地方为美军三军人员生产5美分1瓶的可口可乐。此后，可口可乐公司借助特许装瓶系统，饮料的生产量达到了世界饮料生产的最高纪录。从太平洋东岸到易北河边，可口可乐就像蒲公英种子似的飞到了亚欧许多国家。第二次世界大战尚未结束，世界各地的可口可乐装瓶厂已经增加到了64家！如果不实施特许装瓶厂进行生产经营，"可口可乐"可能仅仅是美国的一个本土品牌，当然也就创造不出百年屹立不倒的品牌头号霸主！

（2）特许装瓶厂系统的主要运作方式。通过合作伙伴与当地优秀饮料企业合资，签订一定年限的特许生产经营合同，尤其在限定区域内生产、销售可口可乐系列产品，协同进行品牌维护和发展，这是特许装瓶系统的主要运作模式。

产品的主要功能是满足消费者的需求，假如产品能满足大多数人的需求，良好的品牌形象也就在消费者心目中树立起来了。如果要让一个企业的产品最大量、最快地满足不同细分市场、不同消费习惯的消费者，特许经营模式是各种企业快速拓展的首选模式。可口可乐公司不只是简简单单地让当地企业有经营国际大品牌的机会，它更希望通过装瓶厂系统达到品牌的快速扩张，永远做品牌扩张的领跑者。

通过设在各地的办事处与当地装瓶厂收集尽可能全面、系统、及时的市场信息，进行品牌发展研究和针对性的分析，以便做出正确决策，采取效果最好、反应最快、成本最低的市场措施，为品牌在当地发展寻找一条正确的道路；联合开展品牌宣传推广活动，扩大品牌影响力；共同调查市场，了解当地消费者的需求，进行新产品的开发和推广，延伸品牌价值；与当地装瓶厂的市场、业务部门共同进行品牌的销售发展，扩大销售范围、销售品种和消费者饮用量，从市场占有率和产品销售量中体现品牌价值；共同对品牌进行监控，通过专业调查公司、可口可乐公司市场调查系统和装瓶厂调查系统多方面对品牌发展进行推进、监督。通过以上这一系列的品牌运作，可口可乐品牌实现了稳中求胜。

（3）特许装瓶厂系统推出以后，在许多国家和地区取得成功。几十年来，可口可乐已经在全球借本土之力建起了1200多家装瓶厂。以特许装瓶理念为基础，可口可乐的全球化策略获得了极大的成功。

例如，可口可乐公司在中国实施的特许装瓶系统就是一个成功的典范。自1979年进入中国市场以来，可口可乐公司已投资十几亿美元与其三个主要的装瓶集团——嘉里、太古以及中粮油合作建立了25个装瓶厂，覆盖了中国绝大部分的省市。现在可口可乐（中国）有限公司已成为中国最大的饮料合资企业。二十几年来，在中国许多地区，"可口可乐"已成为"可乐"饮料的代名词。

（4）装瓶特许网络使可口可乐系列品牌价值升值。通过实行特许装瓶系统，"可口可乐"一个庞大而复杂的分销体系井然有序地建立起来，使财务控制能力也大大加强，实现了海外市场奇迹般扩大；并且每个装瓶厂集中精力于本地市场的运作，当地消费者能在"4P"策略下满意地消费，良好的品牌形象在他们心目中根深蒂固；同时因为能根据各地市场不同的特点进行有针对性的市场运作，产品极大地满足了世界各地消费者的需求，提升了品牌的价值。具体还可表现为：

①通过特许装瓶系统，不但积累了大量的当地资金，还省掉了大量的独自建生产基地和销售网络的费用。这省下来的费用，均用于当地进行产品的推广，进行媒体广告投放，扩大品牌影响范围，向消费者进行更深度的品牌渗透。同时，由于利用当地资金，可免去漫长的投资回收期，极大地降低了公司资产密集度。资产密集度过高，投资分析师就会低估公司的价值。在股票交易市场，资产密集度过高也会极大影响投资者的投资信心。

②可口可乐公司由于出售产品浓缩液给各地装瓶厂，浓缩液销售所得有利于进行品牌的再投入。例如，可口可乐公司在中国出售产品浓缩液所获得的收入基本上未当做利润上交，而是用于可口可乐系列品牌在中国的发展及装瓶厂系统在中国的壮大。近期成都市场的"红色风暴"品牌运动以及吉林可乐装瓶厂和长沙可乐装瓶厂的建厂投产目的只有一个：在这几个市场，可口可乐品牌要取得市场的领导地位。在可口可乐系统，评估工作业绩的主要指标不是销量，而是体现品牌价值的市场占有率。

③可口可乐公司认为自己首先是一个品牌公司，其次才是一个传统行业的生产经营企业，所以它坚决地实施统一的品牌战略，对品牌进行统一管理。品牌的价值很大程度上取决于统一的形象识别系统在消费者心目中所形成的共识。消费者对品牌的认知度越集中、统一，品牌在消费者心目中的价值就越高。当可口可乐品牌经典的红色标志扫荡中国九州大地的那一刻，也是"可口可乐"品牌价值高度体现之时！

④每四年一度的奥运会，作为奥运会的"TOP"合作伙伴，可口可乐公司均要在此时大做文章——在全世界的观众面前做品牌推广。可口可乐公司此时

均将举办城市的装瓶厂扶持为模范厂，利用其周密的销售网络与快捷的销售执行，协同品牌推进策略，掀起一阵"红色旋风"。在此时，品牌的国际推广与当地销售相得益彰，相辅相成。顺应 2008 年奥运会在北京的召开，为了可口可乐品牌在奥运会中获得再次提升，可口可乐公司对北京市场进行了大力投入。

⑤通过与合作伙伴和当地装瓶厂合作，推出适合当地消费者之品牌，使品牌线延长。在中国，与嘉里系统推出的"冰露"、与太古系统运作的"水森活"、与中粮集团开发的"醒目"、"天与地"品牌等，均极大地顺应了消费者需求，稳固和扩大了市场份额，使企业向全方位发展，品牌向全方位延伸。

⑥由于有装瓶系统进行具体的市场执行，可口可乐公司可从最繁杂的销售事务中脱离出来，有利于专心进行品牌运作、对品牌进行悉心的呵护和实施更长远的品牌规划。

⑦要启动新市场和开发空白市场，由于不是自己从总部抽调资金，独立建厂，而是有合作伙伴协同当地饮料企业共同组建生产基地，所以建厂速度快，能及时和快速地把握市场进入的有利时机，最快地将品牌辐射到空白区域，有利于品牌扩张。

可以看出，特许经营是借力出海，将好的东西尽快传播，尽快让最大面积的区域和最大量的消费者享受到优质的产品和服务的方式，它使一个企业脱离了传统的简单的生产型发展方式，将企业最重要和最核心的价值——品牌价值独立出来，脱离出来，尽快延伸和发展。毫无疑问，特许经营极大促进了最美好事物的发展。

特许经营已经成就了许多国际知名品牌，它给许多"给许企业"和"受许企业"提供了良好的发展机会。当然，随着社会的发展，更多新兴有效的合作方式将会出现，但特许经营在未来一定时期内的作用仍将是非常巨大的。我们更应该相信：特许经营还将在很长的一段时期内发挥其独特的作用，促进越来越多的企业的发展和壮大，使人类生产和经营取得更大的发展和进步！可以用"异常艰难"来概括"华为" 8 年的国际化历程——"屡战屡败、屡败屡战、败多胜少、逐渐有胜"的品牌策划战略，但依稀之间，已经看到了一丝希望的曙光。

资料来源：房家志.品牌扩张的有效途径：特许经营.世界标准化与质量管理，2003.

➡ **问题讨论：**

1. 你认为可口可乐在特许经营方面的成功经验有哪些。

2. 结合本案例谈谈特许经营与品牌价值提升之间的关系。

本章小结
★★★★

　　知名品牌的创立离不开工业产权，即专利和商标。从消费者体验价值的角度来看，专利反映品牌的含金量，能使消费者获得更多产品体验价值。商标则利于消费者识别和记忆企业的产品，促使消费者发生重复购买行为，并推荐其他消费群体购买该品牌产品，从而提高企业品牌的知名度。品牌的市场渠道力可以减少顾客的购买时间和成本，有利于企业争取更多的目标消费者，实现产品市场销售量的最大化，提高品牌的知名度和美誉度。企业只有建设品牌核心渠道、提升渠道驱动力、控制终端市场才能将品牌的价值以低于成本和便捷的方式传递给消费者，才能提高企业的抗风险能力。品牌资产质押作为品牌资产价值经营的重要方式之一，日益受到国内企业的重视，已成为企业获得发展资金的重要方式。由于品牌资产质押面临着无法回避的估值风险，因此需要通过联手担保公司或者政府协调等模式加以实施。并购是兼并与收购的统称，是企业通过对另一企业控制权的掌握发展自身的一种手段。品牌资产并购能给企业带来市场竞争力的提升及品牌资产价值的增加。企业品牌资产并购是一种复杂多变的经营行为，其最主要的划分方法是按照行业标准，划分为横向并购、纵向并购和混合并购等类型。品牌特许经营是21世纪主流的商业经营模式，作为一种经营方式，它可以向任何行业领域扩张。特许商利用特许经营实行大规模的低成本扩张，加盟商借助特许经营可以"扩印底版"。特许经营可以分为"产品品牌特许经营"和"经营模式特许经营"；按特许双方的构成分为制造商和批发商、制造商和零售商、批发商与零售商、零售商与零售商；按授予特许权的方式分为单体特许、区域开发特许、二级特许、代理特许。

123

知识扩展
★★★★

特许经营

　　特许经营是"舶来品"，即以经营权的转让为核心的连锁经营，最初起源于19世纪80年代。从美国胜家缝纫机公司建立起第一个特许经营网络以来，美国已成为特许经营最发达的国家：现在全美约有3000家零售特许商，25万加盟经营者，在美国国内经营着约60万个特许经营店。

　　特许经营也已成为中国经济发展不可多得的一种经营形式。中国虽至今还没有一家较大规模的特许连锁经营体系，但已在多个行业如百货、超市、医药、餐饮、电器、服装、钟表、眼镜、鞋业、糕点等如火如荼地开展。

特许经营对社会经济发展有很多益处，如对技术的发展、文化的延伸、产品的销售、管理的完善均有相当大的影响。它同时也是企业发展连锁体系惯用的成长策略，是创业者圆人生梦的捷径。

资料来源：房家志. 品牌扩张的有效途径：特许经营. 世界标准化与质量管理，2003.

答 案

★★★★

本章问题均可在文中标题处很容易找到，故不再赘言。

第五章

品牌价值管理的内容与指标

学习目标

★★★★

知识要求　通过本章的学习，掌握：

● 品牌价值管理内容

● 品牌价值管理的指标有哪些

● 如何选择品牌价值管理指标

● 品牌价值管理的定性指标与定量指标

技能要求　通过本章的学习，能够：

● 识别品牌价值管理的指标

● 选择恰当的品牌价值管理指标

125

学习指导

★★★★

1. 本章内容包括：品牌价值管理内容概述；品牌价值管理的指标及其选择，以及定性指标与定量指标。

2. 学习方法：独立思考，抓住重点；实际操作各品牌价值指标选择方法；广泛阅读相关资料，了解更多的品牌价值管理指标等。

3. 建议学时：8学时。

宝洁公司（Procter & Gamble，P&G）是世界最大的日用消费品公司之一，连续多年被评为美国十大最受尊敬的企业，被《财富》杂志评为最值得长期投资的企业。始创于 1837 年的宝洁公司，从 1931 年就开始引入品牌价值管理系统，如今宝洁每年要花费 30 多亿美元，在全球进行品牌营销，所营销的 300 多个品牌的产品畅销全世界 140 多个国家和地区，其中包括洗发、护发、护肤用品、化妆品、婴儿护理产品、妇女卫生用品、医药、食品、饮料、织物、家居护理及个人清洁用品。宝洁在全球拥有 50 亿消费者，美国 98% 的家庭使用宝洁的产品，远胜过世界上任何一家企业。宝洁成功的原因除了 160 多年来一直恪守产品高质量原则之外，独特的品牌价值管理系统也是其获得成功的重要因素之一。宝洁品牌价值管理系统一直遵循一个基本原则：让品牌经理像管理不同的公司一样来管理不同的品牌。宝洁公司的品牌价值管理系统是世界品牌价值管理的鼻祖，该品牌价值管理理念目前已成为宝洁公司经营运作的基石之一。同时我们也发现，今天，宝洁的品牌价值管理系统已经被全世界很多公司企业继承和演绎，成为营销战略中的一种模式，其品牌价值管理系统更被哈佛大学列为教学课程之一。

资料来源：笔者根据相关资料整理。

➡ **思考题：**

1. 简述宝洁公司成功与品牌价值管理之间的关系。

2. 品牌价值管理为宝洁公司带来了什么？

第一节　品牌价值管理内容概述

问题 1： 什么是品牌价值管理？

一、品牌价值管理的发展

英国学者莱斯利·德·彻纳东尼（Leslie De Chernatory）曾这样评价品牌价值：品牌价值（Brand Value）决定了品牌的地位，从本质上说，品牌是一系列功能性与情感性的价值元素。① 由此可见，品牌价值对于一个品牌、一家企业的重要性，而品牌价值管理就是为了使品牌维持其品牌价值重要作用的一系列活动。所谓品牌价值管理就是企业创造品牌，并为品牌注入价值，然后对品牌价值进行维护、增值等活动。品牌一旦有了其存在的价值，也就成为了企业的资产，因此品牌价值管理也就是品牌资产化的过程，它包括将品牌建设成为企业的品牌资产、对该品牌资产进行评估使其量化，以及不断努力使其增值等活动。

从营销的角度看，企业对自己的品牌注入了价值，就要对该品牌价值进行维护和增值，从战略的角度分析，品牌价值就是竞争的优势之一，这种竞争可以使企业持久保持优势。但是要达到这种效果，企业不仅要让品牌具有某种价值，更要将顾客因为此种价值而愿意与品牌建立紧密而长久的关系。也就是说，让顾客不但因为获得此种价值而购买此品牌，还愿意重复购买，对品牌具有忠诚度。实际上，这个过程表明顾客与此品牌已经建立了一个稳定长久的关系，那么，企业对品牌价值的管理就是要潜心维护这个关系，使品牌价值不减或者能够增长，才能在这个品牌上有取之不竭的商业利润。

20世纪80年代，西方国家尤其是美国所掀起的企业并购热潮，让人们开始关注品牌价值，并开始注重品牌的资产化研究。最早提出品牌价值这一概念的是美国的广告界，之后迅速成为营销界学者和营销管理者广为关注的重要概念。品牌的价值在于它是一种重要的无形资产，是企业最具有价值的资产，在企业兼并、并购、合资、资产重组、核算企业资产的种种活动中越来越受到人们的关注，所以品牌价值管理也就成为了人们关注的一大热点。对于品牌价值管理的研究始于20世纪80年代，直至今日，每年都会有"最有价值品牌"的报告发布，并引起人们的广泛关注。

品牌虽然作为一种无形资产，但却对企业的经营行为发挥着巨大的现实商业作用。因此在企业兼并、并购、合资、资产重组、核算企业资产的种种活动中，品牌往往作为一种资产以货币化的形式表现出来。例如，2005年，美国华尔街老牌投资人和金融家卡尔·爱康（Carl Icahn）以4000多万美元购得Pan Am品牌的使用权；1998年，德国大众汽车（Volkswagen）以10亿美元购买了劳斯莱斯的所有有形资产，而宝马则以6600万美元购得了劳斯莱斯品牌的所有权。许多分析家认为，对于劳斯莱斯的收购，宝马占到了便宜。②

---

① 莱斯利·德·彻纳东尼. 品牌制胜. 蔡晓煦等译. 北京：中信出版社，2002.
② 丁桂兰. 品牌管理. 武汉：华中科技大学出版社，2008.

二、品牌价值管理的内容（考试重点）

品牌价值是一项长期、持续的管理工作，需要为品牌积累一个有足够认同度的价值，而且必须考虑到消费需求的发展趋势；再者品牌价值是需要一个过程的，市场调研、深度研究等手段只能帮助我们认识最近的市场变化，以此为基础的定位策略未必完全正确；还需要指出，品牌价值需要接受时间和实践的考验，甚至需要作不断调整，但不能出现经常性的彻底改变。总之，品牌要具备发展动力，必须要有有效的核心价值作为支撑，品牌的核心价值要维持长久的认同，为品牌的发展提供持久的支持，就必须进行有效的品牌价值管理。

品牌价值管理的本质是企业通过一系列管理活动来追逐由品牌的无形资产带来的品牌溢价。这种品牌溢价表现为品牌名义下的产品价格溢价，这使得企业可以获得高于社会同类产品平均利润的品牌附加值。品牌溢价体现了品牌的附加值，在排除了其他外界干扰因素之后，品牌价值管理越是良性，品牌的溢价空间就越大，同时也会推动品牌无形价值的提升，从而形成一个良性的互动关系。一个良性的品牌价值管理过程，一般主要包括发现价值、创造价值和传递价值三大方面的内容。如图 5-1 所示。

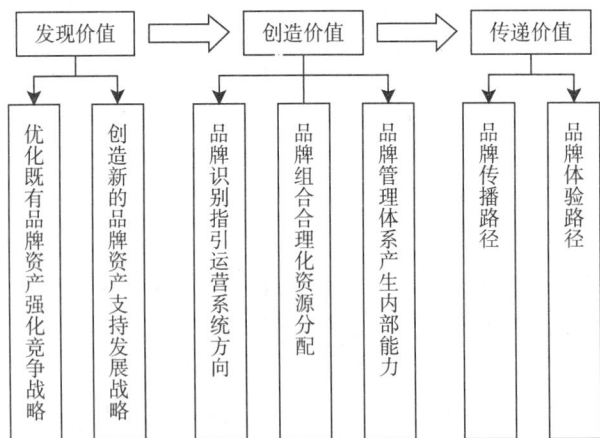

图 5-1　品牌价值管理过程

品牌管理首先要发现品牌价值，这要求优化既有的品牌资产以强化竞争战略，以及通过创造新的品牌资产以支持发展战略；品牌价值管理的第二步是创造品牌价值，这要求通过品牌识别来指引运营系统的方向，通过品牌组合来使战略资源的分配合理化，以及通过品牌管理体系（相应的组织、流程和绩效考核）来产生内部能力；品牌价值管理接下来是传递品牌价值，这要求做好品牌传播路径和品牌体验路径方面的工作。

总之，品牌价值管理是着眼于建立品牌价值和组合价值的一套完整的体系。首先，品牌价值管理要求快速创建品牌资产，采取品牌网络（产品品牌、公司品牌、个人品牌、技术品牌、服务品牌、背景品牌和联合品牌）的整体视野，通过设计鲜明的、丰富的（功能性、情感性和自我表达性）、差异化的和活力的品牌识别，贯彻持续一致的品牌传播和品牌体验，最终实现打造高知名度、高品质认知、高度联想和高度忠诚的强势品牌资产价值的目的；其次，品牌价值管理要求充分利用品牌资产，通过品牌延伸（横向延伸、纵向延伸和战略性延伸）、品牌授权、特许经营和品牌联盟四大提升手法，用品牌资产驱动新事业、新领域的成功，同时借由新的拓展、新的体验进一步增加和强化品牌资产价值；最后，品牌价值管理要求丰富品牌资产组合，这意味着从单一品牌平台走向复合品牌平台，从强势品牌走向强势品牌组合，从品牌资产价值走向组合资产价值，从而实现协同效应、杠杆力、相关性、核心和清晰度。

三、品牌价值管理的意义

问题 2： 企业为什么要开展品牌价值管理？

品牌价值管理一个主要的活动就是品牌资产的评估，品牌资产评估是企业或评估机构采用专业的测量工具对品牌这种重要的无形资产用货币计量单位来衡量和表达出来的过程。最初企业仅是通过对品牌资产进行评估来改善其不良的资产负债表，后来在品牌评估过程中人们逐渐认识到品牌评估的作用和意义不仅于此，还有更重要的方面，具体来说表现在以下五个方面：

1. 提供管理信息，提高管理决策效率

对公司的品牌资产进行评估，能够给公司的所有人提供品牌相关的更多、更长期的信息，从而为公司的经营者提供管理、决策依据，有利于公司的营销和管理人员对品牌做出明智的决策，合理分配公司资源，减少由于经营管理不当所造成的浪费。特别是经济全球化的今天，公司规模不断扩大，往往一个公司拥有多个品牌，在各个品牌的管理上，品牌资产评估能够为经营者们提供如何合理分配公司有限的资源的依据。

2. 是品牌兼并、收购和合资的需要

在现代经济社会，公司之间的兼并、收购频繁发生，使得很多公司意识到，对品牌资产进行周期性的评估是必须的，这有助于比较客观、公正地衡量品牌资产的价值，帮助购并双方对品牌资产的价值达成共识。在公司兼并、收购过程中，品牌资产的价值在收购业务中占有越来越重要的地位，有形资产如

公司的股票、厂房、仓库等，通常仅占收购价值的一小部分。例如，1988 年，雀巢（Nestle）公司以超过目标公司有形资产 5 倍的价钱购买了英国的罗树（Rowntree）品牌。因此，品牌资产评估不仅有助于帮助企业发现收购的机会，还有助于在收购过程中价格的协商。

3. 激励投资者信心

品牌经过评估，可以告诉投资者公司的品牌值多少钱，同时也显示出公司品牌在市场上的显赫地位，帮助投资者对公司的价值有更为全面、正确的了解，还有助于激励投资者的信心，提高投资者的交易效率。

4. 激励公司员工，提高公司声誉

品牌资产评估不但向公司外的人们传达公司品牌的健康状态和发展情况，更重要的是向公司内部的所有阶层员工传达公司的愿景与信念，激励公司员工信心。同时，这也促进了企业内部重视对公司品牌的维护。

5. 使公司资产负债表结构更加健全

资产负债表能够综合地反映公司以及与其股权有联系的企业的全部财务状况，是银行贷款、股民投资的参考依据。将无形资产与有形资产一起列入资产负债表中，能够如实地反映公司的实力，降低公司的负债率，使公司的资产负债表更加健全。品牌资产作为重要的无形资产，不同于设备、厂房等有形资产，具有不确定性、虚幻性和可变动性等特点，因此，品牌资产货币化必须要借助于专门的品牌资产评估进行客观、科学的评价。

品牌价值的概念发展至今并没有形成一个统一的定义，这就使得关于品牌价值管理的研究繁多，品牌价值管理领域缺乏一个科学、严谨、系统的概念体系和理论体系，品牌价值管理的方法也是多种多样。但是无论采用怎样的价值评估管理方法，都要求遵循收益性、客观性、一致性、公平性的原则。总之，品牌价值管理是为了公司以及其品牌更好的发展，无论价值管理的方法如何，只要是最适合公司的方法就是好方法。

阅读材料

三星"增肥"

1. 经典动作

（1）全球芯片产业霸主英特尔受到了韩国三星的强劲挑战，2004 年 10 月 8 日《商业周刊》发表分析文章称，随着三星的迅速崛起，英特尔地位岌岌可危。

（2）2004 年 8 月 2 日出版的美国《商业周刊》中，刊登了著名品牌咨询集团 Interbrand 评选出的全球最具影响力的 100 个品牌。韩国三星电子从去年的

25位上升到21位，品牌价值从去年的108.5亿美元上升到今年的125.5亿美元，增幅达16%，是全球品牌价值提升最快的品牌之一。

2. 价值点

近10年崛起的世界级品牌中，如果只提一个品牌，那无疑是韩国三星！5年前，我们还觉得韩国的电子品牌比日本与欧美品牌矮一截，也是因为三星，这种看法得到了转变。

三星品牌价值取得巨大进步的原因，除了持续赞助奥运赛事外，就是适时调整产品策略并实施全球性统一的营销和广告策略。三星所有的产品都淋漓尽致地体现了品牌新识别。围绕品牌新识别，三星还展开了一系列广告公关活动，创造让消费者接触三星数字产品的机会；为尽快摒弃低附加值的品牌内涵及传统电器的品牌形象，三星选用"青春、活力、时尚和在年轻人中人气极旺"的明星郑伊健、陈慧琳为形象代言人，把明星气质嫁接到品牌上；三星还按品牌新识别的要求，将终端通路策略进行了调整，放弃了其主要零售商沃尔玛公司，因为沃尔玛"对三星建立高端形象的努力会造成不利影响"。坚信品牌的价值，规划好品牌识别后让整个企业（研发、设计、广告、公关）都围绕品牌的新识别而展开，这是三星品牌迅速提升的秘诀，也是对中国品牌最大的启示。

资料来源：http://gc.cctv.com/20100603/101960.shtml.

第二节 品牌价值管理的指标及其选择

为了品牌价值管理得更加准确、效果性更强，选择科学合理的品牌价值管理指标是必不可少的。在早期的品牌价值管理中，品牌价值管理指标主要是认知和回忆两个方面，这是因为当时主要是广告公司利用品牌价值管理来评估其业绩，但现在品牌价值管理评估已经不仅是为广告公司所用，更重要的是企业为了更好的生产经营所需，因此仅仅这两个方面的指标是远远不能满足当今品牌管理的需求的。

一、品牌价值管理的指标

问题3：品牌价值管理过程可以选择哪些指标？

目前，品牌价值管理的方法繁多，品牌资产评估模型和方法也五花八门，不同的模型和方法所使用的指标是有差异的。但综合当今比较流行的品牌评估模型和方法来看，经常被考虑和使用的指标主要是分布在品牌指标、营销指标、财务指标三大类中的 19 种指标，如表 5-1 所示。

表 5-1 品牌价值管理指标及其含义 [①]

品牌价值管理指标		指标含义
品牌指标	1. 品牌了解、认知、识别、回忆	测评不同条件下消费者区分品牌的能力
	2. 品牌契约履行	测评品牌对品牌契约的履行程度
	3. 品牌角色识别	测评品牌与品牌角色的一致程度
	4. 关联阶梯	测评品牌价值是处在上升、下降还是原地不动的情况
营销指标	5. 定位认知	测评在目标市场或细分市场中定位和销售信息的市场认知水平
	6. 赢得消费者	测评因品牌吸引力而联想起企业的消费者数量
	7. 流失的消费者	测评遗忘该品牌而转向竞争品牌，或离开该品牌所服务行业的消费者数量
	8. 市场份额	测评使用该品牌的潜在消费者（处于该品牌商品类别中的人）的百分比
	9. 现有消费者渗透	测评依靠品牌力量向现有消费者销售其他产品或服务的数量
	10. 客户忠诚度	测评消费者持续购买该品牌的程度以及这种忠诚持续的时间
	11. 购买频率	测评品牌能提高购买频率的程度（如与目前相比，能否让消费者每月多买一瓶可乐）
	12. 社会影响	测评一定时间内正面的公共关系影响品牌进步的次数
	13. 品牌关系	测评消费者对该品牌持何种感受以及如何对他人谈论起该品牌
	14. 推荐指数	测评消费者、影响着或其他利益相关者向新的潜在用户推荐该品牌的百分比
	15. 消费者满意度	测评消费者对该品牌产品或服务表现的满意程度
财务指标	16. 财物价值	测评该品牌在市场上的财务价值（假设该品牌被出售或用于投资）
	17. 溢价	测评与其他品牌相比，该品牌可以索要多大程度上的溢价
	18. 广告回报	测评广告预算方面的财务回报
	19. 顾客终生价值	测评一个长期忠诚的消费者的相关价值

这 19 种指标目前比较常用，其中顾客终生价值这一指标值得特别讨论一下。顾客终生价值是量化一个忠诚消费者的相关价值，从狭义来理解是指一个顾客在与公司保持关系的整个期间内所产生的现金流经过折现后的累积。从广义来理解，顾客终生价值是指所有顾客终身价值折现值的总和。通过下面的例

---

① 丁桂兰. 品牌管理. 武汉：华中科技大学出版社，2008.

子可以更为形象地阐述顾客终生价值这一指标。

假设王女士从 5 岁开始每天饮用一瓶价值 3 元的汇源果汁，则每年王女士在汇源果汁上的花费就是 1095 元，如果这个习惯王女士一直保持 60 年，那么王女士总共为此的花费将为 65700 元。当王女士为人母时，她的这种行为又会影响到她的孩子，如果王女士有一个孩子且她的孩子和她对于汇源果汁的消费行为是一致的，由此类推可得出王女士一生在汇源果汁上的消费，这就是王女士对于汇源果汁的顾客终生价值。

关键术语：顾客终生价值（Customer Lifetime Value）

顾客终生价值是指每个购买者在未来可能为企业带来的收益总和，从狭义来理解是指一个顾客在与公司保持关系的整个期间内所产生的现金流经过折现后的累积和。从广义来理解是指所有顾客终身价值折现值的总和。

顾客终生价值体现了顾客忠诚度的重要性及其影响，这一概念呈现出忠诚的消费者可以影响他人也成为品牌的忠诚者，这一评估指标的相关数据越准确，对未来回报和销售潜力的描述就越简单。

二、品牌价值管理指标的选择

不同的品牌价值管理目的和方法所选择的价值管理指标是存在差异的，企业应该根据其品牌管理的目的需要，综合考虑各方面因素，选择能够帮助企业取得品牌价值管理进步的指标。探讨品牌价值管理指标的选择，我们主要从以下三个方面展开。

问题 4：选择品牌价值管理指标需要遵循哪些原则？

1. 与品牌价值管理目的一致性原则

品牌价值管理比较常见的目的是为了了解品牌发展的现状，为品牌的兼并、投资等活动提供帮助，为品牌发展提供建议或指导。因此，在选择品牌价值管理指标时必须以此为出发点和归宿，使得所选的指标能够实现品牌管理的目的。

2. 全面性原则

选择的品牌价值管理指标应尽量体现出与品牌价值相关的重要内容，应该从多个层面、多个视角进行筛选，以确保品牌价值管理结果的全面有效。需要注意的是，全面性原则不是所有相关的指标都选择，而是要有所筛选，选择影响和反映品牌价值的关键性指标。

3. 可行性原则

品牌价值管理指标的可行性实际上就是指价值管理指标能够体现不同管理对象某一方面的共同特质，在同质的前提下通过量的比较来确定他们在质的方面的差异。品牌价值管理需要对品牌价值量化，这就要求选择的品牌价值管理指标首先应该是可量化的，同时还要力求指标的信息来源可靠，统计方法简单易行，具有可操作性。

4. 动态性原则

品牌的发展状况是一个动态的过程，因此品牌价值管理指标的选择也应该遵循动态性的原则，如当企业面临技术、社会、经济等方面的变化时，品牌价值管理指标应该能够作出相应调整，以适应和体现这种变化。

问题 5：什么样的指标是良好的品牌价值管理指标？

在选择品牌价值管理指标时我们应该遵循上面四种原则，再通过综合科学的分析，确定出此次品牌管理过程的良好指标，一般来说，良好的品牌价值管理指标具有以下四个方面的特征：

1. 简单易用

通过指标所得到的信息简单与否，会直接导致品牌价值管理的资金成本和时间成本的高低。如果指标经过调研分析得到的信息不够简单的话，势必会导致在分析指标提供的信息上花费评估过程中的大部分时间。品牌价值管理发展至今并没有证据表明所选指标的复杂性与其带来的价值存在相关性，因此在品牌价值管理过程中要尽可能地使用相对简单易用的指标，这也是品牌价值管理能否顺利进行下去的关键。

2. 容易获得

在品牌价值管理过程中，所选指标的相关信息应始终保持容易获得。如果一个指标的评测要花费几年的时间、大量的金钱和人力才能完成，那么这一指标对于此品牌价值管理的投资回报率会是很低的，因此也就不值得对其进行投资。目前国际上比较通用的是选择 6 个月内就可以评估一次的指标。

3. 可重复性

可重复性是指就品牌价值管理指标信息收集的方法而言，指标必须是可重复的。品牌价值管理指标只有相互参照和比较才能发挥作用，这就要选择不同的指标评估方法或标的都可以得到相应的信息。例如，在评估定位"认知"这一指标时，企业还想了解在这一指标上其取得了多大的进步，这就使得信息收集时必须从完全相同的消费者（或者情况类似的消费者）身上获得信息，否则将无法做出比较。

4. 提供决策依据

品牌价值管理指标应该是企业做出决策的依据所在，如果企业不能依据其作出决策，那么就应该放弃该指标而选择其他的能够提供决策依据的指标。例如，企业选择客户忠诚度这一指标，但是发现品牌对与客户忠诚度的维系并没有发生作用，这时，即使获得了再完美的客户忠诚度的信息数据，也不会对企业决策发挥多大作用，应该放弃该指标，转而选择与品牌影响有关的其他指标。

问题 6：如何选择恰当的品牌价值管理指标？

选择恰当的品牌价值管理指标应该遵循前面提到的选择原则，把握品牌价值管理指标特征，这些都是保证所选指标帮助企业获得战略性成长的关键。目前对于品牌价值管理指标的选择没有一个确定的模式，不同的品牌价值管理目的与方法所选择的指标是不同的。例如，明尼苏达矿务及制造业公司（Minnesota Mining and Manufacturing，3M）旗下拥有几百个品牌、几千种产品，但是该公司的评价体系始终遵循"Top Box"原则，只选取简单的评估指标；还有美国无线服务运营商 U.S. Cellular 公司在其品牌评估时仅采用 3 种评估指标。而与这两家公司不同的是可口可乐公司，其以全球为基础，每月通过 24 种不同的方法来评估品牌，涉及很多的评估指标。可口可乐所要求品牌评估的深度和复杂程度是目前所公认的合理的评估指标也满足不了的，但是可口可乐应该尽量保持结果的简单性，重点选择能够指引公司取得品牌资产管理提升的评估指标。对于品牌价值管理指标的选择，一般都是在品牌价值管理活动之一的品牌资产评估时遇到，因此，本节介绍品牌资产评估模型的指标选取特点。下面将介绍几种目前比较常见的品牌评估指标选择模式。

1. 扬·罗必凯公司（Young & Rubicam）品牌资产评估模型对评估指标的选择

美国著名广告公司扬·罗必凯公司开发的品牌评估模型针对不同的消费者用以下四个指标对每一个品牌的表现进行评估：

（1）差异性：即品牌在市场上的独特性及差异性程度；

（2）相关性：品牌与消费者相关联的程度，品牌个性与消费者的适合程度；

（3）品牌地位：品牌在消费者心目中受尊敬的程度、档次、认知质量以及受欢迎程度；

（4）品牌认知度：衡量消费者对品牌内涵及价值的认识和理解的深度。

在消费者评估结果的基础上，该模型建立了两个因子：一是品牌强度（Brand Strength），等于差异性与相关性的乘积；二是品牌高度（Brand

Stature），等于品牌地位与品牌认知度的乘积。由此构成了品牌力矩阵，可用于判别品牌所处的发展阶段。

2. 品牌资产趋势模型（Equi Trend）对评估指标的选择

由美国整体研究公司（Total Research）提出的品牌资产趋势模型针对消费者用以下三个指标评估品牌：

（1）品牌的认知程度（Salience）：消费者对品牌认知比例，也可以分为第一提及、提示前及提示后知名度；

（2）认知质量（Perceived Quality）：即消费者对品牌质量的评估直接影响到品牌的喜欢程度、信任度、价格等，这是品牌资产趋势模型的核心，因为消费者对品牌质量的评估直接影响到对品牌的喜欢程度、信任度、价格以及向别人进行推荐的比例；

（3）使用者的满意程度（User Satisfaction）：品牌最常使用者的平均满意程度。

综合品牌在以上三个指标的表现，从而计算出品牌在品牌资产趋势模型中的品牌资产得分。

3. 品牌资产十要素模型（Brand Equity Ten）对评估指标的选择

全球权威的品牌专家大卫·艾克（David A. Aaker）提出的品牌资产十要素模型。他从以下五个方面十个具体指标来评估品牌资产，如表5-2所示。

表5-2　大卫·艾克的品牌资产评估十要素

品牌评估十要素	
品牌忠诚度评估	（1）价格效应 （2）满意度/忠诚度
感知质量/领导能力评估	（3）感知质量 （4）领导性/受欢迎度
品牌联想/差异化评估	（5）价值认知 （6）品牌个性 （7）企业联想
品牌知名度评估	（8）品牌知名度
市场行为评估	（9）市场占有率 （10）市场价格与分销区域

其中，前四个方面表示的是消费者对品牌的认知，这种认知来源于品牌资产的四个方面：忠诚度、品质认知、联想度、知名度。第五个方面则是两种市场状况，表示着来自于市场而非消费者方面的信息。

4. 品牌资产引擎模型对评估指标的选择

国际市场研究公司（Research International，RI）提出的品牌资产引擎模型认为：虽然品牌资产的实现要依靠消费者购买行为，但购买行为的指标并不能揭示消费者心目中真正驱动品牌资产的关键因素。品牌资产归根到底是由消费者对品牌的看法，即品牌的形象所决定的。

该模型将品牌形象因素分为两类：一类是"硬性"属性，即对品牌有形的或功能性属性的认知；另一类属性是"软性"属性，反映品牌的情感利益。建立了一套标准化的问卷，通过专门的统计软件程序，可以得到所调查的每一个品牌的资产的标准化得分，以及品牌在亲和力（Affinity）和利益能力（Performance）这两项指标的标准化得分，并进一步分解为各子项的得分，从而可以了解每项因素对品牌资产总得分的贡献，以及哪些因素对品牌资产的贡献最大，哪些因素是真正驱动品牌资产的因素。

在品牌价值管理时，选择恰当的指标对于品牌的长远发展是至关重要的。在选择品牌价值管理指标时应该遵循与评估管理目的一致性、全面性、可行性、动态性的选择原则，选择简单易用、容易获得、可重复进行、提供决策依据的管理指标，这可以保证品牌价值管理指标能够成为帮助企业获得战略性成长的关键因素。

137

阅读材料

惠普品牌价值管理

"战略品牌管理"是营销学者凯勒的观点。在他看来，随着竞争的加剧，不同企业之间相互模仿和借鉴对方成功的做法，市场的同质化趋势日益明显，品牌成为企业引导顾客识别自己并使自己的产品与竞争对手区别开来的重要标志，它是比企业产品更重要和更持久的无形资产，也是企业的核心竞争力所在。

事实上，惠普的品牌变革中一个最重要的特点是：此次变革不是基于技术层面的变化，而是从战略品牌管理的角度进行的变化。

要从战略品牌管理的角度进行变革，惠普首先要解决的一个难题是战略定位，即如何选择一个跟竞争对手不同的定位。1999 年，惠普 CEO 卡莉·菲奥莉娜上任，当时的惠普正面临一个定位的难题。当时，许多 IT 大佬都要面对一个战略分水岭，即所谓的后 PC 时代难题，并由此分为"左派"和"右派"："左派"认为未来的方向是消费类市场，以惠普为代表，它并购了康柏；"右派"认为未来的方向是企业级市场，以 IBM 为代表，它卖掉了自己的 PC 部门。

惠普中国总裁孙振耀对惠普的新战略定位做了这样的描述："第一，进入21世纪的惠普应该选择什么样的战略定位，当时有很多方向可选，菲奥莉娜决定和康柏合并的时候，惠普选择了 IT 基础设施的定位，不做应用，不做顾问咨询，等等。第二，企业市场是惠普的传统市场，但是菲奥莉娜确定惠普要拓展个人消费市场，这是一个很重要的决定。"

2002 年之前，惠普的品牌定位偏向企业级市场，其品牌特性是"技术化"。2002 年惠普并购康柏后，惠普的品牌定位则转而偏向消费电子市场，其品牌特性是"个性化"的。

惠普转身的幅度是相当大的，这一转型完全改变了惠普品牌的传统定位。而惠普之所以能够超越戴尔、IBM，一个重要的战略就是采取了与众不同的定位。相关数据显示，2006 年惠普最大的亮点是在个人消费市场销量的增长，其中，惠普笔记本电脑销量增长了 24%，消费类电脑产品增长了 19%，一体机增长了 22%，家用照片打印机增长了 70%，多功能打印机增长了 160%。

因此，从战略品牌管理的角度来看，才能发现惠普品牌的变革之谜。惠普品牌变革的成功，首先就是它有一个清晰而坚定的战略品牌定位，其次才是具体的执行变革。2005 年，惠普现任 CEO 马克·赫德上任时，第一个决策就是不改变菲奥莉娜的战略。

资料来源：MBA 智库百科。

第三节　定性指标与定量指标

问题 7：如何划分定性指标与定量指标？

美国学者斯科特·戴维斯创新性地从定量指标和定性指标两方面提出了八大品牌价值管理指标，他认为这八大指标能够帮助企业实现——集中注意力维持和改进品牌图景；确定品牌塑造的努力对建立和维系现有消费者忠诚的影响；了解品牌塑造努力如何对品牌吸引新消费者的能力产生影响；确定市场是否很好地理解品牌定位等目标。如表 5-3 所示。

戴维斯的八大品牌投资回报测评指标对品牌价值从两个方面视角进行了阐述：一方面是定性的视角，品牌价值定性了解是建立在与品牌相关联的市场感知和购买行为的基础上的；另一方面是定量的视角，对品牌价值定量的把握是建立在财务以及市场的基础上的，主要评估品牌对企业未来的利润影响。

表 5-3　八大品牌投资回报测评指标①

定性评价指标——半年			
品牌认知	品牌定位理解	品牌形象识别	品牌契约履行
测评当前对品牌名称的识别、了解、回忆的程度	测评对定位和销售信息的当前认知度以便检验对特定细分市场的传播是否有效	测评品牌角色和联想如何被感知，以及要对哪些部分进行修改和完善	测评消费者对品牌契约要素表现的满意程度
定量评价指标——每年			
品牌赢得的消费者	品牌带来的消费者维系和忠诚	品牌带来的渗透和频率	品牌的财务价值
测评通过品牌资产管理努力所获得的真正消费者	测评如果没有品牌资产管理努力将流失的消费者数量	测评依靠品牌资产管理努力现有消费者多买产品或服务的数量	品牌所能获得的价格溢价与竞争对手的价格之差乘以销售数量（或类似变量）

阅读材料

斯科特·戴维斯简介

斯科特·戴维斯（Scott M.Davis）——先知品牌战略公司（Prophet Brand Strategy）芝加哥地区总经理，曾任宝洁公司营销和渠道经理。此外，他还是西北大学凯洛格管理学院（Kellogg Graduate School of Management）副教授、《品牌周刊》（Brand Week）颇有建树的编辑、著名营销杂志《客户营销》（The Journal of Consumer Marketing）编委会成员。其作品曾刊登于《华尔街日报》（Wall Street Journal)、《财富》（Fortune)、《今日美国》（USA Today）等知名媒体上。作者与另一位著名品牌专家迈克尔·杜恩（Michael Dunn）合著的《品牌驱动力》（Building the Brand-Driving Business）中文版也是很具影响力的。

一、定性评价指标

问题 8：什么是定性评价指标？

戴维斯认为品牌价值的定性评价指标主要有以下四种：

1. 品牌认知

品牌认知是为了通过这一指标可以获得关于品牌认识、回忆和了解程度的

---

① 斯科特·戴维斯. 品牌资产管理. 刘莹，李哲译. 北京：中国财政经济出版社，2006.

详细信息。该评估指标包括两个特别的方面，即品牌认知度和品牌回忆率。品牌认知度是指受访者中知道品牌名称的人占总受访人数的百分比；品牌回忆率是指受访者被问及某一商品类别时，首先想到评估品牌的人数占总受访人数的百分比。品牌认知这一指标是品牌评估最先出现的指标，它主要是为衡量广告代理商的工作业绩提供依据，但是这对于企业了解其品牌回应的真正含义也是有着重要作用的。

2. 品牌定位理解

品牌定位理解是为了了解市场对品牌定位的理解程度，从而衡量品牌的定位是否有效或起到作用。这一指标的评估对象是品牌消费者的代表性样本，调查能反映出这些消费者对品牌定位的理解和领悟程度的相关信息。因为品牌定位理解是关于定位和相关品牌资产管理战略是否起作用的真实体现。所以它通常会作为品牌评估过程中最重要的指标之一。同时需要提醒读者，区分品牌定位指标和之前所述的认知指标是十分必要的，定位指标是假设品牌已经获得了认识度的基础上了解消费者意识到品牌的何种特殊性。

3. 品牌形象识别

品牌形象识别是为了帮助企业了解正在凸显的品牌角色的把握程度，以及正在实现的关联利益向何方扩展。品牌形象识别也是选取有代表性的消费者样本来评测，了解消费者对品牌形象的理解，并将这种理解与企业本打算赋予品牌的角色进行比较，同时这一指标的评估需要企业更好地了解消费者把何种层次的利益归结给了评估品牌。

4. 品牌契约履行

品牌契约履行是为了帮助企业了解在市场中品牌是否履行了契约，即企业实现了多少其品牌对消费者的承诺。该指标可以提供直观的报告，所反映企业如何具体执行品牌契约的各种约定和承诺。良好的品牌契约应该既包括品牌所保证的今天的承诺，同时也应该包括品牌未来的承诺，这是企业实现品牌愿景的关键。

二、定量评价指标

问题 9： 什么是定量评价指标？

戴维斯认为品牌价值的定性评价指标主要有以下四种：

1. 由品牌赢得的顾客

由品牌赢得的顾客主要是为了解企业通过品牌资产管理努力赢得新顾客的实际数量。所谓新顾客是购买企业新产品或服务的顾客总数减去过去某一时刻的总数。这一指标强调通过品牌资产管理努力选择企业品牌的顾客数量，其难点在于企业知道消费者购买企业产品或服务的原因，以及评估时能否把购买与品牌资产管理明确的联系起来。在实际操作中，为受访者提供多个备选答案，将有助于企业克服这一难点，获得与购买决策相关的更多细节。

2. 品牌带来的客户维系和忠诚

品牌带来的客户维系和忠诚是用来了解未能开展品牌资产管理战略的情况下可能流失的消费者数量，该指标只是针对企业如何理解消费者的品牌忠诚度，了解是否有其他品牌已经进入本品牌当前消费者的候选组中，以及消费者不选择其他品牌而继续选择本品牌的原因。评估该指标时会遇到一个困难，即如何了解消费者从最近的测评期间开始是否考虑放弃该品牌。解决这个困难的一个巧妙的办法是询问消费者从上次购买后，他们将会考虑购买何种其他品牌，然后询问其为什么选择本品牌。

3. 品牌带来的渗透和频率

品牌带来的渗透和频率是用来评估品牌现有消费者的数量及购买频率，识别由于品牌资产管理努力而使得消费者从企业购买更多的产品或服务的情况。评估该指标是通过衡量购买企业提供的新产品或服务的当前消费者数量，其中这些新产品或服务是对现有品牌的扩展。同时企业还应该了解品牌扩展所带来的新增收入，这能够帮助企业认识品牌成功的水平以及品牌扩展的意义，也能够更好地帮助企业估算出顾客的终生价值。

141

4. 品牌财务价值

品牌财务价值主要是指品牌能够索要的价格溢价与竞争对手产品价格的差别。该测评指标是衡量相对于竞争品牌而言，消费者原以为本品牌支付的金额，用产品的销售量乘以这个溢价，就能得到一个相对于竞争者的绝对经济价值。这一指标的数值代表着品牌为企业带来的收入或利润，能够帮助企业明确测评后如何改进，以及与竞争对手相比如何获得增值。

任何事物都是质和量的统一体，品牌价值管理也不例外。定性和定量指标并不能截然分开，一方面，定量指标在一定程度上反映了定性指标的不同，同时由于量的分析结果比较简洁、抽象，通常还要借助于定性的描述，说明其具体的含义。另一方面，定性指标又是定量指标的基础，因为定量指标的量必须是同质的——在数据分析前先要判断数据的同质性，在需要时，有些定性指标也可进行二次量化，作为定量指标来处理，以提高其精确性。

考试链接

1. 品牌价值管理三大内容及其具体要求。
2. 品牌价值管理的十九种指标及其含义。

案例分析

五粮液品牌价值提升的奥秘

五粮液以 526.16 亿元的品牌价值，连续第 16 次位居食品行业榜首。同时，五粮液集团旗下的五粮春、五粮醇也分别以 65.01 亿元、48.02 亿元的品牌价值位于第 39 位和第 50 位。与往年相比，五粮系列品牌价值整体都有较大增长，特别是五粮液品牌价值增长了 54.1 亿元。

据制定此榜单的睿富全球排行榜研究专家解释，品牌价值是指通过对品牌的市场占有能力、赢利能力、发展潜力的综合考量，来表述其品牌的行业地位以及发展轨迹。五粮液作为中国白酒行业的领军者，其品牌价值能够连续保持行业之首，并且还取得了大幅度提升，这不仅反映了五粮液的实力，也引领了中国白酒行业的品牌发展。那么五粮液品牌价值提升的奥秘是什么呢？不妨去追寻一番。

通过五粮液的发展和成长历史，不难发现，有五大至关重要的因素构成了其品牌价值提升的奥秘。

第一，成长历程中的不断积淀。五粮液已经拥有三千多年的历史，在漫长的发展历程中，五粮液将白酒的那份精髓与中国不同历史时期的独特文化，进行了去粗取精的融会贯通，留下了底蕴深邃的中国白酒文化。从唐代诗圣杜甫的"重碧拈春酒，青红劈荔枝"，到宋代黄庭坚的"王公权家荔枝绿，廖致平家绿荔枝；试倾一杯重碧色，快剥千颗轻红肌"，五粮液已经完全融入了人们的日常生活。随着明代"陈氏秘方"的诞生，"姚子雪曲"和"杂粮酒"的双名同行，晚清"五粮液"命名，1915 年巴拿马万国博览会金奖的荣获，一直到今天参与各种外交和对外文化交流活动，五粮液的优良品质和逐步积攒的文化内涵得到广泛传播和认可。

第二，发展战略方向符合市场需求。五粮液经过新中国成立后的重组振兴，在改革开放的大潮中，有远瞻性地制定了走品质路线、规模发展、立足中国、迈向世界的发展战略。随着社会的发展，消费者需求的日益增加，五粮液在前进的步伐中顺应时代的发展，创立了迎宾酒、婚宴酒、庆功酒、祝福酒等满足各阶层消费者需求的系列产品。为保护消费者的利益，五粮液不仅采用了高科技防伪技术，还创新地使用产品定位跟踪系统，确保每一瓶酒在销售的过程中都有据可查。同时，五粮液还积极寻求在海外拓展市场，并在发展中逐步扩大规模，形成产能优势，以满足更多市场需求。

第三，以酒文化搭建外交的桥梁。五粮液酒文化集合了中国传统文化的精髓，在各种外交场合或是对外文化交流中，通过各方对白酒的共同认识和欣赏，将中国文化传播开来，为中外互相熟悉、互相了解搭建沟通的桥梁。数年来，五粮液先后前往波士顿、多伦多、伦敦、巴黎、东京等地进行文化交流，在为世界打开中国白酒那扇窗的同时，也令中国悠久的历史文化在世界各地绽放。2010年5月，五粮液前往上海世博会献礼，邀请世界各国驻中国大使参与白酒品鉴活动，增进了各方的交流和友谊，并借此让外国友人在五粮液的醇香中体味中国文化的神韵。

第四，回馈社会展现责任。五粮液作为中国民族企业的代表，肩负着历史和社会赋予企业的双重责任。近年来，五粮液积极参与各种社会公益活动，在教育上为贫困地区建立希望学校，改善当地孩子求学难的状况；在拥军方面为部队院校的电视演讲大赛提供赞助支持；在民生上为落后贫困地区出资出物；在抗震救灾中，为前线官兵送水送食物，为灾民提供物资和食品。

2008年的汶川大地震，令都江堰外国语学校变成一片废墟，五粮液得知消息后，承担起了学校的重建工作，为广大师生带来了鼓舞和希望。据统计，在汶川地震中，五粮液先后为灾区重建捐助善款达7000多万元。2010年的青海玉树地震，五粮液又是在第一时间向灾区捐助了价值1500万元的物资，为灾区解决了燃眉之急。正如五粮液一直强调的，企业应该弘扬社会责任，为构建和谐社会出力。

第五，宜宾白酒产业规模铸造坚实后盾。酒都宜宾拥有四千多年的酒文化历史，以及蓬勃发展的酒产业，这为五粮液提供了良好的产业氛围和发展前景。据统计，截至2009年，宜宾拥有以五粮液为代表的白酒生产企业284户，白酒产值243.71亿元，白酒销售收入为396.83亿元。而四川省2009年的白酒产值为716亿元，白酒销售收入798亿元，由此可见宜宾白酒的产业规模之雄大，势力之雄厚。随着"中国白酒金三角·酒都宜宾·五粮液酒文化特色街区"的开工建设，标志着在"白酒金三角"战略指导下，五粮液将在以白酒为核心的基础上，建立具有附加值的酒文化街区、博物馆、主题公园、文化产业园等，从而在综合实力上将五粮液打造得更加强大，为未来五粮液飘香世界奠基铺路。

资料来源：www.cu-market.com.cn.

问题讨论：

1. 品牌价值管理为五粮液带来了哪些利益？
2. 五粮液品牌价值管理的关键因素是什么？

本章小结

品牌价值管理对于企业的战略成长具有重要意义，是企业创造品牌，并为品牌注入价值，然后对品牌价值进行维护、增值等的一系列活动。在品牌价值管理过程中，品牌价值管理指标的选择、确定和应用等问题是关系到品牌价值管理成功与否的一个关键环节。在选择品牌价值管理指标时应该遵循与评估管理目的一致性、全面性、可行性、动态性的选择原则，选择简单易用、容易获得、可重复进行、提供决策依据的管理指标，这可以保证品牌价值管理指标能够成为帮助企业获得战略性成长的关键因素。同时，企业在进行指标选择时也可参照一些著名的品牌管理模型，本章主要介绍了扬·罗必凯公司的品牌资产评估模型、品牌资产趋势模型、品牌资产评估十要素模型和品牌资产引擎模型对品牌价值管理指标的选择。最后，本章参照斯科特·戴维斯的八大品牌投资回报测评指标理论，重点分析了品牌价值管理的定量指标与定性指标理论。

第六章

客户导向的品牌价值评估方法

学习目标
★★★★

知识要求 通过本章的学习，掌握：

● 品牌评估方法分类
● 大卫·艾克的品牌资产五星模型及其十要素评价法
● 品牌资产金字塔模型与合成模型
● 扬·罗必凯公司品牌资产评估模型
● 品牌资产引擎模型
● 品牌资产趋势法
● 奥美集团的组合模型

技能要求 通过本章的学习，能够：

● 根据需要，为品牌价值评估选择适当的方法
● 应用本章所介绍的客户导向的品牌价值评估方法

学习指导
★★★★

1. 本章内容包括：品牌评估方法分类；品牌资产五星模型及其评价法；品牌资产金字塔模型与合成模型；扬·罗必凯公司模型与品牌资产引擎模型；以及品牌资产趋势法与奥美集团的组合模型。

2. 学习方法：独立思考，抓住重点；实际操作各品牌价值评估方法；广泛阅读相关资料，了解更多的评估方法等。

3. 建议学时：8 学时。

引导案例

100 年前珍贵李维斯牛仔裤被发现拍卖

这条蓝色牛仔裤是在莫哈韦沙漠地区的兰德矿区发现的，当时它被包裹在一个纸袋中。纸袋上的文字显示着当年一家商店的名字，据考证，这家商店已于 1898 年关门停业。

牛仔裤的腰部有一个李维斯的标牌（Levi's）——Levi Strauss，标牌上注明了腰围 86 厘米、裤长 84 厘米。裤子臀部和前腿处的颜色已经被磨浅，和现今流行的"沧桑感"牛仔裤很相似。目前李维斯公司没有对这条牛仔裤进行鉴定，不过卖家表示，倘若买家购买后不满意，可在 7 日内退货，并全额退款。拍卖结束前 5 小时，这条牛仔裤的竞拍价已经高达 9000 英镑。

"李维斯"是牛仔裤的"鼻祖"，最初发明人是德国一个制衣商的儿子，他萌生出为淘金的矿工设计适合的工作服的想法，后来历经修改，获得了专利，于 1853 年在旧金山开了一家以他的名字命名的公司。他的粗斜纹棉布牛仔裤结实耐用，又很合体，于是在加州矿工中大受欢迎。

19 世纪 90 年代中期，兰德地区的矿业非常发达，兴建了一大批矿，其中包括：兰茨堡矿、约翰内斯堡矿和红山矿，直到今天这些矿的产量仍很高。20 世纪早期该地区还发现了银矿和钨矿。

资料来源：http: //brand.icxo.com/htmlnews/2008/08/28/1308733.htm.

➡ **思考题：**

1. 一条并非名人穿过的破旧牛仔裤为何会被高价拍卖？
2. 卖家是如何估算出这条牛仔裤的拍卖价格的？

第一节　品牌评估方法分类

品牌价值评估发展至今已有 20 多年的历史了，在此期间，无论是在国际上，还是在国内，品牌意识已经深入人心。品牌充满了人们生活的方方面面，为了更准确地运用品牌，品牌价值评估就成为其必不可少的保障手段。在了解品牌价值评估过程中，我们首先需要掌握以下两个问题。

一、品牌评估方法的分类比较

问题 1：评估品牌价值的方法主要有哪几类？

首先，品牌评估是利用种种的不确定因素得到一个确切的数值，因此，无论评估方法如何都不可避免地带有主观性和不确定性；其次，品牌评估方法的发展是以对品牌资产概念的理解为基础的，而目前对品牌资产概念的理解仍存在着许多分歧；最后，品牌评估的目的与角度也存在着很大的差异性，这些因素都使得品牌评估方法层出不穷，难以统一。

品牌资产的概念的发展过程主要存在着三种不同的概念模型——财务会计概念模型、基于市场的品牌力概念模型、基于品牌关系的概念模型。这就使得品牌评估方法也大致经历了三个阶段：完全基于财务会计要素阶段；引进市场要素阶段；开始考虑消费者与品牌的关系，关注消费者在评估过程中重要作用的阶段。以品牌评估方法经历的三个阶段为基准，综观目前存在的品牌评估方法，我们将品牌评估方法大致分为三大类：客户导向的品牌评估方法、财务导向的品牌评估方法和其他，其中其他主要是指客户与财务导向相结合的评估方法。在本章及其接下来的两章我们会详细阐述这三大类评估方法。具体分类见表 6-1。

147

表 6-1 品牌资产评估方法分类表 [①]

评估方法的分类	评估方法的特点	代表性方法
客户导向的品牌评估方法	品牌资产是与消费者的关系程度，关注品牌资产的运行机制和真正驱动因素	品牌资产五星模型及其评价法 品牌资产金字塔模型与合成模型 扬·罗必凯公司模型与品牌资产引擎模型 品牌资产趋势法与奥美集团的组合模型
财务导向的品牌评估方法	品牌资产是公司无形资产的一部分，是会计学意义的概念，包括传统的财务方法和考虑了市场业绩要素的财务方法	传统的财务方法 Interbrand 方法 Financial World 方法 北京名牌资产评估有限公司的评估方法 明略行的 BrandZ 全球品牌百强评估 日本产经省品牌价值委员会的 Hirose 模型
其他（主要是客户与财务导向相结合）	品牌资产是相对于同类无品牌资产或竞争品牌而言，消费者愿意为某一品牌付出额外费用	溢价法 品牌抵补模型（BPTO） 联合分析法（Conjoint Analysis） 顾客忠诚因子评估法

① 周云. 品牌学：原理与实务. 北京:清华大学出版社，2008.

这些品牌价值评估方法有两大突出贡献：一是确定了品牌确有价值的信念，强势品牌是企业生存和成长的中心，值得企业为之作长期投资；二是提供了品牌竞争力比较的可靠证据，有效地检视品牌经营的状态。但是需要说明的是，这些方法都不可避免地存在一些缺陷。财务导向的品牌评估方法存在的缺陷主要在于，该方法将品牌归属于长期投资，但销售量、成本分析、边际报酬、利润及资产回报率等指标多半是短期性数据，而且都是来源于企业自身，这就使得主要运用短期性指标评价品牌绩效的财务导向品牌价值评估方法容易对品牌投资决策造成某种负面影响；客户导向的品牌价值评估方法是对会计方法的挑战，试图克服使用财务指标的不足，但是这些方法自身也存在着一些难点和问题，例如，如何找到与品牌价值相关的数据，如何确定某个指标的权重，等等。

二、品牌评估结果的多样性

问题 2：品牌价值评估的结果为何具有多样性？

品牌评估具有主观性和不确定性，对同一品牌的评估往往会发生具有多种结果的情况，这是正常现象，而且是很难避免的。导致品牌评估结果的多样性主要有以下三个方面的原因：

1. 品牌价值评估的角度不同

不同的品牌评估主体，在进行品牌评估时的角度是存在差异的，这必然会导致品牌评估结果存在差异。目前比较常见的品牌评估角度主要有两大类：

（1）消费者角度。从该角度评估时，侧重于品牌在消费者心目中所处的地位如何，目的在于通过识别品牌在哪些方面处于优势，哪些方面处于劣势，来实施有效的营销策略从而提高品牌的市场影响力。例如，消费者对品牌的熟悉度、品牌忠诚度、品牌质量感知程度、品牌联想等方面。

（2）公司或财务角度。从该角度评估时，侧重赋予品牌以某种价值。许多公司往往出于对公司购并、商标使用许可与特许、合资谈判、税收交纳、商标侵权诉讼索赔等情况涉及的对品牌价值的应用，从而涉及对品牌的评估，并发展出各种品牌价值评估方法。

2. 品牌价值评估的范围不同

不同的品牌评估主体，在进行品牌评估时的范围界定也是存在差异的，这也会导致品牌评估结果出现多样性。常见的品牌评估范围主要有：世界性评估，如《商业周刊》、《金融世界》的"全球 100 个最有价值品牌"排行榜；国家性评估，如"中国 500 个最有价值品牌"排行榜；整体性评估，如《商业周刊》

的"全球100个最有影响力品牌"排行榜；行业性评估，如"全球最佳食品品牌"排行榜等。

3. 品牌价值评估的使用方法不同

虽然在品牌评估过程中，对同一品牌评估所获得的主体数据大体是相同的，但是由于目前品牌评估的方法层出不穷，各有千秋，在对数据进行处理时计算的方法以及对品牌未来价值预测方面也就存在着差异，这就使得对同一品牌进行评估时会出现多样性的结果。

第二节　品牌资产五星模型及其评价法

一、大卫·艾克的品牌资产五星模型

1991年全球权威品牌专家品牌资产的鼻祖大卫·艾克（David A. Aaker）教授出版了其第一部品牌专著《管理品牌资产》（Managing Brand Equity）。在该本专著中，大卫·艾克教授通过综合前人的研究提出品牌资产是由五个方面组成，这五个方面包括品牌知名度（Brand Awareness）、感知质量（Perceived Quality）、品牌联想度（Brand Association）、品牌忠诚度（Brand Loyalty）和其他品牌专有资产（Other Proprietary Brand Assets）。[①]

图6-1形象地展示了大卫·艾克的品牌资产五星模型。其中，品牌知名度是指潜在消费者认识到或记起某一品牌是某类产品的程度，包括品牌识别、品牌回想、第一提及知名度三个级别；感知质量是指消费者依据自己的使用目的和需求状况，通过与其他品牌或期望相比较，对某一品牌产品的整体性能优良度所做的主观评价；品牌联想度是指消费者通过品牌而产生的所有联想，即一提及某个品牌时，消费者脑海中所想到的任何与品牌相关的事物，这些联想是对产品特征、消费者利益、使用场合、产地、人物、个性等的人格化描述；品牌忠诚度是指消费者在购买决策中多次表现出来的对某一品牌有偏向性的（而非随意的）行为反应的程度，也表现为消费者持续购买某一品牌产品的意愿程度，包括无品牌忠诚者、习惯购买者、满意购买者、情感购买者和忠诚购买者五个级别；其他品牌专有资产主要包括商标、专利等知识产权等资产，以及如何保护和管理商标、知识产权等其他与此相关的项目。

149

---

① Aaker, David A. Managing Brand Equity. New York: Free Press, 1991.

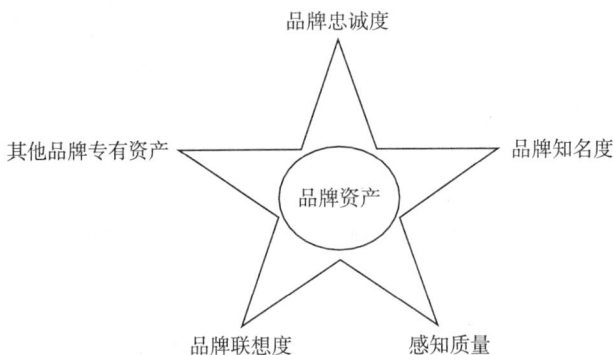

图6-1 大卫·艾克的品牌资产五星模型

资料来源：Aaker, David A. Managing Brand Equity. New York：Free Press，1991.

关键术语：品牌知名度

品牌知名度是指潜在购买者认识到或记起某一品牌是某类产品的能力。它涉及产品类别与品牌的联系。

感知质量

感知质量是指顾客按自己对产品的使用目的和需求状况，综合分析市场上各种经由正式或非正式途径获得的相关信息，对一种产品或服务所做的抽象的主观的评价。

品牌联想度

品牌联想度是指消费者看到一特定品牌时，从他的记忆中所能被引发出对该品牌的任何想法包括感觉、经验、评价、品牌定位等方面的幅度。

品牌忠诚度

品牌忠诚度是指消费者在购买决策中，多次表现出来的对某个品牌有偏向性的（而非随意的）行为反应程度。

大卫·艾克教授认为品牌资产的五个组成方面中，品牌知名度、感知质量、品牌联想度、其他品牌专有资产这四个方面有助于品牌忠诚度的建设，其中品牌知名度、感知质量、品牌联想度这三个方面反映出消费者对于品牌的知觉和反应，品牌忠诚度则是以顾客为基础的忠诚度。大卫·艾克教授认为品牌资产这五个方面的核心是感知质量和品牌联想。

二、品牌资产十要素模型

品牌资产五星模型只是一个抽象的概念模型。1996年，大卫·艾克教授在五星模型的基础上进一步提出品牌资产五个方面的十项评价指标，从而进一步

0

增强了其模型的应用价值。

表 6-2　品牌资产十要素表

五个方面	十项评价指标
品牌忠诚度评估	（1）价格效应 （2）满意度/忠诚度
感知质量/领导能力评估	（3）感知质量 （4）领导性/受欢迎度
品牌联想/差异化评估	（5）价值认知 （6）品牌个性 （7）企业联想
品牌知名度评估	（8）品牌知名度
市场行为评估	（9）市场占有率 （10）市场价格与分销区域

　　品牌忠诚度是品牌价值的核心，是指当消费者对某一种商品有了偏好和依赖时，就会重复购买或消费该商品。品牌忠诚度可以通过观察消费者对品牌价格变化的敏感程度和忠诚度两个指标来考虑，消费者如果对价格变化不敏感且对该品牌满意度较高，则增加了该品牌的价值。

　　感知质量是指顾客按自己对产品的使用目的和需求状况，综合分析市场上各种经由正式或非正式途径获得的相关信息，对一种产品或服务所做的抽象的主观的评价。当一个品牌给大多数消费者的感觉是质量水平高，或者某个品牌在行业中占领导地位，并且普及程度很高时，那么这个品牌的价值会比其他品牌的价值更高。

　　品牌联想是指所有能将该品牌和消费者相联系的东西，包括品牌产品的外观、商标、企业形象、产品特性等。品牌联想可以通过消费者对品牌感觉中的价值、品牌个性和对公司组织的联想这三个指标加以量化和测量。例如"苹果"这个品牌，消费者往往会立即联想到该品牌产品比其他同类产品价格偏高，但功能完善且科技含量高，一般针对商务人士和追求时尚的年轻人，该公司因而逐渐成为高科技、高品质、高性能的代名词。这样的品牌价值无疑跟其他品牌相比有了更显著的优势。

　　品牌认知度是指消费者可以识别和回忆起某一品牌属于一定产品类别的能力，可以用品牌知名度进行量化和测量。例如提到"麦当劳"这个品牌，消费者就可以马上识别出这是快餐行业的品牌。品牌认知程度越高的产品或服务，其品牌价值也就越高。

151

市场行为是指该品牌同其他同类商品相比，在市场上的表现情况，可以通过市场份额和分销区域来测量，占据较大市场份额，分销区域覆盖率较大的品牌，其竞争力也就较强，品牌的价值相对同类型品牌也就较大。

品牌资产十要素评估体系兼顾了两套评估标准：长期发展的品牌强度指标和短期性的财务指标。其中前四个方面表示的是消费者对品牌的认知，这种认知来源于品牌资产的四个方面：忠诚度、品质认知、联想度、知名度。第五个方面则是两种市场状况，表示着来自于市场而非消费者方面的信息。

品牌资产十要素模型为品牌价值评估提供了一个更全面、更精准的思路，该评估体系以消费者为主，同时引入市场业绩指标，该模型中所有指标都比较敏感，可以据此来预测品牌价值的变化。但是品牌资产十要素模型也有其不足之处，对于研究某一行业的品牌价值时，该模型是不能直接借用的，需要将模型指标作相应的调整，以适应所研究行业的特点。

阅读材料

大卫·艾克（David A. Aaker）：品牌资产的鼻祖

大卫·艾克（David A. Aaker）是先知品牌战略咨询公司（Prophet Brand Strategy）副总裁、美国加州大学伯克利分校哈斯商学院的营销学名誉教授，也是品牌和品牌资产领域最具影响力的权威学者之一，当前美国品牌界的领军人物，被《品牌周刊》誉为"品牌资产的鼻祖"。

大卫·艾克在马萨诸塞理工学院取得了学士学位，之后在斯坦佛大学取得了硕士及博士学位。

1996年，因其对营销科学的发展做出的杰出贡献，大卫·艾克被授予保罗·康弗斯奖（Paul D. Converse Awards）。

2004年，他获得麻省理工学院Sloan Buck Weaver营销奖。大卫·艾克经常活跃在美国、欧洲、南美和日本等地。

大卫·艾克在《哈佛商业评论》、《营销学》、《加州管理评论》等著名专业类媒体上发表过100余篇专业论文，其中有三篇曾获得最佳论文奖。他先后出版了13本专业书籍，其中的《管理品牌资产》（1991）、《建立强势品牌》（1995）和《品牌领导》（1998）被喻为"品牌三部曲"并畅销全球，对全球企业界产生了广泛而深远的影响。

其中，《管理品牌权益》（Managing Brand Equity）、《品牌行销法则》（Building Strong Brands）和《发展企业策略》（Developing Business Strategies）三本书籍，被翻译成八种以上语言的版本。

其近作《品牌组合策略》(2004) 着重探讨了如何管理品牌的组合以使公司业务增长最优化。

资料来源：www.mbalib.com.

第三节 品牌资产金字塔模型与合成模型

大卫·艾克教授的品牌资产五星模型已经开始涉及从消费者角度来评估品牌价值，但明确提出基于消费者的品牌资产概念的是凯文·莱恩·凯勒 (Kevin Lane Keller) 教授，并且凯勒教授在对五星模型做了进一步完善的基础上提出了基于消费者的品牌资产金字塔模型 (Customer-based Brand Equity，CBBE)。

一、品牌资产金字塔模型

1993 年，凯勒教授提出了"基于消费者的品牌资产"这一概念，并在其被誉为"品牌圣经"的著作《战略品牌管理》(Strategic Brand Management) 第一版中提出基于顾客的品牌资产是包括品牌知名度和品牌联想两个方面；在该著作的第二版中，凯勒教授在基于消费者的品牌资产这一概念的基础上又提出了基于消费者的品牌资产金字塔模型。

153

品牌资产金字塔模型建立的前提条件是品牌资产存在于消费者对品牌的知识、感觉和体验，也就是说品牌资产是一个品牌随着时间的推移存在于消费者心目中的所有体验的总和。该模型试图解决一个成功的品牌是由哪些因素构成，以及企业如何打造一个成功品牌这两个问题。如图 6-2 所示。

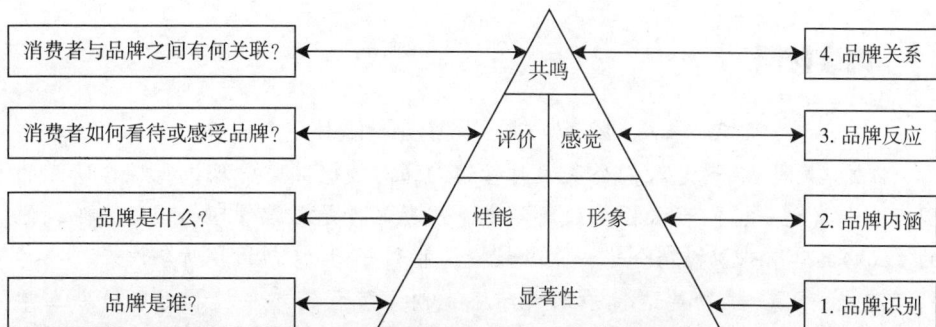

图 6-2 基于顾客的品牌资产金字塔模型

资料来源：凯文·莱恩·凯勒. 战略品牌管理 (第二版). 中国人民大学出版社，2006.

从图 6-2 最右边我们可以看到，凯勒教授认为品牌资产是由存在逻辑上和时间上先后关系的四个不同层面构成，即品牌识别（Brand Identity）、品牌内涵（Brand Meaning）、品牌反应（Brand Responses）和品牌关系（Brand Relationships）。这四个层次从金字塔最底层的品牌识别到金字塔最顶层的品牌关系，反映出品牌资产在消费者心理的形成过程，即品牌资产的建立需要经过先建立正确的品牌识别，然后创建合适的品牌内涵，接着引导正确的品牌反应，最后缔造出适当的品牌与消费者关系的一系列过程。图 6-2 的左边表示的是这四个层次分别在回答着四个不同的问题，品牌识别回答"品牌是谁"（Who are you）的问题；品牌内涵回答"品牌是什么"（What are you）的问题；品牌反应回答"消费者如何看待或感受品牌"（What do I think or feel about you）的问题；品牌关系则回答了"消费者与品牌之间有何关联"（What kind of association and how much of connection would I like to have with you）的问题。图 6-2 的中间部分表示这四个层次又依赖于构建品牌的六个维度：品牌显著性（Brand Salience）、品牌性能（Brand Performance）、品牌形象（Brand Imagery）、品牌评价（Brand Judgment）、品牌感觉（Brand Feeling）和品牌共鸣（Brand Resonance），其中，显著性对应品牌识别，性能和形象对应品牌内涵，评价和感觉对应品牌反应，共鸣对应品牌关系。

品牌资产金字塔模型不但是将品牌资产的构成要素进行简单地罗列，而且对各构成要素的相互关系也着重进行阐述。同时，该模型展示了品牌资产在消费者心理的形成过程，为企业在建立品牌、打造品牌资产时提供指导性依据。然而，尽管凯勒教授的品牌资产金字塔模型是一个具有严密性、逻辑性和实践性的模型，但是由于模型包容范围太广、内容繁多，使得其应用起来不够灵活，实际操作起来也较为复杂。

阅读材料

凯文·莱恩·凯勒（Kevin Lane Keller）简介

凯文·莱恩·凯勒是人们公认的对营销沟通与战略品牌管理进行综合研究的国际先趋者之一，凯勒教授是权威学者，凯勒教授是品牌管理的国际先驱，他的《战略品牌管理》畅销全球，凯勒教授是菲利普·科特勒的最新合作者。

凯文·莱恩·凯勒是达特茅斯大学塔克商学院营销学教授和 E.B.奥斯本学者。他教授关于品牌营销战略的 MBA 课程。凯勒教授曾在斯坦福大学、加利福尼亚大学和北卡罗来纳大学从事营销研究或教学工作。

目前他是美国杜克大学富卡商学院的访问教授，斯坦福商学院的终身教授，加利福尼亚大学伯克利分校和查珀尔山北卡罗来纳大学的教授，澳大利亚管理研究生院的访问教授。他在康奈尔大学获得数学与经济学学士学位，在卡内基—梅隆大学获得管理工程硕士学位，在杜克大学获得营销学博士学位。

资料来源：凯文·莱恩·凯勒. 战略品牌管理（第二版）. 北京：中国人民大学出版社，2006.

二、品牌资产合成模型

2006 年英国营销学者理查德·艾略特（Richard H. Elliott）与品牌研究学者拉里·佩西（Larry Percy）合作出版了《战略品牌管理》（Strategic Brand Management）一书。在该书中，艾略特和佩西提出了品牌资产合成模型（Model of Brand Equity Synthesis），该模型不仅展示了品牌资产的形成过程，同时也阐述了品牌资产的作用机理。如图 6-3 所示。

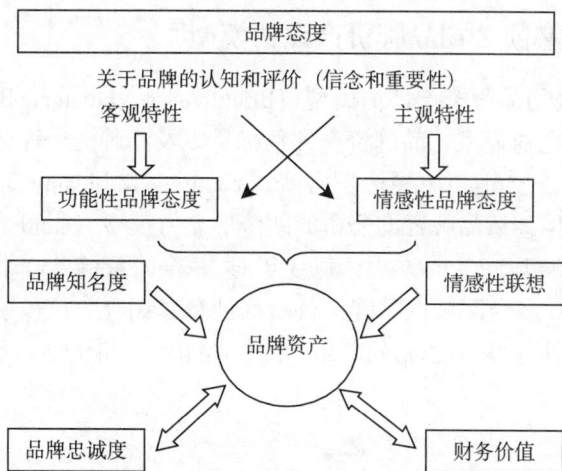

图 6-3　品牌资产合成模型

资料来源：Elliott，Richard and Larry Percy. Strategic Brand Management. England: Oxford University Press，2006.

艾略特与佩西认为品牌资产的核心是品牌态度。他们认为，品牌态度能够反映出消费者对品牌的认知和评价，是消费者形成品牌信念的基础，是决定品牌对于消费者重要程度的关键。同时，由于品牌态度具有客观特性和主观特性两个方面的特征作用，使得品牌态度又可分为功能性品牌态度和情感性品牌态度。除了核心的品牌态度外，艾略特与佩西认为品牌资产的构成要素还包括品牌知名度、情感性联想、品牌忠诚度和财务价值四个方面。该模型有一个需要注意的地方，品牌忠诚度和财务价值与品牌资产是双向箭头，这是因为艾略特与佩西认为品牌忠诚度和财务价值既是品牌资产的构成要素，同时这两方面也是品牌资产的产出结果要素。

艾略特与佩西的品牌资产合成模型的独特之处在于，他们发现品牌资产的构成要素中是有一部分非理性因素的情感性联想的影响，这使得现实中许多不可思议的品牌追求现象有了理论依据。但是品牌资产合成模型对于品牌资产具体如何评估，以及品牌资产构成要素之间的关联性等问题并未作出阐述。

第四节　扬·罗必凯公司模型与品牌资产引擎模型

一、扬·罗必凯公司品牌资产评估模型

扬·罗必凯公司品牌资产评估模型（Brand Asset Valuator，BAV）也有地方翻译成品牌资产电通模型、品牌资产评估标量以及品牌资产评估者等。该模型是全球著名的广告公司美国的扬·罗必凯（Young & Rubicam，Y&R）公司开发的，其前身是英国朗涛品牌咨询公司的朗涛形象力模型（Landor Image Power）。该模型通过邮寄自填问卷的方式，每 3 年对 19 个国家的 450 个全球性品牌及 24 个国家的 8000 多个区域性品牌进行一次消费者调查。该模型主要是从品牌的差异性、相关性、尊重度以及认知度来评估品牌。如图 6-4 所示。

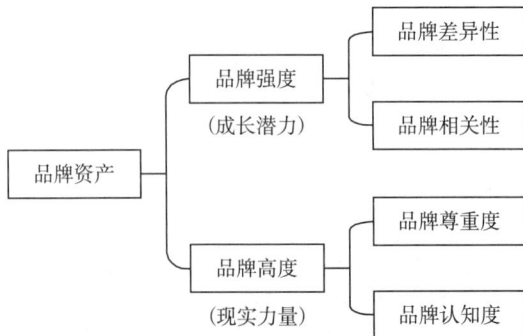

图 6-4　扬·罗必凯公司品牌资产评估模型

资料来源：周志民. 品牌管理. 天津：南开大学出版社，2008.

　　扬·罗必凯公司开发的品牌评估模型针对消费者从四个方面对每一个品牌的表现进行了评估。品牌差异性（Brand Differentiation）：是指品牌在市场上的独特性及与竞争对手的差异程度；品牌相关性（Brand Relevance）：是指品牌与消费者相关联的程度以及品牌个性与消费者的适合程度；品牌尊重度（Brand Esteem）：是指消费者对品牌的喜欢程度以及把品牌放在何种重要的位置，换言之就是品牌在消费者心目中受尊敬的程度，档次、认知质量及受欢迎程度；品牌认知度（Brand Knowledge）：是指消费者对品牌内涵及价值的认识和理解的深度，消费者对品牌认知度能够体现出消费者与品牌关系的密切程度，同时品牌知识的获得是要在品牌差异性、相关性、尊重度这三个方面基础上的。

　　通过从消费者那里获得的评估结果，该模型建立了两个因子：一是品牌强度（Brand Strength），等于品牌差异性与品牌相关性评估结果的乘积；二是品牌高度（Brand Stature），等于品牌尊重度与品牌认知度评估结果的乘积。根据品牌强度和品牌高度的结果，可以得到品牌资产的分类矩阵。如图 6-5 所示。

图 6-5　品牌资产分类矩阵

157

　　从图 6-5 中可以看到根据品牌资产的不同可以将品牌分为四类，品牌高度高且品牌强度强的品牌为"领导品牌"；品牌高度低但品牌强度强的品牌为"利基品牌"；品牌高度高且品牌强度弱的品牌为"衰退品牌"；品牌高度低且品牌强度弱的品牌为"新品牌"。

　　扬·罗必凯公司的品牌评估模型突出了从品牌力的角度进行评估，有利于品牌资产的诊断和品牌的战略管理。它的优点是比较简单，可以覆盖的品牌范围及产品种类范围很广，摆脱了传统的认知——回忆模型，不仅测量了当前品牌的表现，也对品牌的未来发展潜力进行了测量，因而比较新颖独特，是一个比较完整的品牌评估模型。2005 年，扬·罗必凯公司又根据实际的需要，对该模型进行了改进，在原有的消费者评估四个维度的基础上又增加了"品牌力量"（Brand Energy）这一测评指标，使得 BAV 模型更加完善。虽然扬·罗必凯公司的品牌评估模型具有以上优点，但是其不足之处也是不能忽视的，该模型的建立是以数据库作为基础，实际应用需要付出大量的时间和金钱，其次，该模型对于品牌选择以及品牌忠诚方面的问题也并没有做出说明。

阅读材料

扬·罗必凯广告公司 （Young & Rubicam，Y&R）

扬·罗必凯广告公司 1923 年诞生于美国，是美国历史最长和最大的广告代理公司之一，目前是 WPP 集团的重要成员。80 多年来，Y&R 秉持"拒绝平凡"（Resist Usual）的理念不断领先发展，成为：

- 第一家将总部设在纽约麦迪逊大街的广告公司
- 第一家提出整合营销"全蛋理论"的广告公司
- 第一家进入前苏联的美国广告公司
- 第一家与日本广告公司合资的广告公司
- 第一家中国内地的合资国际广告公司
- 第一家进行全球范围周期性品牌资产研究（BAV）的广告公司
- 第一家将上海作为亚太区域总部的 4A 广告公司

158

在全球 6 大洲 80 个国家的 162 个城市设立了超过 550 个分公司，拥有 4000 多名员工。

1986 年中国国际广告公司与扬·罗必凯广告公司和电通广告公司联合成立了中国电扬广告公司，这是中国内地第一家合资 4A 广告公司。扬·罗必凯率先把国际专业广告和品牌实践经验及模式引入中国。

Y&R 广州电扬（伟门）公司成立于 1992 年，长期服务于高露洁棕榄、白兰氏、花旗银行、索尼、爱立信等国际大客户，曾服务于金龙鱼、美的空调、蓝带啤酒、丹芭碧等国内知名品牌，荣获了"中国创意 50 强"、"广东省创意 10 强"。其中电扬为客户提供品牌传播的全面服务，而伟门提供客户关系营销和渠道管理等服务。

资料来源：www.yr.com.

二、品牌资产引擎模型

品牌资产引擎模型（Brand Equity Engine）是英国的国际市场研究公司（Research International，RI）的研究成果。该模型认为品牌资产的实现虽然要依靠消费者的购买行为，但购买行为并不是揭示消费者心目中真正驱动品牌资产的关键因素，品牌资产归根到底是由消费者对品牌的看法，即品牌形象所驱动的。如图 6-6 所示。

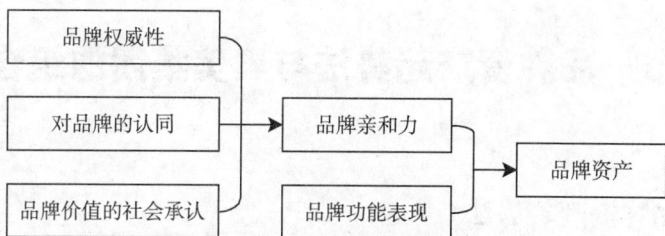

图 6-6 品牌资产引擎模型

资料来源：卢泰宏. 品牌资产评估的模型与方法. 中山大学学报，2002，42（3）：88-96.

如图 6-6 所示，品牌资产引擎模型认为：品牌资产是由品牌形象的"软性"属性品牌亲和力（Brand Affinity）和品牌形象的"硬性"属性品牌功能表现（Brand Performance）两个形象引擎构成，而品牌的亲和力又来源于品牌权威性（Brand Authority）、对品牌的认同（Brand Identity）和品牌价值的社会承认（Brand Approval）三个方面。其中，品牌亲和力主要包括历史延续、信赖感、创新性、需要理解、情感联结、美好回忆、高档、接受性、权威认同等产品所包含的情感因素；品牌功能表现主要指产品除情感元素之外的其他因素，包括味道、质量、原料、外观等诸如此类的因素；品牌权威性主要指品牌的市场领导地位；对品牌的认同主要指消费者对品牌精神的认同程度；品牌价值的社会承认主要指外界对品牌形象的认可程度。

品牌资产引擎模型通过发放一套标准化的问卷，然后再借助专门的统计软件程序，从而得到所调查品牌在亲和力和利益能力这两个引擎指标的标准化得分，并进一步分解为各子项的得分，从而可以了解每项因素对品牌资产总得分的贡献，以及哪些因素对品牌资产的贡献最大，哪些因素是真正驱动品牌资产的因素，最终得出该品牌的品牌资产的标准化得分及情况分析报告。品牌资产引擎从品牌形象的角度来评估品牌资产，摆脱了传统的认知——回忆模型，有助于发现品牌资产的真正驱动因素。它既可以用于连续性研究，也可以用于专项研究，但该模型在测量问卷时要针对具体行业的品牌作相应调整，使得其操作会有更多的不确定性。

需要指出的是：品牌资产引擎模型与凯勒教授的品牌资产金字塔模型有很多相似之处，引擎模型中的品牌亲和力和品牌功能表现就相当于金字塔模型中的品牌形象和品牌评价，还有在金字塔模型中品牌关系的形成也是依靠品牌功能和品牌形象两方面。但是，凯勒教授的品牌资产金字塔模型相对于品牌资产引擎模型来说更加全面，但同时也更加复杂。

第五节　品牌资产趋势法与奥美集团的组合模型

一、品牌资产趋势法

品牌资产趋势法（Equity Trend）是由美国整体研究公司（Total Research）提出的。该公司自 1989 年以来每年都会使用该方法向 2000 名美国消费者进行调查，调查包括 100 多个产品类别的 700 多个品牌，并发布相关的数据，这为品牌资产趋势法积累了大量的数据资源，使其可以更好地评估出各品牌品牌资产的运作机理及效果，同时也增强了该方法的社会影响力。品牌资产趋势法主要针对消费者用以下三个指标来评估品牌资产：品牌显著性（Salience）：主要是指消费者对品牌认知比例，可以分为第一提及、提示前及提示后知名度；认知质量（Perceived Quality）：是指消费者对品牌质量的评估直接影响到品牌的喜欢程度、信任度、价格等，这是品牌资产趋势模型的核心，因为消费者对品牌质量的评估直接影响到品牌的喜欢程度、信任度、价格以及向别人进行推荐的比例；使用者的满意程度（User Satisfaction）：是指品牌最常使用者的平均满意程度。然后再综合品牌在这三个指标的表现，从而计算出品牌在品牌资产趋势模型中的品牌资产得分。

二、奥美集团的品牌资产组合模型

品牌资产组合模型是美国奥美集团（Ogilvy & Mather）提出的。该模型认为品牌资产主要体现在产品、形象、商誉、客户、通路和视觉六个方面，如图6-7所示。

奥美集团的品牌资产组合模型认为品牌资产评估应该从六个方面展开：产品（Product）主要是指产品力表现如何；形象（Imagery）主要指品牌形象是否强大和富有魅力；商誉（Goodwill）即品牌是否获得有影响力人群和其生存的社区的支持；客户（Customer）主要是针对品牌的客户群是否强大；通路（Place）主要指在贸易环境中，品牌的力量是否可以被有效利用；视觉（Vision）主要指品牌的表现是否清晰、持续和差异化。

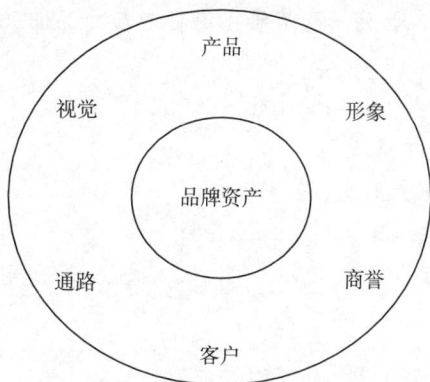

图6-7 奥美集团的品牌资产组合模型

对比奥美集团的品牌资产组合模型与大卫·艾克的品牌资产五星模型可以发现它们存在着很多的相似之处，比如产品相当于五星模型中的感知质量，形象相当于品牌联想，商誉相当于其他品牌专有资产，客户相当于品牌忠诚度，视觉相当于品牌知名度，通路则是奥美集团品牌资产组合模型的不同之所在。奥美集团的品牌资产组合模型不仅仅是对大卫·艾克的品牌资产五星模型相关概念的转变说法，这种变化使其更贴近于影响消费者与品牌关系的营销策略因素，从而使得该模型的评估结果对于品牌资产的管理具有更加直接的指导作用。

阅读材料

奥美"360度品牌管家"

奥美国际（O&M）在20世纪90年代初提出了"品牌管家"（Brand Stewardship）的管理思想。品牌管家意味着理解消费者对产品的感受，并将之转化为消费者与品牌之间的关系。到20世纪90年代中叶，随着整合营销传播（IMC）观念的风行，奥美又提出了"360度品牌管理"。360度品牌管理强调在"品牌与消费者的每一个接触点"上实行传播管理。奥美的品牌管理之道是一个完整的作业过程，它确保所有的活动都能反映并忠于品牌，以及积极地去管理产品与消费者的关系。

奥美的"360度品牌管家"是一个完整的作业过程，以确保所有的活动都能够反映、建立，并忠于品牌的核心价值和精神。

1. 360度品牌

所谓360度品牌，就是对品牌及其产业的知识积累和对不同的人、不同的产业的整合能力。简单地说，就是研究消费者与产品的关系。一个品牌的抽象面，应该包括：

（1）消费者如何接近品牌；

（2）消费者的使用经验；

（3）消费者的友谊和感受；

（4）消费者的想法和态度；

（5）消费者的需要和欲求。

2. 360度

所谓360度，就是：

（1）每一个与消费者的接触点都能达到预期的效果；

（2）每一个接触点都能准确地传达信息；

（3）经验更加容易获取，信息更加丰富。

3. 努力方面

累积品牌资产，要从六方面去努力：

（1）产品；

（2）声誉；

（3）顾客；

（4）卖场通路；

（5）视觉识别；

（6）形象。

4. 十个特征

（1）卓越地传达品牌的核心价值和核心利益点；

（2）品牌的一切与时代的进步息息相关；

（3）价格策略优异，能够得到消费者的充分认同；

（4）定位适中，同质性和差异性兼顾；

（5）广告的诉求和品牌的形象能够保持持续一致；

（6）品牌组群组合具有系统性；

（7）能够不断整合行销资源，提升品牌资产；

（8）品牌经理充分认识品牌对消费者所代表的意义；

（9）长期有力的广告支持和营销努力、管理和制度支持；

（10）能够长期监视品牌资产的来源。

5. 管家流程

"品牌管家"可以简单地划分为以下六个步骤：

（1）信息收集；

（2）品牌检验；

（3）品牌探测；

（4）品牌写真；

（5）如何利用品牌写真；

（6）品牌检核。

资料来源：马克·布莱尔. 360度品牌传播与管理：来自奥美的实战报告，创造更有效的市场营销力. 胡波译. 机械工业出版社，2004.

考试链接

1. 品牌评估方法的三大类，重点考察三类评估方法的特点及其代表方法。

2. 品牌资产五星模型的相关内容，重点考察其评价方法即品牌资产十要素模型。

3. 品牌资产金字塔模型的相关知识点。

案例分析

海颜坊品牌评估

中国的化妆品市场，都被国外的一些知名品牌所占据，如法国的欧莱雅、兰蔻，美国的雅芳、美宝莲，日本的资生堂、欧珀莱，韩国的兰芝、梦妆等，而中国本土具有竞争力的只有大宝、郁美净等为数不多的几个品牌。本文通过对海颜坊品牌营销策略的研究，运用 BAV 品牌资产评估方法建立海颜坊品牌的评估模型，通过对消费者的调查问卷和专家的权重调查，对海颜坊品牌现状进行评价，得出品牌现在的实际状况。

一、海颜坊品牌评估模型的建立

海颜坊品牌化妆品是由北海国发海洋生物化妆品厂生产销售的珍珠系列化妆品品牌。品牌目前属于国产地方品牌，与海南的京润珍珠、广州的名门闺秀、北海的黑珍珠等竞争品牌相比，在化妆品市场中竞争能力处于中等。为了能够准确评估海颜坊品牌现状并找到适合品牌发展的营销策略，首先根据 BAV 的评价方法来对海颜坊品牌进行评估，主要评估海颜坊品牌的差异性、消费者相关度、消费者评价、消费者认知。根据扬·罗必凯公司 BAV 品牌资产管理模式的二维关系，建立了品牌评估模型。

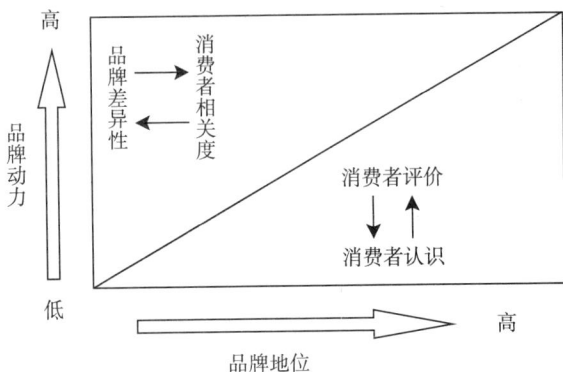

图 6-8　海颜坊品牌评估模型

根据品牌模型，确定了评价的因素集为：

U = {品牌差异性 U_1，消费者相关度 U_2，消费者评价 U_3，消费者认知 U_4}

其中：

U_1 = {品质和技术的领先性 X_{11}，核心价值的表现性 X_{12}，品牌的个性化特征 X_{13}}

U_2 = {品牌的渠道覆盖 X_{21}，购买产品的次数 X_{22}，消费者的参与性 X_{23}}

U_3 = {消费者满意度 X_{31}，继续购买的意向 X_{32}}；

U_4 = {对品牌的知晓程度 X_{41}，对品牌概念的联想 X_{42}}

评语集为：V = {强 V_1，较强 V_2，一般 V_3，差 V_4}

为进行评价要素的独立分析，以便保障量化计算的科学性，设计了调查问卷。由海颜坊品牌市场部协助，对目标顾客群采用随机抽样的方法访问，根据调查问卷统计结果，确定了每项的评语评价比率。如表 6-3 所示：

表 6-3　根据调查问卷统计的评语评价比率

第一层	第二层	评价等级和评价比率			
指标	指标	强 V_1	较强 V_2	一般 V_3	差 V_4
品牌差异性 U_1	品质和技术的领先性 X_{11}	0.10	0.55	0.34	0.01
	核心价值的表现性 X_{12}	0.04	0.24	0.47	0.25
	品牌的个性化特征 X_{13}	0.05	0.39	0.5	0.06
消费者相关度 U_2	品牌的渠道覆盖 X_{21}	0.13	0.15	0.59	0.13
	购买产品的次数 X_{22}	0.27	0.23	0.16	0.34
	消费者的参与性 X_{23}	0.12	0.36	0.43	0.09
消费者评价 U_3	消费者满意度 X_{31}	0.19	0.44	0.37	0
	继续购买的意向 X_{32}	0.13	0.5	0.37	0
消费者认知 U_4	对品牌的知晓程度 X_{41}	0.07	0.31	0.39	0.23
	对品牌概念的联想 X_{42}	0	0.38	0.4	0.22

为确定各因素指标的权重，根据评价的因素集和评价层次，利用 AHP 法得到各指标的权重：

设主准则层对目标层的权重为 A，$A = a_1, a_2, a_3, \cdots, a_s$，其中 a_i 表示 U_i 在 U 中所占的比重，再设各子准则层对相应的主准则层的权重为 $A_i = (a_{ij})$，其中 a_{ij} 表示 X_{ij} 在 U_i 中所占的比重。

请 22 位企业内外专家填写指标权重调查问卷，通过对专家调查表的汇总和处理，构造了权重的判断矩阵，对矩阵求特征向量和最大特征根后，进行了一致性检验，一致性检验结果 CR= CI/RI 均小于 0.1，表明所求权重向量具有较满意的一致性，具体结果如下（计算过程略）：

$A_1 = [a_{11}, a_{12}, a_{13}] = [0.31, 0.49, 0.20]$

$A_2 = [a_{21}, a_{22}, a_{23}] = [0.3, 0.16, 0.54]$

$A_3 = [a_{31}, a_{32}] = [0.67, 0.33]$

$A_4 = [a_{41}, a_{42}] = [0.75, 0.25]$

U 层的权重向量 A 值为：

$A = [a_1, a_2, a_3, a_4] = [0.40, 0.20, 0.24, 0.16]$

令 U 的一级评判向量为 B_i，则 $B_i = A_i \cdot R_i$，其中 R 为消费者评价矩阵，A 为专家评判的各指标权重，即将消费者的评价矩阵与专家评判的各指标权重相乘，这里采用的是 M（·，+）算子，"·"表示"乘"，"+"表示加，即将 A 中各个数与 R 的矩阵中的数分别相乘，再纵向相加，即可得出 B。计算结果如下（计算过程略）：

$B_1 = A_1 \cdot R_1 = [0.061 \quad 0.366 \quad 0.436 \quad 0.138]$

$B_2 = A_2 \cdot R_2 = [0.147 \quad 0.276 \quad 0.435 \quad 0.142]$

$B_3 = A_3 \cdot R_3 = [0.170 \quad 0.460 \quad 0.370 \quad 0.000]$

$B_4 = A_4 \cdot R_4 = [0.053 \quad 0.328 \quad 0.393 \quad 0.228]$

并且根据以上的计算，可得 U 的单因素评价矩阵为：

$$R = \begin{bmatrix} 0.061 & 0.366 & 0.436 & 0.138 \\ 0.147 & 0.276 & 0.435 & 0.142 \\ 0.170 & 0.460 & 0.370 & 0.000 \\ 0.053 & 0.328 & 0.393 & 0.228 \end{bmatrix}$$

则可得二级评判向量 B 为：

$B = A \cdot R = [0.103 \quad 0.364 \quad 0.413 \quad 0.120]$

其中 $b_1 + b_2 = 0.103 + 0.364 < 0.5$

二、模型的研究发现

根据最大隶属度原则，集合 B 中的最大值为 0.413，对应的评语集为"一

"般"，且 $b_1 + b_2 < 0.5$，可以判定海颜坊品牌目前的品牌动力和品牌地位均比较低。

表征品牌差异性的 B_1 中，最大值为 0.436，对应的评语集为"一般"，可以判定海颜坊品牌的品牌差异性为一般，即海颜坊品牌不能够有效区别于对手，其品牌差异性和个性化特征不明显。

表征消费者相关度的 B_2 中，最大值为 0.435，对应的评语集为"一般"，可以判定海颜坊品牌的消费者相关度也为一般，即海颜坊品牌和消费者没有密切的相关程度，无法吸引大量的消费者去使用品牌，消费者普及率不高。

表征消费者评价的集合 B_3 中，最大值为 0.460，对应的评语集为"较强"，可以判定海颜坊品牌的消费者评价较高，即消费者喜欢海颜坊品牌的程度较高，也具有一定的忠诚度。

表征消费者认知的集合 B_4 中，最大值为 0.393，对应的评语集为"一般"，可以判定海颜坊品牌的消费者认知一般，即海颜坊品牌在消费者中认知度不高，消费者对海颜坊品牌的意义和核心价值也不是很了解。

同时，根据计算结果的研究发现，品牌差异性和消费者相关度的比较结果为品牌差异性大于消费者相关度，这表明海颜坊品牌有一定的成长空间，有机会建立更大的用户群；消费者评价大于消费者认知，呈正面关系，这表明海颜坊品牌处于上升阶段。

资料来源：鞠琪. 国产化妆品的品牌营销. 上海经济研究，2007（3）.

问题讨论：

1. BAV 品牌资产评估方法评估指标及其意义是什么？

2. 为什么说 BAV 品牌资产评估方法是基于客户的品牌价值评估方法？

本章小结

★★★★

在品牌价值管理过程中，品牌价值评估是一个非常重要的环节。品牌价值评估的方法众多，主要可概括为客户导向的品牌评估方法、财务导向的品牌评估方法和其他，其中其他主要是客户与财务导向相结合的评估方法。不仅仅品牌评估的方法繁多，由于品牌评估的角度不同、范围不同以及评估方法不多，也就造成了品牌评估结果具有多样性，同一品牌的评估结果也存在很多差异性。

本章主要介绍比较著名的基于客户导向的品牌价值评估方法，主要包括大卫·艾克的品牌资产五星模型，该模型认为品牌资产是由品牌知名度、感知质量、品牌联想度、品牌忠诚度和其他品牌专有资产五方面构成；大卫·艾克教授在五星模型的基础上进一步提出品牌资产五个方面的十项评价指标，即品牌资产十要素模型；凯文·莱恩·凯勒教授的品牌资产金字塔模型，该模型认为品牌资产是由存在逻辑上和时间上先后关系的四个不同层次构成，这四个层次自下而上分别是品牌识别、品牌内涵、品牌反应和品牌关系；理查德·艾略特与品牌研究学者拉里·佩西的品牌资产合成模型，该模型认为品牌资产的核心是品牌态度，此外品牌资产还包括品牌知名度、情感性联想、品牌忠诚度和财务价值四个方面；扬·罗必凯公司品牌资产评估模型，该模型针对消费者从品牌差异性、相关性、尊重度和认知度四个方面对品牌的表现进行评估；英国的国际市场研究公司的品牌资产引擎模型，该模型认为品牌资产是由品牌形象的"软性"属性品牌亲和力和品牌形象的"硬性"属性品牌功能表现两个形象引擎构成；美国整体研究公司的品牌趋势法，该方法主要针对消费者用品牌的认知程度、认知质量和使用者的满意程度三个指标来评估品牌资产；最后是奥美集团的品牌资产组合模型，该模型认为品牌资产主要体现在产品、形象、商誉、客户、通路和视觉六个方面。

知识扩展 ★★★★

迪纳品牌资产指数简介

一、品牌评估的意义

工厂生产产品，顾客购买品牌。竞争对手虽然能够仿制产品，但却无法仿制品牌，因为品牌具有独特性。一种产品可能会稍纵即逝，但一个成功的品牌确是经久不衰的。

——斯蒂芬·金，WPP集团

21世纪是知识经济时代，品牌决胜的时代，品牌代表着企业的竞争优势，决定着企业的生死存亡。种种实践表明，唯有基于品牌的竞争优势是能够跨越生命周期的，品牌已经成为众多国际知名企业倾力打造的焦点。在品牌这个概念体系中，品牌资产尝试量化品牌的价值，并且这个概念可以帮助人们对品牌进行动态的跟踪以及评估，并以此为依据确立品牌的战略意义，因此受到理论研究人士和企业界越来越多的关注。2006年《商业周刊》最新公布的全球最具影响力品牌中，可口可乐继续以670亿美元的品牌价值高居榜首，而可悲的是，中国企业没有一家入围全球最佳品牌百强，塑造国际品牌已经成为历史赋予国内企业的重任。

二、品牌资产的定义

品牌资产研究大师戴维·艾克（David Aaker）对品牌资产作出如下定义：品牌资产是指与一个品牌的名称及标识相关的，增加（或减少）一项产品或服务，会为公司或公司顾客带来价值的一系列资产（或负债）。墨林广告创办人Mullen为品牌所做的注解为：当一个人偶遇这家公司的商标、商品、总部，或公司具代表性设计，心中产生的所有思想、感觉、联想及期望的总和，不多不少就是这些。我国有学者将品牌资产定义为"附着于品牌之上，并且能为企业在未来带来额外收益的顾客关系"。以上观点均认为，品牌资产给企业带来的附加利益，归根结底来源于品牌对消费者的吸引力和感召力，品牌资产实质上反映的是品牌与顾客（包括潜在顾客）之间的某种关系，或者说是一种承诺。这种顾客关系不是一种短期的关系（比如偶尔一次购买，并且没留下任何印象），而是一种长期的动态的关系。那些有助于增加消费者购买信心的记忆、体验和印象，以及在此基础上形成的看法与偏好，是构成品牌资产的重要组成部分。

Aaker定义品牌资产的五个构成素为：品牌忠诚度（Brand Loyalty），品牌熟悉度（Brand Awareness）、品质认知度（Perceived Quality）、除品质认知度之外的品牌联想（Brand Association），以及品牌资产的其他专有权。这五个元素并非彼此独立，而是互相影响、互相激发价值。例如，品牌知名度高的品牌，消费者可能拥有更多的品牌联想，而品牌联想丰富就可能累积足够的品牌好感。

三、品牌资产评估的成功模式

国际上跨产品衡量品牌资产的成功模式主要有以下几种：

（1）扬·罗必凯公司的品牌资产评估者（Brand Asset Valuator）：从品牌差异性、相关性、尊重和认知4个维度衡量。目前其采用的问卷有48个问题。

（2）全方位研究公司（Total Research，代表人物为David A. Aaker）的Equi Trend：该方法的问题很少，但是问题的力度很大，其主要指标第一个是显著性，即对某个品牌发表意见的受访者的百分比，另外一个是认知品质，其品牌资产＝显著性百分比×认知品质均值。自1989年以来，该公司就一直发布相关数据，这种持续动态的长期数据有力地加强了判断品牌资产动态发展及其影响力的能力。在《品牌领导》（Brand Leadership）一书中，作者戴维·艾克和埃里克·乔基姆塞勒以全方位研究公司的权益趋势（Equi Trend）资料库为基础，指出了品牌资产和股票回报率之间的因果联系。在品牌资产上获得高收益的企业，其股市回报率平均也达到30%。反之，品牌资产收益低的企业，股市回报率平均是-10%。从2004年开始，全方位研究公司拓展了其品牌资产的研究指标，增加了购买意向（认同度）的调查，并且把知晓率调查指标调整为对某品牌的了解程度指标，并赋予不同了解程度的人群以不同的权重。但是，新的方法在计算品牌资产的时候，不再考虑知晓某品牌人群的百分比，只考虑知晓某品牌人群的评价分值，因此新老方法的结果可能差异很大。新方法考虑了品牌资产对购买意向的影响，这是它相对于老方法的一个重要进步，但却忽略了品牌认知度的影响，这是新方法相对于老方法的一个重要不足。

（3）Interband 品牌咨询公司，运用了下列 7 个标准来衡量品牌：领导力、稳定性、市场、国际性、趋势、支持和保护。该方法需要了解各品牌的财务数据，因此不能仅仅通过市场调查完成。

四、迪纳品牌资产指数模型

戴维·艾克的品牌资产模型是该研究领域中影响非常大的理论模型，但是它也存在一定的问题：首先，品牌忠诚是果，而品牌知晓、品质认知、品牌联想是因，把品牌忠诚这个果和上述因放在一起定义品牌资产是不符合逻辑的。此外，其他专有资产虽然对品牌资产的构成有间接影响，但是如果消费者/潜在消费者不知道这些专有资产，也就不能直接影响消费者/潜在消费者对其的评价。消费者只能凭借自身对产品质量的感知和基于品牌联想导致的对品牌的认同来评价一个品牌。对某品牌熟悉程度越高，对该品牌的认知就越深入，其判断就能影响更多的人。

在对艾克研究成果的分析以及对国外几种实际评价品牌资产的方法进行系统的分析比较基础上，综合考虑各种方法的优势和劣势，以及调查实施的难易程度，迪纳借鉴了全方位研究公司的测评方法，同时对品牌资产的计算公式进行了调整，使其同时反映品牌知晓率、品牌熟悉程度、品质认知和品牌认同的作用，从而更好地评价品牌资产的大小。另外，这里要强调一下模型中的知晓率和人们通常提到的知名度的区别。知名是指听说过某品牌名称，而知晓率需要受访者对该品牌的产品/服务有所了解。光知道有某品牌的产品，不足以对某品牌的品质认知和品牌联想进行评价，也就无从谈起是否认同该品牌。所以，在评价品牌资产的时候，我们没有采用品牌知名度，而是采用品牌知晓率这一指标。

迪纳品牌资产指数模型主要涉及以下五个指标：

知晓率（%）和熟悉度（1~5分）：

一个品牌要能够持续在市场上存在，消费者必须对它熟悉。我们的假设很简单：对某品牌了解的人越多，如果他们喜欢这个品牌的话，就越有可能购买该品牌。

品质认知（1~10分）：

这个指标提供了整体人群针对某品牌的一个意见标杆。感知质量是一个抽象的指标——不管我们是否感觉到，我们印象中存在一个由高到低的品牌序列。感知质量受到广告曝光、怀旧感等的影响。

认同度（1~10分）：

这个指标描述了消费者和品牌之间发生联系的可能性。问题是这样问的："如果不考虑价格，你愿意购买该品牌的可能性多大？"这个问题让我们能够收集某品牌被人们确实视为与自身相关，并且合适自身的程度。也就是说，人们认为某品牌适合自身生活的程度。

美誉度（1~10分）：

针对熟悉某品牌的消费者，综合对品质的评价和认同度的评价，计算品牌的美誉度。品牌消费者认知品质好，而且适合广大消费者的生活，消费者愿意和这个品牌发生联系，这样的品牌在了解他的人群中，才具有高的美誉度。

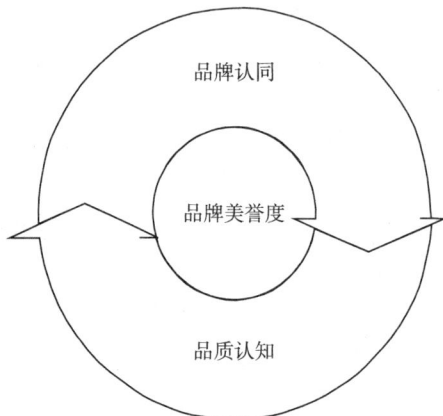

图6-9 迪纳品牌美誉度的构成要素

品牌资产（1~100分）：

基于对知晓率和美誉度的计算，计算品牌资产得分并用来从整体上对品牌排序。品牌资产得分用来评价不同品牌在知晓率、熟悉度、感知品质和认同度方面的综合表现。一个品牌，如果在知晓人群中具有非常高的美誉度，但是知晓率很低的话，也不会有很高的品牌资产。只有知晓率高，美誉度也高的品牌，才具有高的品牌资产。

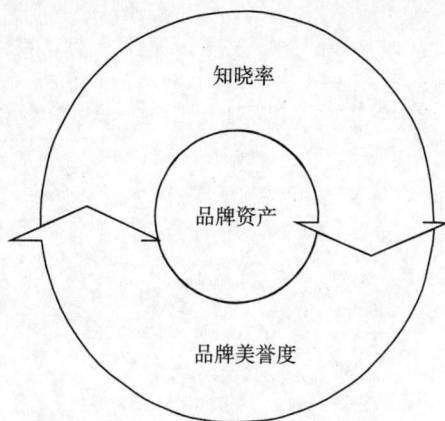

图 6-10 迪纳品牌资产的构成要素

资料来源：万后芬，周建设. 品牌管理. 北京：清华大学出版社，2006.

第七章

财务导向的品牌价值评估方法

学习目标

★★★★

知识要求 通过本章的学习，掌握：

● Interbrand 评估方法的基本思路和计算过程

● 金融世界品牌评估方法的计算思路和计算过程

● 北京名牌资产评估有限公司的品牌评估基本方法

● 明略行 BrandZ 的品牌评估思路

● 日本产经省品牌价值委员会的 Hirose 模型评估思路

173

技能要求 通过本章的学习，能够：

● 利用 Interbrand 方法对品牌价值作简单评估

● 利用金融世界品牌评估方法对品牌价值作简单评估

● 利用北京名牌资产评估有限公司的品牌评估方法对品牌价值作简单评估

● 选择恰当方法对企业品牌作出评估

学习指导

★★★★

1. 本章内容包括：介绍从财务角度评估品牌价值的几种主要方法，并评价他们各自的独特性和局限性。

2. 学习方法：积极思考，抓住重点；与同学讨论各个方法之间的异同点；搜集相关品牌排名的资料。

3. 建议学时：8 学时。

第一节　Interbrand 评估方法

引导案例

"天价"并购引发的思考

卡夫（Kraft）公司是美国一家著名的糖果食品公司，出色的经营和非常强大的品牌影响力使它获得了优秀的业绩和竞争对手的尊重。同时，也引起了美国食品巨头菲利普·莫里斯（Philip Morris）公司的青睐。1988年，卡夫公司的账面价值已经达到了30亿美元，然而为了把卡夫及其一系列所属品牌收到旗下，菲利普·莫里斯公司竟然给出了129亿美元的并购"天价"，创造了当年并购案的第一高。与此同时，另一食品业巨头雀巢（Nestlé）公司也做出了相同的"不可思议"的决议：以45亿美元收购账面价值不到10亿美元的英国罗树（Rowntree）公司。雀巢的目的更加明确：获得罗树（Rowntree）公司的所属品牌，进一步渗透市场。今天，我们可以看到，菲利普·莫里斯公司和雀巢公司的决策是多么的英明和睿智。

资料来源：万后芬，周建设.品牌管理.北京：清华大学出版社，2006.

思考题：

1. 是什么原因导致精明的商人在当时愿意支付如此大的一笔溢价？

2. 他们是如何确定被并购企业的品牌价值的？

一、Interbrand 方法的基本思路

Interbrand 方法的一个基本假定是，品牌之所以会有价值，"不全在于创造品牌所付出的成本，也不全在于有品牌产品比较无品牌产品可以获得更高的溢价，而在于品牌可以使其所有者在未来获得比较稳定的收益。"也就是说，企业拥有品牌在对收益的影响方面，在短期内和不拥有品牌的企业相比，并没有明显的差异。但是从长期来看，企业有无品牌、所拥有的品牌影响力大小将对收益的稳定产生很大的作用。以餐饮行业为例，"麦当劳"、"必胜客"等知名品牌与其他一些地方性品牌甚至不知名品牌相比，明显的具有更稳定的市场需求。因为选择这些品牌的消费者，在将来很可能还会依然选择这些品牌消费；

而对不具备竞争力的品牌而言，存在着消费者很可能在将来转换品牌消费的风险。知名品牌的价值就在于，它能为企业带来稳定的市场需求，从而保持稳定的未来收益。

所以，Interbrand 公司认为，一个品牌的价值和其他经济资产的价值一样，是未来收益的折现值，用公式表达为：

V = E × B

其中，V 为品牌价值；E 为品牌未来净收益；B 为品牌强度。由公式可知，Interbrand 品牌估计法的计算需要三个阶段来完成，图 7-1 列出了这一方法的基本思路。

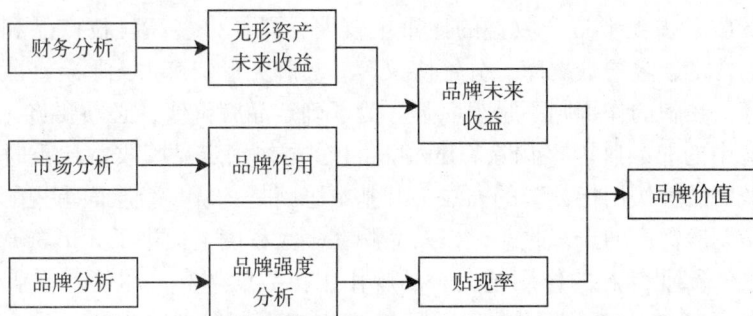

图 7-1　Interbrand 评估方法计算过程

175

问题 1：品牌价值和销售额之间有什么关系？

1. 财务分析

目的是计算某个产品或服务的无形资产未来所带来的回报。用公式表示为：

无形资产未来收益 = 产品或服务的未来总收益 - 有形资产收益

其中，未来总收益（一般是 5 年内）计算的数据通常来源于品牌往年来的发展统计数据、对外公开的财务数据和第三方提供的数据。要减掉的有形资产收益是整个行业，即使是无品牌产品也能创造的价值，比如存货、固定资产、流动资金等投入，一般在固定的行业中会有一个公认的平均回报率。

在估计无形资产未来收益的过程中，需要注意以下几个问题：

（1）应只包括使用被评估品牌所创造的收益，由非品牌产品或不在该品牌名下销售的产品应排除在外。在企业销售产品的过程中，可能会有一部分产品并未使用该品牌，那么这时就应该把这部分产品创造的利润扣除，避免过高估计品牌所创造的未来收益。

（2）合理估计有形资产所创造的收益。应合理界定同产品或服务相联系的有形资产，如设备投资、分销系统等，并对其创造的收益进行合理估计，从总收益中扣除。

（3）收益的计算应扣除所得税的影响。这样才能使品牌收益的计算具有一致的基础，才能符合品牌作为企业资产一部分的性质，同时也具有可比性。

2. 市场分析

目的是将品牌收益从无形资产收益中剥离出来，从而确定无形资产未来收益中属于品牌创造的收益部分。用公式表示为：

品牌未来收益 = 无形资产未来收益 − 非品牌无形资产未来收益

由于行业性质的不同，品牌对消费者购买行为的影响也有大有小。如食品、饮料、化妆品等，商品的品牌对消费者的影响较大，因此这些行业中品牌所带来的收益占无形资产收益的比重也较大；而像许多高科技产品和工业产品，专利技术、客户数据库、分销协议等非品牌无形资产占无形资产收益中的较大部分，品牌的作用则不是很明显。为了确定品牌价值，必须要将无形资产未来收益中的非品牌因素扣除。Interbrand 公司在确定品牌收益比重时，采用一种叫做"品牌作用指数"的方法，其基本思路是：从多个层面审视哪些因素影响产品无形资产的未来收益，以及品牌在多大程度上促进了无形资产未来收益的形成。行业品牌的作用越大，品牌作用指数就越高。尽管"品牌作用指数"带有一定主观和经验的成分，但 Interbrand 公司认为，它仍不失为一种较系统的品牌作用评价方法。

3. 品牌分析

Interbrand 公司认为，在当今金融危机的背景下，企业应当比以往更加重视和强调品牌所带来的力量。

关键术语：品牌分析的概念

即指品牌强度分析，目的是确定被评估的品牌与同行业其他品牌相比的相对地位，从而衡量该品牌在将其未来收益转变为现实收益过程中的风险，并最终以此确定适用于未来收益贴现时的贴现率。

2010 年 Interbrand 公司主要从以下 10 个方面评价一个品牌的强度：

（1）品牌承诺（Brand Commitment），指公司内部对品牌的承诺或信仰，体现品牌在时间、影响力、投资方面所获得的支持程度。恰当的品牌承诺能够帮助企业扩大规模，增加企业价值。越能够做出合理承诺并能将其付诸实践的企业，其品牌价值也就越高。

（2）品牌保护（Brand Protection），指品牌所有者的合法权利受到法律保护的程度。主要是指企业的专利权和商标专用权情况。获得受法律保护的商标专用权，并积极采取措施保护其品牌名称的企业，会比没有获得法律保护、在品牌名称上仍存在争议的企业获得更高的分数。

（3）品牌明晰性（Brand Clarity），指品牌价值、定位和主张必须清楚地阐明和跨组织共享。企业不但需要让受众目标明确了解该品牌的作用，也要洞察从消费者角度不断变化的品牌价值观念。能够洞察到消费者需求的企业才能够占据更大的市场份额，从而获得更高的分数。

（4）品牌反应（Brand Responsiveness），指企业品牌适应市场挑战、变化和机遇的能力。品牌应该具有不断发展和更新自己的愿望和能力。尤其在近两年经济衰退的背景下，品牌更加需要灵活地应对社会经济和竞争的压力。越是能够适应变化的品牌，越能够得到更高的分数。

（5）品牌可靠性（Brand Authenticity），指消费者对品牌的认可程度。消费者更愿意为他们觉得可靠的品牌埋单，因此传承性强、消费者认可度高的品牌更具有价值。

（6）品牌相关性（Brand Relevance），指品牌能够在多大程度上满足地区内甚至全球范围内消费者的需求。随着互联网技术的发展，在扩大了市场范围的同时，也要求品牌能够适应各地区消费者不断增长的需求。因此，能够满足更多消费者需求的品牌就能创造更多的利润，品牌也就能获得更高的分数。

（7）品牌了解性（Brand Understanding），指品牌所有者和顾客不但可以了解品牌的标识，还能够了解品牌所具有的与众不同的特点和品质，只有这样才能提高顾客对品牌的忠诚度，从而保证市场份额，使品牌更有价值。

（8）品牌一致性（Brand Consistency），是指品牌在其接触的所有市场中的经历成功的程度。目前在这方面能够成为典范的是耐克这个品牌，该品牌以它标志性的品牌标志，在世界范围内的各个地方用相同或相似的款式，创造了一个普遍共通的成功经验。

（9）品牌表现（Brand Presence），是指一个品牌给消费者带来的多少积极的感觉，可以通过传统或先进的社会媒介表现出来。品牌的表现越好，就能为商家制造更好的信誉度从而进一步提高销售业绩。新生媒体的不断涌现，也为品牌提供了新的机会来提高自身价值。

（10）品牌差别化（Brand Differentiation），是指在消费者心目中该品牌在多大程度上能区别于其他品牌。品牌的差异化越大，说明品牌的不可替代性越强，消费者的忠诚度也就越高，企业就能够有较大的赢利空间，从而使品牌更有价值。

对于上述品牌强度组成的 10 个方面，Interbrand 首先根据历史经验和实际的对比参照进行打分，再对每一个分数加权，最后得出一个总分数，即是品牌强度分。在实际经济生活中，任何一个品牌都很难达到满分的理想状态，但是在上述因素中得分越高，说明品牌竞争实力就越强、品牌的获利年限也就越长。根据大量的数据调查，Interbrand 评估法中将品牌的最低预期获利年限确定为 6 年，最高预期获利年限确定为 20 年，也就是说 B 的取值范围为 $6 \leqslant B \leqslant 20$。

活动 1：为知名品牌打分

根据 Interbrand 评估法给出的 10 方面评估标准，选择某一行业（电子、食品、服装等）的 10 个国际知名品牌，对其进行分别打分和排名，并和小组讨论打分高低不同的理由。

Interbrand 公司还发展了一种 S 形曲线，该曲线将品牌实际强度转换为计算品牌未来收益所用的贴现率（如图 7-2 所示）。

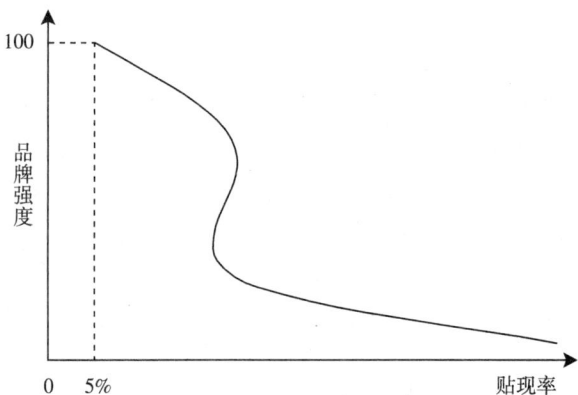

图 7-2　品牌贴现率的 S 形曲线

可以看出，对于强度为 100 的"完美品牌"或"理想品牌"，其贴现率为 5%，相当于没有任何风险的长期投资所获得的回报。对于品牌强度为 0，也就是没有任何品牌价值的品牌，其贴现率为无穷大。同时我们还可得知，适用于品牌未来收益的贴现率会随着品牌强度的增强而降低，但品牌强度达到一定水平后，贴现率下降速度呈递减趋势。

二、Interbrand 方法的简单实例

问题 2：如何应用 Interbrand 方法计算品牌价值？

以上简要地介绍了 Interbrand 方法的思路和基本做法，在此列举一个该评估方法的实例。为了简便我们做出如下假定：

（1）净销售收入是以当年年度，即第 0 年不变价计算的；

（2）销售净额全部都是被评估品牌所创造的销售额，不包括自有品牌和无品牌产品的销售；

（3）有形资产包括固定资产和流动资产，均以第 0 年不变价计价；

（4）有形资产的收益剔除了通货膨胀的影响；

（5）品牌所产生的未来收益按照无形资产未来收益的 75% 来计算；

（6）在对行业、市场和品牌分析的基础上确定的贴现率为 15%；

（7）第 5 年之后品牌收益增长为 0。

具体计算见表 7-1。

表 7-1 Interbrand 品牌评价法计算实例

	前年	去年	第 0 年	第 1 年	第 2 年	第 3 年	第 4 年	第 5 年
1. 净销售额（万元）	440.0	480.0	500.0	520.0	550.0	580.0	620.0	650.0
2. 营运收益（万元）	66.0	72.0	75.0	78.0	82.5	87.0	93.0	97.5
3. 使用的有形资产（万元）	220.0	240.0	250.0	260.0	275.0	290.0	310.0	325.0
4. 有形资产计提收益（5%）	11.0	12.0	12.5	13.0	13.8	14.5	15.5	16.3
5. 无形资产收益（万元）	55.0	60.0	62.5	65.0	68.8	72.5	77.5	81.3
6. 品牌收益（万元）	41.3	45.0	46.9	48.8	51.6	54.4	58.1	60.9
7. 税率	33%							
8. 税后品牌收益	27.6	30.2	31.4	32.7	34.5	36.4	38.9	40.8
9. 贴现率	15%							
10. 贴现因子	—		1.0	1.15	1.32	1.52	1.75	2.01
11. 现值现金流	—		31.4	28.4	26.1	24.0	22.3	20.3
12. 第 5 年时品牌创造价值（万元）	152.4							
13. 第 5 年后品牌残值（万元）	135.3							
14. 品牌总价值（万元）	287.7							

179

具体计算过程如下：

（1）营运收益＝净销售额×15%

（2）有形资产收益＝使用的有形资产×5%

（3）无形资产收益＝营运收益－有形资产收益

（4）品牌收益＝无形资产收益×75%

（5）税后品牌收益＝品牌收益×（1－33%）

（6）现值现金流＝税后品牌收益/贴现因子

（7）第五年品牌所创造价值＝$\sum$现值现金流

（8）第五年品牌残值＝$\sum$税后品牌收益/贴现因子

（9）品牌总价值＝第五年品牌所创造价值＋第五年品牌残值

从表 7-1 可以看出，被评估的品牌到第五年所创造的累积收益现值为 152.4 万元，第 5 年后品牌残值折合现值为 135.3 万元，因此，该品牌的总价值为 287.7 万元。

活动 2：评估企业品牌价值

选择活动 1 中的一个知名企业作为评估对象，计算该企业的品牌价值。

三、Interbrand 方法的评价

问题 3：Interbrand 方法哪些思路值得借鉴？其漏洞又在什么地方？

Interbrand 方法是以品牌未来收益为前提对品牌进行评估的方法，这一分析方法需要对过去和未来进行销售额和利润的分析和预测，比较适用于成熟稳定的市场品牌。其独特性表现在三方面：第一，对品牌强度的分析从 10 个不同的方面进行分析，并分别打分从而得出品牌强度总分，这在品牌价值评估方法中比较独特，并反映出品牌是由多个因素共同决定的客观事实。第二，Interbrand 公司创造的 S 形曲线将品牌强度和品牌未来收益所适用的贴现率之间联系起来，将某一产品的品牌强度和贴现率相对应，从而对品牌未来收益转化为现实收益的风险作出估计，这也是颇有独创性的地方。虽然 S 形曲线形成特定形状所需的原则和假设也存在一定的经验成分，但总体而言是符合现实情况，并非完全主观臆测。第三，考虑了品牌在不同行业和不同产品领域的作用存在差异，并采用"品牌作用指数"从多方面反映这种差异，这一做法也应予以充分肯定。

但是，Interbrand 方法也存在一定的局限性：首先，对未来年度销售和利润情况的预测存在较大不确定性。由于该方法的基础就是对产品或业务的未来

收益的预测，而未来收益在经济状况、市场环境和成本结构等方面均可能发生很大变化，仅凭借当前情况无法对未来进行可靠预测，在这一点上很多学者对该方法的可靠性产生质疑。虽然任何管理决策都需要一定范围的预测，也存在一定风险，但是如何把这种预测的偏差控制在一定范围内也是一个不可回避的问题。从这个意义上说，评估的品牌价值也应在一定范围内，比如应在悲观预测和乐观预测的基础之上的取值区间，而不应是一个具体的、单独的数值。其次，品牌强度所考虑的 10 个因素是否包括了所有影响品牌的因素，其权重打分是否恰当，仍是需要斟酌的问题。比如企业在不同阶段的使用意图、品牌价值和所有者关系等因素，对品牌价值都有一定影响，而 Interbrand 方法并没有考虑上述方面。最后，品牌价值是否能够从其他无形资产中分离仍存在争议。如"惠普"的影响与"惠普"电脑本身的质量、生产这种质量的技术以及员工素质是难以分离的。在能否和如何分离的问题上，Interbrand 方法并未给出答案。

阅读材料

Interbrand Group

Interbrand Group（英特品牌公司）是 1974 年成立于英国伦敦的著名品牌咨询公司，它是世界上最早也是最权威的研究品牌资产评估的专业机构之一。从 1990 年开始至今，英特品牌公司每年都会评出"全球最佳品牌 100 强"（如表 7-2 所示），这一评估活动成为人们了解全球知名品牌的平台，上榜企业也都纷纷成为业界关注的焦点。该公司所独创的 Interbrand 评估法也得到全球众多市场营销和金融专业人士的认可，通过每年各大企业排名的变化情况，能够为利益相关者带来相对有价值的信息。目前，除了在全球范围内进行"全球最佳品牌 100 强"评选以外，英特品牌公司也在各国开展当地品牌的排名（如表 7-3 所示）。

表 7-2　2010 年全球最佳品牌榜前 10 位

排名	上一次排名	品牌	品牌价值（百万美元）	品牌价值变化
1	1	可口可乐	70452	2%
2	2	IBM	64727	7%
3	3	微软	60895	7%
4	7	Google	43557	36%
5	4	通用电气	42808	−10%
6	6	麦当劳	33578	4%

续表

排名	上一次排名	品牌	品牌价值（百万美元）	品牌价值变化
7	9	英特尔	32015	4%
8	5	诺基亚	29495	−15%
9	10	迪士尼	28731	1%
10	11	惠普	26867	12%

表7-3　2010年最佳中国品牌价值排行榜

排名	上一次排名	品牌	品牌价值（百万人民币）	品牌价值变化
1	1	中国移动	202855	−13%
2	4	中国人寿	99510	16%
3	2	建设银行	96201	5%
4	5	工商银行	77699	19%
5	3	中国银行	68416	−6%
6	7	中国平安	56971	39%
7	9	招商银行	23199	21%
8	*	腾讯	22964	*
9	8	茅台	21430	18%
10	*	太平洋保险	15349	*

注：＊为上一次未上榜企业。

资料来源：www.interbrand.com。

182

第二节　美国《金融世界》（Financial World）品牌评估方法

问题4： 《金融世界》品牌评估方法和 Interbrand 评估方法相比有何不同？

美国《金融世界》杂志从1992年开始，组成了6人专家小组进行研究讨论，旨在寻找一种正确评估品牌价值的方法，并在每个年度对世界顶级品牌做出品牌资产的评估报告。从总体来说，《金融世界》品牌评估方法是对 Interbrand 方法的继承和发展，在基本思路和基本假定方面都大致相同。但其突出的特色表现在以下两个方面：

（1）《金融世界》更多的以专家意见来确定品牌的财务收益等数据。

（2）《金融世界》将品牌分为产品品牌和公司品牌两个层次来评估，产品层面称为商标，公司层面称为商号。因为《金融世界》认为，产品品牌和公司品牌是两种性质不同的无形资产，能够为企业带来不同的收益和现金流。品牌是指公司生产的主要产品所使用的名称和标志，如潘婷。而公司商号是指公司的名称和标志，如生产和销售潘婷品牌的宝洁公司。两者的区别就在于公司可以同时生产一系列不同产品品牌的商品，并且能够通过收取特许权使用费来获取收入。因此，对公司商号进行评估时需要考虑该公司的全部收入，而对产品品牌评估时，则需要剔除其他产品收入对该产品品牌收入的影响。这是《金融世界》评估方法的一个重要基础。

一、《金融世界》品牌评估方法的基本思路

1. 对产品商标的评估方法

（1）计算品牌的利润贡献额。首先从公司报告、分析专家、贸易协会、公司主管人员那里得到有关品牌销售额的数据，并基于专家对行业利润率的估计，计算出公司的营业利润。然后从营业利润中剔除与品牌无关的利润额，主要涉及资本净收益（营业利润×资本报酬率×扣除通货膨胀后行业资金平均利润率）和税收，从而最终得出与品牌相关的利润。

（2）估算品牌强度倍数。即按照 Interbrand 公司建立的模型估计品牌强度倍数，该数值的范围是 6~20。品牌越强，倍率越高。

（3）计算出品牌资产。

$$V = P \times B$$

式中，V 为品牌价值，P 为品牌利润贡献额，B 为品牌强度倍数。

2. 对公司商号的评估方法

《金融世界》对公司商号评估采用了特许经营协会（Trade & Licensing Associates，TLA）的方法，其理论基础是衡量一个公司商号价值的最好尺度就是在现实生活中其他当事人为使用该商号所愿意支付的特许权使用费。TLA 建立了一个大型数据库，包含涉及几乎所有消费品的 5000 多种特许经营协议，并以这些具有可比性的许可协议为基础进行评估。TLA 评估思路的基础仍是现值法，首先根据消费者认可度、利润、产品扩张能力、市场份额增长率等 20 种因素确定商号强度，将公司分为 1~5 级，以 5 级为最高，强度越大，公司可能获得的特许权使用费率就越高。同时，不同行业间的特许权使用费率差别很大，在某些食品行业可能低至 0.25%，而在珠宝或化妆品等高利润行业中可能高达 15%。然后确定公司商号的有效寿命、预期销售增长率、折现率等，将未来收益期内的预期收益进行折现。TLA 的公式为：

商号价值 = 当年销售收入 × 特许权费率 × 有效寿命 × 预期销售增长率 × 折现因子

二、《金融世界》品牌评估方法实例

问题 5： 如何应用《金融世界》品牌评估方法计算品牌价值？

利用《金融世界》品牌评估法对"吉列"品牌剃须刀进行评估，步骤如下：

第一步：经调查，"吉列"品牌产品在全球范围内的销售收入为 26 亿美元。

第二步：计算"吉列"品牌产品税前的营业利润。

营业利润 = 销售收入 × 营业利润率

在评估客观性的原则下，根据咨询人员、竞争对手和剃须刀行业专家的估计，认为"吉列"的营业利润应为 37%，由此可以算出该产品的税前利润为：$26 \times 37\% = 9.62$（亿美元）。

第三步：计算品牌产品的税前超额利润，即在营业利润中扣除企业的正常投资回报。计算公式为：

品牌税前超额利润额 = 税前利润 – 品牌产品销售额 × 平均资本产出率 × 扣除通货膨胀后的平均资本利润率

（1）根据估算平均资本产出率 = 占用资金/营业收入，确定与该销售收入规模相对应的企业正常投入资本。

根据专家分析，1 元的销售收入需要使用 0.38 元的资本，那么香烟产品的平均资本产出率即确定为 38%。则正常投入的资本为：$26 \times 38\% = 9.88$（亿美元）。

即"吉列"剃须刀当年 26 亿美元的销售额需要投入 9.88 亿美元的资本额。

（2）估算投入资本的正常回报，即是普通品牌投资所能获得的平均资本利润额。根据调查，普通品牌的剃须刀在扣除通货膨胀后的资本平均利润率为5%，则正常资本回报为：$9.88 \times 5\% = 0.49$（亿美元）。

（3）扣除正常回报，计算品牌带来的超额利润。

"吉列"剃须刀所获得的税前超额收益即为 $9.62 – 0.49 = 9.13$（亿美元）。

第四步：确定品牌的净收益。为了防止品牌价值受整个经济或整个行业波动的影响过大，《金融世界》采用最近两年税前利润的加权平均值，最近一年的权重是上一年的 2 倍。两年加权后的修正利润结果为 8.71 亿美元。

第五步：从品牌税前超额收益中扣除所得税的影响，由此计算出品牌所获得的净利润增加额。按照规定，"吉列"剃须刀的所得税率为 34%，则品牌净收益为：$8.71 \times (1 – 34\%) = 5.75$（亿美元）。

至此，"吉列"品牌利润贡献额 P 已经求出，为 5.75 亿美元。

第六步：专家根据品牌影响因素打分确定品牌强度系数。考虑到吉列剃须刀在世界品牌排名中的稳定性，且其品牌领导地位、品牌全球化、品牌支持和品牌保护等都处于良好状况，只是品牌趋势和市场类别因受到顾客和社会追求健康产品的影响而有所削弱。因此品牌强度倍数 B 定为 17.9。

第七步：税后品牌价值计算。

品牌价值 V = 5.75 × 17.9 = 102.925（亿美元）

活动 3：模拟《金融世界》品牌评估方法

选择和活动 2 同样的目标企业，利用金融世界方法对该品牌进行评估，看计算结果有何不同，并讨论两种计算方法的不同之处。

三、对《金融世界》品牌评估方法的评价

问题 6：《金融世界》方法在哪些方面对品牌评估方法做了改进？

《金融世界》品牌评估方法首先并不是一种独创的品牌价值评估方法，而是对传统收益法的发展，其基本思路和收益法是相同的，即合理预测无形资产所带来的预计超额收益，并将其折现计算品牌的价值。其次，《金融世界》的评估十分重视评估假设，这里的假设不仅是指数学意义上的计算，更重要的是指建立在经济意义基础上的假设。如果没有这些严格的前提条件的限制，那么任何计算结果都会失去意义。这也提示我们，在引用品牌价值结果时必须同时披露所有的假设条件，否则就会引起不必要的误导。最后，《金融世界》在评估过程中的另一个特点就是，它并没有完全地采用各相关公司的实际数据，而是通过咨询财务分析师、阅读财务报表甚至咨询公司竞争对手等方法收集可用数据，并且从不收费。这样既避免了和客户之间可能产生的利益关系，保证了第三方的独立性，又解决了由于各公司采取的不同会计政策而产生差异的问题，提高可比性，从而也提高了该评估方法的权威性。从以上角度来看，《金融世界》品牌评估方法成为国际通用的评估方法，尤其在品牌并购、兼并或租赁市场行为中被广泛应用是其合理之处的。

但是，我们也应当意识到该方法仍然存在不足之处：首先，《金融世界》品牌评估方法并没有对超额收益进行分割，其计算出来的品牌利润贡献额与其说是品牌价值，不如说是包括品牌在内的所有无形资产的价值。这样显然夸大了品牌的价值和作用。其次，正如《金融世界》所强调的，其评估方法主要适用于日常消费品评估，因为只有消费品的品牌强度才可以根据事先确定的方法进行估计，而对大量的工业品品牌价值评估并不适用。

185

第三节 北京名牌资产评估有限公司的评价方法

引导案例

五粮液的品牌价值

1995 年，北京名牌资产评估事务所首次发布中国最有价值品牌评价结果，五粮液品牌以 31.56 亿元居全国白酒制造业之首，成为白酒制造业和食品制造业价值最高的品牌。有人问：为什么茅台品牌不如五粮液价值高？北京名牌资产评估事务所认为，品牌价值强调的是市场占有能力，就如世界最有价值品牌评价中价值最高的是"可口可乐"、"万宝路"，而不是"劳斯莱斯"极品车、"路易十三"极品葡萄酒一样。经过 10 年的发展，五粮液集团销售收入从 1994 年的 12.84 亿元增长到 2003 年的 121.19 亿元，固定资产由 1994 年的 3.2 亿元增长到 2003 年的 98 亿元。2003 年的品牌价值达到 269 亿元。各项指标遥遥领先于同行业。

资料来源：万后芬，周建设.品牌管理.北京：清华大学出版社，2006.

➡ 思考题：

1. 北京名牌资产评估事务所的评估方法有什么特点？
2. 他们是如何确定五粮液的品牌价值的？

一、"名牌法"评估方法的基本思路

1. "名牌法"的评估指标

"名牌法"需要品牌价值的研究对象满足以下几个原则和标准：是中国自己的品牌，其中包括中外合资企业在中国共同创建的品牌；产品能够与消费者见面；行业市场份额领先；消费者对产品有选择权；能够提供评价所需要的相关材料数据；或者能够从公开信息获得符合上述标准的品牌。

与 Interbrand 公司评估方法的假定不同，"名牌法"认为，品牌资产的价值最终要体现在消费者对产品的购买上面。因此对于品牌价值 V 的衡量，名牌法采用了三个评估指标：品牌的市场占有能力（M）、品牌的超值创利能力（S）以及品牌的发展潜力（D），公式表示如下：

$$V = M + S + D$$

（1）品牌的市场占有能力。该指标是为了显示品牌的历史业绩，主要通过销售收入指标折算出来。公司研究表明，品牌的市场占有能力与品牌价值高低之间存在高度关联，因此该指标在中国品牌价值计算中占有较高的影响权重。出于对不同行业品牌对销售收入影响不同的考虑，又需要对销售收入进行折算以保证各行业之间具有可比性。例如，快速消费品中，品牌的贡献可以达到(2~4)∶1，而在高新技术产业中大约只有0.5∶1。

（2）品牌的超值创利能力。其计算方法借鉴了一般商标评估的折现法，通过利润和利润率加以反映，超过了行业平均利润水平的部分按照一定年限（一般为3年）折现进行计算，也就是说如果利润率低于行业平均利润水平，这个部分的价值将是零。从这个角度看，"名牌法"强调仅将具备超额创利能力的品牌作为评估对象，而非所有品牌。一方面，该指标与消费者的信任度有关。一般而言，越是消费者信任程度高的商品，如"海尔"品牌，消费者对品牌的忠诚度也就越高，所以对价格变化的敏感程度也就越低，从而使品牌具备了获得超额创利能力的条件。另一方面，该指标也和品牌的市场占有能力相关。因为品牌市场占有力越强，在面对如成本增加、竞争压力大等相同条件下，获得的销售收入越高，则意味着获得比同行业其他产品更多的超值创利能力。

（3）品牌的发展潜力。如果说前两个指标都着眼于品牌历史价值，那么这个指标则着眼于评估品牌未来的发展状况。强势品牌所具备的强大的未来获利能力正是品牌的魅力所在。在确定品牌发展的潜力系数时，需要考虑的因素包括：①企业商标在国内外注册数量与范围，也就是法律保护状况；②品牌已使用的年限，也就是说品牌的稳定使用历史；③产品出口或海外经营状况，也就是品牌超越地理和文化边界的能力；④广告宣传投入，也就是品牌所获支持的力度；⑤技术领先，如专利开发能力等。

另外，该方法在评估过程中还提出了"行业修整系数"的概念。这正是基于我国市场经济发展尚不完善、行业之间明显的利润率差异仍然存在的现状而制定的。具体而言，该体系创立的行业修整系数的作用体现在两方面：首先，行业修整系数可以帮助修正行业规模。例如烟草、汽车等规模性行业，如果不加以调整，评价的结果将会被这些企业占满，而像相当多的其他消费类产品就很难占据一席之地，这也是不符合品牌在实际生活中的影响的。其次，行业修整系数有利于修正产业链上不同环节对品牌价值的影响。例如，产业链中下游企业对其产品品牌的影响力较小主要是因为这类企业和最终消费者的接触频率较低，从而影响到最终的品牌价值，行业修整系数可以对这些事实进行修正。同时，该行业修整系数采用3~5年的移动平均法计算而得，并非固定不变。

2."名牌法"的计算方法

"名牌法"将三项指标的得分按照一定权重相加后就得到了品牌总价值。通过行业调整，三部分的构成权重一般平均为4：3：3，具体到不同行业也会作出相应调整。例如，当某品牌所处的行业规模较大，如汽车行业，那么在和其他规模较小的行业相比较时，第一个指标"品牌的市场占有能力"的权重就应相对降低，而小规模行业的权重就应相对提高，以获得相对客观的评估结果。

二、"名牌法"计算方法的实例

问题 7：如何应用"名牌法"品牌评估方法计算品牌价值？

"长虹"品牌产品某年的经营状况见表7-4。

表7-4　长虹品牌产品某年经营状况

销售收入	营业利润	资产总额	资产利润率
42.74 亿元	8.36 亿元	31.12 亿元	26.86%

（1）计算品牌的市场占有能力（M）。鉴于当年该品牌产品的市场占有率达到20%以上，超过绝大多数同类产品，并且增长势头迅猛，因此，此次评估中评定其产品的市场占有能力非常强。

（2）计算品牌的超值创利能力（S）。鉴于专家认为当年该电子行业的平均资产利润率为1.8%，故得到该品牌的超额收益为7.8亿元（8.36 – 8.36 × 1.8%）。同时，也考虑到了该品牌连续四年销售收入和营业利润的增长率都超过40%的客观事实。

（3）确定品牌的发展潜力（D）。本方法考虑了若干相关因素，包括品牌强大的市场销售能力，具有的远远高于国内同行业其他企业的营业利润水平，以及强大的市场领导能力，认为该品牌的市场潜力巨大。

最后，通过上述分析，分别估算了该电子产品品牌的市场占有能力、超值创利能力和发展潜力，并考虑了其他因素的影响予以调整，最终确定了当年品牌价值为87.61亿元。

活动 4：比较我国品牌评价体系和英美体系的异同

按照 Interbrand 方法或《金融世界》重新计算长虹的品牌价值，比较其计算过程的异同，并对比计算结果。

三、"名牌法"方法的评价

问题 8：和 Interbrand 评价体系相比，"名牌法"有何优劣？

"名牌法"是在参考美国《金融世界》方法的基础上，并结合我国实际国情加以创新而得到的。从评估方法的角度分析，该方法在设计的过程中充分考虑了中国品牌市场的实际情况，比如区别于西方利润中心的思想，该方法以品牌实现的市场份额为中心；再比如根据中国市场的实际特点引入了行业修整系数的概念，这些都更加符合中国目前的竞争机制状况，对中国的知名品牌有相对客观公正的评估。

但是，从发展的角度看，"名牌法"也存在一些局限性，尚需进一步完善：首先，"名牌法"没有能够区别产品品牌价值和公司商号价值，这对于中国目前品牌市场发展状况来看，显然夸大了品牌的价值。其次，"名牌法"采用的以市场份额为核心的评估方法，虽然适用于中国当前的发展状况，但是市场占有率仅是判定品牌价值的一个方面，把它作为评估的中心难免有失偏颇，并且很容易会给企业带来一种只重视市场份额而忽视利润创造的错误导向。随着中国品牌市场的不断成熟与完善，以创利为基础的品牌评估方法会得到更好的发展。另外，参与"名牌法"评估的品牌仍然存在数量较少且行业分布不均的情况。虽然这也和品牌本身的实力相关，但要进一步提高品牌评估体系的权威性，就必须在上榜品牌的全面性和科学性上作进一步的完善。

189

阅读材料

北京名牌资产评估有限公司

1994 年，美国《金融世界》杂志发布的世界最有价值品牌排名通过新华社报道，首次传播到了我国。世界品牌上百亿美元的价值使国人震撼，同时也引发了"中国品牌价值是多少"的思考。当时的中国质量万里行组委会主任艾丰向中央建议，中国质量万里行要在深入打假的同时，打假扶优，两翼推进。要给中国自己的名牌量出价值，树立名牌意识，增强国际竞争力。于是 1995 年 2 月，成立了北京名牌资产评估事务所（现在的北京名牌资产评估有限公司），并从 1996 年开始，每年对我国本土的品牌发布品牌资产评估榜单，并在《中国质量万里行》杂志公开发表。表 7-5 为 2010 年中国最佳品牌排行榜前十名。

表 7-5　2010 中国最佳品牌排行榜

单位：亿元（人民币）

排名	品牌	品牌价值
1	海尔	855.26
2	联想	686.61
3	第一汽车	526.29
4	五粮液	526.16
5	国美	526.12
6	美的	497.86
7	TCL	458.08
8	茅台	312.60
9	青岛	270.07
10	长安	270.06

资料来源：http：//www.mps.com.cn.

第四节　明略行的 BrandZ 全球品牌百强评估

引导案例

制造商的营销计划

一家内衣和休闲服装的大型制造商尝试扩大其时尚类风格的产品，但收益有限。该制造商邀请了明略行公司对其品牌进行了重新评估。明略行公司经过调查评估后认为，该营销策略会削弱公司传统的核心优势，导致其市场主导地位下降。在明略行公司的建议下，该制造商将经营重点转移到了加强公司核心优势上，并在保持传统的基础上对产品的舒适度进行了改良和创新，最终取得了很好的效果。

资料来源：明略行公司网站：http://www.millwardbrownacsr.com.

思考题：

品牌评估对该制造商有什么意义？

一、明略行的 BrandZ 评估方法的基本思路

BrandZ 品牌价值的计算方法大体分为四个步骤：

（1）计算无形资产利润。首先根据彭博和数据监控公司的数据，按照国别计算每一个品牌的利润总额，然后根据公司和分析师报告、行业研究、收益估算等指标将无形资产所创造的利润剥离出来。

（2）计算品牌贡献。在无形资产所创造的利润中确定哪些利润是由品牌带来的，具体数额用百分比来表示。BrandZ 评估法认为，其积累的访谈数据中，消费者忠诚度这一指标能够很好地估算品牌在无形资产中所占的比例。

（3）计算品牌倍数。主要通过 BrandZ 和彭博当中的数据估算市场大小、品牌风险以及品牌成长潜力，进而算出一个品牌倍数。

（4）将以上三个方面的数据相乘，就可计算出品牌价值。计算公式为：

品牌价值 = 无形资产利润 × 品牌贡献比例 × 品牌倍数

正如表 7-6 所示，除了公布品牌价值之外，BrandZ 的品牌榜单中还有品牌贡献和品牌动力的排名。其中，品牌贡献反映了产品的品牌对公司赢利的贡献程度，分值为 1~5 分；品牌动力反映了品牌在短期内（通常是 1 年）的增长情况，分值为 1~10 分。

二、明略行的 BrandZ 评估方法评价

明略行的 BrandZ 评估方法与其他方法相比有很明显的独特性：首先，该方法利用顾客的访问数据作为其品牌评估的依据，通过消费者忠诚度这一指标来计算品牌贡献，实际上是结合了消费者和市场两个方面来评估品牌价值，对比于 Interbrand 方法只根据市场一个方面来评估品牌价值，明略行的 BrandZ 评估方法不但可以反映品牌的财务价值，还可以反映品牌的成长动力，并为公司的品牌管理提供依据。其次，BrandZ 评估方法不仅只评估发达国家的品牌，也同时将发展中国家的品牌列入排名的评估范围。在这一点上也同 Interbrand 等方法有显著的不同。其原因在于，Interbrand 方法十分注重品牌的国际化水平，国际化水平不高的品牌很难列入评估范围，而正是在品牌国际化方面发展中国家的品牌明显不如发达国家的品牌具有优势。这也是中国的品牌很难被列入 Interbrand 全球品牌排行榜之列的主要原因；而 BrandZ 评估方法则不同，即使是不具有高度国际化水平的品牌，也可以列入评估范畴，因此才出现了中国移动在全球排行榜上以 52616 亿美元位居第 8 名的优异成绩。最后，BrandZ 评估的是单个品牌而不是公司品牌，所以在某一行业品牌价值排行榜中，会有一家公司的不同品牌共同上榜的现象发生。

阅读材料

明略行品牌评估机构

从 1998 年起，WPP 集团旗下的英国品牌咨询公司明略行（Millward Brown）开展了名为 BrandZ 的基于顾客的品牌资产研究，至今已积累了 31 个国家的 100 万个消费者对 5 万个品牌的访谈数据。明略行开发了专有的品牌资产评估模型，该模型是建立在庞大的消费者数据，以及著名公司彭博（Bloomberg）、数据监控（Data-monitor）等多方面市场数据基础之上的。并从 2006 年起每年的 4 月在英国《金融时报》（Financial Times）上发表"BrandZ 全球品牌 100 强"榜单，表 7-6 展示的是 2010 年发布的全球排行榜单前十强。

表 7-6　2010 年明略行 BrandZ 全球品牌排行榜前 10 位

序号	升降	品牌	品牌价值（百万美元）	品牌价值变化（%）	品牌贡献（分）	品牌动力（分）	四年复合增长率（%）
1	0	谷歌	114260	14%	5	9	32%
2	2	IBM	86383	30%	4	4	24%
3	3	苹果	83153	32%	5	8	51%
4	-2	微软	76344	0	5	7	5%
5	-2	可口可乐	67983	1%	5	6	13%
6	-1	麦当劳	66005	-1%	5	6	23%
7	3	万宝路	57047	15%	4	7	10%
8	-1	中国移动	52616	-14%	5	9	8%
9	-1	通用电器	45054	-25%	1	2	-5%
10	-1	沃达丰	44404	-17%	3	4	17%

资料来源：http://www.millwardbrown.com.

第五节　日本产经省品牌价值委员会的 Hirose 模型

Hirose 模型于 2002 年由日本经济产业省所提交的品牌价值研究方法报告首次提出。其主要目的是研究作为评估日本各产业公司品牌价值的客观依据。该报告由日本早稻田大学教授广濑义州领导的研究委员会历时一年最后完成提出的研究结果报告。该委员会成员包括大学教授、会计师、企业和金融机构人员共 28 人。该模型就是以产经省品牌价值委员会负责人广濑教授的名字命名的。

一、Hirose 模型评估方法的基本思路

广濑教授认为，如果要将品牌价值纳入财务报表，就必须公开公正，信息也需要是透明的并可以重复验证。他认为，Interbrand 品牌评估法在计算品牌对收益的贡献时有"黑盒子"之嫌，且不同行业的品牌贡献率设置得过于主观。因此，他在发展品牌价值评估模型时，舍弃了定性的指标，采用了定量指标，并将品牌资产分为以下三个驱动力指标：

（1）声誉驱动力（Prestige Driver，PD），侧重品牌为公司创造的价格优势。在完全竞争市场条件下，正是因为品牌的缘故，才能使公司能够持续地以相对较高的价格出售商品，即便在产品品质、功能条件等同的条件下，强势品牌产品也能够比无品牌或弱势品牌产品以更高的价格出售。反映在财务报表上，声誉越高，品牌带给企业的现金流量就越高。他认为销售成本和广告宣传费都有助于提高产品声誉，并带来更多的品牌效益和未来现金收益。

（2）忠诚驱动力（Loyalty Driver，LD），侧重品牌能否在长时间内维持稳定的销量。由于产品使顾客产生了对该品牌的偏好，使顾客能够重复购买该产品，从而确保了产品稳定的销量。反映在财务报表上，则表现为现金流的稳定程度。忠诚度高的顾客越多，公司的运营就越稳定，而运营的稳定程度可以通过运营成本的状况来看。考虑到若企业公开市场占有率可能会涉及商业机密，Hirose 模型以过去五年销售成本的平均数据作为忠诚驱动力的代表性指标，销售成本越高，说明销售量的波动越明显。

（3）延伸驱动力（Expansion Driver，ED），侧重品牌在海外以及非本行业的扩张力，主要针对于品牌的认知度。知名度较高的品牌，不论对于类似行业、不同行业抑或是海外市场，均有利于扩张经营。用过去两年海外销售额成长率作为评价公司海外发展能力的代表性指标；类似行业和不同行业的发展状况，则以过去两年非本行业销售额成长率作为代表性衡量指标。因此，选用以上两项指标和的平均值作为衡量公司延伸驱动力的代表性指标。

Hirose 模型的数学计算式比较复杂，基本的公式是：BV=f（PD，LD，ED）。利用财务报表上的历史数字，可以推算出未来的现金流量，从而显示品牌价值。

二、Hirose 模型评估方法评价

Hirose 模型评估方法有什么优势和不足？

从表面上看，Hirose 模型用到了很多成本数据，但这并不表示他所采用的是成本法，因为这些数据不是简单的加总，而是用于计算一些品牌驱动力指标。所以严格来说，该模型仍属于收益法。该模型的优势体现在：

（1）数据的可得性。这是 Hirose 模型区别于其他评估方法的最大特点，只利用公开的财务信息即可计算出品牌价值。由于会计报表已经得到会计师事务所审计，所以数据真实性可以得到一定程度的保障；同时该模型也可应用到企业评价自身价值方面，因为健全的公司财务完全可以提供评价所需的数据。

（2）模型的简单性。Hirose 模型只是从单一的财务维度进行品牌价值计算，自我评价企业只需要收集相关财务数据，即可计算出品牌价值，相比之下，操作较为简单容易。

（3）模型结果的客观性。Hirose 模型由于采用的全部是公开的财务数据，在指标设计上全部是定量指标，其他品牌评估模型多设定定性指标，相比之下，Hirose 模型的结果更少受个人主观因素的分析判断而影响最终的品牌价值。

（4）模型结果的可比性。企业可以运用 Hirose 模型进行自我评价，一方面，可以进行自我比较，在不同时间段自评企业在品牌价值的差异变化，对指导自身品牌建设很有益处；另一方面，通过多标杆企业进行品牌测算可以辨明差距，寻找出提供自身品牌价值的途径。

该模型的不足在于，实际情况和该模型所假设情况并不完全一致，比如模型假设销售成本、广告成本越高，现金流量就越高，而实际情况并非完全如此。

活动 5：比较几种评估方法的异同

小组总结五种评估方法基本思路的异同点，并讨论品牌评估的意义和作用。

考试链接

1. Interbrand 评估方法计算过程。
2.《金融世界》评估方法计算过程。
3. "名牌法" 评估的基本思路。

案例分析

万宝路的价值从何而来

在消费者心目中，年销量达到 900 万大箱、销售足迹遍布 100 多个国家、全球卷烟第一品牌的万宝路（Marllboro），无疑是当今世界知名度最高和最具魅力的国际品牌之一，它获得过无数令人称羡的荣誉和惊人的业绩：2004年，万宝路曾以221.8亿美元的品牌价值继续荣登各家品牌评估机构前十强的榜单上，这也是该品牌连续十几年的光辉历史。

对于刚刚加盟"万宝路"品牌管理团队的Smith而言，以往取得的成就确实让他感到非常骄傲和自豪。然而，让他稍感困惑的是，万宝路的这200多亿的品牌价值到底是怎样计算出来的？对于一个品牌管理者来说，熟知这一点应该是最起码的常识了。于是，Smith查阅了一些相关资料，决定用现如今世界上最为流行的Interbrand方法来对"万宝路"的品牌价值进行一次大致估算。

首先，根据Interbrand方法的要求来确定品牌价值计算公式：

品牌价值V = 品牌未来净收益E × 品牌强度B

第一步：调查"万宝路"品牌产品全年在全球的销售收入为154亿美元。

第二步：计算"万宝路"品牌产品税前的营业利润。

销售收入 × 营业利润率 = 品牌产品营业利润

税前利润 = 154 × 22% = 34（亿美元）

为了评估的客观性，其中利润率的确定应该是根据咨询人员、竞争对手和烟草行业专家的估计，Smith调查了公司近些年来的营业利润，再结合相关专家的建议，认为"万宝路"的营业利润率应为22%。

第三步：从营业利润中扣除企业的正常投资回报，以计算"调整后的品牌营业利润"，其经济意义在于品牌所能够带来的超额利润。

（1）估算与该销售首日规模相对应的企业正常投入资本。根据专家分析，1元的销售收入需要使用0.6元的资本。即每产生1元的收益，需要使用0.6元的厂房、设备和营运资金等。

正常投入资本 = 154 × 0.6 = 92.4（亿美元）

（2）估算投入资本的正常回报。在不考虑使用该品牌的前提下，资本投入的正常回报率为5%。

资本正常回报 = 92.4 × 5% = 4.62（亿美元）

（3）扣除正常回报，计算品牌带来的超额收益。

品牌的超额收益 = 34 - 4.62 = 29（亿美元）

第四步：计算税后品牌净收益E。公司所得税为43%。

品牌净收益 = 29 × （1 - 43%） = 17（亿美元）

第五步：专家根据品牌影响因素打分确定品牌强度系数。

"万宝路"是世界知名品牌中最强的10个之一，因此品牌强度B大致可以定为19。

第六步：税后品牌价值计算。

品牌价值 $V = 17 \times 19 = 323$（亿美元）

最终的计算结果虽然不是非常精确，但是 Smith 觉得自己基本上是按照 Interbrand 方法的要求一步步计算而来，应该算是比较合理的。

资料来源：www.brand.icxo.com.

➡ 问题讨论：

1. 仔细分析 Smith 对万宝路的整个品牌价值评估过程，考虑一下在这个过程中，有哪些因素或步骤会最终影响万宝路品牌的真实价值？

2. 尝试用其他方法，比如用金融世界评估方法来对万宝路进行评估，看看结果有什么不同，并分析一下这些差异产生的原因。

本章小结
★★★★

本章主要介绍了从财务角度几种当今较为流行的品牌评估方法。其中 Interbrand 方法以对未来收益的预测为出发点，在世界有着最为广泛的影响；《金融世界》评估方法也是在其基础上稍作变动而来的；在我国，北京名牌资产评估有限公司所采用的"品牌法"则有较大的影响，因为它更多地考虑了我国的国情，评估结果能更加真实地反映国内各品牌的现状，但是其以市场份额为核心的思路在一定程度上偏离了品牌以赢利为先的宗旨；明略行的 BrandZ 评估法基于大量可靠的调查数据；日本产经省 Hirose 模型可以从公开的财务报表中直接估测品牌价值。以上每一种方法都各有特色，需要我们取长补短为中国的品牌建设服务。

深入学习与考试预备知识
★★★★

财务导向的品牌评估方法的分类

品牌评估的方法可概括为客户导向的品牌评估方法、财务导向的品牌评估方法和其他，其中其他主要是客户与财务导向相结合的评估方法。本章主要介绍的是财务导向的品牌评估方法。

从侧重于财务要素的角度来看，认为品牌是无形资产的一部分。财务导向的品牌评估方法主要分为两类：传统的财务评估方法和财务要素与市场要素结合的评估方法。传统的财务评估方法有历史成本法，即依据品牌资产的购置或开发的全部原始价值估价的方法；重置成本法，即按品牌现实重新开发成本减

第七章　财务导向的品牌价值评估方法

去各项损耗和贬值来确定品牌价值的方法；市价法，即通过市场调查、分析比较对象的成交价格和交易条件来估算品牌价值的方法；收益法，即通过估算未来预期收益并折现求和得出品牌价值的方法。财务要素与市场要素结合的评估方法对传统的财务方法进行了调整，加入了市场业绩要素，主要包括Interbrand方法和Financial World方法等。本书主要是从营销学的角度研究品牌价值管理，因此，本章重点介绍了财务导向的品牌评估方法中的财务要素与市场要素结合的评估方法。

知识扩展
★★★★

一、Hirose 模型

日本产经省成立的由Yoshikuni Hirose教授领导的品牌价值委员会，于2002年的研究报告中，提出了品牌价值评估模型（以下简称Hirose模型）。Hirose模型主要源自于品牌价值的内涵，提出了三个主要驱动品牌价值的假说结构，分别为声誉、忠诚度以及延伸驱动力，形成三种决定品牌价值的动因，即声誉驱动力（Prestige Driver，PD）、忠诚驱动力（Loyalty Driver，LD）和延伸驱动力（Expansion Driver，ED）。

197

1. 价格动因（PD）

侧重于品牌为公司创造的价格优势。依据"Hirose Report" Prestige Driver可以用下列的式子来定义：

$$PD = \frac{1}{5} \sum_{i=-4}^{0} \left\{ \left(\frac{S_i}{c_i} - \frac{S_i^*}{c_i^*} \right) \times \frac{A_i}{OE_i} \right\} \times C_0$$

式中：

S：本公司销售额（Sales of the Company）

S*：基准企业销售额（Sales of the Benchmark Company）

C：本公司销售成本（Cost of Sales of the Company）

C*：基准企业销售成本（Cost of Sales of the Bench Company）

A：本公司广告宣传费比率即品牌管理成本（Advertise and Promotion Cost）

OE：营业成本（Operating Cost）

注：基准企业的选择乃以同一业种内每单位销售成本销售额最低的企业。

2. 忠诚度动因（LD）

主要测度客户的品牌忠诚度，侧重于品牌能否在长时间内维持稳定的销售。依据"Hirose Report" Loyalty Driver可以用下列的式子来定义：

$$LD = \frac{\mu_C - \sigma_C}{\mu_C}$$

式中：

μ_C：过去 5 年平均销售成本（5-year average cost of sales）

σ_C：销售成本标准差（Standard deviation of cost sales）

注：

①从过去 5 年销售成本的平均数据求出平均值 μ 和标准差 σ，σ 占 μ 的比率。

②采用销售成本的原因是，销售成本可以显示忠诚顾客的存在以及销售数量的稳定性。

3. 扩张力动因（ED）

主要测度品牌在海外以及非本业的扩张力，主要针对于品牌的认知度。依据 "Hirose Report" Expansion Driver 可以用下列的式子来定义：

$$ED = \frac{1}{2}\left\{\frac{1}{2}\sum_{i=-1}^{0}\left(\frac{SO_i - SO_{i-1}}{SO_{i-1}} + 1\right) + \frac{1}{2}\sum_{i=-1}^{0}\left(\frac{SX_i - SX_{i-1}}{SX_{i-1}} + 1\right)\right\}$$

式中：

SO：海外销售额（Overseas Sales）

SX：非本业销售额（Sales of non-core business segments）

注：

①海外销售额成长率：如品牌忠诚度高，即存在忠诚顾客，可用来显示海外发展的适当性。

②非本业销售额成长率：企业具有品牌知名度，可用来显示该企业在异业种或类似业种发展的适当性。

③如海外销售额、非本业销售额无成长或赤字的情况，则 ED 对于品牌价值没有贡献，此种情况下，将 ED 值设为 1。

④公司中所有部门中最大的部门作为公司本业部门（Core Business segment）。其他部门则作为公司非本业部门（Non-core Business Segment）。

4. 品牌价值（BV）

Hirose 模型若以数学计算式表达，如下所示：

$$BV = f \times (PD, LD, ED) = PD/r \times LD \times ED$$

$$= \left[\frac{1}{5}\sum_{i=-4}^{0}\left\{\left(\frac{S_i}{c_i} - \frac{S_i^*}{c_i^*}\right) \times \frac{A_i}{OE_i}\right\} \times C_0\right]/r \times \frac{\mu_C - \sigma_C}{\mu_C} \times$$

$$\frac{1}{2}\left\{\frac{1}{2}\sum_{i=-1}^{0}\left(\frac{SO_i - SO_{i-1}}{SO_{i-1}} + 1\right) + \frac{1}{2}\sum_{i=-1}^{0}\left(\frac{SX_i - SX_{i-1}}{SX_{i-1}} + 1\right)\right\}$$

式中：

PD＝超额利润率（Excess Profit Ratio）×品牌起因率（Brand Attribution Rate）×本公司销货成本（Cost of Sales）

＝｛过去 5 年平均［（本公司销售额/本公司销货成本－基准企业销售额/基准企业销货成本）×本公司广告宣传费比率］×本公司销售成本｝

LD＝（销售成本 μ－销售成本 σ）/销售成本 μ

ED＝海外销售额成长率（Average of Overseas Sales Growth Rate）以及非本业销售额的平均（Average of Sale Growth Rate of Non－core Business Segment）（ED 各指标的最低值为 1）

Hirose 模型评估品牌价值的优点是只要利用企业的年度报告，计价方法透明清楚、可检验，从而比较公正、公平。有些以品牌价值为核心的企业以往必须委托评估机构对其品牌价值进行评估，但现在可以自行利用 Hirose 模型测算企业的品牌价值，有利于降低成本。特别是对于以品牌价值为核心的中小企业来说，可避免知名国际品牌鉴价收费过高、评价方式不适用于中小企业的状况。

Hirose 品牌价值评估模型的提出者认为，品牌价值取决于公司形象、稳定性、市场认同度以及国际上认同度等质化的因素。该模型的主要特色是只利用公开的财务信息，即可计算品牌价值。Hirose 引领的委员会提出以公开披露的财务数据来计算品牌价值的概念，由于会计报表已经会计师事务所审计，所以由 Hirose 鉴价模型计算出的品牌价值有一定的可靠性。

二、基于 Hirose 模型的我国电子行业品牌价值实证研究

1. 研究假设

（1）强势品牌更具价格优势。企业的价格优势依赖于品牌的可靠程度，在产品的功能、质量相当时，相对于弱势品牌，强势品牌的产品能以较高的价格出售，这样产生的价格溢价可以看成由品牌因素和非品牌因素两部分组成，其中，品牌因素以广告宣传费比率来表示。所以，价格优势成为增加公司现金流量的一个重要基础。

（2）顾客对品牌的偏好程度决定着产品销售的稳定性。产品的销售量因顾客对品牌的偏好而保持稳定，忠诚度动因可以用来表达顾客由于对品牌的偏好而对公司现金流量的影响。

（3）品牌的认知度越高公司越具扩张性。公司在海外销售和非本业销售上的扩张力越强，公司的品牌价值也就越高。

2. 研究对象和目的

以 2003~2006 年上海证券交易所和深圳证券交易所电子行业上市公司公开

披露的财务信息为依据，以 Hirose 模型为基础，逐步计算出我国电子行业前十大品牌价值。在中国电子企业品牌价值排名（世界品牌实验室）基础上，考虑样本的可比性以及模型对数据要求，仅选 2003 年（含 2003 年）以前上市的公司，同时剔除财务数字不完整、无法直接获取的公司，[①] 遴选出 20 家企业，重新排名。这 20 家公司是在上海证券交易所上市的厦新电子（600057）、海信电器（600060）、同方股份（600100）、永鼎光缆（600105）、宏图高科（600122）、波导股份（600130）、生益科技（600183）、航天信息（600271）、用友软件（600588）、方正科技（600601）、飞乐股份（600654）、青岛海尔（600690）、东软股份（600718）、四川长虹（600839）、厦华电子（600870）以及在深圳证券交易所上市的中兴通讯深康佳 A（000016）、中兴通讯（000063）、TCL 集团（000100）、美的电器（000527）、格力电器（000651）。以我国电子行业为研究对象的目的主要考虑到，电子企业在国民经济中占有重要地位，具有出口比重大、科技含量高、发展潜力大、资源利用少等特点，是国家确定"信息化带动工业化"战略中的主力军。研究目的是让更多的企业认识到自身品牌的价值，并通过科学化、系统化和专业化的品牌建设，让品牌创造价值，让价值成就品牌，推进我国电子行业品牌资本化进程。

局限之处在于，Hirose 模型要求 5 年财务资料，由于资料收集原因，取 2003~2006 年深沪两市上市公司已公开信息，结果准确性有一定影响。按世界品牌实验室评估模型确定的中国电子企业品牌价值 300 强中，许多是集团公司，本文仅以单个上市公司为研究对象，与已公布的中国电子企业品牌价值存在较大不可比性。缺乏调查研究的资料，如果采用品牌形象、品牌策略和品牌价值作为问卷调查的内容，进一步修正 Hirose Report 中所采用的问卷，研究将更完整。

3. 实证分析

（1）价格动因。由表 7-7 可见，在我国电子行业中，以上 Prestige Driver 值高的公司在品质、功能等条件相同的情况下，其产品能以更高的优势价位出售，且可以获取更多的利润，更有潜力为公司带来商机，进而对公司整体品牌价值的提升有益。

---

① 由于数据收集及会计准则不一致等原因，利用 Hirose 模型得出的排名中没有考虑联想集团、中国普天信息产业集团公司、明基电通集团、广东格兰仕集团有限公司、深圳创维—RGB 电子有限公司等。

表7-7　Hirose 模型的 Prestige Driver 值

排名	公司名称	乘数平均值	2006 年营业成本	PD（元）
1	夏新电子	0.3601	4049682697.91	1458199413.11
2	中兴通讯	0.0706	15171797000.00	1070798145.00
3	TCL 集团	0.0176	39811464000.00	702073427.70
4	用友软件	4.9084	110711473.00	543414550.63
5	格力电器	0.0207	19484806555.92	402387200.95
6	美的电器	0.0233	16499749418.45	383822553.80
7	四川长虹	0.0123	15846546554.11	194718364.70
8	深康佳	0.0161	10522538349.15	169637185.90
9	海信电器	0.0156	10001116998.57	156507306.40
10	青岛海尔	0.0065	16868521903.09	108930579.30

（2）忠诚度动因。由表7-8可见，各公司相互之间差距不大，小型公司反而排名靠前，Loyalty Driver 值高的公司有忠诚度较高的顾客，这些公司可借此确保其长期稳定的销售额，为其未来带来稳定的获利能力。

表7-8　Hirose 模型的 Loyalty Driver 值

排名	公司名称	（μ）	（σ）	LD
1	深康佳	10602075347.00	773703458.20	0.9270
2	东软股份	1781255862.25	267781519.85	0.8497
3	永鼎光缆	1167507397.00	188583999.10	0.8385
4	中兴通讯	13400270058.00	2248255735.00	0.8322
5	波导股份	8009240161.22	1346158246.30	0.8319
6	方正科技	6174175441.19	1110619338.54	0.8201
7	宏图高科	3057668517.00	591017837.50	0.8067
8	四川长虹	12608718291.00	2461044087	0.8048
9	美的电器	15053999353.00	2981851719	0.8019
10	青岛海尔	13671207613.00	2878866496	0.7894

（3）扩张力动因。由表7-9可见，Expansion Driver 值高的公司对于海外或其他产业、非本业部门的销售，因其品牌认知度高，因而更具扩张力。

表 7-9　Hirose 模型的 Expansion Driver 值

排名	公司名称	1/2（XO）	1/2（XS）	ED
1	方正科技	3.1305	3.7484	3.4395
2	同方股份	1.4814	1.5364	1.5089
3	用友软件	1.2680	1.7387	1.5033
4	厦华电子	1.5884	1.3937	1.4910
5	生益科技	1.3722	1.5449	1.4586
6	青岛海尔	1.3255	1.5597	1.4426
7	海信电器	1.3941	1.3590	1.3766
8	格力电器	1.5315	1.1347	1.3331
9	美的电器	1.1702	1.3266	1.2484
10	中兴通讯	1.2681	1.2176	1.2428

（4）品牌价值。在假设无风险利率为 3% 的条件下，计算求得我国电子行业品牌价值排名。如表 7-10 所示。

表 7-10　Hirose 模型的 Brand Value 值

排名	电子企业	PD	LD	ED	PD/r（r=3%）	BV
1	中兴通讯	1070798145.00	0.8322	1.2428	35693271500.00	36918148268.00
2	夏新电子	1458199413.11	0.6047	1.1451	48606647103.57	33656048997.56
3	TCL 集团	702073427.70	0.7355	1.2052	23402447590.00	20700000000.00
4	用友软件	543414550.63	0.5916	1.5033	18113818354.37	16108936290.58
5	美的电器	383822553.80	0.8019	1.2484	12794085127.00	12808643277.00
6	格力电器	402387200.95	0.6466	1.3331	13412906698.26	11560888586.75
7	海信电器	156507306.40	0.6961	1.3766	5216910213	4998909195.00
8	四川长虹	194718364.70	0.8048	0.8407	6490612157	4391349193.00
9	深康佳	169637185.90	0.9270	0.7919	5654572863	4150940260.00
10	青岛海尔	108930579.30	0.7894	1.4426	3631019310	4135091412.00

资料来源：胡晓明，李明旭，刘春联. 基于 HIROSE 模型的品牌价值评估实证分析——以我国电子行业为例. 经济管理，2007（22）.

根据 Hirose 模型计算的前十五大品牌价值。公司品牌价值顺序大致和 Prestige Driver 排序结果类似，呈正相关性，可见 Prestige Driver 动因对于计算 Hirose 品牌价值影响最大。由表 7-10 呈现，Hirose 模型计算出的品牌价值第一名是中兴通讯、第二名是夏新电子，遥遥领先于第三名 TCL 集团，主要因为其具有很大的 Prestige Driver。特别是夏新电子，其 Prestige Driver 值高达 1458199413.11 元，虽然顾客忠诚度、扩张力都不算高。

第八章

其他品牌价值评估方法

学习目标
★★★★

知识要求 通过本章的学习，掌握：

● 溢价法的基本思路
● 联合分析法的基本思路
● 品牌价格抵补模型的基本思路
● 忠诚因子法的基本思路和计算过程

技能要求 通过本章的学习，能够：

● 了解溢价法、联合分析法和品牌价格抵补模型的评估过程
● 了解各评估方法的优势和不足
● 熟悉消费者和财务结合角度的品牌评估思路
● 掌握忠诚因子法的评估步骤

203

学习指导
★★★★

1. 本章内容包括：介绍从消费者和财务结合的角度评估品牌价值的几种主要方法，并评价它们各自的独特性和局限性。

2. 学习方法：勤于思考，抓住重点；搜集相关学术论文进行更进一步研究。

3. 建议学时：4学时。

第一节　溢价法

引导案例

价格悬殊从何而来？

我国已经成为许多国际著名品牌产品的出口加工基地，但是，自行出口的话很难打入国际市场，即便是进入国际市场，销售价格也很低，而贴上外国企业的品牌后，同样的产品销售价格可以翻好几倍甚至十几倍。即便是著名品牌，品牌之间的差别也很明显。美国克莱斯勒公司前总裁艾科卡在谈到日本汽车品牌的优势时不无感慨地说，在同一个工厂生产出来的两辆车，一个贴上克莱斯勒的牌子，一个贴上三菱的牌子，而后者可以多卖 3000 多美元。

资料来源：周云.品牌学：原理与实务.北京：清华大学出版社，2008.

思考题：

1. 同一厂家生产的产品，其价格差距是如何形成的？
2. 通过艾科卡的话，你能得到什么启示？

一、溢价法的基本思路

（一）品牌价值和消费者的关系

问题 1： 消费者对品牌价值有什么样的影响？如何体现？

品牌之所以是资本，是由于它能给企业带来收入。我们需要确定究竟是什么因素使品牌能为企业带来收入，通过观察我们可以了解到，凡是著名品牌都与消费者保持了一种特殊关系，即消费者对品牌和企业的信任乃至忠诚关系。当然，消费者的品牌忠诚也是对企业忠诚于消费者的回应。正是这种相互忠诚的关系使著名品牌保持了较高的市场占有率和大量的长期顾客，从而获得了丰厚的收入。如果说非品牌或一个虚假的品牌商品的买卖是一项"交易关系"，其性质是交易，那么，以顾客为本的品牌商品的买卖则是在"关系中的交易"，其性质是关系。没有品牌与消费者之间相互忠诚的关系，便不会有品牌和品牌资产的建立，有的仅仅是一个法律意义上的商标而已。所以，品牌资产实际上是一种"关系资本"。积累品牌资产的过程实际上就是企业建立和维护其与消费者之间关系的过程。

对消费者来说，品牌的基本功能体现在：

（1）品牌名称和品牌标识可以帮助消费者解释、加工、整理和存储有关产品及品牌的信息，简化购买决策良好的品牌形象有助于降低消费者的购买风险、增强购买信心。

（2）个性鲜明、独特的品牌可以使顾客获得超出产品功能之外的社会和心理利益。

简言之，与无品牌的产品相比，品牌产品可以提供给消费者超出产品实体功能的价值。

品牌忠诚是指消费者对品牌的满意、喜爱和奉献。它是品牌营销的核心，是衡量顾客对品牌信任和依赖程度的标准。品牌忠诚主要有认知性忠诚，情感忠诚和行为或意向性忠诚。品牌资产管理更加注重消费行为的忠诚，就是顾客对该品牌产品的长期反复购买，特别是面对竞争品牌在价格等方面的诱惑，也愿意购买并为该品牌付出更高的价格。如今，营销上的财务管理中把品牌视为企业资产的重要组成部分，这个资产实际上来源于消费者的品牌忠诚。没有消费者的忠诚，品牌资产就变得毫无意义，所以品牌忠诚是品牌资产增值的核心。消费者对一个品牌的忠诚度越高，以及一个品牌拥有的忠诚消费者越多，该品牌的价值就越大。

活动1：调查顾客忠诚度情况

选择一种产品，如电视机、饮料、服装等，并从中选择几种不同档次的品牌，通过走访身边的人，观察品牌价值和顾客忠诚度之间的关系。

阅读材料

商品销售的"二八原则"

市场调查表明，品牌忠诚者通常只占全部购买者的20%左右，但其购买量却往往高达销售总量的80%，每减少5%的顾客流失，就能将利润提高25%~80%。所以保持品牌忠诚度可减少企业的营销成本。

基于消费者的角度，品牌包含两类要素，即品牌认知和品牌形象，前者表示熟悉程度，后者反映顾客的态度。理想的情况是，品牌在顾客头脑中具有强烈的、正面的和独特的联想。这样的话，顾客对品牌会有积极的态度和较高的购买意愿，在顾客的购买选择中也会居于有利地位。由此可见，基于顾客的品牌权益是品牌为企业带来超额收益和为企业创造财务价值的前提条件。它是一个连接过去和未来的概念，既反映企业过去营销努力的积淀，同时又预示着品牌的未来收益能力，品牌财务价值评估不应该脱离这个基础。

（二）品牌溢价法的基本思路

品牌作为识别产品的标识是不能单独存在的，它必须依附于一定的产品（或服务）。那么，品牌究竟对顾客有多重要，或者说对顾客而言，品牌的差别化效应有多大呢？如何进行识别呢？本节从溢价法的角度加以介绍。溢价是消费者对于某品牌产品愿意支付的超出具有类似功能的无品牌产品（或竞争性产品）的价格差。溢价法的基本思路是，品牌资产的大小可以通过顾客由于选择这一品牌而愿意额外支付多少货币加以衡量。在其他条件相同的情况下，如果顾客为选择某一品牌而愿意支付的额外费用越多，则表明该品牌越有价值。品牌获取溢价的能力可以用下面的公式表示：

$$E = P - P^\circ$$

式中，E 表示某品牌的溢价，P 表示有品牌时单位产品的价格，P° 表示无品牌时同一产品的价格。数据的获得可以采用三种方法：第一种是比较产品的实际销售价格，即有品牌时单位产品的销售价格与无品牌时单位产品的销售价格。例如，某衬衫厂为外商加工外销产品，卖给外方的单价是每件衬衣 7 美元，而贴上外方商标后，在国际市场上卖到每件 50 美元，那么，43 美元的差价反映了品牌的附加价值。第二种是比较有品牌和无品牌时，顾客愿意支付价格的差额。第三种是比较具有相同物理功能的新产品的价格（无权益）与本品牌产品的价格。

上面谈到的是品牌绝对价值的含义，有时企业也需要了解品牌的相对价值，或相对的获利性。例如，与同类竞争性品牌相比，本品牌附加价值的大小，本企业拥有的各种品牌的相对价值如何等。考察品牌的相对获利性可以采用相对价值指数：

品牌相对价值指数=某品牌产品的价格/功能相同的其他品牌的同类产品价格

如果该指数大于 1，说明本品牌的获利性大于竞争品牌。在企业拥有的各种品牌中，该指数越大的品牌，品牌的附加价值越大。这些信息对于企业了解品牌的获利性和合理配置资源有一定的参考价值。

二、溢价法的评价

溢价法能准确衡量品牌带来的价格差异，其评估结果对同一类型的不同品牌有较好的比较和衡量作用，但是该方法没有考虑到品牌资产未来的长期获利能力，只注重眼前品牌的价格。并且在评估两种不同产品类型的品牌时，其结果往往并不可靠，因此存在一定的局限性。

第二节 品牌价格抵补模型

一、品牌价格抵补模型的基本思路

引导案例

产品定价

张先生是某家品牌手机厂商的决策者，在智能手机逐渐成为市场主导的趋势下，该家厂商也逐渐将销售重点转为智能手机，并研发了一系列新的机型。为了能让顾客尽快接受新的产品，并确保以前机型的稳定市场占有率，张先生需要对现有机型和新机型做出一轮新的价格调整和制定。但是在定价过程中，张先生却陷入了两难的境地：如果完全按照消费者的意愿制定价格，那么该品牌的手机价值会被低估，导致企业利润的降低；但如果单方面按照企业意愿定价，又会存在不被消费者认同、丧失市场份额的可能。到底如何定价才能实现双赢的局面呢？

资料来源：周云.品牌学：原理与实务.北京：清华大学出版社，2008.

➡ 思考题：

1. 产品定价需要考虑的因素都有哪些？
2. 应通过什么恰当的方法解决张先生的疑惑？

通常情况下，企业往往根据历史经验对产品进行定价，因此经常会对定价的范围感到困惑。特别是在为产品进行价格调整时，会出现消费者所能承受的最高价格是多少、在什么价格条件下消费者感到比较适合、愿意继续消费等诸如此类的问题。在较为简单的价格测试中，企业向购买者询问"产品A卖多少钱您会考虑购买？"或者"假如产品B的价格上升10%，你是否还会购买？"，前者无一例外会产生相当低的价格预期；而后者则倾向于低估价格弹性，因此产生过于乐观的预测。它们的局限性在于无法表现真实生活中的购买决策。然而通过品牌价格抵补模型（Brand Price Trade Off，BPTO）可以得出目标研究品牌在什么价位上会得到最高的市场份额。目前在美国和欧洲已成为一种广泛使用的有效定价方法。

BPTO 试图建立一个模拟价格研究方法，该模型主要的研究目的是：当消费者面对他们喜欢的价格较高的品牌和那些价格相似的第二选择品牌时做出的反应情况。消费者是否转换品牌，还是忠实所喜爱的品牌，从而确定品牌的理想价格，为企业品牌战略管理提出指导性建议。在测试时通常需要收集被测产品及所有主要竞争对手的产品，其最终结果是要建立所研究品牌和竞争对手品牌的动态关联。

BPTO 从本质上要解决以下的价格问题：

（1）了解在消费者心目中价格和品牌的相对重要性；

（2）测量品牌的价格弹性；

（3）测试预定的价格，得出新的价格策略；

（4）确定最优价格和价格极限；

（5）在市场份额和收入/利润之间寻找平衡点；

（6）模拟价格战。

在市场调查时，传统的 BPTO 有以下两种主要的数据采集分析方法：

方法一：向被访者出示被测品牌和竞争品牌，计算任何一种价格条件下被访者选择被测品牌和竞争品牌的次数。

方法二：计算每个品牌被访者所能选择的边际价格。开始时的价格应能够反映目前市场上各品牌间的价格差异，询问被访者在这些价格下，会选择哪个品牌。被选择的品牌将被加价降价一个价格段，重复问同样的问题；再找出一个会被选择的品牌，同时对该品牌进行加价降价，直到最后。

随着计算机网络与通信技术的发展，信息技术在市场预测模型中的应用越来越广泛，基于计算机数据分析的品牌价格抵补模型，也成为国外目前最为成功的一种在模拟竞争环境下测试品牌价格策略的高级研究技术。传统 BPTO 由于要处理的信息量太大，往往只能对相对较小的预测模型进行分析，而计算机数据分析的出现，使得 BPTO 的大规模应用成为可能，许多著名的统计软件均增加了 BPTO 的计算功能，一些大型的市场研究公司则开发了自己的专用软件。随着这些计算机软件技术的引入，近几年 BPTO 技术也开始被引入中国。

二、品牌价格抵补模型的具体应用

问题 2：如何应用 BPTO 模型计算品牌价值？

BPTO 的研究试图建立一个模拟价格研究方法。其通常通过中心地测试

（CLT）的方式来完成，测试时需要收集被测产品及所有主要竞争对手的产品。所有产品被标上从最低到最高的价格。这里值得注意的是，由于必须考虑到产品以后可能的降价和涨价，因此最低价格和最高价格的设定都要求明显低于市场最低价和高于市场最高价。另外，由于测试涉及多个品牌，各品牌之间的顺序可能会影响被访问者的评价，因此，必须保证各品牌顺序的随机性，最普遍的做法是利用随机数表，让访问员根据随机数表时刻调整各品牌之间的顺序，消除测试顺序性误差。

BPTO 问卷过程如图 8-1 和表 8-2 所示。

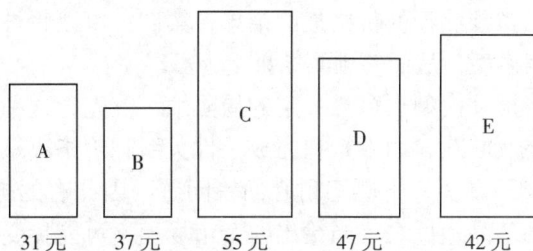

图 8-1　BPTO 问卷过程实例

表 8-1　BPTO 问卷过程实例

品牌 A	31 元（3）	32 元	33 元	34 元
品牌 B	37 元	38 元	39 元（5）	40 元
品牌 C	55 元（1）	56 元（2）	57 元	58 元（6）
品牌 D	47 元（4）	48 元	49 元	50 元
品牌 E	42 元	43 元	44 元	45 元

我们从图 8-1 开始来介绍 BPTO 问卷过程。在图 8-1 中，有 5 种品牌和 5 种不同的价格，假如某一被访者首先选择的是 C 品牌（55 元），那么 C 品牌的价格马上上涨一个幅度（56 元），其他品牌价格不变。这时再让该被访者选择，如果 C 品牌价格上涨了，该被访者仍然选择 C 品牌（56 元），那么这时 C 品牌再上涨一个幅度（57 元），其他品牌价格仍然不变。这样循环下去，表 8-1 记录了该消费者的选择轨迹。其选择过程中止的条件是任何一个品牌在所有价位上全部被选完。BPTO 模型的最终结果是建立一个研究品牌和竞争对手品牌的一个动态关联。在竞争对手品牌的价格下，通过该模型可以得出研究品牌在什么价位上会得到最高的市场份额。

活动 2：进一步了解 BPTO 模型

有兴趣的同学可以通过小组活动的形式，在网上收集阅读更多关于 BPTO 模型的学术文献和应用实例。

三、品牌价格抵补模型评价

基于计算机数据分析的 BPTO 模型极大地扩展了预测的能力，其主要优势体现在以下几个方面：第一，模拟现实的竞争环境，允许多个竞争品牌和测试品牌共同参与测试；第二，结合了联合分析法，可以对数据进行更深入的诊断性分析；第三，模拟预测任何价格战的结果；第四，可以将被访者使用习惯和品牌能力纳入预测模型，从而使预测结果更为可靠。

但是品牌价格抵补模型也存在一定的局限性，首先，这种调查模式让被访者感觉到好像是在玩游戏，而不是在完成一件关系到价格决策的大事，这样被访者会觉得乏味、不真实，不愿意耐心回答问题。因此有的被访者不论品牌，只选择价格最低的产品；反之，当给出一个市场上不可能接受的价格时，被访者仍有可能选择他所喜爱的品牌，这样就造成了数据来源不够客观真实的问题。其次，通过这种调查的方式获取资料需要较高的成本。

第三节　联合分析法

一、联合分析法的基本思路（考试重点）

联合分析法是一种以调查为基础的多变量方法，它使营销者能够描绘出与产品和品牌相关的顾客购买决策过程。

阅读材料

联合分析法

联合分析法于 1964 年由数学心理学家 Luce 和统计学家 Tokey 提出。最早只是应用于心理学领域，而后由 Green 和 Rao 于 1971 年将其引进市场营销学领域，成为市场营销研究中衡量消费者偏好的重要方法之一。

联合分析法在具体操作中采用实验模拟，统计人员给消费者列出一系列品牌和价格多种组合的产品方案,每个方案代表一种产品属性组合,产品的属性组合是依据试验设计的原则进行的。他们赋予每个属性水平的值,叫做权重。将品牌名字看做是产品的一个属性,那么品牌名字的价值,就是品牌名字的权重。研究者可以通过专业统计软件确定顾客在不同的品牌属性间的权衡因素,以及顾客对某种属性的重要程度的看法,从而计算出品牌资产价值。

二、联合分析法的应用举例

问题 3: 如何应用联合分析法计算品牌价值?

采用联合分析法测定品牌价值的经典案例是格林和温迪的报告。该研究关心的是消费者对家用去尘刷的评价。研究包括五个因素,即造型设计(A、B、C),品牌名称(K2R、Glory、Bissell),价格(1.19 美元、1.39 美元和 1.59 美元),好家政标记(有、无),退款保证(有、无)。其中前三个因素三个水平,后两个因素两个水平。根据这些因素和水平,可以组合出 108 种产品概念,但是大多数消费者难以评价。于是研究人员选择了 18 个可比较的方案,让每个受试者依照购买可能性排出顺序。表 8-2 就是其中一个消费者排出的顺序。

表 8-2　消费者对各产品概念按购买可能性排序

卡片序号	造型设计	品牌名称	价格	好家政标记	退款保证	受试者排序
1	A	K2R	1.19	无	无	13
2	A	Glory	1.39	无	有	11
3	A	Bissell	1.59	有	有	17
4	B	K2R	1.39	有	有	2
5	B	Glory	1.59	无	无	14
6	B	Bissell	1.19	无	无	3
7	C	K2R	1.59	无	有	12
8	C	Glory	1.19	有	无	7
9	C	Bissell	1.39	无	无	9
10	A	K2R	1.59	有	无	18
11	A	Glory	1.19	无	有	8
12	A	Bissell	1.39	有	无	15
13	B	K2R	1.19	无	无	4
14	B	Glory	1.39	有	无	6
15	B	Bissell	1.59	无	有	5
16	C	K2R	1.39	无	无	10
17	C	Glory	1.59	无	无	16
18	C	Bissell	1.59	有	有	1

根据受试者的评价数据，研究人员可以计算出五种属性的效用函数和各种属性对消费者的相对重要性，即权重（如图 8-2 和图 8-3 所示）。图 8-2 中，纵坐标表示效用，其最大效用值为 1，最小为 0，我们可以看出，B 造型设计、Bissell 品牌名称、1.19 美元的零售价、有好家政标记和有退款保证的产品方案最适合消费者。而从图 8-3 中可以看出，品牌名称的价值处于属性中的第四位。

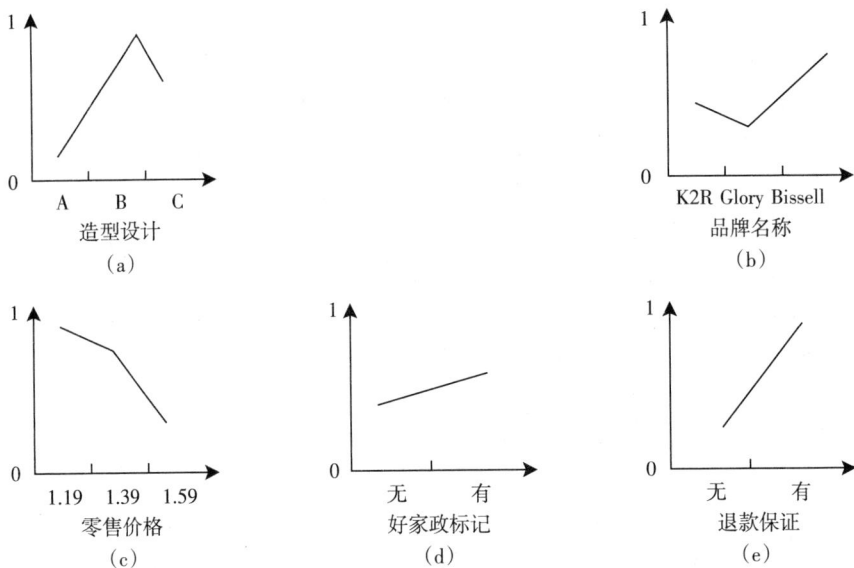

图 8-2　五种属性的效用函数

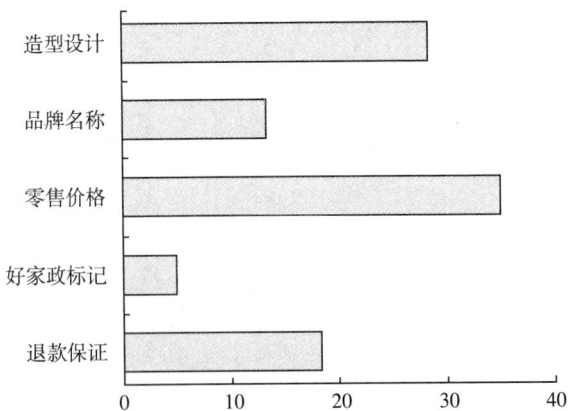

图 8-3　各种属性的权重

三、联合分析法的评价

联合分析法的优势在于其调查的方法可以用来测量消费者的心理判断和偏好，对企业营销决策和品牌管理有生动而直接的引导作用，但是联合分析法操作过程繁杂，成本较高，并且过于依赖消费者的直观判断，忽略了品牌的未来长远性发展。

第四节　忠诚因子评估法

一、忠诚因子评估法的基本思路（考试重点）

忠诚因子法是由范秀成教授建立的评估方法。范秀成教授认为，企业通过品牌营销策略，对消费者的认知、情感、态度、偏好等心理因素产生影响，并对消费者的购买意向进行引导，从而促成消费者的购买行为。消费者在首次购买之后，能够不断重复购买，也就是对该品牌有了一定的忠诚度，这时品牌价值就体现了出来。也就是说，从品牌创造价值的过程来看，品牌是通过对顾客心理和行为的影响而给企业创造财务价值的，品牌的价值直接取决于顾客对品牌的偏好，因此从顾客对品牌的反应来评价品牌是一个可行的方向。

忠诚因子法对品牌价值的具体表述为：

$$V = Q \times N \times R \times (P - P') \times K$$

对公式中的字母所代表的含义说明如下：

（1）V 是代表品牌价值。

（2）Q 是周期购买量。它是指单个目标顾客在一个周期内购买的单位产品的平均数量。周期是指目标顾客两次购买之间所需要的时间，一般可以根据产品的性质事先决定。

（3）N 是时限内的周期数。

关键术语：时限的概念

时限是指事先规定好的时间段，时间长短原则上可以按照过去营销努力产生的或是在顾客头脑中已有的品牌知识持续发挥作用的时间为原则。在这个时间限度内，消费者对品牌的态度和行为基本保持稳定。国外的通行做法是以 5 年为时限。

213

（4）R是理论目标顾客基数。它表示在品牌影响的范围内所有可能和已经在购买该产品的顾客数量，可以看成是品牌产品的目标市场规模。对于变化较快的市场，可以根据专家预测，取未来时限内的平均值。

（5）P是单位产品价格。它是指单位产品的销售价格。如果产品在各地理区域的单位售价不尽相同，可以采用各地理区域内单位产品销售价格的加权平均值，权重依据各地理区域销售量所占的比重确定。

（6）P′是单位无品牌产品价格。它是指具有类似实体功能的无品牌产品的销售价格。通常可以看成是单位无品牌产品售价的最大值，以OEM价格为基准或通过顾客测试来确定。

关键术语：OEM 的概念

OEM（Original Equipment Manufacturer）按照字面意思，应翻译成原始设备制造商，指一个厂商根据另一个厂商的要求，为其生产产品和产品配件，亦称为定牌生产或授权贴牌生产。既可代表外委加工，也可代表转包合同加工。国内习惯称为协作生产、三来加工，俗称加工贸易。

（7）K是忠诚因子。这是公式中的核心要素，也是该品牌价值评估方法的关键所在。它是一个百分数，表示全部目标顾客中在未来决定重复购买或开始购买本品牌产品的顾客的比例，它反映了整个市场对品牌的忠诚度和品牌的吸引力，是一个体现消费者群体行为的指标，而非对个体行为的测量。这个因子受到许多因素的影响，例如消费者的使用经验、顾客需求、市场竞争程度、广告传播效果、口碑等。因子的数值可以通过市场调查数据和以往的经验数据计算得出。

在该公式中，P−P′即单位产品价格−单位无品牌产品价格反映了单位销售中品牌带来的净财务贡献或价值；除了忠诚因子外的前几个变量的乘积实际上表示在未来一个时期内，如果所有的目标顾客都购买本品牌的话，品牌总的贡献或价值有多大；在此基础上乘以忠诚因子，表示在未来一个时期内品牌能够实现的价值。上述公式反映的实际上是某品牌在某个具体产品类别中的价值，范秀成教授认为，如果有多种产品使用同一品牌的话，可以利用同样的方法分别计算品牌在各产品类别中的价值，然后加总得到品牌的总价值。

二、忠诚因子法评价

问题 4： "忠诚因子法"的优缺点？

范秀成教授建立的"忠诚因子法"在国内该领域研究中有很重要的地位和

作用，该方法在品牌价值评估中始终坚持了以下几个基本原则：第一，面向未来。品牌价值评估应注重品牌未来的市场表现，应着重考察品牌的未来收益能力。第二，采用余值法或增量法。企业的未来收益是众多因素共同作用的结果，既有品牌的作用也有其他因素的作用（如产品质量、专利保护、产业环境等），品牌只是其中一个要素，测评品牌价值需要将品牌的贡献与其他因素分离开来，否则会夸大品牌的价值。第三，品牌价值评估应该反映品牌资产的主要来源，提供给企业有助于改进经营管理的信息。第四，测评方法应具有可操作性。第五，测评指标应具有灵敏性，通过测评可以及时地反映品牌资产的实际变化。

忠诚因子法的优点主要表现在：第一，从顾客角度测评品牌价值，突出了顾客对品牌价值的贡献，抓住了品牌价值形成的关键；第二，忠诚因子法为基于消费者的品牌价值评估方法的量化问题做了很好的尝试，使得基于消费者的评估法可以不再局限于企业管理领域，产生了在无形资产评估领域发挥作用的可能性，这对今后该方面的研究提供了重要启示；第三，测评的各变量中包含了影响品牌未来收益的直接决定因素，特别是忠诚因子体现了企业以往的营销努力和市场环境等多方面因素对顾客未来购买行为的影响，通过定期测评，可以监视这些因素的变化，为企业进一步改进工作提供重要的信息；第四，具有较广泛的适用性，可以用于单一产品品牌和多产品品牌的价值评估；第五，吸收了营销领域的最新研究成果，并结合市场调查数据来估算品牌价值，这对于将无形资产评估作为一个单纯的财务问题对待的传统做法也是一个有益的补充。范秀成教授还提出，"忠诚因子法"同样适用于同一品牌伞下的不同产品类别的品牌价值计算，只需分别计算品牌在各种不同产品系列中的价值，然后加总即可。

但是作为一种基于消费者忠诚的品牌价值评估方法的尝试，"忠诚因子法"尚存在若干局限及有待进一步完善的细节。第一，上述方法的陈述反映，"忠诚因子法"很大程度上是通过目标市场消费者调查方式来确定消费者重复购买及可能购买的比例，是消费者主观判断的结果，因此，这些购买比例是否能够真实反映消费者的品牌忠诚，以及现在对目标市场调查得出的购买比例能否预测未来的消费者忠诚，这些都是值得考虑的问题。第二，只从消费者的角度对品牌价值评估，忽略了品牌持有者的能动作用。品牌持有者通过改进产品质量、加大宣传力度、提高售后服务等各种品牌建设活动可以提高顾客忠诚。同时，品牌持有者可以通过品牌延伸战略，在评估期内把品牌向新的产业、区域进行延伸以加大目标顾客数量。所以，不应当抛开品牌持有者而只从消费者角度计算品牌价值。第三，不同的消费人群周期内购买品牌产品的数量可能存在

215

很大不同。例如，忠诚度高的消费者可能经常性地购买品牌产品，周期购买量可能性很大，忠诚度较低的消费者可能只是偶尔或尝试性地购买品牌产品，周期购买量会很小，所以，把这两种不同消费量的消费群体放在一起计算，必然会使消费者忠诚与品牌价值之间的关系与实际产生偏移，进而影响计算的结果。第四，该方法比较适合购买频繁的产品，对于重购时间长的耐用消费品不太适合，因为重购时间太长，顾客未来的购买意向和行为很难确定，也无法通过市场调查准确了解。第五，忠诚因子法将未来购买品牌产品的消费者分成重复购买、变换购买、推荐购买、拥护购买四类，但是，这四类中有可能出现重叠，比如，当消费者既听从医生推荐，又受到广告影响的情况下，其购买行为就会产生重叠，此时会高估品牌价值。因此，如何解决类别间的重叠现象，是忠诚因子法实际操作中需要解决的问题。

考试链接

1. 价法的基本思路。
2. 联合分析法的基本思路。
3. 品牌价格抵补模型的基本思路。
4. 忠诚因子法的基本思路和计算过程。

案例分析

利用忠诚因子法评估 ABC 公司品牌价值

ABC 是国外某制药商 1990 年在我国注册并销售的粉末状药品，主治风湿性关节炎。该公司在我国销售 ABC 的医药代表有 300 余人，遍布 100 多个大、中城市，以售价 3 元/袋计算，1999 年销售收入达到 3 亿元，市场渗透率，即患有风湿性关节炎症的患者中购买 ABC 的比例为 1.19%；市场占有率，即 ABC 在治疗风湿性关节炎药品的市场总销售量中的比例为 2.0%。根据 1999 年 10 月对该品牌产品所做的市场调查报告得到以下数据（其中经验数据为根据顾客以往的行为得到的数据，其他数据是通过市场调查获得的数据）：

在已经购买 ABC 的顾客中，48% 的人会和亲朋好友交流药品的选购经验，肯定重复购买的占 73%，肯定变换购买的占 3.5%，不能肯定是否变换的占 23.5%：其中不会变换的比率为 65%（经验数据）。在未购买 ABC 的潜在顾客中，49% 的患者不喜欢粉末型药品，64% 的患者会听医生的推荐；医生推荐的可信度是 4.13 分（5 分为满分），30% 的医生会向患者推荐 ABC 药品，医生的推荐转化为患者购买的比率是 28%（经验数据）。48% 的患者会向他人推荐药品，52%的人会听别人的药品选购意见：旁人推荐药品的可信度是3.9分（5分为完全可信），旁人的推荐转化为实际购买的比率是24.5%（经验数据）。86%的人以"电视节目"为他们获取药品和医疗保健信息的主要来源之一，ABC的广告认知度是1.5%，顾客对电视广告的信任度是3.29分（5分为完全可信），对电视广告的信任转化为实际购买的比率为19.8%（经验数据）。

分析以上数据，可知未来购买ABC的顾客可以分为两种类型：一是已经购买本产品的顾客中将来继续购买的人，包括明确表示继续购买的重复购买顾客和目前虽然不确定是否购买，但是将来准备购买的变换购买顾客；二是现在没有购买但是将来准备购买的潜在顾客，包括一部分受到医生和现有顾客推荐会产生购买行为的推荐购买顾客和另一部分受到广告刺激而在将来进行购买的拥护购买顾客。具体情况可以用图8-4归纳：

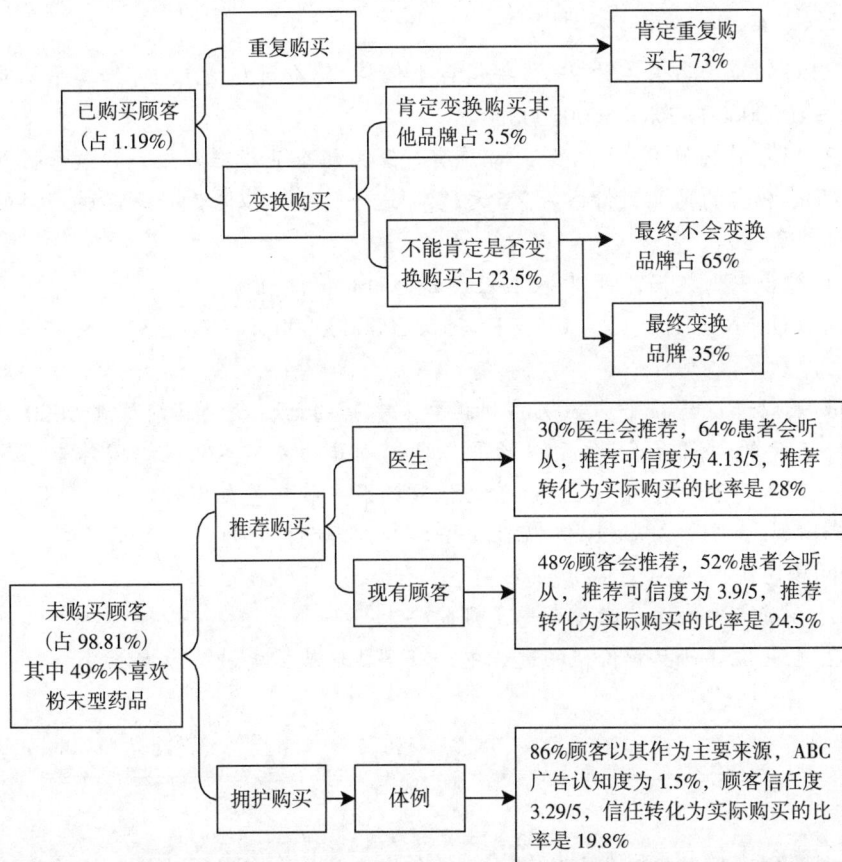

图8-4 ABC药品未来顾客市场调查结果

1. 根据图 8-4 分析，可以计算得出：

重复购买比例 = 1.19% × 73% = 0.87%

变换购买比例 = 1.19% × 23.5% × 65% = 0.18%

推荐购买比例 = 98.81% × (1 − 49%) × (30% × 64% × 4.13/5 × 28% + 1.19% × 48% × 52% ×3.9/5 ×24.5%) = 2.27%

拥护购买比例 = 98.81 × (1 − 49%) × 86% × 1.5% × 3.29/5 × 19.8% = 0.08%

则忠诚因子 K = 重复购买比例 + 变换购买比例 + 推荐购买比例 + 拥护购买比例 = 0.87% + 0.18% + 2.27% + 0.08% = 3.4%

2. 考虑到该产品的有效性以及参照国外公司的通常做法，设定未来的期限为 5 年，即 N = 5，又因该市场相对成熟，发展比较平稳：

则周期购买量 Q × 时限内的周期数 N × 理论目标客户基数 R

= 每年购买量 Q × 5 × 理论目标客户基数 R

= 5 × 年平均市场总容量

ABC 的市场占有率为 2%，年销售 1 亿袋（3 亿元/3 元），可知其平均市场容量 = 100000000/2% = 5000000000

3. ABC 的售价 P = 3 元/袋，目前有一家乡镇企业正准备生产疗效和性能与 ABC 几乎相当的药品，价格为 2.5 元/袋，这个价格可以看做是无品牌产品的最大价格 P′。

4. 综合以上数据，可以得到 ABC 公司的品牌价值为：

V = Q × N × R × (P − P′) × K = 5 × 5000000000 × (3 − 2.5) × 3.4% = 4.25（亿元）

如果以进口药品平均 30% 的利润率来考察的话，年利润应该在 9000 万元左右，5 年的利润为 4.5 亿元，结果与我们测算的差不多。根据国外专家的比较，采用不同方法对同一品牌的价值估算结果一般相差在 30%~50% 之间。

资料来源：范秀成. 品牌价值评估的忠诚因子法. 科学管理研究，2000 (5).

问题讨论：

1. 在确定忠诚因子时都考虑了哪些要素？

2. 在此次评估品牌价值的过程中，有哪些环节需要进一步完善？

本章小结
★★★★

本章从消费者与财务方法相结合的角度，具体介绍了溢价法、品牌价格抵补模型、联合分析法和忠诚因子法四种品牌价值的方法。尽管其并没有像

Interbrand 等评估方法得到普遍的认可和接受，计算方法也大多比较复杂且成本较高，但是将消费者的选择和偏好作为品牌评估的评价因子，这种全新思考角度存在一定的科学性与合理性。随着计算机技术和统计软件的不断进步与发展，相信这种品牌价值的评估方法会逐步得到广泛的应用。

深入学习与考试预备知识

除客户导向的评估方法和财务导向的品牌价值评估方法外的其他评估方法主要从财务和消费者两者结合的角度对品牌价值进行评估。在此类方法中，从消费者要素的角度来看，认为品牌价值是相对于同类无品牌产品或竞争品牌产品，消费者愿意为其支付的额外费用。代表性方法有：溢价法，即品牌价值大小可以通过消费者愿意为其选择的品牌支付多少货币加以衡量；品牌价格抵补模型和联合分析法，即采用实验模拟，向消费者提供多种品牌和价格的组合，再根据消费者的选择利用统计软件计算品牌资产价值。

第九章
商标、商誉与专利权价值评估

学习目标
★★★★

知识要求 通过本章的学习，掌握：

● 商标的概念、分类、功能和作用，商标评估的目的和意义，以及商标价值的评估方法

● 商誉的概念、特点、商誉的评估方法，以及商誉评估应注意的问题

● 专利权的特点和评估目的，评估程序以及评估方法

技能要求 通过本章的学习，能够掌握：

● 对企业的商标价值进行评估，灵活运用多种评估方法

● 对企业商誉进行评估，灵活运用多种评估方法

● 对专利权价值进行评估，灵活运用多种评估方法

学习指导
★★★★

1. 本章内容包括：商标的基本知识，以及商标价值的评估方法；商誉的基本知识、商誉的评估方法以及商誉评估应注意的问题；专利权的特点和评估目的，评估程序以及评估方法。

2. 学习方法：认真思考，灵活运用；与同学老师讨论学习心得；结合实际，理论与实践相结合等。

3. 建议学时：6学时。

引导案例

企业商誉价值评估

企业整体资产评估值可以通过预测企业未来预期收益并进行折现或资本化获取；对于上市公司，也可以按股票市价总额确定。采取上述评估方法的理论依据是，企业价值与企业净资产价值是两个不同的概念。如果有两个企业，净资产价值大体相当，但由于经营业绩悬殊，预期收益悬殊，其企业价值自然悬殊。构成企业价值的净资产，包括有形资产和可确指的无形资产，由于其可以独立存在和转让，其评估价值在不同企业中趋同。但它们由于不同的组合、不同的使用情况和管理，使之运行效果不同，导致其组合的企业价值不同。使各类资产组合后产生超过各项单项资产价值之和的价值，即为商誉。

商誉的评估值可能是正值，也可能是负值。当商誉为负值时，有两种可能：一种是亏损企业；另一种是收益水平低于行业或社会平均收益水平的企业。商誉为负值时，对商誉的评估也就失去了意义。可见，商誉价值的评估，限于盈利企业或经济效益高于同行业或社会平均水平的企业。

例：某企业进行股份制改组，根据企业过去经营情况和未来市场形势，预测其未来 5 年的净利润分别是 13 万元、14 万元、11 万元、12 万元和 15 万元，并假定从第 6 年开始，以后各年净利润均为 15 万元。根据银行利率及企业经营风险情况确定的折现率为 10%。并且，采用单项资产评估方法，评估确定该企业各单项资产评估之和（包括有形资产和可确指的无形资产）为 90 万元。

资料来源：刘五平.资产评估教程.北京：中国财政经济出版社，2010：139.

➡ 思考题：

试确定该企业商誉评估值。

第一节　商标价值评估

一、商标的概述

问题 1： 什么是商标，商标的作用和分类是什么？

1. 商标的概念

商标，英文为"trademark"或"brand"，俗称牌子，从字面上可以理解为商品的标记。生产者或经营者通过使用特殊的标记，使自己的商品或服务与其他厂商的同类商品或服务相区别，这里所说的特殊标记就是商标。各国以及国际组织对商标概念的表述大概有以下几种：

（1）国际保护工业产权协会（AIPPI）在柏林大会上曾对商标作如下定义："商标是用以区别个人或集体所提供的商品或服务的标记。"

（2）世界知识产权组织在其《商标示范法》中曾作如下定义："商标是将一企业的产品或服务与另一企业的产品或服务区别开的标记。"

（3）日本商标法所表述的商标："指由文字、图形、符号或它们的结合或它们与色彩的结合，作为以生产、加工证明或转让商品为业者在某商品所使用的标志。"

（4）法国1962年12月31日《商标法》对商标的表述："一切用以识别任何企业的产品、物品或服务的有形标记可视为商标。"

上述表达虽然是从不同角度来说明商标的定义，但它们都阐述了商标的一个基本功能：用来区别不同企业生产的产品或提供的服务。我国的《中华人民共和国商标法》（以下简称《商标法》）没有对商标概念作出直接的阐述，第四条和第八条只是给予了间接的诠释，但在我国的大型辞书《辞海》中，对商标的定义作了如下表述："商标，工商企业为区别其制造或经营某种产品的质量、规格和特点的标志。一般用文字、图形或记号注明在商品、商品包装、招牌、广告上面或商标是制造商或商人为了使人认明自己的商品或劳务，从而使它们与其他竞争产品区别开来而使用的文字、名称、符号或图案。"

本书所确定的商标的定义为：商标是自然人、法人和其他组织在其生产、制造、加工、拣选、经销的商品或提供的服务上使用的，由文字、图形、字母、数字、三维标志和颜色，以及由以上要素组合的具有显著特征，便于识别的标记。

2. 商标的功能及其作用

从上述商标概念的不同表述，我们可以总结出商标的功能主要有以下几点：

（1）区别功能。也就是把企业的商品或服务与其他企业的商品或服务区别开来。这是商标最基本的功能，一旦有了商标，我们就可以顺利地把甲厂商生产的产品或提供的服务与其他厂商生产的类似产品或提供的类似服务区别开来。

（2）宣传功能。商标作为商品或服务信息的载体起着向消费者宣传相关厂商、商品功能、工艺、原料、重量、质量等有关信息的作用。一个好的商标就是一个卓越的广告，使用得当，它不仅能更好地宣传商品，而且还有利于树立生产和销售企业的良好形象，从而提高厂商的信誉。

（3）保护功能。商标一经申请并核准注册，商标所有权人便获得了对该商标的专用权，该权利受到法律的保护。这对防止假冒伪劣、更加有效地维护商标权人的信誉、权利具有主要保护作用，并且有利于商标权人创立的名牌。

（4）竞争功能。一个好的商标是设计者和选择者精心设计和选择而来的，这种精心的设计本身就是一种很好的艺术创造，它会给消费者带来很大的吸引力，产生极强的消费欲望，从而有利于提高商标指定商品或服务的竞争力。

（5）增值功能。设计一个好的商标，它是多种劳动技能的结晶，它本身是一种创造性的智力成果，带有一定的含金量，商标的知名度也能提高其含金量。一个好的商标可以提高指定商品的身价。尤其是驰名商标，它不单纯是一种智力成果或服务的形象，它还是企业文化的象征，是企业的形象代表。实践证明，驰名商标不仅可以使指定商品或服务的身价倍增，而且也可以使其他产品或服务受益，提高了企业的竞争力，从而使企业的整体价值增值。

商标是联结消费者和生产经营者标志性的纽带。让消费者更容易分辨生产者生产的产品或提供的服务的属性，从而选择自己所需要的产品或服务；让生产经营者更加重视自己的产品和服务的质量，注重企业的可持续发展。因此商标的作用主要表现在对消费者和生产经营者的作用两方面：

（1）对于消费者的作用。由于商标具有区分产品和质量保证功能，可以使消费者在品种众多的同类产品中选择自己需要的产品，节省消费者的信息搜寻时间和成本。如果没有商标，消费者对产品或服务的信息缺乏了解，要选择适合自己的产品或服务就要对市场上所有的同类产品或服务进行深入了解，这样势必将消耗很多时间、花费更多的成本去购买自己的产品或获得所需要的服务。同时对于部分消费者而言，特定的商标是其身份与社会地位的象征。他们通过购买这些商标的产品，使自己获得精神上的愉悦。因此对消费者而言，商标除了可以增加产品和服务的透明度、节省搜寻成本外，还可以满足消费者特定的消费心理。

（2）对生产经营者的作用。商标具有法律保护和广告宣传的功能，因此商标的所有者享有对产品或服务特征独一无二的保护作用。同时，生产经营者可以加强产品与服务的质量管理，在消费者心目中树立良好的品牌形象，创立驰名商标。这样对于企业推出新产品的宣传是很有帮助的，例如海尔主要是以从事冰箱生产而著名的，但海尔推出新产品（手机、电视等）后，消费者也会毫不犹豫地购买，其中白色家电的理念也为众多消费者所接受；驰名商标企业会使员工具有一种优越感，有利于企业在人才市场中吸引高素质的人才，有效提高员工的集体荣誉感和挖掘员工的潜力，发挥员工的主观能动性。

3. 商标的分类

商标的分类会由于研究的角度而使得分类的种类众多，目前比较认同的分类主要有以下三种。

（1）按照商标的用途划分，可以分为商品商标、营业商标、服务商标、等级商标、证明商标和防御商标。

商品商标，就是商品的标记。它是商标的最基本表现形式，通常所称的商标主要是指商品商标。商品商标一旦被生产（或销售）企业所注册，该企业就拥有对该商品的独占专有使用权，并受法律的保护。商品商标可分为商品生产者的产业商标和商品销售者的商业商标。

营业商标，以营业企业的名称、标记作为其生产或经营的商品的标志。营业商标以营业企业的名称、标记命名，因此也称为厂标。对知名度较高的企业生产的产品以营业企业的名称作为商标，容易扩大商品的信誉。例如中国北京同仁堂集团公司的"同仁堂"商标、日本丰田汽车公司的"丰田"商标等。

服务商标，又被称为服务标志、服务标记，根据我国法律的规定，是指提供服务的经营者，为将自己提供的服务与他人提供的服务相区别而使用的标志。美国《兰海姆法》的定义则较我国的定义要宽，它不仅包括区别服务而使用的标志，甚至可及于广播、电视节目的标题、人物角色的姓名。广告主的商品广告，有时也可以作为服务标志取得注册。服务商标适用于服务，它和商品商标一样起着识别的作用，通过宣传以提高企业的知名度。

等级商标，用于区别同一企业同一类系列商品的不同品质等级的商标系列。例如瑞士手表按其质量高低可以分为四类，各类都有其对应的商标：一类表的商标有"劳力士"、"欧米加"，二类表的商标为"浪琴"，三类表的商标为"梅花"，四类表的商标为"英纳格"。等级商标既是厂家区别不同品质、等级、规格商品的标志，也是消费者按照自身的需求挑选自身适用不同等级商品的根据。

证明商标，又称为保证商标，是指由对某种商品或者服务具有监督能力的组织所控制，而由该组织以外的单位或者个人使用于其商品或者服务，用以证明该商品或者服务的原产地、原料、制造方法、质量或者其他特定品质的标志。

防御商标，是商标所有人在自己注册的商标成为著名商标后，将这个商标在非使用的商品或服务上申请注册。防御商标是一种非使用商标，它的注册要求很严格，并不会由于不使用而被撤销。它的主要作用在于防止他人在其他品种、类别的商品和服务上使用相同商标而产生混淆。例如"可口可乐"饮料商标在其他 34 类商品上都注册了同一商标，这 34 类商品上注册的"可口可乐"的商标都属于防御商标。

(2) 按照商标结构或状态划分，主要划分为视觉商标、听觉商标和味觉商标。

我国《商标法》第八条规定："任何能够将自然人、法人或者其他组织的商品与他人的商品区别开的可视性标志，包括文字、图形、字母、数字、三维标志和颜色组合，有及上述要素的组合，均可以作为商标申请注册。"可见我国的商标多为视觉商标，听觉商标和味觉商标不受我国法律的保护。视觉商标又可以细分为文字商标、图形商标和组合商标。

文字商标指商标要素以纯文字组成，不含有其他图形成分。例如："Sony"、"Dell"等。选择单一字母作商标，必须有独特的设计，不能以印刷体形出现。几个字母组成的标识应是无含义创造性。文字或词可以是有含义的，也可以由几个词或词组合而成的无含义或新含义的标识，如姓氏、笔名、雅名、签字等。阿拉伯数学也能单独构成一定意义的商标。

图形商标指商标由人或事物的形状、图案，包括具体图形和抽象图形，也可以是虚构的图形，只要其特征显著就可以作为商标。"联想"商标就属于此类。图形商标取材广泛，既可以把自然界的一切有形物体态加以临摹而用做题材，也可以利用点、线、面、体的巧妙构思而设计出无穷的图案。图形标识最大的特点是不受语言限制，无论哪国人，只要他懂得图形就会理解它的寓意，因此它最能体现一个民族的文化特征。当然图案商标的使用一定要注意所在国家的民族禁忌和风俗习惯。

组合商标指由文字或图形部分构成。组合商标是我国使用比较多的商标，图文并茂，更加醒目，"华能"集团的标志就属于此类。组合商标以文字说明图形或以图形衬托文字，图文呼应，使人印象深刻，辨别明显。组合商标要注意文字、图形的内在联系和突出重点，防止因内容繁杂而被误认成双重或多重商标从而失去独特、显著的功能。

(3) 按照商标使用者的性质划分，可以分成制造商标、销售商标和集体商标。

制造商标，亦称"生产商标"，是显示商品生产厂家的商标。制造商标由商品的生产厂家使用，一般以制造厂商的名称关键词命名。例如，上海英雄股份有限公司的"英雄"商标，新疆天山毛纺织股份有限公司的"天山"商标等均属于此类。制造商标有利于树立制造厂商的形象，扩大对其用户的影响，促进商品销售，有利于与同业竞争。

销售商标，亦称"商业商标"。商品销售者为了树立其经营形象，扩大经营影响，促进商品销售，在自销的商品上使用的商标。销售商标由经销商注册和使用，目的在于创造特色经营，宣传经销商，一般在商品制造者名气不大，而销售者享有盛名的情况下使用。

集体商标，以团体、协会或者其他组织名义注册，供该组织成员在商事活动中使用，以表明使用者在该组织中的成员资格。集体商标由集体成员共同所有。有的以所有人的代表名义进行注册，也有的以集体组织名义注册。集体商标表明使用集体商标的商品经营者或服务提供者属于同一组织，他们提供的商品或服务具有共同的特征。

（4）其他划分。因划分的标准不同，商标的其他划分种类繁多。例如按照商标所有者的地域可以分为国内商标和国外商标；按照注册与否可以划分为注册商标和未注册商标；按照商标使用与否可以划分为使用商标和备用商标。

商标分类的方法很多，现将商标分类总结，如图9-1所示。

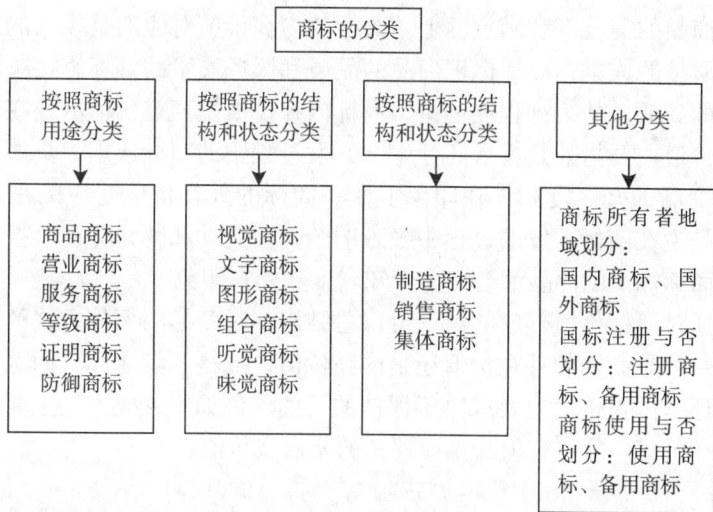

图9-1 商标分类图

4.商标价值的形成

商标作为一种商品，其价值是由所投入的劳动量所决定的，但是其中也存在一些分歧：

第一种观点认为商标的价值由社会必要劳动时间决定，认为商标的价值与商品一样，是由凝结在商标活动中的社会必要劳动量决定的，是由开发创造商标所消耗的活劳动和物化劳动决定的。

第二种观点认为商标的价值是由个别劳动时间决定的，认为商标有独一无二的特点，不必由社会必要劳动量来决定。

第三种观点认为商标的价值应该由商标带来的经济效益衡量，认为商标作为一种资产是能带来未来收益的，未来收益多，价值就大，反之就少。

前两种观点是基于成本的观点，生硬地套用了马克思的劳动价值论来讨论商标的价值，以投入劳动来衡量商标的价值，通过产权界定的商标，最低应该具有成本价值。后一种观点主要是收益的观点，认为资产的价值应该由未来收益的贴现决定，作为无形资产，商标的价值主要不是直接通过劳动取得，而是依靠产权的独占和自身的稀缺拥有获利能力。目前第三种观点在学界得到比较大的认可，较为准确地说明了商标价值的决定和来源。同时这种价值形成的观点为目前商标评估最流行的一种方法（收益现值法）提供了理论支撑。

从另外一个角度考虑，作为商品的商标具有商品的基本属性——商标价值两重性：内在价值和外在价值。所谓商标的内在价值主要指的是投入提高商标标识商品的品质及其售中、售后服务质量方面的生产销售成本，具体体现在商标标识的商品的美誉度和满意度上。商标的内在价值对应的是投入的商品的品质和服务质量的成本，商标标识商品的品质和服务质量的好坏直接决定了商标内在价值的高低。从某种程度上讲，商标内在价值是商誉价值的外在表现。商标的外在价值主要指的是投入商标生产开发过程中的商标成本，具体体现在商品标识、商品的知名度和外在印象上面。商标的外在价值对应的是商标的成本，也就是说在商标开发的过程中投入的全部活劳动和物化劳动，投入多少商标成本，商标标识的商品就会有多少知名度和外在印象。

从上述对商标价值形成的讨论可以总结出，对商标的评估方法的选择主要取决于评估的是商标的外在价值还是内在价值，或是两者之和，而选用商标的外在价值还是内在价值主要取决于评估的目的。例如重置成本法主要评估的是商标的外在价值，收益现值法主要评估的是内在价值。

关键术语： 商标

商标，英文为"trademark"或"brand"，俗称牌子，从字面上可以理解成商品的标记。生产者或经营者通过使用特殊的标记，使自己的商品或服务与其他厂商的同类商品或服务相区别，这里所说的特殊标记就是商标。

二、商标评估的目的和意义

问题 2： 商标价值评估的目的和意义是什么？

1. 商标评估的目的

要考察商标评估的目的，首先我们要明确资产评估的目的，也就是企业发生哪些事项的时候需要进行资产评估。市场经济条件下对资产进行评估的目的有以下几种：

（1）对资产转让（包括拍卖）、企业兼并、企业整体出售三种典型的资产产权变动行为，资产评估为交易提供合理的价格参考，维护双方的合法权益。

（2）对企业联营、股份经营、中外合作或合资三种属于典型的资产经营主体变化，即由单一产权主体经营变为多元产权主体经营。通过资产评估，合理确定联营、合资、合作各方投入资产的价值，作为将来收益分配的依据。

（3）对租赁、抵押、担保等行为，通过对相应资产价值的评估，合理对各资产进行评估，为确定租金、担保金额、借贷水平提供了基础。

（4）对企业清算（包括破产清算、终止清算和结业清算）行为，通过对清算资产价值的评估，能合理地核实企业资产的现实价值，对被清算企业资产的处置提供合理的价值依据，维护债权人和所有者的权益。

商标价值的评估是以商标权的转让（投资）和商标使用权转让（商标特许使用证或商标使用许可证）为目的的。商标作为单项无形资产，能给企业带来额外收益，所以它是可以独立转让的，无论是商标权的转让还是商标使用权的转让。

2. 商标评估的意义

商标评估为多种资产业务的需要而产生，如商标评估为资产业务提供一个合理的价值尺度，也体现其广泛的社会意义。

（1）商标评估有利于建立现代企业制度，现代企业制度要求产权关系清晰。商标作为无形资产的一种，与有形资产一样是企业所拥有的资产，通过商标评估可能明确产权关系并有利于现代企业制度的建立。

（2）有利于规范和发展产权市场。通过商标评估，可以合理确定商标在产权变动中的价值量，给交易双方提供参考的价值依据，保障双方交易的公司，从而对规范产权市场是非常有效的。

（3）有利于资源的优化组合和合理配置。商标评估的目的是使商标的价值量化，使商标的价值得以定位，为其参与市场交易活动提供依据——交易的价值，合理的价值评估使交易得以顺畅，效益得以实现。尤其在商标权以投资、入股、使用许可和设定质权等形式参与市场活动时，商标评估的作用显得十分重要。使得作为经济资源的商标可以充分发挥作用。

（4）有利于提高人们的知识产权意识，加强对知识产权的保护。通过商标的评估可以使社会各界重视商标的作用，进而有利于人们尊重知识产权、保护知识产权。

（5）商标评估可以为司法实践中处理商标等涉及无形财产权的侵权纠纷提供定量条件。我国《商标法》第 56 条中规定商标侵权赔偿额的计算包括两种方法：一种是侵权人因侵权所获得的利润；另一种是被侵权人因侵权所遭受的损失。商标是无形资产，其价值建立在信誉的基础之上，因此被侵权人所受到的损失，往往难以计算，它不像损坏有形资产那样，赔偿是可以参照同类物的。按照我国民法原理和反不正当竞争法的有关规定，侵权行为造成被侵害人的全部损失，不仅包括直接损失，也包括间接损失。对一项商标的侵权，不仅仅直接表现为使企业过去的利润减少，更深层的损害发生在对商标信誉的毁损上，导致企业商品或服务未来市场占有率的下降和收益的减少，因此被侵权方的损失往往要比实际的利润损失要大得多。因此，单纯计算直接损失来确定赔偿额不利于保护商标权人的利益。在这种情况下，商标评估提供了一条切实可行的方法。

三、商标评估方法

问题 3：商标评估的方法有哪些？

一般而言无形资产的评估方法也适合商标评估，商标评估作为无形资产评估的一种，主要的方法有重置成本法、现行市价法、收益现值法。在商标的实际评估工作中，选择什么样的方法进行评估，要依据评估的目的、当时当地具有的评估条件以及商标的来源等情况来决定。下面阐述三种方法对商标评估的适应性。

（一）重置成本法

重置成本法是指在现有的市场条件和技术条件下，重新开发一个同样价值的商标需要的成本作为商标的评估价格的一种方法。重置成本法的基本思路是实际投入被评估商标的成本以现行市价重置。显然，重置成本法评估的是商标的外在价值，它适宜对商标转让交换价值的评估。其优点是充分考虑到企业在开发商标的全过程中的成本投入，评估的结果有坚实的投入基础，准确性和可信度比较高。其局限性是进入商标的成本难以准确界定，而且所有的资料都基于过去，并没有反映未来的赢利能力。在评估实务中常用重置成本法中的成本核算法、市价调整法及投入成本累加法来评估商标的价值。

国外专家在进行商标评估时，往往注重对商标外在价值的评估，所以重置成本法是用得比较多的一种方法，而且常用此法来评估商标的整体价值。

（二）现行市价法

现行市价法是通过市场调查，选择一个或几个与被评估商标相同或相似的商标作为比较对象，分析比较对象的成效价值和交易条件，进行对比调整，估算出评估商标价值的方法。商标的交易市场可以分为两类：一个是商标的转让市场，另一个是商标的许可市场。商标的转让是商标所有权的让渡，转让价格在一定程度上直接反映商标的价格。商标的许可是商标使用权的让渡，可以独占许可、排他许可和普通许可。同类商标的许可价格在一定条件下可作为其他可比商标许可的参考。

任何两个不同商标的许可都不可能是完全一样的，可以相互比较的商标应满足以下条件：

（1）应当是同行业的商标。一般不是同一行业的商标在自身特性、使用等方面的差距比较大，很难比较。

（2）使用商标的产品或服务的范围应基本相同。

（3）商标许可发生的时间比较近，有可比性。

（4）商标许可的限制条件明确，无本质上的差异，可以相互比较。如，许可形式一致等。

（5）商标许可双方的情况有可比性。

满足以上条件后，具体比较商标许可还要作如下修正：

（1）商标的信誉度，即商标实力的修正。包括商标的领导力、稳定性、市场状况、国际性、发展趋势、投资、保护等方面。

（2）商标许可限制条件的修正。包括许可使用的时间、产品范围、地域、数量、质量保证等方面。

（3）许可发生的时间修正。如果相比较的许可发生的时间不是十分接近，应考虑通货膨胀方面的影响。

现行市场法的优点是评估结果易为商标转让交易双方所接受，可操作性比较好。局限性是在应用时条件比较苛刻，应用该方法评估时有两个前提条件：一个是必须有一个完全成熟、活跃的商标市场；另一个是被评估商标的市场参照物及其相比较的项目、技术参数等资料是可收集的。在我国商标市场很不完善的条件下，其局限性更加明显，所以在我国几乎很少应用该方法。相对而言，收益现值法在国内是评估商标价值运用最多的一种方法，也是最基本、最重要的方法。

231

（三）收益现值法

1. 基本理论

收益现值法主要着眼于商标的未来收益，也就是把商标当作能获得收益的资产看待，而不是简单地考虑商标自身的外在价值。这种方法是将商标在剩余有效期内，预期创造的总收益贴现为商标评估时的现值。其计算公式如下：

$$V = \sum_{i=1}^{n} \frac{c_i}{(1+r)^i}$$

式中：c_i：使用该商标第 i 年所取得的收益额；r：折现率；n：商标预期使用的年限。

用收益现值法来评估反映了商标的内在价值，是一种比较理想的评估方法，它比较适合评估商标的综合价值。但收益现值法评估结果的准确性主要取决于相关参数的设计，然而参数的选取是一个比较难的问题。其主要的局限性是商标往往与企业其他资产共同创造价值，所以很难分离出商标所创造出的价值，而且商标评估的结果往往偏高，商标交易的卖方比较能接受，但买方一般都不接受，因而很难达成真正的交易。其价值评估是从资产的定义出发：资产是企业控制或拥有的、由过去事项形成的、预期能给企业带来未来收益的资源。

2. 具体参数的选取

（1）商标预期的收益。商标预期的收益是指预计由商标带来的未来收益。运用收益现值法评估商标，首先必须科学合理地分享商标创造的未来收益。评估商标预期的收益，需要考虑以下因素：

①商标收益的分离。商标不能单独创造价值，它只有与企业其他资产相结合才能创造收益，企业整体创造的收益，既有企业所拥有的有形资产带来的收益，也有企业拥有的无形资产所创造的收益。其中企业的无形资产一般情况下不只是商标，而可能包括专利及专有技术、版权、顾客关系、销售网络、商誉等。

现在一种比较通用的方法是用企业超额收益来替代商标收益，这样做有一定的合理性，认为商标价值是商誉价值的外在表现。企业的超额收益指的是企业所获得的超过行业平均水平的收益。

②商标收益的预测。商标收益的预测是建立在对商标权所有者销售业绩与行业销售业绩预测的基础上，因为我们所界定的商标收益就是企业的超额利润。所谓超额，就是超过行业平均水平的部分，所以我们要对商标所有者与行业两个方面进行预测。

对商标收益的预测可以采用直接分析法，即直接分析将来每年的收益值；

也可以运用历史数据，建立数学模型；还可以将两种方法结合起来，即由历史数据建立数学模型预测数据的基础上，根据实际的情况进行调整。

（2）商标的收益年限。商标收益年限的确定主要考虑以下因素的影响：

①商标的法律保护年限，根据《中华人民共和国商标法》第37条规定，注册商标的有效期为10年，自核准注册之日起计算。同时第38条对商标的续展注册也做了明确的规定，续展之后的有效期仍为10年。从理论上讲，只要商标所有者依法经营，商标的法律保护年限可以是无限的。

②商标的经济年限，商标的经济年限需要考虑以下几个因素：企业的发展方向、商标的发展潜力、企业商标策略、行业发展趋势以及整个国民经济的发展。

（3）商标收益的折现率。计算商标的折现率可以有以下几种：

①资本资产定价模型，其计算公式如下：

商标收益的折现率(γ) = 无风险报酬率(γ_0) + 企业风险报酬率(γ_1)

式中：企业风险报酬率可以分解成行业平均风险报酬率与企业独有的风险报酬率，所以计算公式如下：

商标收益的折现率(γ) = 无风险报酬率(γ_0) + 企业风险报酬率(γ_1) + 企业风险报酬率(γ_2)

式中：无风险报酬率一般用同期政府债券的利率或者同期银行贷款利率，行业风险报酬率一般用行业组合的 β 值与报酬系数的乘积，企业独有风险报酬率可以由专家鉴定。

②从行业平均收益出发，在计算商标收益的时候我们采用行业平均收益作为参照系，所以折现率也可以采用行业平均收益率来替代。也就是说，商标收益的折现率等于行业平均收益率。

第二节　商誉评估

一、商誉及其特点

问题 4：什么是商誉，商誉有什么特点？

商誉通常是指企业在同等条件下，能获取高于正常投资报酬率所形成的价值。企业由于所处地理位置的优势，或由于经营效率高、历史悠久、人员素质高等多种原因，与同行业企业相比较，可获得超额利润。

从历史渊源考察，20 世纪 60 年代以前所称的无形资产是一个综合体，商誉则是这个综合体的总称。70 年代以后，随着对无形资产确认、计量的需要，无形资产进一步分解、分化，形成各项独立的无形资产。因此，现在所称的商誉，是指企业所有无形资产扣除各单项可确指无形资产以后的剩余部分，也就是说，商誉是不可确指的无形资产。一般来说，商誉具有如下特性：①商誉不能离开企业而单独存在，不能与企业可确指的资产分开出售。②商誉是多项因素作用形成的结果，但形成商誉的个别因素，不能以任何方法单独计价。③商誉本身不是一项单独的、能产生收益的无形资产，而只是超过企业可确指的各单项资产价值之和的价值。④商誉是企业长期积累起来的一项价值。

明确商誉的含义及其特点，有助于做好商誉评估工作。同时，进一步分析商誉与企业价值的关系，也是保证商誉评估结果科学性的前提。商誉与企业价值的关系：企业价值的形成，不仅包括有形资产和可确指的无形资产，还包括商誉。商誉之所以能成为资产，是由于其具有预期的、未来超额的经济利益的实质。更确切地说，商誉是能为企业带来超额获利能力的资源。因此，从评估角度来说，一个企业是否具有超额收益以及超额收益数额的大小，是判断该企业是否存在商誉以及商誉价值量大小的重要标准。

234

关键术语：商誉

商誉通常是指企业在同等条件下，能获取高于正常投资报酬率所形成的价值。

二、商誉评估的方法

问题 5：商誉评估的方法有哪些？

（一）割差法

割差法是根据企业整体评估价值与各单项资产评估值之和进行比较，确定商誉评估值的方法。其基本公式是：

商誉的评估值 = 企业整体资产评估值 − 企业的各单项资产评估价值之和（含可确指无形资产）

企业整体资产评估值可以通过预测企业未来预期收益并进行折现或资本化获取；对于上市公司，也可以按股票市价总额确定。采取上述评估方法的理论依据是，企业价值与企业净资产价值是两个不同的概念。如果有两个企业，净资产价值大体相当，但由于经营业绩悬殊、预期收益悬殊，其企业价值自然也是悬殊的。构成企业价值的净资产，包括有形资产和可确指的无形资产，由于其可以独立存在和转让，其评估价值在不同企业中趋同。但由于它们不同的组合、不同的使用情况和管理，使之运行效果不同，导致其组合的企业价值也不同。使各类资产组合后产生超过各单项资产价值之和的价值，即为商誉。

商誉的评估值可能是正值，也可能是负值。当商誉为负值时，有两种可能：一种是亏损企业；另一种是收益水平低于行业或社会平均收益水平的企业。商誉为负值时，对商誉的评估也就失去了意义。可见，商誉价值的评估，限于赢利企业或经济效益高于同行业或社会平均水平的企业。

例：某企业进行股份制改组，根据企业过去经营情况和未来市场形势，预测其未来 5 年的净利润分别是 13 万元、14 万元、11 万元、12 万元和 15 万元，并假定从第 6 年开始，以后各年净利润均为 15 万元。根据银行利率及企业经营风险情况确定的折现率和本金化率均为 10%。并且，采用单项资产评估方法，评估确定该企业各单项资产评估之和（包括有形资产和可确指的无形资产）为 90 万元。试确定该企业商誉评估值。

首先，采用收益法确定该企业整体评估值。

企业整体评估值 = 13 × 0.9091 + 14 × 0.7513 + 12 × 0.6820 + 15 × 0.6209 + (15/10%) × 0.6209 = 142.2847（万元）

因为该企业各单项资产评估值之和为 90 万元，由此可以确定商誉评估值，即：

商誉的价值 = 142.2847 - 90 = 52.2847（万元）

最后确定该企业商誉评估值为 52.3 万元。

（二）超额收益法

商誉是企业收益与按行业平均收益率计算的收益差额的本金化价格。可见，商誉评估值指的是企业超额收益的资本化价格。把企业超额收益作为评估对象进行商誉评估的方法称为超额收益法。超额收益法根据被评估企业的不同，又可分为超额收益资本化价格法和超额收益折现法两种具体方法。

1. 超额收益资本化价格法

超额收益资本化法是被评估企业的超额收益经资本化还原来确定该企业商誉价值的一种方法。其计算公式是：

$$商誉的价值 = \frac{企业预期年收益额 - 行业平均收益率 \times 该企业的单项资产评估值之和}{适用资本化率}$$

或

$$商誉的价值 = \frac{被评估企业单项资产评估价值之和 \times (被评估企业预期收益率 - 行业平均收益率)}{适用资本化率}$$

式中:

$$被评估企业预期收益率 = \frac{企业预期年收益额}{企业的单项资产评估价值之和} \times 100\%$$

例:某企业的预期年收益额为 20 万元,该企业的各单项资产的重估价值之和为 80 万元,企业所在行业的平均收益率为 20%,并以行业平均收益率作为适用资产收益率。

商誉的价值 = (200000 - 800000 × 20%)÷ 20% = 40000 ÷ 20% = 200000(元)

或

$$商誉的价值 = \frac{800000 \times [(200000 \div 800000) - 20\%]}{20\%} = 800000 \times (25\% - 20\%) \div 20\% = 200000(元)$$

超额收益资本化价格法主要适用于经营状况一直较好、超额收益比较稳定的企业。如果在预测企业预期收益时,发现企业的超额收益只能维持有限期若干年,这类企业商誉的评估不宜采用超额收益资本化价格法,而应按超额收益折现法进行评估。

2. 超额收益折现法

超额收益折现法是把企业可预测的若干年预期超额收益进行折现,把其折现值确定为企业商誉价值的一种方法。其计算公式是:

$$商誉的价值 = \sum_{i=1}^{n} \frac{S_i}{(1+r)^i}$$

式中:S_i:第 i 年企业预期超额收益;r:折现率;$\frac{1}{(1+r)^i}$:折现系数。

例:某企业预计将在今后 5 年内保持其具有超额收益的经营态势。预期年超额收益额保持在 22500 元的水平上,该企业所在行业的平均收益率为 12%,则该企业的商誉价值为:

商誉的价值 = 22500 × 0.8929 + 22500 × 0.7922 + 22500 × 0.7118 + 22500 × 0.6355 + 22500 × 0.5674 = 81108(元)

或

商誉的价值 = 22500 × 3.6048 = 81108(元)

三、商誉评估需要委托提供的资料

商誉评估方法的运用需要依据充分的信息资料和数据。评估者进行评估时，除了自身所具有的知识、经验，还需要委托者的全面配合，提供充分、可靠的资料。这些资料主要包括：①委托方概况。包括企业发展历史、企业现状及预期状况、经营业绩、知名度等。②企业生产经营概况。包括企业主要产品质量、产量、工艺流程，产品和企业所获荣誉，企业经济效益。③企业员工人数、组成、文化素质与管理水平。④委托方前 5 年的资产负债表与损益表。⑤委托方经营发展战略，特别是今后 5~10 年的发展规划。⑥未来 5~10 年的财务预测。包括销售收入、产量、价格、生产成本、期间费用、利率、折旧、税金、损益等。⑦委托方所在行业竞争情况。委托方在市场竞争中有利和不利因素；预测竞争格局，垄断或部分垄断市场的可能性；市场开发预测及新产品开发前景及自身投资能力。⑧营业外收入和支出的项目及其变化趋势。⑨国内同行业平均收益率。

四、商誉评估需要注意的几个问题

问题 6：商誉评估应注意的问题是什么？

由于商誉本身的特性，决定了商誉评估的困难性。商誉评估的理论和操作方法争议较大，现在虽然尚难定论，但在商誉评估中，至少下列问题应予以明确。

1. 商誉评估是在产权变动或经营主体变动时进行的

在企业持续经营的前提下，如不发生产权变动或会计主体的变动，尽管该企业可能具有商誉，但却无须评估商誉以显示其价值。因此，企业在不发生各项特定经济行为的情况下（如合资、合营、合并、股份制改造等），评估和公布企业商誉的做法，从评估学角度来说是错误的。

2. 不是所有企业都有商誉，商誉只存在于那些长期具有超额收益的少数企业之中

一个企业在同类型企业中超额收益越大，商誉评估值越大。因此，商誉评估过程中，如果不能对被评估企业所属行业收益水平全面了解和掌握的话，也就无法评估出该企业商誉的价值。

3. 商誉评估必须坚持预期原则

企业是否拥有超额收益是判断企业有无商誉和商誉大小的标志。这里所说的超额收益指的是企业未来的预期超额收益，并不是企业过去或现在的超额收

237

益。特殊情况是，评估过程中，对于目前亏损的企业，经分析预测，如果其未来超额收益潜力很大，则该企业也会有商誉存在。可见，目前赢利企业或超额收益比较大的企业，未来不一定赢利或未来超额收益不一定大；现在亏损的企业，其未来未必亏损，商誉评估值高低取决于企业未来的超额收益，这在评估时必须加以综合分析和预测。

4. 商誉评估不能采用投入费用累加的方法进行

商誉价值形成既然是建立在企业预期超额收益基础之上，因此，商誉评估值高低与企业中为形成商誉投入的费用和劳务没有直接联系，并非企业为形成商誉投资越多，其评估值就越高。尽管所发生投资费用和劳务会影响商誉评估值，但它是通过未来预期收益的增加得以体现的。因此，商誉评估不能采用投入费用累加的方法进行。

5. 商誉评估不能采用市场类比方法

商誉是由众多因素共同作用形成，但形成商誉的个别因素不能够单独计量的特征决定了商誉评估也不能采用市场类比的方法进行，因为影响商誉的各项因素差异调整难以运作。当然，完全相同的商誉更为少见。目前，有人在对商誉评估方法的研究中，按形成商誉的因素分解为地缘商誉、人缘商誉、质量商誉、组织商誉和其他商誉等，然后分别测定每个因素带来的超额收益，最后分别进行收益折现或本金化后汇总计算商誉的价值。我们认为，这种观点是值得商榷的，从定性分析的角度，可以将形成商誉的因素加以分解和列举，用以说明商誉形成的内涵和构成因素。

6. 企业负债与否、负债规模大小与企业商誉没有直接关系

企业负债与否、负债规模大小与企业商誉没有直接关系。有观点认为，企业负债累累，不可能有商誉。这种认识是有偏颇的。市场经济条件下，负债经营是企业融资策略之一。从财务学原理分析，企业负债不影响资产收益率，而影响投资者收益率，即资本金收益率。资本金收益率与资产收益率的关系可以表述为：

$$资本金收益率 = \frac{资产收益率}{1 - 资产负债率}$$

在资产收益率一定且超过负债资金成本的条件下，增大负债比率，可以增加资本金收益率，并不直接影响资产收益率。资产收益率高低受制于投资方向、规模以及投资过程中的组织管理措施。商誉评估值取决于预期资产收益率，而非资本金收益率。当然，资产负债率应保持一定的限度，负债比例增大会加大企业经营风险，最终会对资产收益率产生影响。这在商誉评估时应有所考虑，但不能因此得出负债企业就没有商誉的结论。

7. 商誉与商标是有区别的，两者反映两个不同的价值内涵

企业中拥有某项评估值很高的知名商标，并不意味着该企业一定就有商誉。为了科学地确定商誉的评估值，注意商誉与商标的区别是必要的。

商标是产品的标志，而商誉则是企业整体声誉的体现。商标与其产品相结合，它所代表的产品质量越好，市场需要越大，商标的信誉越高，由此带来的超额收益越大，其评估值也就越大。而商誉则是与企业密切相关的，企业经营机制完善并且运转效率高，企业的经济效益越高，信誉越好，其商誉评估值也就越大。可见，商标价值来自于产品所具有的超额获利能力，商誉价值则来自于企业所具有的超额获利能力。

商誉作为不可确指的无形资产，是与企业及其超额获利能力结合在一起的，不能脱离企业而单独存在。商标则是可确指的无形资产，可以单独存在，并可以在原组织继续存在的同时，转让给另一个组织。

商标可以转让其所有权，也可以转让其使用权。而商誉只有随企业行为的发生实现其转移或转让，没有所有权与使用权之分。

尽管商誉与商标的区别可以列举许多，但商誉与商标在许多方面是密切关联的，两者之间有时存在相互包含的因素。例如，与商誉相对应的企业超额收益中包含商标作用的因素，这也是必须在评估中加以分析和确定的。

8. 商誉作为不可确指无形资产，是整个无形资产中除了可确指无形资产以外的部分

239

我国现行有关制度列示的可确指无形资产主要有专利权、非专利技术、商标权、版权、专营权、土地使用权等。目前在实际操作中，对于诸如客户名单、销售网络、优惠融资等，是否可以单独列示并评估，还是将它们作为商誉形成的内容，做法不一，亟待规范，以避免商誉内涵界定不清而造成评估价值失实。我们的意见是：如果进行单项资产的转让或投资，可以分别就客户名单、销售网络等进行评估作价，但此时无须评估商誉价值。但如果进行整体评估，从而确定商誉评估值时，商誉评估值显然包含了客户名单、销售网络等形成因素。在这种情况下，就不应该再单独评估诸如客户名单等价值。总之，诸如客户名单、销售网络等应作为形成商誉的因素，只是在特殊情况下可以单独评估处理。

9. 商务评估值有待进一步研究的问题

商誉评估值是否入账，如何入账，尽管属于会计计价问题，不是评估本身的问题，但与评估直接相关联，有待于进一步研究。同时，还需要进一步研究的是：商誉在企业合资时如何影响双方权益；实行股份制改造以及股票发行上市时，商誉与股票溢价发行、市价变动的关系等。因为商誉价值只有在产权变动、企业主体变动时才显现出来，在有些人看来是凭空增加了一笔财富，因此在数理上往往不重视，随意性较大。在此前提下由于评估缺乏科学性导致商誉价值的低估，是造成资产流失的一个不可忽视的原因。另外，商誉是否计价入账，直接对股票溢价幅度以至未来的分配产生影响，这也是亟待解决的问题。

第三节　专利权价值评估

一、专利权的特点及其评估目的

问题 7：专利权有什么特点？为什么对其评估？

(一) 专利权的特点

专利权是国家专利机关依法批准的发明人或其权利受让人对其发明成果，在一定期间内享有的独占权或专有权。任何人如果要利用该项专利进行生产经营活动或出售使用该项权利制造的产品，需事先征得专利权所有者的许可，并付给其报酬。专利权一般包括发明专利、实用新型和外观设计。专利权具有以下特点：

1. 独占性

独占性也称排他性。同一内容的技术发明只授予一次专利，对于已取得专利权的技术，任何人未经许可不得进行营利性实施。

2. 地域性

任何一项专利只在其授权范围内才有法律效力，在其他地域范围内不具有法律效力。

3. 时间性

依法取得的专利权在法定期限内有效，受法律保护。期满后，专利权人的权利自行终止。我国专利法规定，发明专利的保护期限为 20 年，实用新型和外观设计的保护期限为 10 年。

4. 可转让性

专利权可以转让，由当事人订阅合同，并经原专利登记机关或相应机构登记和公告后生效。专利权一经转让，原发明者不再拥有专利权，专利权由购入者所有。

（二）专利权评估目的

专利权评估专利权发生的经济行为，即特定目的确定其评估的价值类型和方法。不同情形下的专利权以及转让形式不同，确定的价值类型也不一样，其评估方法的应用也有一定的差异性。就专利权而言，一般包括两种情形：一种情形是刚刚研究开发的新专利技术，专利权人尚未投入使用就直接转让给接受方；另一种情形是转让的专利已经过长期的或一段时间的生产，是行之有效的成熟技术，而且转让方仍在继续使用。

专利权转让形式很多，但总的来说，可以分为全权转让（所有权转让）和使用权转让。使用权转让往往通过技术许可贸易形式进行，这种使用权的权限、时间期限、地域界线和处理纠纷的仲裁程序都是在许可证合同中加以确认的。

1. 使用权限

按技术使用权限的大小，可分为：

（1）独家使用权。是指许可证合同所规定的时间和地域范围内卖方只把技术转让给某一特定买方，买方不得卖给第二家买主。同时卖主自己也不得在合同规定范围内使用该技术和销售该技术生产的产品。显然，这种转让的卖方索价会比较高。

（2）排他使用权。指卖方在合同规定的时间和地域范围内只把技术授予买方使用，同时卖方自己保留使用权和产品销售权，但不再将技术转让给第三者。

（3）普通使用权。是指卖方在合同规定的时间和地域范围内可以向多家买主转让技术，同时卖方自己也保留技术使用权和产品销售权。

（4）回馈转让权。是指卖方要求买方在使用过程中对转让技术的改进和发展反馈给卖方的权利。

2. 地域范围

技术许可证大多数都规定明确的地域范围，如某个国家或地区，买方的使用权不得超过这个地域范围。

3. 时间期限

技术许可证合同一般都规定有效期限，时间的长短因技术而异。一项专利技术的许可期限一般要和该专利的法律保护期相适应。

4. 法律和仲裁

技术许可证合同是法律文件，是依照参与双方所在国的法律来制定的，因此受法律保护。当一方毁约时另一方可循法律程序追回损失的权益。

显然，不同的转让形式，其市场条件、收益获得情况以及收益分割情况也不相同，其评估结果也不相同。

关键术语：专利权

专利权是国家专利机关依法批准的发明人或其权利受让人对其发明成果在一定期间内享有的独占权或专有权。

二、专利权评估程序

问题 8：专利权的评估程序是什么？

资产评估机构接受委托以后，一般按下列程序进行评估。

（一）证明和鉴定专利权的存在

作为被评估的专利权，应具有其明确的、核心的、区别于其他已有技术的实质性内容。证明和鉴定专利权的存在，首先应由企业提供有关专利权的详细说明，特别是关于该专利权先进性和实质性内容的资料；关于专利权的产权界定资料，这些资料包括权利要求书、专利证书、有关法律性文件等。然后，应由有关专家鉴定该项专利权的有效性和可用性。当然，专利检索也是实施鉴定的一个重要环节。

（二）确定评估方法，搜集相关资料

1. 需要搜集的资料

专利权评估最常用的方法是收益法，有时也会用到成本法。方法的运用不在于其表达形式，更重要的是有关技术指标参数的确定，因此，搜集相关资料并加以选择整理是一项重要的工作。需要搜集的资料主要有：①该项专利权的研制、开发成本。如已使用过的专利，还应搜集前若干年（一般为 3 年）为本企业创造的效益资料。②关于该项专利的先进性、适用性与经济合理性的有关权威部门的鉴定与证明文件。③技术成熟程度和预期寿命。④预期在何种生产规模下该专利的应用可能产生的效益。⑤市场预测情况，包括市场需求、占有率、同行业或同类产品的竞争情况，行业平均收益率等。⑥该专利的转让情况，包括转让方式、转让次数、地区等。⑦预期定价范围。

2. 对搜集的资料加以整理和分析

上述资料，许多部分需要由委托提供和协助提供。评估人员在此基础上还应对上述资料、信息加以整理和分析。这些分析包括：

（1）技术状况分析，包括技术先进性确认、技术成熟程度和寿命周期分析等。就技术成熟程度而言，一项技术的成长具有四个阶段，即开发、发展、成熟和衰退四个时期。虽然同是被授予专利的技术，但其成熟程度差异很大。有

的已经过工业化试验阶段，不需再做进一步的二次开发，有的却不够成熟，仅仅完成了开发，对于批量生产的许多问题，如原材料来源问题、政策性问题等都尚未考虑到，在运用中风险较大。

寿命周期分析即专利权的可能有效利用年限。尽管专利权按发明专利、外观设计和实用新型规定有不同的法律保护期限，但这一期限在评估时仅供参考。在科技发达的今天，技术更新的周期加快，一项新产品占领市场的时间多则七八年，少则只有一两年，这也反映了技术寿命的长短。即使是同类专利权（如发明专利），其更新时间也是不同的。

（2）收益能力分析。收益能力高低是评估专利权价值高低的重要标准。收益能力的分析，应结合未来预测期内的投资额、生产规模、产量、价格、销售额、成本、利润的预测能力。

（3）市场分析，包括应用该项专利技术的产品市场需求问题分析、市场占有率分析、风险分析等。

（4）投资可行性分析。通过分析确定各有关技术参数、指标，最后进行评定估算，确定评估值。

（三）完成评估报告，并加以详尽说明

评估报告是专利权评估结果的最终反映，但这种结果是建立在各种分析、假设基础之上的。为了说明评估结果的有效性和实用性，评估报告中应详尽说明评估中的各有关内容，这些内容包括：

1. 专利技术成熟度

如该专利技术已经付诸实施，应说明其实施运用情况、技术本身先进程度、有无转让记录、实施中若干问题等；如该专利尚未实施，应说明评估值测定中的依托条件，包括技术本身、受让方条件、市场预测等。

2. 接受方可受度的分析

成熟的专利技术对接受方的要求，即可受度，包括对接受方基础设施、技术素质、投资规模、资金需求等方面的要求和预测。

这些分析说明有助于评估结果的有效性和适用性，也是用以说明报告者承担法律责任和义务的区间，同时也为买卖双方提供分析的依据。

三、专利权的评估方法

问题 9： 专利权的评估方法有哪些？

专利权主要采用的评估方法是收益法，特殊情况下也可以采用成本法。

243

（一）收益法

收益法应用于专利权评估，计算技巧在前面有关章节中已有详细介绍，但根本的问题还是如何寻找、判断，选择和测算评估中的各项技术指标和参数，即专利权的收益额、折现率和获利期限。

专利权的收益额是指直接由专利权带来的预期收益。对于收益额的测算，通常可以通过直接测算超额收益和通过利润分成率测算获得。

专利权之所以有价值，关键在于它能够获得超额收益，如果一项专利权的应用根本无法产生超额收益，那么它很可能就不能形成无形资产，或者也就无法采用收益法估算其价值。超额收益的来源，在于收入的增加和成本费用的节约，因此，我们可以将专利权划分为收入增长型专利和费用节约型专利。

收入增长型专利是指专利权应用于生产经营过程，能够使得生产产品的销售收入大幅度增长。增长的原因在于：①生产的产品能够以高出同类产品的价格销售，获得垄断加价利润；②生产的产品采用与同类产品相同价格的情况下，销售量大幅度增加，市场占有率扩大，从而获得超额利润。

第一种原因形成的超额收益可以用下式计算：

$$R = [(P_2 - P_1)Q](1 - T)$$

式中：R：超额收益；P_2：使用专利技术产品的价格；P_1：不使用专利权技术产品的价格；Q：产品销售量（此外假定销售量不变）；T：所得税税率。

第二种原因形成的超额收益可以用下式计算：

$$R = [(P_2 - P_1)(P - Q)](1 - T)$$

式中：R：超额收益；P_2：使用专利技术产品的销售量；P_1：未使用专利权技术产品的销售量；P：产品的价格（此外假定价格不变）；Q：产品销售量；T：所得税税率。

因为销售量增加不仅可以增加销售收入，而且还会引起成本的增加。因此，估算销售量增加形成收入增加，从而形成超额收益时，必须扣除由于销售量增加而增加的成本。

同时应该注意的是，销售收入增加可以引起收益的增加，它们是同方向的，但不是同比例的。因为收入增加，支付的流转税额也会增加，这在计算中是应予以考虑加以扣除的。

费用节约型的专利，是指专利权的应用，使得生产产品中的成本费用降低，从而形成超额收益。可以用下式计算为投资者带来的超额收益：

$$R = [(C_1 - C_2)Q](1 - T)$$

式中：R：超额收益；C_2：使用专利技术产品的单位成本；C_1：未使用专利权技术产品的单位成本；Q：产品销售量（此处假定销售量不变）；T：所得

税税率。

实际上，收入增长型和增长节约型专利的划分，是一种为了明晰专利形成超额收益来源情况的划分方法。通常，专利技术应用后，其超额收益产生是收入变动和成本变动共同形成的结果。评估者应根据上述特殊情况，加以综合性地运用和测算，以科学地测算超额收益。

采用利润分成率测算专利技术收益额，即以专利技术投资产生的收益为基础，按一定比例（利润分成率）分成确定专利技术的收益。利润分成率反映专利技术对整个利润额的贡献程度。据联合国工业发展组织对印度等发展中国家引进技术价格的分析，认为利润分成率在16%~27%之间是合理的。1972年在挪威召开的许可贸易执行协会上，多数代表提出利润分成率为25%左右较为合理。美国一般以在10%~30%之间是合理的。我国理论工作者和评估人员通常认为利润分成率在25%~33%之间较合适。这些基本分析在实际评估业务过程中具有参考价值，但更重要的对被评估专利技术进行切合实际的分析，以确定合理的、准确的利润分成率。

利润分成率是对专利技术与之结合资产共同形成的利润的分成，实际操作过程中通常采用一种变通的方法，即以销售收入分成率替代利润分成率，相应的分成基础也就由利润变成销售收入了。尽管销售收入分成率和利润分成率之间存在一定关系，并可能通过数学关系进行互换，但销售收入分成率合理性的基础仍然是利润分成率，这是必须明确的。

下面通过案例说明专利权的评估过程。

例：北京中晨科技发展公司5年前自行开发了一项大功率电热转换体及其处理技术，并获得发明专利证书，专利保护期为20年。2009年12月，该公司准备将该专利技术出售给京郊某乡镇企业。现需要对该项专利技术进行评估。

评估分析和计算过程如下：

（1）评估对象和评估目的。由于北京中晨科技发展公司欲出售该项专利，因此，评估的对象就是欲转让的专利技术的所有权。

（2）专利技术鉴定。该项技术已申请专利，该技术所具备的基本功能可以从专利说明书以及有关专家鉴定书中得到。此外，该项技术已在北京中晨科技发展公司使用了5年，产品已进入市场，并深受消费者欢迎，市场潜力较大。因此，该项专利技术的有效功能较好。

（3）评估方法选择。该项专利技术具有较强的获利能力，而且，同类型技术在市场上被授权使用情况较多，分成率容易获得，从而为测算收益额提供了保证。因此，决定采用收益法进行评估。

245

（4）判断确定评估参数。根据对该类专利技术的更新周期以及市场上产品更新周期的分析，确定该专利技术的剩余使用期限为 4 年。根据对该类技术交易的实例的分析，以及该技术对产品生产的贡献性分析，采用的对销售收入的分成率为 3%。

根据过去经营绩效以及对未来市场需求的分析，评估人员对未来 4 年的销售收入进行了预测，结果如表 9-1 所示。

表 9-1　预期销售收入测算结果

单位：万元

年份	销售收入
2010	600
2011	750
2012	900
2013	900

根据当期的市场投资收益率，确定该专利技术评估中采用的折现率为 15%。

（5）计算评估值，得出结论见表 9-2。

表 9-2　评估值计算表

单位：万元

年份	销售收入①	分成额②=①×3%	税后净额③=②×(1-25%)	收益现值（r=15%）
2010	600	18	13.5	11.740
2011	750	22.5	16.875	12.759
2012	900	27	20.25	13.314
2013	900	27	20.25	11.579
合计				49.392

因此，该专利技术的评估值为 49.392 万元。

（二）成本法

成本法应用于专利技术的评估，重要的在于分析计算其重置完全成本构成、数额以及相应的成新率。专利分为外购和自创两种，外购专利技术的重置成本确定比较容易。自创专利技术的成本一般由下列因素构成：

1. 研制成本

研制成本包括直接成本和间接成本两大类。直接成本是指研制过程中直接投入发生的费用，间接成本是指与研制开发有关的费用。

（1）直接成本。直接成本一般包括：

①材料费用，即为完成技术研制所耗费的各种材料费用；

②工资费用，即参与研制技术的科研人员和相关人员的费用；

③专用设备费，即为研制开发技术所购置或专用设备的摊销；

④资料费，即研制开发技术所需的图书、资料、文献、印刷等费用；

⑤咨询鉴定费，即为完成该项目发生的技术咨询、技术鉴定费用；

⑥协作费，即项目研制开发过程中某些零部件的外加工费以及使用外单位资源的费用；

⑦培训费，即为完成成本项目，委派有关人员接受技术培训的各种费用；

⑧差旅费，即为完成项目发生的差旅费用；

⑨其他费用。

（2）间接成本。间接成本主要包括：

①管理费，即为管理、组织本项目开发所负担的管理费用；

②非专用设备折旧费，即采用通用设备、其他设备所负担的折旧费；

③应分摊的公共费用及能源费用。

2. 交易成本

发生在交易过程中的费用支出，主要包括：

①技术服务费，即卖方为买方提供专家指导、技术培训、设备仪器安装调试及市场开拓费；

②交易过程中的差旅费及管理费，即谈判人员和管理人员参加技术洽谈会及在交易过程中发生的食宿及交通费等；

③手续费，指有关的公关费、审查注册费用、法律咨询费等；

④税金，即无形资产交易、转让过程中应缴纳的营业税。

由于评估目的的不同，其成本构成内涵也不一样，在评估时应视不同情形考虑以上成本的全部或一部分。

专利技术评估中成新率的估算方法，详见本章第三节的内容。下面举例说明成本法用于专利技术评估的过程。

例：利发实业股份有限公司因为经营管理不善，企业经济效益不佳，亏损严重，将要被同行业的利达股份有限公司兼并，需要对利发实业股份有限公司全部资产进行评估。该公司有一项专利技术（实用新型），两年前自行研制开发并获得专利证书。现需要对该专利技术进行评估。

评估分析和计算过程如下：

（1）确定评估对象。该项专利技术是利发实业股份有限公司自行研制开发并申请的专利权，该公司对其拥有所有权。被兼并企业资产中包括该项专利技术，因此，确定的评估对象是专利技术所有权。

（2）技术功能鉴定。该专利技术的专利权证书、技术检验报告书均齐全。根据专家鉴定和现场勘察，表明该项专利技术应用中对于提高产品质量，降低产品成本均有很大作用，效果良好，与同行业同类技术相比较，处于领先水平。至于企业经济效益不佳，产品滞销的原因在于企业管理人员素质较低，管理混乱所致。

（3）评估方法选择。由于该公司经济效益欠佳，很难确切地预计该项专利技术的超额收益；同类技术在市场上尚未发现交易案例，因此，决定选用成本法。

（4）各项评估参数的估算。

表 9-3　成本费用表

材料费用	45000 元
工资费用	10000 元
专用设备费	6000 元
资料费	1000 元
咨询鉴定费	5000 元
专利申请费	3600 元
培训费	2500 元
差旅费	3100 元
管理费分摊	2000 元
非专用设备折旧费分摊	9600 元
合计	87800 元

首先，分析测算其重置完全成本。该项专利技术系自创形成，其开发形成过程中的成本资料可从企业中获得。具体如下：

考虑到专利技术难以复制的特征，各类消耗仍按过去实际发生额计算，对其价格可按现行价格计算。根据考察、分析和测算，近两年生产资料价格上涨指数分别为 5% 和 8%。因生活资料物价指数难以获得，该专利技术开发中工资费用所占份额很少，因此，可以将全部成本按生产资料价格指数调整，即可估算出重置完全成本。

重置完全成本 = 87800 × (1 + 5%) × (1 + 8%) = 99565 （元）

其次，确定该项专利技术的成新率。该项实用新型的专利技术，法律保护期限为 10 年。根据专家鉴定分析和预测，该项专利技术的剩余使用期限为 6 年，由此可以计算成新率为：

$$成新率 = \frac{6}{2+6} \times (1 + 8\%) = 75\%$$

（5）计算评估值，得出结论。

评估值 = 99565 × 75% = 74673.75（元）

最后，确定该项专利技术的评估值为 74674 元。

考试链接

需要重点掌握的知识或技能：

1. 掌握商标的含义、功能和分类。
2. 理解商标价值的形成、商标评估的意义。
3. 掌握商标评估的方法。
4. 掌握商誉的含义、特点。
5. 掌握商誉的评估方法。
6. 注意商誉评估中存在的问题。
7. 掌握专利权的含义、特点及评估方法。

案例分析

企业商标价值评估

一、商标评估的背景

被评估的商标主要包括文字商标和图形商标。R 商标的所有者是北方一家从事汽车生产公司，注册日期为 1997 年 10 月 1 日，该商标主要使用在微型轿车上。A 牌微型轿车具有优质低耗、物美价廉、适合中国国情等特点，在消费者中赢得了市场，产品基本上每年能达到产销平衡。特别是全国出租车市场上，A 牌产品的市场占有率最高达到 65%。A 牌产品先后荣获"消费者信得过国产车金奖"、"消费者喜爱品牌"、"国产精品"、"最佳中国市场名牌"等各种荣誉称号十项。从 1997 年 6 月 1 日起，公安部决定 A 牌轿车在全国各地初次申领牌照不再进行安全性能检测，这是公安部在全国首次对微型轿车实行上照免检。从上述表述和资料可以发现，A 牌产品已获得了消费者和社会的认同，在特定的市场范围内有着广泛的知名度。

二、评估的依据

资产评估事务所接受评估委托后，经过分析确定以下内容作为评估依据：①委托方提供的资产评估申报资料；②委托方提供的有关商标权属证明；③《中国汽车工业年鉴》(1995 年、1996 年)；④《中国统计年鉴》(1995 年、1996 年)；⑤《汽车工业产业政策》(国家计划委员会 1994 年 4 月 29 日)；⑥××汽车工业（集团）有限公司"九五"规划；⑦《中华人民共和国商标法》。

三、评估目的和评估方法的选择

商标是知识产权，是工业产权的一部分。商标是企业拥有的具有价值的无形资产。不能因为商标是无形资产而忽视其在企业资产中的位置。企业遇到下列情况时应对商标的价值进行评估：①转让商标时；②以商标权作为投资时；③企业变卖或分家时；④企业合资时；⑤企业破产审计时；⑥其他依法需要计算商标价值时。进而确定商标的价值，防止在上述系列事项中资产流失。

商标的价值是使用该商标的商品质量、性能、服务等效用因素的综合显示，甚至是效用性能比的标志。具体地说，R 商标是 A 牌产品性能、质量，生产企业经营素质、技术状况、管理状况、营销技能的综合体现，因此，严格地说，商标评估的内涵应该是综合体现其超额收益能力的商标及其他无形资产的价值，其中主要包括引进外方的 A 型轿车生产技术、××三厢式轿车技术等贡献。R 商标的经济价值源于企业拥有的技术和管理水平，是商誉价值的外在体现，用企业的超额收益来体现。因此，本次评估选用超额收益现值法，对 R 商标独家使用权的价格进行评估；然后，在此基础上把 R 商标独家使用权价格年金化，评估出 R 商标的年使用费。

四、现场勘察

现场勘察是资产评估工作最为重要的步骤，根据评估的内容搜集相关的评估资料；主要完成对商标所在企业的历史财务报表等进行审核和提取真实的资料；同时完成对企业技术与管理水平的初步评价，结合该行业市场发展前景，定性分析该企业未来发展前景。它是评估工作进展的基础，它的可靠性直接决定了商标价值评估的可靠性。现场勘察时被评估资产所有者应该提供以下资料：

(1) 商标注册有关的法律性证件，包括注册证书、营业执照。

(2) 企业前 5 年的资产负债表、损益表。

(3) 企业产品质量、产量、工艺流程、出口历史及展望。

(4) 客户的经营战略（长期规划），特别是今后 5~10 年的长期规划。

(5) 客户今后 5~10 年财务数据预测，资料包括：①销售、生产预测；②生产成本（制造成本、期间费用、管理费用、销售费用、财务费用）预测；③折旧及税金；④损益预测。

（6）国内、国外同行业投资收益、平均成本利润率、资金利润率。

（7）销售（营业）税金、销售（经营）成本、销售（经营）费用和利息支付（财务费用）占销售（营业）收入的比例；折旧额占销售（经营）成本的比例。

（8）营业外收入、营业外支出的项目及变化趋势。

（9）今后各年新增投资，各年固定资产净追加。

我们提取××公司过去5年的财务报表，综合商标权所有者所提供的上述资料，集中对公司的销售数据进行分析，该公司过去5年的销售数据如表9–4所示。

表9–4   R 牌汽车 1995~1999 年各年销售收入表

单位：元

项目	1995 年	1996 年	1997 年	1998 年	1999 年	均值
销售收入	334742.20	379523.60	392873.70	504373.70	535211.8	429345

从表9–4可以发现，××公司的销售收入是逐年上升的，在1998年有一个比较大的提升，这是因为在1997年公司为扩大规模增加投入导致的，随后销售收入趋于稳定增长。对公司财务报表进行分析，发现该公司各项财务指标均趋于正常，公司将持续稳定发展。公司拥有的技术水平与价格符合消费者的需求，公司管理层比较稳定，所以预测企业仍将在未来5年以目前的速度发展。

五、评估思路

评估思路是在现场勘察得到所有评估的资料之后，对已有的资料进行分析，选取评估的方法，对评估方法所需要的参数进行列示，它实际上是讲述评估的核心步骤，接下来的评估活动将围绕着已经设定的思路进行。我们对R商标价值评估的思路如下：

（1）根据企业提供的企业评估基准日前5年的财务报告和相关企业的经济指标统计数据，进行历史数据分析，获取企业销售额和"利润总额/销售收入"的变化趋势，计算出"利润总额/销售收入"指标。

（2）将企业的"利润总额/销售收入"指标与同行业相比，测算出企业的超额利润率（超额利润/销售收入）。

（3）在企业持续经营的条件下，按照国际评估惯例，对企业未来5年的销售收入、超额利润率进行预测；对未来5年以后的数据，取第5年的值。

（4）确定适当的折现率。

（5）评估商标独家使用权的价值。

（6）评估商标独家使用权的年使用费。

六、评估过程说明

1. 企业评估基准日对目前的财务数据的分析

根据现场勘察提供的资料，提取出该公司每年的销售收入与利润，进行定量分析：计算出企业的销售收入、利润总额以及两者之比变动情况（见表9-5）。

表 9-5　1995~1999 年 A 轿车销售收入、利润情况表

项目	1995 年	1996 年	1997 年	1998 年	1999 年	均值
销售收入（万元）	334742.20	379523.60	392873.70	504373.70	535211.8	429345
比上年递增（%）		13.34	3.52	28.38	6.11	12.85
利润总额（万元）	21326.40	33547.10	57183.90	66903.80	60842.88	
$\frac{利润总额}{销售收入}$（g）	6.371	8.839	14.555	13.264	11.368	10.88

从表9-5数据看出：销售收入迅速增长，高于我国国民收入增长率约5个百分点，平均增长速度为12.85%。除1998年由于生产能力的扩大产生了一个跳跃，其增长趋势较为平稳；反映企业获利能力的g值随销售收入的增加而增加，且幅度有收敛趋势，这与规模收益理论是一致的。

2. 确定超额收益率

"利润总额/销售收入"是一个较稳定地反映企业收益高低的相对的指标。因此，选择被评估企业与同行业的利润总额/销售收入之差，作为本次评估的超额收益率是比较合理的，相应的超额收益=超额收益率×销售收入。

根据被评估企业的历史数据、《中国汽车工业年鉴》及同行业的相应数据，计算出评估基准日前被评估企业的超额收益率（见表9-6），并针对该表进行定

表 9-6　1995~1999 年利润总额/销售收入（g）情况表

项目	1995 年	1996 年	1997 年	1998 年	1999 年	均值
被评企业的 g（%）	6.371	8.839	14.555	13.264	11.368	10.88
比上年递增（%）		38.74	64.67	-8.87	-14.29	20.06
轿车行业的 g（%）	5.561	6.868	8.175	9.482	8.987	7.815
比上年递增（%）		23.50	19.03	15.99	-5.22	13.33
超额收益率（%）	0.81	1.97	6.38	3.78	2.381	2.945
比上年递增（%）		143.33	223.69	-40.72	-37.04	72.32

性分析。

从表9-6可以看出:①g值增长速度较快,1995年为6.371,1998年则增至13.264,平均增长率达31.51%,由于激烈的竞争,在1999年稍微有所下降,整个行业的数据也有所下降。g值波动幅度大,并趋于收敛。②轿车行业的g值,逐年递增,但增长速度较被评企业的g值增长速度慢,且相对平稳。③超额收益率波动较大,平均值为2.845%,但由于上述①、②所述两个g值的趋势的综合,超额收益率趋于递减,超额收益率的这一趋势是与超额利润平均化这一经济规律相符的。在非垄断行业,由于行业发展的成熟,一些企业可能由于技术优势或其他原因获得的超额收益将逐渐减少,最后接近于零,也就是企业所获得的利润趋于行业的平均利润。

3. 企业未来销售发放超额收益率的预测

在企业持续经营,资产持续使用,技术进步基本不变和政策稳定的前提下,根据资产占有方提供的1995~1999年的财务报表、企业的"九五"规划、企业的生产能力、产品的销售计划、市场预测资料,同行业1995~1999年的历史数据、汽车产业政策,对被评估企业2000~2004年的产品销售收入用增长曲线法建立预测模型拟合销售收入曲线进行预测。2004年以后的预测属长期预测值,不宜用公式法预测,所以,评估人员通过对市场和产业政策的分析,认为取2004年的预测值作为2004年以后各年的预测值是合理的。

根据历史数据,一方面考虑到汽车工业产业政策有关"改变目前投资分散、生产规模过小、产品落后的状况,增强企业开发能力,提高产品和技术装备水平,促进产业组织的合理化,实现'规模经济'扶优扶强"的宗旨;另一方面考虑超额利润平均化这一经济规律,用趋势外推法建立数学预测模型。趋势外推法的基本原理是根据时间序列的长期趋势,以时间为自变量,序列指标为因变量,拟合函数$y = f(t)$,据以进行外推预测。在这里我们把1995年设为基数1,以后t值逐年加1,即自变量t取1,2,…,5。建立销售收入与t的函数,对2000~2004年的超额收益率进行预测,预测见表9-7。

表9-7　2000~2004年被评估企业的销售收入和超额收益预测表

项目	2000年	2001年	2002年	2003年	2004年
销售收入(万元)	587081.79	639660.72	692239.65	744818.58	797397.51
超额收益率(%)	3.50	3.25	3.00	2.75	2.50

4. 折现率的确定

合理确定折现率是收益法在商标评估中得以恰当运用的重要前提条件之

一，同时也是难点和障碍之一。主要是因为信息资源的短缺，而不是确定方法本身的技术含量高。在运用超额收益现值法对商标进行评估的过程中，折现率的确定可以采用多种方法。目前常用的方法主要有：

（1）风险累加法。所谓的风险累加法，就是无风险报酬率与风险报酬率之和作为商标评估的折现率。无风险报酬率主要采用政府所发行债券的利润，但也有采用银行一年定期存款利率作为无风险报酬率，风险报酬率在这里主要指的是行业风险报酬率。所以有以下公式：

折现率（r）＝无风险报酬率＋风险报酬率

（2）以企业所属行业的平均资金利润率作为折现率。因为在计算超额收益时就是以整个行业作为参照系。其计算公式为：

折现率（r）＝所属行业的平均资金利润率

行业平均资金利润率即行业所占用资金总额（含固定资产原值＋定额流动资产）与年税后利润总额的百分比。其中，用平均资金利润率作为预期收益的本金化率是根据我国国情而考虑的（见国家国有资产管理局资产评估中心所著《资产评估概论》）。

在本次评估中，选择第二种方法确定折现率（r），以1996年《中国汽车工业统计年鉴》公布的数据为基础，参考轿车行业的平均资金利润，确定折现率（r），以1996年《中国汽车工业统计年鉴》公布的数据为基础，参考轿车行业的平均资金利润率，确定折现率（r）为15%。

5. 评估值的计算

（1）商标独家使用权评估值的计算见表9-8。

表9-8 评估值计算表

单位：万元

项目	2000年	2001年	2002年	2003年	2004年	Σ
总销售收入	587081.79	639660.72	692239.65	744818.58	797397.51	
超额收益率（%）	3.50	3.25	3.00	2.75	2.50	
超额收益	20547.86	20788.97	20767.19	20482.51	19934.94	102521.47
净超额收益	13767.07	13928.61	13914.02	13723.28	13356.41	68689.39
折现系数	0.9110	0.7922	0.6889	0.5990	0.5209	
净现值	12541.80	11034.25	9585.37	8220.25	6957.35	48339.01

R 商标 2000~2004 年带来的超额收益的现值为 V_0=48339.01 万元。本案例对商标进行评估的时候我们假定企业持续经营，并且合理假定了公司 2004 年以后的经营业绩与 2004 年一致。商标价值的评估值可以分解成两阶段之和：2000~2004 年不稳定现金流量模型和 2004 年以后永续年金模型。2004 年以后的收益贴现现值可以用以下公式计算得到：

$$V_1 = \alpha \times \frac{A}{\gamma}$$

其中，α 为 2004 年的现值系数；A 为 2004 年以后每年的超额收益，根据上述假定这里取 2004 年的超额收益额；γ 为贴现率，本评估中取 15%。把相应数值代入公式计算得到结果：

$$V_1 = 0.5209 \times \frac{13356.41}{15\%} = 46382.36 \ （万元）$$

所以，该案例中商标价值的评估值：

$$V = V_0 + V_1 = 48339.01 + 46382.36 = 94721.37 \ （万元）$$

（2）商标权使用费

在无限期等额支付年使用费的前提下，年金率取行业平均收益率 15%，所以得到 R 商标的年使用费的评估值为：

$$94721.37 \times 15\% = 14208.21 \ （万元）$$

七、评估结果

本评估采用超额现值收益法对 R 商标的价值进行评估，其评估值为94721.37 万元；然后采用年金化得到 R 商标的年使用费为 14208.21 万元。

资料来源：苑泽明. 无形资产评估 [M]. 上海：复旦大学出版社，2005.

本章小结

★★★★

本章首先介绍了商标的概念、分类、功能和作用，商标评估的目的和意义，以及商标价值的评估方法，包括重置成本法、现行市价法、收益现值法等。其次介绍了商誉的概念、特点、商誉的评估方法，包括割差法、超额收益法。还有商誉评估需要委托提供的材料以及评估应注意的问题。最后介绍了专利权的特点和评估目的，评估程序以及评估方法，包括收益法和成本法。

第十章

品牌价值提升策略

学习目标
★★★★

知识要求 通过本章的学习，掌握：

- 品牌延伸的步骤及方法
- 品牌组合的内容及方法
- 品牌更新的内容及方法
- 品牌国际化的模式

技能要求 通过本章的学习，能够：

- 品牌延伸的技巧
- 品牌延伸效果调研
- 品牌组合设计
- 品牌更新的方法
- 分析各种品牌国际化模式的特征

学习指导
★★★★

1. 本章内容包括：品牌延伸、品牌组合、品牌更新、品牌国际化等。

2. 学习方法：独立思考，抓住重点；与同学讨论品牌价值提升的不同路径；模拟品牌设计；针对品牌组合、品牌更新及品牌国际化进行案例研究等。

3. 建议学时：8学时。

第一节　品牌延伸与品牌价值提升

引导案例

品牌延伸得与失：蓝猫"快品牌"模式之祸

2004 年 11 月末，相继有多家媒体披露，曾经火暴一时的北京蓝猫保健品有限公司因为产品不合格并欠下经销商货款而被法院查封。多名来自外地的经销商代表闻讯跑到北京公司总部来寻求说法，但这家公司却早已经是人去楼空。

众多的经销商当初之所以选择了"蓝猫"保健品，主要是因为"蓝猫"这个卡通品牌在国内的儿童消费者中具有相当的知名度，"蓝猫"品牌的系列儿童产品也在很多领域有成功的范例。"蓝猫"儿童保健品同样得到"蓝猫"品牌持有者湖南三辰卡通企业集团的正式授权。因此在"蓝猫"保健品出事之后，公众自然也就把目光对准了它的大股东——三辰卡通。

虽然三辰卡通将自己与"蓝猫"保健划清了界限，并声称自己也是受害者。但是三辰卡通最严重的损失却绝对不是区区一年的品牌租借费，而是"蓝猫"品牌的信誉度。

因为一部《蓝猫淘气 3000 问》的动画片，湖南三辰影库卡通节目发展有限公司迅速发展壮大。该节目制作于 1999 年，之后就在全国包括香港和台湾地区在内的 1020 家电视台热播，创造了一个"卡通圈里的奇迹，电视圈里的神话"，"蓝猫"品牌也因此脱颖而出。

之后，三辰卡通企业集团就开始走上了"蓝猫"品牌的迅速扩张之路，从2001 年底三辰卡通开始授权生产"蓝猫"系列儿童用品，到 2004 年底虽然才3 年的时间，但是根据三辰卡通官方网站的统计，就已经拥有了几十家冠名"蓝猫"的企业，产品也涉及几十个领域，个别领域甚至一下子授权了好几个"蓝猫"品牌。

就在"蓝猫"品牌和产品迅速扩张之际，已经有不少声音开始质疑"蓝猫"的做法。有些学者认为，对于"蓝猫"这种单一品牌，多种产品的延伸策略，虽然成本很低，收益很快，但是风险也很大。"蓝猫这样迅速扩张，四处出击，如果其中任何一种产品的品质、安全性出了问题，就会影响到所有蓝猫的系列产品"，而"蓝猫"保健品事件恰恰印证了这个观点。

"蓝猫"这种迅速扩张、四面出击的做法，主要还是想通过快速扩张获得丰厚回报，降低自己的风险和成本，同时也想先在各个领域全面试水，然后抓住几个不错的项目重点投入和发展。这种思路有其道理，但也有其风险。

同时，因为涉足过多的领域和产品，三辰集团的精力也被严重分散，企业内部难以具备足够的适合多种行业的投资和管理的人才。各个领域产品的销售和回款力度都因此而打了折扣。而如果各合作伙伴自己的利益没有保障，那么"蓝猫"的品牌和商标使用费用也就成了无水之源。

资料来源：佚名.品牌延伸得与失：蓝猫"快品牌"模式之祸.财经时报，2005-01-31.

➡ **思考题：**

1. "蓝猫"品牌延伸的初衷是什么？
2. "蓝猫"在品牌延伸过程中经历了哪些风险？

一、品牌延伸的含义

一项针对 10 年间美国超市快速流通商品的研究显示，有 2/3 成功的品牌属于延伸品牌，而不是创新品牌。在我国，品牌延伸也备受各类企业的青睐，娃哈哈、海尔、联想、康师傅等著名企业都从中受益匪浅。乐百氏营销总经理杨杰强指出："品牌延伸前乐百氏的销售只有 4 亿多元，延伸后不到 3 年就达到近 20 亿元。品牌延伸使乐百氏的发展有了加速度。"可以说，品牌延伸已经成为快速提升品牌资产的有效手段之一。

问题 1：品牌延伸与多品牌策略有何差别呢？

品牌延伸（Brand Extension）是指在已有相当知名度与市场影响力的品牌基础上，将原品牌运用到新产品或服务以期望减少新产品进入市场风险的一种营销策略。品牌延伸具有能增加新产品的可接受性、减少消费行为的风险性，提高促销性开支使用效率，满足消费者多样性需要等多项功能，因而在广告与品牌营销中得到广泛应用。

关键术语：品牌延伸

品牌延伸指在已有相当知名度与市场影响力的品牌基础上，将原品牌运用到新产品或服务以期望减少新产品进入市场风险的一种营销策略。

需要指出的是，品牌延伸与多元化经营不是一个概念。多元化可能会采用同一个品牌，也可能采用多个品牌来经营。如果采用的是同一个品牌，那就属于品牌延伸，如三星公司推出三星液晶电视、三星手机、三星洗衣机、三星

MP4 等就属于品牌延伸；反之，如果采用的是多个品牌，那就不是品牌延伸，如宝洁旗下的飘柔洗发水、汰渍洗衣粉、玉兰油护肤品等，品牌均不相同，所以不属于品牌延伸。

二、品牌延伸的分类

根据不同的划分标准，品牌延伸可以有以下几种划分：

问题 2：根据不同标准，品牌延伸可以划分为几类？

（一）公司内品牌延伸和公司外品牌延伸

我们一般所说的品牌延伸是指公司内品牌延伸，它是指延伸产品都属于同一家企业所有，如美的空调和美的电饭煲都属于美的公司。公司外品牌延伸就是通常所说的"品牌授权"（Brand Licensing），是指企业将品牌以授权的方式给其他企业使用，以推出延伸的产品，如迪斯尼、凯蒂猫（Hello Kitty）等。

（二）产品线延伸和产品类别延伸

产品线延伸也称线延伸，是指用母品牌作为原产品大类中针对新细分市场而开发的新产品的品牌。目前，在品牌延伸中有 80%~90%以上都是产品线延伸。如康师傅从红烧牛肉面到香辣牛肉面、麻辣牛肉面等产品的延伸就属于口味延伸；宝马 3 系列的 320i 和 325i 就属于档次延伸。产品类别延伸又称大类延伸，是指母品牌被用来从原产品大类进入另一个不同的大类。产品类别延伸又分为相关延伸和间断延伸。相关延伸是指借助技术上的共通性进行延伸，如索尼借助于成像技术推出数码照相机、数码摄像机等；间断延伸则是将母品牌延伸到与原产品并无技术联系的新产品类别上。比如海尔既有电器，又有生物医药、金融、物流、旅游、房地产等不相关的产业。

（三）单一品牌延伸、主副品牌延伸和亲族品牌延伸

单一品牌延伸是指延伸品牌与原产品品牌名称完全一样，如金利来领带和金利来西装；主副品牌延伸也称为母子品牌延伸、复合品牌延伸，是指延伸产品与原产品的品牌名称采用两段式，前面的主品牌相同，后面的副品牌有差异。如别克凯越和别克君越；亲族品牌延伸是指延伸产品与原产品的品牌名称有部分相同，部分不同，如麦当劳的麦乐鸡、麦香鱼、麦辣鸡等都有"麦"字。

活动 1：品牌延伸练习

老师给出某一市场上的现有品牌，请两组同学分别对该品牌可能延伸的产品线进行头脑风暴，并分别由每个小组的代表陈述其延伸的原因，将两组同学得出的结果进行对照。

三、品牌延伸的理论模型概述

现代营销理论认为，品牌延伸模型构建要从对决定品牌延伸成功核心要素研究入手。目前的理论研究认为品牌的强势度与产品相关性是决定品牌延伸成功的两个核心要素。其中品牌强势度受到品牌感知度、定位度和知名度三个因素影响，而产品相关性受到具体产品相关度和受众相关度两个因素影响。

问题 3：影响品牌延伸成功的因素包括哪些？

（一）品牌的强势度

1. 品牌感知度

品牌感知度是指消费者对品牌的"感知质量"（Perceived Quality）。它是消费者对品牌所传达的信息与同类产品相比的优势综合体验，决定着品牌的效应价值比。而消费者品牌感知特别是体验到原品牌质量越高，他们对延伸产品的接受程度也越高；反之则越低。因此，品牌感知度的提高主要是通过产品广告、公关活动、服务等方式实现，同时消费者参与和体验也是提升感知度的重要方面。

2. 品牌定位度

品牌定位度是指品牌的独特档次与个性特色，它的依据是企业自身优势和消费者评价对其品牌风格、市场和发展战略进行的选择与确定。定位度具有个性化、独特化、专门化的特点。品牌定位度受到品牌适应度与品牌（核心）竞争力这两个因素的影响。

品牌适应度是指品牌所适用的目标市场范围，它反映了品牌的宽度属区，在延伸过程中具有重要意义。品牌核心竞争力是指企业具有开发独特产品、发展独特技术和运用独特营销方式的能力，它决定着品牌具有超常性、独特性、领先性和整合性特点。

3. 品牌知名度

品牌知名度是指品牌在消费者中的知晓与熟悉程度。由于品牌知名度在一定程度上反映了消费者对品牌已有的经验认识程度，所以从消费者心理学角度来看，它对消费者的初期购买决策有着重大影响。

品牌知名度包括品牌识别和品牌记忆。品牌识别是指人们在认识了一个品牌之后，一看到或一听到它，就能区别出它与别的品牌的不同，它主要表现为标识、标语、名字、包装、吉祥物、颜色等视觉特征。品牌记忆是指提到某个品牌时，人们对于它的记忆程度如何。如果消费者是事先制订了计划来进行购买的，其记忆程度就会起着很大的作用。

(二) 产品相关性

有关研究认为，所谓产品相关性是指延伸产品与原品牌之间的"相似性或关联性"（Similarity），即消费者头脑中原品牌知识与新产品认同的相关联程度。而原产品与延伸产品相关联性越高，消费者对延伸产品评价（认知与情感）越高；反之则越低。

1. 具体产品的相关度

具体产品的相关度是指原品牌与延伸产品在工艺、功能、材料、形式等方面的相互关联程度。产品相关度越高，消费者越容易接受，其品牌延伸也越容易成功；反之亦然。

2. 受众的相关度

受众的相关度是指原品牌与延伸产品受到消费者性别、年龄、文化、职业以及地域等特点的影响。显然在品牌延伸中，将原品牌延伸到原有忠诚消费群及其所消费的产品中去，品牌延伸容易成功。

四、品牌延伸心理机制分析

根据品牌延伸的理论模型与构成要素，为了更深入地研究品牌延伸机制，目前主要采用的是认知心理学的研究方法，据此深度把握品牌延伸机制及其营销意义。

问题 4：品牌延伸的心理机制是什么？

该方法假设某一品牌 A 最初的主产品为 X，随着品牌的使用，品牌 A 逐渐具有了某种意义（Meaning）和联想（Association）。这些意义与联想可记为 $(a_1, a_2, \cdots, a_n)$。现若将产品 Y 作为品牌 A 的延伸方案，产品 Y 是一个合适的延伸对象吗？认知心理学的研究认为，消费者认识这一问题要做两个方面的评估：一是产品 Y 与主产品 X 之间的相似性评价。如果当产品 Y 被认为与主产品 X 之间确实存在相似性时，则要进行第二步评价即延伸产品 Y 与品牌 A 的意义和联想的融合性评价。融合性评价包括以下内容：

（1）品牌 A 延伸到产品 Y 上后，哪些意义和联想可以转移到产品 Y 上去。

（2）Y 产品的哪些意义和联想不能与主产品 X 存在联系，即与 X 不能建立联系。

（3）品牌 A 的某些意义和联想，转移到产品 Y 上后可能成为负面联想。

认知心理学认为，消费者通过对品牌认知与分析后会得出产品 Y 与品牌 A 之间是否具有融合性的结论。换言之，如果消费者通过上述评价，品牌 A（意义与联想）就可以延伸到产品 Y 上去。这就是所谓"品牌延伸的静态分析"。

其心理实质可以用品牌认知与情感理论进行解释。

进一步研究认为上述的分析方法是将品牌（消费者概念）与产品的关系视为单向性的，这对解释品牌延伸能改变品牌意义与丰富内涵就显得不够。目前认知心理学对此的研究方法又作了进一步改进。该方法认为，品牌 A 可以影响延伸产品 Y；反过来，延伸产品 Y 也会影响与作用于品牌 A，认知这一问题就得需要从品牌延伸认知心理学的动态角度加以分析。品牌延伸的认知心理学动态分析，其实质就是主体心理意义建构的相互作用观。从这一角度来看，品牌延伸产品能改变品牌的意义与联想，丰富品牌的内涵。同时在某些情境下还能改变原品牌意义或原品牌的主产品。这就是说，品牌延伸的作用可能是相互影响的过程，这与当代品牌理论中循环促进、相互适合的观点是一致的。

品牌延伸的认知心理学方法表明，品牌意义和联想、主产品和延伸产品之间是一种交互作用的关系，它们之间相互影响，而不是简单的决定与被决定的关系。所以，在使用品牌延伸策略时经营者要有动态分析的思想。

五、品牌延伸的作用

在国际市场，尤其西方国家，品牌延伸已成为企业发展的核心，受到了广泛的关注。概括起来，品牌延伸的作用主要表现在以下几个方面。

问题 5：品牌延伸的作用体现在哪些方面？

263

1. 快速识别，节约成本

品牌经营者可用某一强劲的品牌来使新产品很快获得识别，品牌经营者因此而节省了包括消费者熟悉新品牌在内的所有广告费。当新品牌或重新定位的品牌有消费者已熟悉的成分时，消费者对此新定位所传达的信息有一种熟悉的感觉，这种感觉是通过对原有品牌的认知和品牌联想的延伸而获得的。

2. 为消费者增加选择

成功的品牌能为现在的品牌或产品带来新鲜感，为它们增强活力，为消费者提供更完整的选择。一般来说，很少有消费者对某一品牌忠诚到对其他品牌不想试一试的程度。"制止"这些品牌转换的唯一办法就是进行品牌延伸，为目标市场提供几种品牌。例如，可口可乐推出的第一个真正品牌"健怡可口可乐"，就获得了极大的成功。"健怡可口可乐"迅速成为美国第三畅销的不含酒精饮料，以及美国销售量第一的低糖饮料。品牌延伸也能增加零售商对生产商品品牌的依赖程度，为生产企业赢得竞争力的优势。

3. 增强核心品牌的形象

品牌延伸能够增强核心品牌的形象。品牌能够提高整体品牌的投资效益，即整体的营销投资达到理想经济规模时，核心品牌和主力品牌都因此而获益。海尔的品牌延伸使之成为"中国家电大王"，比其竞争者更胜一筹。金利来品牌延伸使之在大陆推广极为成功，成为"男人的世界"，就是典型的例证。

六、品牌延伸应注意的问题

一个成功的品牌有其独特的核心价值，若这一核心价值与基本识别能包容延伸产品，就可以大胆地进行品牌延伸。也就是说，品牌延伸应尽量不与品牌原有核心价值与个性相抵触。

但品牌延伸对企业而言，既可能是一本万利的好事，也可能是前进中万劫不复的深渊。未经理性决策的品牌延伸是很危险的。若对不可延伸的品牌进行延伸，或延伸到不应延伸的领域，风险会很大。要有效回避品牌延伸风险，并大力发挥品牌延伸的作用，使企业迅速上新台阶，必须先对是否可以品牌延伸、延伸到哪些领域作出正确决策。因此，品牌延伸需要注意以下几个方面。

问题 6：品牌延伸应该注意哪些方面的问题？

1. 品牌核心价值的包容力是根本

品牌延伸的论述中最为常见的是"相关论"，即门类接近、关联度较高的产品可共用同一个品牌，如娃哈哈与雀巢品牌延伸成功可以从品牌麾下的产品都是关联度较高的食品饮料的角度来解释。其实关联度高只是表象，关联度高导致消费者会因为同样或类似的理由而认可同一个品牌才是实质。比如，选择奶粉、柠檬茶、咖啡时都希望品牌能给人一种"口感好、有安全感、温馨"的感觉，于是具备这种感觉的雀巢旗下的奶粉、咖啡、柠檬茶都很畅销。

那么，相关度低的产品间是否不具有品牌延伸的可能呢？答案是否定的。比如万宝路从香烟延伸到牛仔服、牛仔裤、鸭舌帽、腰带获得了很大的成功。许多关联度较低的产品共用一个品牌也获得了空前成功，从根本上是因为品牌核心价值能包容表面上看上去相去甚远的系列产品。登喜路（Dunhill）、都彭（S.T.Dupont）、华伦天奴（Valentino）等奢侈消费品品牌麾下的产品一般都有西装、衬衫、领带、T恤衫、皮鞋、皮包、皮带等，有的甚至还有眼镜、手表、打火机、钢笔、香烟等跨度很大、关联度很低的产品，但也能共用一个品牌。因为这些产品虽然物理属性、原始用途相差甚远，但都能提供一种共同的效用，即身份的象征、达官贵人的标志，能让人获得高度的自尊和满足感。购买都彭打火机者所追求的不是点火的效用，而是感受顶级品牌带来的无上荣耀，买都彭皮包、领带也是为了这份"感觉"而不是追求皮包、领带的原始功能。此类品牌的核心价值是文化与象征意义，主要由情感性与自我表现型利益构成，故能包容物理属性、产品类别相差甚远的产品，只要这些产品能成为品牌文化的载体。

2. 行业特征及企业实力是企业进行品牌延伸需要考虑的问题

企业是否进行品牌延伸需要考虑自身的行业特征及企业的财力和品牌推广能力。例如通用旗下拥有凯迪拉克、别克、欧宝等十多个品牌。这与汽车行业特点相关，首先汽车是一个差异性很大的产品，可以明显细分出不同的市场，需要多个个性化的产品品牌来吸引不同的消费群。同时，我们还不能忽视汽车的价值很高，支撑得起推多品牌的巨额成本开支也是汽车业能推多个品牌的原因。瑞士的许多名表厂推多品牌，如欧米茄、雷达都属于同一个公司，也是因为产品价值较高。宝洁也热衷于进行品牌延伸，一方面是因为行业与产品易于细分化，可以通过性格迥异的多个品牌来增加对不同消费群的吸引力；另一方面是因为宝洁拥有雄厚财力和很强的品牌营销能力。

3. 与竞争者一起延伸，综合品牌延伸风险

很多品牌延伸尽管新产品在成名品牌的强力拉动下起来了，但原产品的销售却下降了，即产生了"跷跷板效应"。娃哈哈的品牌延伸之所以基本未出现此类现象，除娃哈哈品牌核心价值能包容新老产品外，其在儿童乳酸奶行业实力相当的对手乐百氏也在搞类似的品牌延伸也是重要因素。康师傅、统一这些竞争品牌之间的产业结构基本雷同且都在延伸，各自的风险就都随之降低了。

4. 品牌延伸需要注意市场机会选择

TCL从电话机行业成功延伸进入彩电业，主要是选准了当时大屏幕彩电还没有被当时的彩电业领导品牌所重视的机会点；海尔切入彩电业则巧妙地选择了彩电数字化导致传统模拟彩电巨头原有的技术领先优势不再显著的大好时机；美的在大多数国产品牌还在生产中低档电饭煲而日本品牌具有电脑模糊逻辑控制功能、外观豪华气派的电饭煲价格又太高的时候进军电饭煲而一举功成。

5. 避免让消费者产生认知混乱

里斯和特劳特斯品牌延伸的坚决反对者。他们指出："品牌延伸是橡皮筋，你越伸展一个名称，它也就变得越脆弱。"他们认为品牌延伸将产生"跷跷板现象"，即延伸产品占据优势的时候，原产品就会受到冷落而处于弱势。这是因为品牌延伸将品牌所指向的产品类别给混淆了。例如，春兰本来为空调第一品牌，然而春兰品牌从空调延伸到摩托车、自行车、冰箱甚至汽车，延伸的跨度过大，结果让人觉得春兰不再是空调专业品牌，而格力空调在专业性方面就做得很好。

七、品牌延伸的步骤

一般来说，品牌延伸可以通过如下步骤来实现。

问题 7：品牌延伸需要经过哪些步骤才能实现？

1. 根据企业战略规划选择延伸的母品牌

一般来说，被延伸的品牌以公司品牌居多，如海尔、美的、康师傅等，但也有一些子品牌，如通用汽车在别克这个子品牌下面推出了别克凯越、别克君越、别克林荫大道等品牌汽车。究竟选择公司品牌还是子品牌要看企业的发展战略。如果企业想进军新行业，可以选择公司品牌进行延伸；如果只是希望丰富和填补原有产品线，则选择子品牌来延伸新品牌。

2. 选择品牌延伸的类型

品牌延伸的类型将决定延伸产品的选择方向，因此在提出候选的延伸产品之前需要对延伸类型进行选择。首先需要考虑进行企业内部延伸还是外部延伸。公司内部延伸比公司外部延伸的可控性更强，但对企业的财务、生产和营销压力也更大。然后的决策问题是采用产品线延伸还是产品类别延伸，一般的规律是先进行产品线延伸，在某一个产品领域做大做强后再进行产品类别延伸。

3. 测量消费者对母品牌的认知情况

母品牌该向何处延伸取决于消费者对于该品牌的认知情况。所以企业需要对消费者进行品牌认知调研。调研的方法分为定性和定量两类：①定性的方法包括自有联想法和投射法。自有联想法采用焦点小组或深度访谈法进行，向被访者提问"看到某品牌会想到什么？"以此来探究品牌在消费者头脑中有关品类、价位、特色、个性等方面的联想；投射法是一种心理测试技术，它能使被访者在轻松状态下回答一个不愿意回答或者难以回答的问题，原因是用以测试的一个简单图片或问题背后对应着复杂的心理活动。常用的一类投射工具是图片，可以是人物、风景、动物、建筑物、汽车等。提问方式通常为"你觉着该品牌与下列的哪张图片更相像"。②定量的方法则是通过李科特量表的方式对消费者品牌认知的程度进行量化打分。

活动 2：品牌延伸效果练习

由老师选择两种现有品牌进行延伸，让同学对每一种品牌延伸的效果进行评价打分。每位同学首先独立进行评价，然后划归到不同小组中进行多人交互评价。以组为单位写出品牌延伸"好"或"不好"的原因，并给出营销建议。

4. 识别可能的品牌延伸候选对象

如何确立品牌延伸的候选产品？卡普菲勒教授提出了一个品牌延伸能力模型。该模型纵坐标是品牌类型，横坐标是产品相似程度。品牌类型指母品牌具有显著的一个方面，包括专有技术、利益、个性、价值观；产品相似程度是指延伸产品与原产品之间的技术相关性。由模型来看，根据品牌类型不同，延伸产品和原产品的相似性也不同。专有技术是品牌原产品所具有的技术特长，据此所延伸的产品与原产品应当较为相似，如乌江榨菜的专有技术是腌制榨菜，这一技术使得它可以制作古法榨菜、麻辣榨菜、低盐榨菜、川香榨菜、原味榨菜等系列产品；利益是品牌带给消费者的产品利益，据此所延伸的产品与原产品距离稍远，如立白洗涤用品的利益是"不伤手"，这使其能顺利从立白洗衣粉延伸到立白洗洁精；个性是品牌拟人化的特点，据此所延伸的产品可以离原产品较远，如万宝路的个性是豪迈、粗犷，所以其产品能从香烟延伸到牛仔裤；价值观是品牌所持有的理念，所延伸的产品可与原来产品在技术上不相干，但一定要保持理念一致，如卡特皮勒的价值观是"坚韧、粗犷、户外"，它旗下不仅有挖土机、拖拉机，还有风马牛不相及的皮靴、牛仔裤。

5. 评估和选择延伸品牌

对候选的延伸产品进行评估需要考虑两个问题：一是消费者对延伸产品的接受程度如何？二是延伸产品对母品牌有何影响？第一个问题需要启动对消费者的抽样调查，给消费者一些备选方案进行评分，看看母品牌延伸到哪些新产品上更容易被接受。第二个问题需要考虑三种可能，即正面影响、负面影响和无明显影响。正面影响是企业最愿意看到的，通常是延伸产品与原产品之间保持密切关系，双方彼此强化，相互借势；无明显影响也是管理者可以接受的结果，毕竟一些跨度较大的延伸很难直接给母品牌带来帮助；负面影响是管理者极力避免的结果，但很多时候企业还是会犯种种错误。

6. 设计实施延伸的品牌营销计划

明确了延伸产品之后，管理者需要设计品牌营销计划对其进行推广。本质上，延伸产品营销的关键在于建立延伸产品与母品牌之间的共同点，使母品牌的资产能够部分转移到延伸产品上面。最核心的一个问题是延伸产品的品牌命名问题，即采用单一品牌延伸、主副品牌延伸、还是亲族品牌延伸。如果延伸产品与原产品属于同一类别但希望强调产品的特色，就可以采取主副品牌延伸，如马自达在中国合资公司推出的M6、M3、M2等不同风格的车型；如果延伸产品与原产品尽管不属于同一类别但类别之间不容易产生认知冲突（如档次相当）的话，那么可以采用单一品牌延伸，如三菱空调和三菱电梯；如果延伸产品与原产品之间容易产生认知冲突的话，则最好采用亲族品牌延伸。亲族品牌延伸是一种特殊形式的主副品牌延伸，适合于主品牌和副品牌之间若隐若现的关系。比如，高档五粮液为了向低端延伸，推出了五粮春和五粮醇等亲族品牌，其中"五粮"二字表明了几个品牌之间的根源关系，而"液、春、醇"则避免了各种不同档次产品的冲突。

7. 评价品牌延伸的成败

最后，管理者需要对品牌延伸的表现进行评价。这个评价基于两个标准：①延伸的产品是否获得了良好业绩？②延伸产品对母品牌产生了什么样的影响？如果两个标准上得分都很高的话，那么该品牌延伸就非常成功。

第二节　品牌组合与品牌价值提升

引导案例

宝洁——品牌的"王国"

宝洁公司是一家美国的企业。它的经营特点：一是种类多，从香皂、牙膏、漱口水、洗发精、护发素、柔软剂、洗涤剂，到咖啡、橙汁、烘焙油、蛋糕粉、土豆片，到卫生纸、化妆纸、卫生棉、感冒药、胃药，横跨清洁用品、食品、纸制品、药品等多种行业。二是许多产品大都是一种产品多个品牌。以洗衣粉为例，他们推出的品牌就有汰渍、洗好、欧喜朵、波特、世纪等近十种。在中国市场上，香皂用的是舒肤佳，牙膏用的是佳洁士，卫生巾用的是护舒宝，仅洗发精就有"飘柔"、"潘婷"、"海飞丝"三种品牌。要问世界上哪个公司的品牌最多，恐怕是非宝洁莫属。

如果把多品牌策略理解为企业多到工商局注册几个商标，那就大错特错了。宝洁公司经营的多种品牌策略不是把一种产品简单地贴上几种商标，而是追求同类产品不同品牌之间的差异，包括功能、包装、宣传等诸方面，从而形成每个品牌的鲜明个性，这样，每个品牌都有自己的发展空间，市场就不会重叠。以洗衣粉为例，宝洁公司设计了九种品牌的洗衣粉，汰渍（Tide）、奇尔（Cheer）、格尼（Gain）、达诗（Dash）、波德（Bold）、卓夫特（Dreft）、象牙雪（LvorySnow）、奥克多（Oxydol）和时代（Eea）。他们认为，不同的顾客希望从产品中获得不同的利益组合。有些人认为洗涤和漂洗能力最重要；有些人认为使织物柔软最重要；还有人认为洗涤和漂洗能力及使织物柔软都重要；还有人希望洗衣粉具有气味芬芳、碱性温和的特征。于是就利用洗衣粉的九个细分市场，设计了九种不同的品牌。

宝洁公司就像一个技艺高超的厨师，把洗衣粉这一看似简单的产品，加以不同的作料，烹调出多种可口的佳肴。不但从功能、价格上加以区别，还从心理上加以划分，赋予不同的品牌个性。通过这种多品牌策略，宝洁已占领了美国更多的洗涤剂市场，目前市场份额已达到 55%，这是单个品牌所无法达到的。

资料来源：王磊.解密宝洁的品牌管理——品牌量化管理. 北京东方影音公司，2009.

→ **思考题：**

1. 宝洁实行的是什么品牌策略？
2. 宝洁实行的品牌策略有何优劣点？

日化巨头宝洁公司拥有的品牌包括：飘柔、沙宣、海飞丝、潘婷、伊卡璐、玉兰油、威娜、舒肤佳、吉列、博朗、佳洁士、护舒宝、碧浪、汰渍、兰诺、金霸王……可以说，宝洁就是一个品牌自由国度，她在品牌组合管理战略方面走在了其他企业的前列。由此可见，品牌组合是一种提升品牌价值的有效途径。

一、品牌组合的含义

问题 8：企业在进行品牌组合时需要考虑哪些因素？

品牌组合（Brand Portfolio）是指公司出售的各个特定产品大类下面包含的所有品牌。包括主品牌、担保品牌、子品牌、描述性品牌、产品品牌、品牌化的活力点及公司品牌。品牌组合可以根据企业的业务结构或市场结构来进行，如花旗银行是根据其业务结构来进行品牌组合的。

关键术语：品牌组合

品牌组合是指公司出售的各个特定产品大类下面包含的所有品牌。包括主品牌、担保品牌、子品牌、描述性品牌、产品品牌、品牌化的活力点及公司品牌。

企业在进行品牌组合时主要考虑：品牌组合中的品牌是否存在重叠或不足；是否能够在不影响利润和增长的情况下剔除一个品牌；是否有一个优势品牌能够带动某一市场的开发；是否有一个品牌可以作为其他品牌的后盾（防御品牌）；是否有一个区域品牌和全球品牌的最佳组合等。总的来说，涉及品牌组合的数量和质量（构成或关系）问题。

二、品牌组合的作用

品牌组合战略是集团/公司品牌战略的核心内容之一，但很多人对品牌组合战略理解"矮化"，最突出的一点就是把品牌架构等同于品牌组合战略，其实品牌组合战略需要处理更加错综复杂的问题，远远不是一个简单的品牌架构就能替代的。一般而言，品牌组合的作用包括以下几个方面。

问题 9：品牌组合的作用是什么？

1. 协同效应

协同效应是品牌组合作为相互关联的有机整体所必须具有的根本属性，协同效应指的是对一个品牌/产品品牌施加影响能够使得另外的品牌/产品品牌发生改变。协同效应包括正面协同和负面协同两种类型：正面协同能够提高品牌的显著性、强化品牌联想并带来成本效率；而负面协同则可能使品牌形象在跨环境和跨品牌的情况下造成混乱、扭曲、削弱。

2. 杠杆作用

杠杆作用指的是充分利用品牌价值以提高品牌组合在不同的类别环境中的影响力，杠杆作用和前面提到过的品牌杠杆极其相似（因为品牌杠杆最终会形成或扩大品牌组合），只不过杠杆作用将焦点置于品牌延伸而不是其他三种品牌杠杆。强大的杠杆效应能够帮助品牌组合更加有能力去引领未来同时扩充现有的品牌资产，通过建立一些有很大发展潜力的主品牌去匹配未来发展的机会，不仅通过战术性品牌延伸将品牌横向延伸到其他的机会领域，以及将品牌纵向延伸到更有吸引力的细分市场，而且通过战略性品牌延伸去建立广域品牌平台，为整体战略（无论是经营战略还是品牌战略）提供连贯性和框架结构。

3. 相关效应

相关效应指的是品牌组合在不断变化的市场上与顾客需求保持关联的能力，相关性能够赋予品牌组合动态的力量，使品牌与时俱进从而与重要的趋势保持一致，通过改变以适应背景和环境因素的变化，并且在适当的时候以有效的方式来产生。企业需要考虑当前的品牌组合和哪些产品市场相关？品牌组合是否正在失去相关性？品牌组合是否有调整现有品牌的能力以对新的产品市场提供支持？是否存在创造新品类或子品类的机会？

4. 竞争作用

理解品牌组合的观点、工具和方法能够帮助组织通过调整战略来应对竞争。当竞争品牌产品价格、特色的长矛直指企业的主力品牌时，我们该如何反应？改变主力品牌将可能陷入不利的境地，而品牌组合为我们提供了保驾护航的工具。对于竞争品牌的低价攻势，企业可以导入一个独立的低价品牌进行反击，这个品牌即使出现什么闪失也对主品牌影响不大，如福满多的低价并没有对康师傅产生很大的负面影响。

5. 创建强势品牌

创建强势品牌显然是品牌组合战略的最低目标，如果不能拥有更多的强势品牌或者使得品牌更加强势，那么品牌组合战略还不如单体品牌战略来得有效，所谓品牌组合的相互连贯、相互支持则是毫无意义的，品牌组合的庇护效应也成了动听的空话。优秀的品牌组合战略能够更好地帮助创建相互关联、与众不同和充满活力的强势品牌，其价值主张能够与目标顾客产生共鸣、与竞争者形成差异、形成持续巩固的生命力，从而在品牌组合涉及的重要领域建立起强有力的价值地位。

三、品牌组合规划

进行品牌组合要素规划，品牌组合要素规划就是规划品牌组合战略的具体方案，通常品牌组合要素规划不会把所有的品牌都包括进去，而是集中于那些对组合价值有重要影响或对未来成功有决定作用的关键品牌；另外品牌组合要素规划也不是要穷尽所有的组合战略方案，而是辨别对主要组合决策有影响的关键问题。品牌组合要素规划应该针对组合品牌、产品角色、组合角色、组合逻辑、品牌范围、视觉组合这六个方面展开。

271

问题 10： 品牌组合要素规划应该针对哪些方面展开？

（一）组合品牌

组合品牌就是组合中的品牌，是组织所管理的具有资产价值和运作潜力的全部品牌，组合品牌包括：主品牌（在驱动顾客需求中扮演主要角色的品牌）、描述性品牌（界定类别的术语品牌）、副品牌（在特定的产品市场环境中用于增加或改善联想的品牌）、背书品牌（提供信誉担保的品牌）、公司品牌（代表整个组织的品牌）、联合品牌（结合在一起但来自不同公司或业务单位的品牌）、品牌网络要素（组成品牌网络的各品牌，也称作品牌化的差异点/活力点）。

有关组合品牌需要注意两个问题：一个是组合品牌不仅包括所有权品牌也包括管理权品牌，那些处于组织外部、与组织内部的品牌有联系，并且这种联系得到有效管理的品牌（如联合品牌、授权品牌等），也应当归属于组合品牌之中；另一个是组合品牌不仅包括产品性品牌也包括非产品性品牌，只要是具有认知价值能够帮助驱动顾客决策的因素，不管其是不是以产品的形式出现

（如公司品牌、技术品牌、个人品牌等），也应当归属于组合品牌之中。组合品牌无论数量过多还是数量过少都不利于品牌组合的健康：组合品牌数量过多会导致品牌建设资源和管理力量的分散（边缘品牌争夺相关的投入会损害战略品牌的价值和市场地位），以及关键环节注意力的分散（品牌过多的组合将制造大量的问题和冲突使得管理人员沦陷于就事论事的"救火"中）；相反，组合品牌数量过少也会导致品牌资产的驱动力不足（品牌没有能力为各个产品类别提供必要的价值联想、可信度和相关性），以及丧失创造新品牌平台的机会（新的品牌能够以独特明确的价值定位与顾客需求相关联）。

（二）产品角色

产品角色就是品牌在定义产品时扮演的角色（也称品牌架构），产品角色可以分为主要驱动角色、辅助驱动角色和联合驱动角色三种类型，如果产品角色定义不当就无法顺利地驱动顾客购买。"广义品牌关系谱"能够帮助产品角色更为精确的定位（定义产品品牌的基本模块和模式）：第一个基本关系定位是单一品牌（包括相同识别和不同识别这两个次级关系），亦即产品品牌由主品牌加描述语来定义，维珍（Virgin）的产品角色是单一品牌架构的典型，维珍作为主品牌覆盖了所有的经营领域，从唱片到传媒、从化妆品到饮料、从服饰到铁路、从航空到财金、从婚纱到电信、从博彩到火箭。第二个基本关系定位是主副品牌（包括主品牌驱动和强势副品牌这两个次级关系），亦即产品品牌由主品牌加副品牌来定义，索尼的产品角色就是主副品牌架构的典型，SONY 拥有 Walkman、Handycam、Vaio、PSP 等一系列强大的副品牌，这样的架构能够把主品牌的影响力和副品牌的针对性很好地结合在一起。第三个基本关系定位是联合品牌（包括合作主品牌和要素联合这两个次级关系），亦即产品品牌由两个以上扮演联合驱动角色的品牌来定义，索爱的产品角色就是联合品牌架构的典型，由于结合了爱立信在通信技术方面的声誉和索尼在创新和个性上的追求，索爱不仅创造了极强的品牌资产优势，而且打造了延伸性的品牌平台。第四个基本关系定位是背书品牌（包括强势背书、关联名称和象征背书这三个次级关系），亦即产品品牌由主品牌加背书品牌来定义，万豪的产品角色就是背书品牌架构的典型，Marriott 开发了一系列被背书品牌如 Courtyard、Fairfield Inn、Residence Inn、Towneplace Suites、Springhill Suites 来运营不同的旅客市场。第五个基本关系定位是独立品牌（包括影子关联和互不关联这两个次级关系），亦即产品品牌由新的品牌来定义，宝洁的产品角色就是独立品牌架构的典型，宝洁成功地经营了 300 多个彼此之间相互独立的品牌，各自针对不同的细分市场并有自己的一套核心价值和功能利益定位，这些品牌和宝洁的公司品牌之间联系也很少。

（三）组合角色

组合角色就是品牌在品牌组合内部所扮演的角色，每个品牌都应该在组合中找到自己的地位和意义，否则就会被贴上"边缘品牌"的标签，其未来是值得怀疑的。组合角色包括战略品牌、银弹品牌、侧翼品牌、金牛品牌、机会品牌这五种类型：战略品牌是对组织战略具有重要意义的品牌，是必须取得或保持成功的品牌，为此应得到所需的任何资源和政策的保证，如 G3 就是中国移动的战略品牌，帮助其开发新一代的无线通讯市场；银弹品牌是能够支持、改变目标品牌形象的品牌，所以对银弹品牌的投资不应仅考虑其本身的回收能力，更要考虑其对品牌组合的正面影响，如尽管 Thinkpad 只占 IBM 销售中微不足道的部分，但其大大提高了 IBM 的品牌形象；侧翼品牌是从竞争品牌定位切入压制其势头以保护目标品牌不会被迫改变核心识别的品牌，如柯达为应对富士的攻势推出低价的"柯达快乐一刻"就是典型的侧翼品牌；金牛品牌是未来已无发展机会但现在已经确立巩固地位因而不需要太多支持的品牌，金牛品牌的作用是创造富余资源以投入到其他的组合角色品牌中以履行战略使命，如微软的 Office 就是典型；机会品牌是针对那些风险和前景不可预测的业务而试探性推出的品牌，如多年以前摩托罗拉失败的"铱星"。前瞻而成功的品牌组合需要有多样的、相互合作以支持整体发展的组合角色（从而能够更加高效合理地进行品牌建设和配置管理资源）：战略品牌代表品牌组合的核心，银弹品牌提升品牌组合的形象，侧翼品牌保护品牌组合的核心资产，金牛品牌向品牌组合提供资金支持，机会品牌为品牌组合提供发展探索。

273

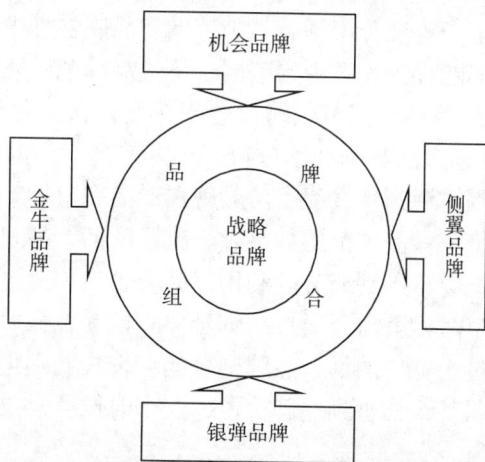

图 10-1　品牌组合角色示意图

（四）组合逻辑

组合逻辑就是组合品牌之间的相互关系（也称为品牌组合结构），品牌组合的逻辑关系如果复杂混乱就会导致品牌组合缺乏秩序性和目标感，不仅顾客/利益关系者无法对品牌/产品品牌产生清楚的认识，无法驱动他们在品牌建设中协调一致，而且品牌/产品品牌也会无法产生区隔保持差异，很难避免相互重叠、相互挤压和相互侵蚀的不利局面。理顺组合逻辑主要有品牌分组、品牌树和品牌网这三种方法：品牌分组是根据有意义的品牌共有特征进行逻辑分组，可沿用市场营销中的一些市场细分标准，如万豪根据市场不同区分了 Courtyard inn（商务旅客）和 Fairfield inn（休闲旅客），根据产品不同区分了 Marriott residence（长期居留）和 Marriott（单晚住宿），根据品质不同区分了 Ritz-carlton（超豪华酒店）和 Marriott（高级酒店）；品牌树是为每个组合品牌画出等级树，横向的树冠代表品牌所涉及的品类（不管是作为主品牌、联合品牌还是背书品牌的架构），纵向的树干则代表在某个产品类别上品牌组合的纵深；品牌网是用一张网来显示组合品牌如何互相影响，直接产生影响的品牌之间用线条相连，影响程度的大小用线条的粗细来代表，品牌网与品牌分组、品牌树相比优点在于能够包括产品品牌之外的组合品牌（如品牌网络），同时也能够揭示那些非直接的品牌关系，在实践中品牌网还有些变体形式存在（像分子模型和太空模型）。

（五）品牌范围

品牌范围就是品牌在产品和市场上的跨度，如 GE 品牌不仅横跨仪器设备、飞机引擎和金融服务等多个产品大类，而且就仪器设备这个类别而言也囊括了消费者市场和专业市场等细分市场。品牌范围和品牌杠杆中的品牌延伸有着密切的关系，品牌延伸能够扩大品牌的范围，不过品牌范围还需要处理品牌收缩的问题。每个组合品牌都有其范围跨度（当然真正值得关注的还是驱动性品牌），无论是已经跨越产品类别和细分市场还是有这么做的潜力，根本的问题是到底应将品牌范围扩展到什么程度。品牌在产品和市场上跨度无论过狭还是过宽都会损害资产价值：品牌范围如果过于狭窄的话，品牌就会在适宜的环境中缺席，资产价值就会得不到充分的利用，就会丧失创造更有影响、更强有力的品牌的机会，这个时候就需要通过品牌延伸去推动更强力、更高效的品牌建设；品牌范围如果过于宽广的话，品牌则可能会丧失差别化优势、可信度以及相关性，可能会削弱甚至伤害到品牌价值，这个时候就需要通过品牌收缩来实现核心和价值的聚焦。

（六）视觉组合

视觉组合就是在跨品牌和跨环境情况下的品牌视觉展示形式，其实就是品牌组合战略在视觉系统方面的实施。视觉组合与品牌识别中的组合符号有很多相似之处，只不过前者是品牌组合的视角而后者则是单体品牌的视角。视觉组合的目标是在跨环境和跨品牌情况下，既要能形成合力同时又要能彼此区分，否则就无法支持品牌组合的协同效应和清晰度的要求。在跨品牌的情况下，视觉组合应反映品牌之间的相对重要性以及驱动者角色；在跨环境的情况下，视觉组合应将同一品牌家族不同的产品品牌相互区分。

活动 3： 品牌组合规划练习

将学生分成几组，分别进行品牌组合设计，每组给出他们的设计理念及作品说明。由老师或者是第三者来进行评价。

四、品牌组合管理

问题 11： 如何对品牌组合进行"量"和"质"的管理？

（一）品牌组合中量的管理

品牌组合实质上是市场的组合，一个企业需要多少个品牌首先取决于它要满足多少个市场，以及这些市场的差异性大小；品牌组合也是一个资源组合，拥有品牌数量的多少还取决于企业资源的丰富程度；品牌组合也是一个赢利组合，它的数量多寡取决于这些品牌在市场上的表现和赢利能力。所以需要对其进行管理，使品牌在数量上的组合能够适应企业的资源状况，能够实现企业预期的市场目标。品牌组合在量上的管理主要包括以下几个方面：

1. 品牌组合的增量管理

品牌组合的增量管理是指企业为了区别新市场或新进入市场，通过一定的途径增加品牌数量，使之提高品牌组合的效益和效率的过程。其途径包括：

自创品牌：为不同类型的产品在不同市场启用新的品牌名，塑造新的品牌形象，用于区别不同市场的个性和偏好。如华龙集团自创"今麦郎"进入方便面的高端市场以区别"华龙"的中端市场。

购并品牌：企业为了迅速进入某个市场，从而购并这个市场中已有品牌的做法。如宝洁公司收购"吉列"品牌进入剃须刀市场。

联盟品牌：企业为了利用他人的资源打开某个市场，通过合资或合作的形式，共同建立一个混合品牌或联盟品牌。

不同增量途径的选择：无论是自创品牌、购并品牌还是联盟品牌在速度、控制和投资上都各有优势和劣势。企业品牌组合增量的理想方式应是快速地进入和占领市场，严格的控制（确保品牌形象不受损害）和确保最低的投资。

表 10-1　不同途径的特点分析

途径	评价标准		
	速度	控制	投资
自创品牌	慢	高	中
购并品牌	快	中	高
联盟品牌	中	低	低

　　企业应该根据表 10-1 中这三种方式的不同特点，再结合自身在品牌组合管理方面的经济和能力、金融方面的实力、产品和市场特点以及企业要达到的目标，选择不同的增量途径。

　　2. 品牌组合的减量管理

　　当一个品牌组合中的品牌成员已经多到影响企业资源利用、绩效产出，超出其管理能力时，适当的减量管理势在必行。例如，1999 年联合利华的"品牌瘦身战略"的实施就是因为它发现公司 75%的销售额来自 2000 个品牌中的400 个，这 400 个品牌的年增长率约为 4.6%，有很高的利润增长空间，如果集中精力发展这 400 个品牌，必然对公司业务的增长有很大的益处。

　　总之，品牌组合的增量管理着眼于企业如何利用市场机会的问题，而减量管理则着眼于如何提高赢利效率和资源利用效率的问题。无论是增还是减都着眼于企业整体资源的利用和竞争能力的提高上。

（二）品牌组合中质的管理

　　1. 母子品牌的管理

　　母品牌或称主品牌一般是公司品牌或族品牌（品牌系列），代表公司形象和企业产品的总体形象，具有很高的声誉，在市场上的号召力比较强。而子品牌也称副品牌，一般是公司的产品品牌，代表的是某种产品的个性和形象。母品牌和子品牌的搭配，既可借助母品牌的声誉和实力，又可拥有各自特色，防止"一荣俱荣，一损俱损"的后果。

　　对其管理要注意建立和维护母品牌的形象，防止母品牌被滥用，具体办法：要建立母品牌的优势形象；母品牌不应使用在性质差别很大的产品类别当中；不应使用在市场前景不好的市场中；又要使子品牌真正反映产品的特点，在市场上建立相应的个性和形象，做到"名实相符"。

　　2. 多品牌的管理

　　多品牌指的是在同一产品类别上引入多个品牌。如宝洁公司在洗衣粉上使用了 9 个品牌。多品牌组合可以满足人们对同一产品的不同需求或不同利益的追求，在同一品类的不同市场形成竞争和合作的态势，既提高品牌的活力又有效地防止了竞争对手在销售渠道和细分市场的攻击。对多品牌的管理要注意两点：

（1）注意合理定位。品牌的合理定位是将不同子市场组合成一个统一的品类市场的重要工具。它使多个品牌之间既有竞争又有互补，如不同档次，不同品牌。瑞士的 SMH 集团的宝珀、欧米茄价格在 10 万瑞士法郎以上，罗西尼、雷达在 1000 法郎以上，斯沃奇在 100 法郎以上；反面的例子是联合利华的夏士莲和力士因定位不清晰，不能互补导致过度竞争力被削弱。

（2）对品牌的边界进行严格管理。在价格区间、目标人群、品牌定位、产品设计、产品品质、风格特色、销售渠道、服务等方面要对品牌进行尽可能的差异化管理。

3. 外来品牌和自有品牌的管理

在企业的品牌组合中，有的是自创品牌，有的是购并的、租用的或联盟的品牌，企业对这些品牌在感情上可能存在不同的反应，但在实际的应用中应摒弃感情因素，而从实用的角度去管理这两种品牌。首先，要明确外来品牌的作用。是为了进入新的市场，还是作为防御品牌；是为了利用外部资源还是为了消除竞争。其次，要明白外来品牌和自有品牌之间是互补的关系还是竞争关系或是二者皆有。若是互补关系则应充分利用相互的资源，挖掘品牌的潜力；若是互相竞争则首先要进行评估，然后进行选择性的发展；若是既有竞争又有互补，则参照多品牌管理法则进行。

4. 受托品牌和托权品牌的管理

在品牌组合中还有一些品牌组合是"受托品牌"（Endorsed Brand）+"托权品牌"（Endorser Brand），受托品牌是经托权品牌认可的独立品牌，托权品牌一般是公司品牌或族品牌。在表达中，受托品牌在前，托权品牌在后，知名品牌的托权给受托品牌带来信誉和支持。如"佳洁士—宝洁"、"金六福—五粮液"等。对其管理主要是要把它和母子品牌关系给区别开来，在母子关系品牌中，母品牌是驱动消费者购买的主要"驱动因素"，但在"受托品牌和托权品牌"结构中，受托品牌是主要的购买驱动因素，而托权品牌主要起保证和提示的作用。那么则要求企业对受托品牌进行重点突出，加大宣传力度和发展力度。

5. 全球品牌和区域品牌的管理

全球品牌是企业在全球范围内营销，对全球市场有一定影响力的品牌；而区域品牌是在区域范围内营销，对区域市场有影响力的品牌。显然全球品牌的市场规模和影响力都比区域品牌要大，但二者是有紧密联系的，可以说全球品牌是在优势区域品牌基础上发展而来的。企业在处理品牌的地理影响范围时，要注意全球品牌和区域品牌的搭配，因为全球品牌一旦面临市场萎缩也可成为区域品牌，区域品牌一旦发展良好也可成为全球品牌，二者的相互搭配可以弥补品牌组合中品牌的市场覆盖范围和影响力范围，提高企业的品牌资源配置效率和效益。

品牌组合的管理是动态的艺术，必须随着环境的变化而不断调整，但成功的品牌组合管理一定是在品牌组合的量与质上取得平衡的管理，一定是提高品牌组合效益和企业市场竞争能力的管理。

第三节　品牌更新与品牌价值提升

引导案例

四百余年中药老字号品牌——山西"广誉远"何去何从？

2003 年 8 月 25 日，具有 462 年悠久历史的中华老字号企业——山西广誉远中药有限公司的招商引资终于画上了句号。重组后的公司更名为"山西广誉远国际有限公司"，由西安东盛集团有限公司持有 95% 的股权，山西晋中国有资产经营有限公司持有 5% 的股权。这次姗姗来迟的产权重组，对于这个有 400 多年历史的我国著名的中药老字号品牌，也许是一次烈火重生的机遇，也许更是一次艰辛百倍的挑战……据悉，从未走出娘子关的公司总部这次也将从太谷县城搬到首都北京。

资料来源：郭丰庆.四百余年中药老字号品牌——山西"广誉远"何去何从.全球品牌网，2004-10-29.

思考题：

1.老字号为什么需要更新？

2."广誉远"将面临何种机遇和挑战？

一、品牌生命周期

创立品牌是一种竞争策略，为了防止别人的产品取代自己的产品，企业就会想方设法建立自己的品牌，以便更好地控制市场。可以说，品牌的产生是竞争的结果。一位经济学家说：创立品牌不仅是保护产品的关键，而且是促使其发展的重要原因。品牌也像动植物一样，也会经历一个出生、成长、成熟和衰退的过程。产品在市场上的销售情况以及获利能力随着时间的推移而变化。这种变化的规律就像人和其他动物的生命一样，从诞生、成长到成熟，最后到衰亡。品牌的生命周期是品牌的市场寿命。产品经过研究开发、试销，然后进入市场，逐渐形成一定影响力，产生了品牌。然后，在此基础上一步步成长，直至最后产品在市场上失宠，品牌不再具有影响力。

问题 12：品牌一般会经历几个发展阶段？

所不同的只是人不可能长命几百岁，返老还童，但品牌像劳力士、杜邦公司等都可能长命几百岁，甚至有第一届、第二届……第 N 届青春期。这是动物、人与品牌生命周期不一样的地方。

关键术语：品牌生命周期

品牌的生命周期是品牌的市场寿命。它一般要经历孕育期、幼稚期、成长期、成熟期和衰退期。

1.品牌的孕育期

由于品牌与产品是两个不同的概念，许多品牌可能伴随产品的消长而消长，但更有许多品牌，产品、老板换了好几代了，但品牌依旧是那个品牌。例如通用汽车、福特、松下就是这种情形。处于品牌孕育期的品牌尚处于出笼阶段，此阶段的主要工作是在设计、生产、销售之间进行协调，做好充分的市场调查，以确保产品能够符合消费者的需要，在市场上受欢迎。

2.品牌的幼稚期

从孕育期到成长期之间的阶段，品牌需要逐步加大投入来促使其逐渐发育壮大。在这个时候，代表着品牌的产品在质量上必须得到充分的保证。售后服务更应注意做到尽善尽美。广告、促销等各种品牌包装手段可以组合运用。总之，这个时期的主要目标在于打造声势，为其进入成长期做好准备。

3.品牌的成长期

当产品在幼稚期的销售取得成功之后，便进入了成长期。这时顾客对产品已经熟悉，产品已有一定的知名度，品牌的影响力在逐渐加强，大量的新顾客开始购买，市场占有率不断提高。产品由于逐步实现了规模化，成本降低，销售额上升，利润增长迅速。之后由于竞争也愈来愈激烈，同类品牌增多，价格下降，利润率也下降。

4.品牌的成熟期

成熟期产品的销量基本已经达到最大值，市场占有率亦趋稳定，需求很少再增长或增长较为缓慢直至趋于稳定。利润也从最高峰降至一个稳定的水平。

市场基本上已经达到饱和状态，潜在消费者已经了解或者试用过这种产品，潜在消费者趋于减少。

成熟期竞争加剧，产品供大于求，用户在选购商品时越来越挑剔。成本、售价、服务方面的竞争更加激烈。产品由于已经成熟定型，新产品的开发及产品新用途的开发难度加大，随着产品历经多次的重新设计与改造而日趋稳定，制造工艺的革新就逐渐成为主要事务直至最后完全代替技术革新。要使企业的产品在技术性能、系列、款式、服务等方面不断有所变化，会使成本及风险增加。此时企业要认真调整自己的研究和开发战略。在成熟期，企业各方面的策略都必须作出相应的转变和调整。

品牌在这个阶段具有很高的知名度和忠诚度，消费者一旦认可这种品牌就很少发生改变。在这个阶段，本行业里进入壁垒很高，因为现有的品牌已经形成了相当强大的影响力，新进入者要在这种情况下建立自己产品的知名度相当困难。显然，成熟期是品牌影响力最大的时期。此时的目标是稳定顾客，战胜竞争者，保持市场占有率。因此要加强营业促销和人员促销。

成熟期品牌的市场地位已经确立，消费者的需求亦趋于稳定。这时期的策略重心，应该是尽量使这个时期品牌的影响力维持现有的地位，亦即尽量使成熟期得到延长。

5. 品牌的衰退期

月有阴阳圆缺，品牌的出生、成长、成熟和衰退的过程也在顺应自然规律。当一个品牌在市场上失宠时，也就意味着品牌已经进入衰退期了。

在衰退期，产品的需求下降，产品销量下降甚至产生滞销的现象，市场增长率也下降，利润亦越来越小，一部分竞争者已经处境艰难甚至不得不退出市场。品牌影响力逐步降低直至从消费者的心目中消失，消费者的目光被其他的新产品所吸引。

在衰退期，大多数情况下广告一般不会起太大的作用，此时广告主要意图在于获取后期利润以期在产品退出前实现最大价值。此时企业应当重新设计广告或是进行新一轮的营销及公关活动，如果不明显，就应该考虑推出新的产品以塑造新的品牌了。

二、品牌老化及其成因

品牌老化问题是当今品牌管理者不得不正视的一个问题。品牌老化对品牌所有者的危害是巨大的，它使得品牌所有者不仅丢掉了一部分老主顾，企业原有的市场领地被竞争对手抢占，而且这种颓势一旦形成，就很难逆转，就如同进入大卫·爱格所说的"坟墓"地带，其特点就是：提起这个牌子人人知道，即知名度很高，但买的时候就不记得了，并很快成为一蹶不振的衰退品牌。

关于品牌老化，应从多方面认识。从消费者的角度来看，品牌老化意味着提起这个牌子谁都知道，但买的时候却记不得它，高知名度和低认可度是老化品牌在市场上最为突出的表现特征。从企业的角度来看，所谓老化的具体表现就是：一个原来有较高知名度的品牌，在市场竞争中出现销售量、市场占有率及美誉度和忠诚度的持续下降。营销学的生命周期理论认为，品牌老化是因为品牌与产品一样，具有市场寿命。与产品不同的是，品牌的生命周期表现形态更为复杂，其市场寿命或长或短，弹性相当大。许多历史悠久的品牌在今天的市场竞争中依然充满生机和活力，国际名牌如宝洁（始于 1837 年）、雀巢（始于 1867 年）、奔驰（始于 1886 年），中华老字号如同仁堂（始于 1669 年）、恒源祥（始于 1927 年）等。

品牌老化是由多方面原因造成的，归纳起来有如下三个方面。

问题 13： 品牌老化的原因是什么？

1. 缺乏品牌战略规划

品牌所有者缺乏对品牌建设的战略规划，不具备全面成熟的品牌观念。他们只重视眼前利益，轻视长远利益；只重视品牌外表，轻视核心内容。把品牌的创建仅仅看作是打广告而已，忽视了品牌在其他方面的建设和管理。

为了单纯追求知名度，很多企业都把大部分财力和人力耗费在广告创意上。由于目前大多数中国企业的整体素质不高，加之企业老总的"个人英雄主义"，在许多细节方面都要"一把手"亲恭，这样必然导致整个企业的重心偏离，忽视了产品开发、销售管理、财务和员工素质的提高等方面的工作，从而使得整个企业不能平衡发展，这必然要使产品出现问题。品牌资产包括多方面的元素，品牌知名度只是其中的一部分，冰山一角而已，品质的肯定、品牌的忠诚和丰富的品牌联想等，才是真正强势品牌所应拥有的资产。

2. 市场竞争加速了品牌的优胜劣汰

近几十年经济发展的结果使得商品种类和数量迅猛增长，市场竞争的结果是为消费者提供了越来越大的选择余地。在 20 世纪 50 年代，购买汽车的美国消费者只能在通用汽车、福特、克莱斯勒或美国汽车公司生产的车型中挑选，而今，消费者可以从通用汽车、福特、克莱斯勒、丰田、本田、大众、菲亚特、日产、三菱、雷诺、铃木、大发、宝马、梅赛得斯、现代、大宇、马自达、五十铃、起亚和沃尔沃等品牌中任意挑选；在 20 世纪 70 年代早期，市场上有 140 种型号汽车可供选择，今天则已多达 260 种。

3. 消费者需求的变化对品牌构成挑战

市场是动态的，而不是静止的。因为，经济在发展，社会在进步，消费者的价值取向和审美品位都在变化。面对人们消费观念、生活方式如此深刻的变化，企业如果依旧一成不变，就会失去许多潜在的消费者，并动摇品牌的忠诚者；如果企业长时间不与消费者沟通，没有向消费者传播新的信息，不能给消费者带来一点新鲜感，那么，消费者很快就会将这个品牌淡忘。喜新厌旧是人的天性，消费者转移品牌偏好、舍弃老品牌、尝试新品牌是极其自然的事情。需求是变幻莫测的，市场是严酷无情的，企业以不变应万变等于"自作多情"。

三、品牌老化的对策

市场竞争的激烈迫使企业不断推陈出新，新产品、新技术不断涌现，品牌如逆水行舟，不进则退。一个成功品牌或老品牌只有不断创新，才能不被消费者抛弃。

问题 14：如何应对品牌老化？

1. 不断进行技术创新，保持品牌活力

长虹在中国品牌之林中无疑是引人注目的，然而它也曾一度在新品开发上没有新举措，导致在市场上的表现不佳。后来，长虹"精显"彩电与背投上市，一改其僵化、衰退的形象，迅速提高了品牌的活力感、高科技感、价值感，成为依靠技术创新重塑品牌活力与价值感的典范。对于企业，尤其是高科技企业来说，品牌老化往往是致命的，提高产品的技术含量是保持品牌活力的关键。

2. 运用品牌策略焕发品牌生机

（1）品牌延伸策略。品牌延伸是指企业在原有品牌名下连带推广新产品。品牌与产品之间的相对独立性使品牌延伸成为可能。品牌延伸的好处是可以利用消费者长期积累形成的品牌认同和品牌偏好，不断推出新产品，节约新产品市场导入的成本。除此之外，品牌延伸能丰富品牌旗下的产品，给消费者带来完整的选择，给品牌注入新鲜感。娃哈哈的品牌延伸策略无疑是成功的，当娃哈哈集团公司最初生产儿童饮品——娃哈哈果奶时，品牌只作为产品名称的一部分。如今，娃哈哈已成为饮料、食品、童装等众多产品的共用品牌，娃哈哈这一品牌大树亦常青常绿。

（2）多品牌策略。多品牌策略指的是企业对同类产品使用两个或两个以上的品牌，宝洁的多品牌策略众所周知，堪称经典。在中国市场上，仅洗发水就有若干个品牌，值得指出的是，他们的多品牌策略不是把一种产品简单地贴上几种商标，而是追求同类产品不同品牌的差异，追求每个品牌的鲜明个性，这样，每个品牌都有自己的发展空间。又如，五粮液相继开发了"五粮春"、"五粮神"、"五粮醇"、"浏阳河"、"金六福"等一系列白酒新品牌，不但占领了更广阔的中档白酒市场，也使"五粮液"这一老字号迎来了第二春。

3. 更新品牌形象

（1）更改品牌名称。提起摩托罗拉，或许你心目中积累起来的感觉更偏向于：严谨的、高档的、技术雄厚的、令人尊敬的、与成功人士相匹配的——这些充满质感的"刚性"元素，少了些亲和力。为了缩短企业与消费者之间的差距，摩托罗拉公司将原来"MOTORALA"的名称简化为"MOTO"。"MOTO"是台湾地区年轻消费者之间流传的对摩托罗拉的昵称，是消费者在感受到摩托罗拉人性化移动科技后发自内心的声音。"MOTO"用一种消费者自己的语言，向公众传递着"全心为你"的公司理念，它给品牌带来更多的活力，更加贴近消费者，更通俗易懂，更富有人性化色彩。

（2）变换品牌标识。品牌标识（LOGO）是指品牌中可以通过视觉识别传播的部分，包括符号、图案或明显的色彩和字体。如耐克的对钩，IBM 的字体和深蓝的标准色等。改进品牌标识是为了适应时代进步和发展潮流，从而摆脱品牌老化的尴尬境地。2003 年，可口可乐公司在中国启用了新标识，标识最大的变化体现在文字上。香港著名广告设计师陈幼坚设计的全新流线形中文字体和英文字体，商标整体风格更加协调，取代了可口可乐自 1979 年重返中国后沿用了 24 年的中文字体。公司试图通过此举扭转消费者认为可口可乐活力不足、传统、老化的形象。可口可乐改变的不仅仅是标识，也是与消费者的沟通方式。

在品牌经营中，品牌标识变与不变，什么时间变，都是需要企业决策者在反复权衡机会与风险之后才能做出的重大抉择。更新品牌标识要注意的问题是：不管如何变，都不能背离品牌的精髓——核心价值。如耐克挑战极限的体育精神，诺基亚科技以人为本的人文精神。品牌标识的每项要素都要与历史的和现在的识别形象进行比较，明确哪些品牌风格需要改动，哪些品牌风格应当保留，使新品牌标识既能保持消费者对品牌的忠诚度，又能给人以新鲜感。

（3）改进包装。包装就像产品的脸，是产品品质的外部表现形态，也是消费者识别品牌、与企业进行沟通的媒介，因此，改进包装是改变品牌形象老化的直接手段。改进包装应该遵循的思路是：人性化设计，体贴消费者；

现代化设计，表现时代感；配合产品升级换代，体现品牌的多层次性；加入新元素，传播品牌新概念、新主张等。在牛奶凭证供应的年代，闻名全国的上海冠生园大白兔品牌有"七粒大白兔奶糖等于一杯牛奶"的美誉。在牛奶广告铺天盖地的今天，大白兔奶糖销售额一直居全国同类产品市场综合占有率之首，这得益于冠生园集团实施的品牌战略。其中可圈可点的是大白兔的形象创新：在包装材料上采用不易皱褶的高档材料，包装图案由原来静卧的大白兔改为奔跑的卡通兔。通过包装的变化，大白兔品牌调整为高档、时尚、充满童趣的美好形象。

（4）创新广告形式。新奇的创意总会给人以新鲜感。例如可口可乐，其广告语上的不断创新，广告片的不断翻新，无不赋予可口可乐无限的活力。百余年来，可口可乐活力无穷，正如其广告语："永远的可口可乐。"

百事可乐的核心价值"年轻、未来一派，紧跟时代步伐的精神特质"，十多年来一直未变，但广告片换了不下 50 个；耐克的核心价值"超越、挑战自我"，也是几乎每隔半年就会有一条新广告片。长时间不换广告，品牌会给人陈旧、呆板、不时尚、档次降低的感觉，会影响品牌。只有围绕核心价值更换广告，不断地给消费者视觉听觉新鲜感，品牌才能茁壮成长，永葆活力。另外，用一个全新代言人做广告，也能给人以耳目一新之感。海信惯用技术人员做广告，现在选择影视明星——宁静做品牌形象代言人，扭转了原来一向刻板的科技形象，赋予了海信青春活泼的品牌个性。

实施品牌创新的策略包括观念更新、研发新产品、更新品牌形象和互动沟通、进行广告创新等。

第四节　品牌国际化与品牌价值提升

引导案例

海尔：从国际化到全球化

1999 年 4 月 30 日，在美国南卡罗来州中部的一个人口为 8000 人的小镇坎姆登（Camden）的一片空地上，鲜艳的五星红旗和蓝色的海尔旗迎风招展，由海尔集团投资 3000 万美元，占地 44.5 万平方米的生产中心举行了奠基仪式，中国驻美大使李肇星主持了剪彩仪式。这是中国企业在美国最大的一笔投资，标志着海尔国际化战略迈出了重要的一步。2000年，第一台带有"美国制造"标签的海尔冰箱成功出产，开始了中国企业在美国本土制造冰箱的历史，海尔成为中国第一家在美国制造和销售产品的公司。

2001年，海尔集团耗资500万美元在意大利并购了当地一家工厂，占地面积22万平方米，地理位置优越，周围聚集了世界著名的家电制造厂商，如惠尔浦、扎努西、欧成盛等，海尔又开始了中国在欧洲大陆生产家电的历史，再一次展现了海尔争创世界名牌的决心。

资料来源：梁海山.海尔的国际化经营与价值链整合.中国质量，2004（10）.

➡ **思考题：**

1. 海尔的品牌国际化策略对民族企业有何启示？
2. 你认为海尔集团发展到今天的规模，其最成功的地方在哪里？

一、品牌国际化的定义及我国现状

我国品牌从无到有，仅仅有少数几个品牌为国际社会所知晓，还处于发展阶段。目前，我国有200多种制造业产品产量跃居世界第一位，但却少有世界水平的品牌。在2008年度《世界品牌500强》中，美国有243个，居世界第一位，法国和日本分别位居第二位和第三位，我国仅仅有15个品牌入围，是典型的"制造大国，品牌小国。"此外，我国品牌的价值也不高。根据《商业周刊》网站公布的2008全球最佳品牌百强榜，可口可乐公司以666.67亿美元的品牌价值连续八年居首，IBM公司以590.31亿美元的品牌价值居第二位，仍然没有中国企业入围全球最佳品牌百强。

285

问题15： 我国品牌国际化的现状如何？

所谓品牌国际化是指将某一品牌的产品以相同的名称、相同的包装、相同的广告策划等向世界范围内进行延伸扩张的一种品牌经营策略。随着市场经济的发展，品牌竞争越来越成为一种主流的竞争模式，我国企业要想"走出去"，打好品牌国际化这一仗是非常有必要的。

关键术语： 品牌国际化

品牌国际化是指将某一品牌的产品以相同的名称、相同的包装、相同的广告策划等向世界范围内进行延伸扩张的一种品牌经营策略。

我国现有的品牌大致可分为三类：第一类，企业努力建树自己的品牌，并尝试过国际化策略。这些企业在海外建立研发、生产、营销机构，立志于成为国际品牌，比如我国的海尔与联想。第二类，有建树品牌的想法但力不从心。

这类企业已为自己的产品注册了商标，但因管理水平有限，资金实力不足，还不能创出自己的国际品牌，比如我国的众多中小服装出口企业。第三类，无品牌意识，只有生产销售观念。这类企业不把品牌放在重要地位，认为发展品牌缺乏现实意义。

从我国品牌发展现状来看，主要存在的问题如下：

1. 品牌管理缺乏品牌国际化战略

虽然我国很多企业已经认识到了品牌的重要性，开始有意识地进行品牌管理，但由于缺乏专门的品牌国际化战略，往往不能从战略层次考虑品牌的建设和维持，不能把品牌的核心价值、品牌的定位、品牌的延伸范围等列入企业发展的愿景中。

2. 品牌的附加价值低，缺乏自主知识产权，竞争力不强

我国商品出口以劳动密集型、低端产品为主，附加值不高，高新技术产品比重较小。以往我国出口增长依靠的是我国劳动力成本低的比较优势，重商品出口，轻品牌建设，造成我国品牌附加值低，国际认可度不高。

3. 我国品牌缺乏国际知名度和忠诚度

我国商品在国际社会中的竞争力主要体现在价格上。很长一段时间以来，国外消费者在提到中国商品时，联想到的就是低品质、低价格、低档次。不少国外消费者选用我国商品，不是对品牌的好感与忠诚，而是因为中国商品价格低。

二、品牌国际化的作用

一般来说，品牌国际化具有如下作用：

问题 16：品牌国际化有何作用？

1. 它在全球行业范围内具有领导优势

当一个品牌发展成为国际化品牌，这意味着它有潜在的市场、广阔的顾客群和良好的市场形象。如汽车行业的美国通用、福特公司、德国大众、日本丰田等；饮料行业的美国可口可乐；IT 行业的微软公司。

2. 它具有很强的品牌亲和力

即创造有益的品牌联想，让人感到该品牌实力雄厚。随着顾客在国家之间的旅行日渐频繁，国际化品牌在获得品牌认知度方面的优势也就越大，广告对跨国游客有很大的影响。新闻媒体的传播范围和互联网的发展已涵盖了全世界各个国家，正因为这一点，国际化品牌可以获得更大的展示度。国际化品牌可能引发许多有益的品牌联想，仅仅"国际化"这一概念就表现出产品的竞争力。特别是轿车、计算机类产品。因为在这些产品的市场上，顾客要冒质量不可靠、技术落后的风险，顾客购买支出大，因而需要所购产品质量有所保证。国际化的品牌，在世界各国已建立了良好的品牌形象，有较高的知名度，有一批忠实的顾客群，已有品牌的忠诚度和信誉度，易使顾客产生联想，增强其购买力。

3. 它具有规模效益，能降低成本

由于世界经济一体化的逐步加深，各国之间的贸易壁垒逐步减小，促进了资本、技术的进一步流通。由此，世界性经营范围带来规模经济效益——在许多行业，这被认为是获得竞争力的决定性因素。国际化品牌策略使得广告、促销、包装以及品牌的其他方面的设计宣传获得规模效益。全球化品牌能获得更大的市场。

4. 它是一国竞争力的标志

国际化品牌还经常让人想起它最初被确定的国家，使人想到品牌的发源地。这是其品牌基础的一部分。例如，力威是美国牛仔装，卡诺尔是法国香水，戴维尔是苏格兰威士忌，可口可乐是美国饮料等。这是一种宣传其国家形象的标志，这种标志有助于其品牌的全球化扩张。

5. 它具有创新优势

这里不仅指技术创新，还包括机制和品牌营销创新。技术永远是一个企业赖以生存和发展的必要条件。超前的技术开发，获取核心创新能力，拥有核心技术的自主权，就能在同行业中保持技术上的领先优势，是企业核心竞争力提高的标志。在技术不断创新的同时，还应有机制和营销方法的创新。没有创新的企业机制，企业就不能在市场竞争中具有持久的生命力，企业内部组织结构要适应时代的变化，进行不断调整和改革，如转变观念；扩大科研和对国际市场调研力量的配置，这些是企业内部组织结构适应国际环境的前提条件。品牌的传播和企业信誉的提高都必须有赖于一定营销手段和品牌创意的提升，创意营销是品牌永葆青春的根本所在。但是创意的源泉必须能使消费者产生联想，带来实际的利益，赢得消费者的认同及企业目标实现。

6. 它具有较高的市场份额

由于上述的优势，国际化品牌无论是在区域性市场还是在全球市场都具有较大的市场覆盖面，有较大规模的销售额和市场份额。如美国宝洁公司、可口可乐公司、通用公司和日本丰田公司等世界级的跨国公司，他们的销售收入在行业中处于世界领先地位，其销售收入的大部分来自于海外。

三、品牌国际化的模式

从我国民族企业的发展历程来看，成功的品牌国际化模式主要有如下几种：

问题 17：品牌国际化的模式包括哪几种？

1. 海尔模式

海尔集团开拓国际市场采取的是三个 1/3 战略，即 1/3 国内生产、国内销售；1/3 国内生产、海外销售；1/3 海外生产、海外销售。在国际市场上，海尔品牌的各类家电在全球 160 多个国家和地区销售，海外营销网点达到了 3.6 万多个，海尔已经完成了品牌随产品或服务向国际市场输出的国际化初级阶段。海尔的国际化战略非常具有独特性，自 1990 年就确定了先难后易的出口策略。海尔最初把目标市场锁定在发达国家市场，在这样竞争激烈、有众多知名品牌的市场，想打响自己的品牌，难度可想而知。但经过十余年的不懈努力，1999 年 4 月，海尔在美国南卡罗来州的生产制造基地的奠基标志着海尔集团在海外第一个"三位一体本土化"的海外海尔，即设计中心在洛杉矶、营销中心在纽约、生产中心在南卡罗来州。立足当地融智与融资，发展成本土化的世界名牌。目前海尔集团在全球建立了 10 个工业园，在海外建成了 22 个工厂及制造基地。海尔的产品打破地域的限制，以 58 个大门类，9000 个规格品种，2 万多种基本功能模块，技术人员、经销商和消费者可以在这个个性化平台上，根据当地的消费习惯和风格设计出有针对性地满足当地消费者需求的产品，为实现"全球定制"提供可能。由此可见，海尔集团经过十余年的品牌国际化历程已经从品牌产品出口的初级阶段，发展到了直接海外投资的中级阶段。海尔品牌国际化是典型的单一自主品牌国际化模式。

2. 联想模式

2004 年 12 月 8 日，联想集团以 12.5 亿美元收购了 IBM 个人电脑事业部，收购的业务为 IBM 全球台式电脑和笔记本的全部业务，包括研发、采购、生产、销售。至此，联想成为继戴尔、惠普之后的全球第三大电脑厂商。通过并购联想得到了 IBM 一流的国际化管理团队及其独特的领先技术，可以生产出更丰富、更具竞争力的产品组合，借助 IBM 更多元化的客户基础和全球分销网络，更加高效地运营，迅速提高品牌的全球认知度。联想掌握了 IBM，就等于中国的优秀贴牌生产商转型为自创品牌生产商（ODM），为中国企业升值打开并确认了一条星光大道。联想通过并购行动获得了全球的知名度，而要获得全球的认知度、美誉度，今后的路仍然很漫长。其实，联想国际化的步伐早在 20 世纪 90 年代初就已经开始。1991 年，联想德国公司成立，这是联想开始向国际化方向迈进的第一个信号。2003 年，联想更新了品牌标识，以"Lenovo"替代原有的英文标识"Legend"，并在全球范围内注册。其中，"Le"取自原先的 Legend，承继"传奇"之意；"novo"代表创新。这无疑是其国际化战略进程中至关重要的一步。2004 年，联想与国际奥委会签约，成为国际奥委会全球合作伙伴。利用都灵冬奥会，协同全球 45 个国家和地区，联想第一次大规模在海外市场推广 Lenovo 品牌的产品，以优质的产品和周到的服务得到了国际奥委会全面的肯定和高度的赞誉。综上分析，可以发现联想品牌国际化的发展思路是明确的，通过购并迅速地得到了 IBM 个人电脑业务的全球扩展，通过短时期的过渡后，全球范围内力推本民族联想品牌。

3. TCL 模式

TCL 国际化起步于 20 世纪 90 年代末期，首先进军越南市场，历经一年半就实现赢利，后又超过众多日本品牌占据第二的位置。TCL 在新兴市场上坚持"独自行走"策略，推广自有品牌，经过几年积累，在新兴市场基本实现了本地化的管理，产品的本地化制造，形成了日趋成熟的销售网络和客户资源以及稳定的供应链资源。截至 2004 年，TCL 彩电在新兴市场国家和地区，成立正式的海外运营机构 14 个，到 2005 年底，填补 TCL 彩电在新兴市场的空白，海外运营机构增设到 20 个，基本完成在新兴市场的战略布局。

当越南等东南亚国家开发取得成功之后，积累了丰富经验的 TCL 开始将目光投向欧洲。2002 年，TCL 完成了对德国老牌家电企业——施耐德的收购，然后又在美国收购了 GO-VIDEO。但此次在海外的资本运作并没有取得预期效果。2004 年 7 月，TCL 又收购法国著名的汤姆逊公司的电视机业务，成立 TTE 新公司，TCL 控股 67%，THOMSON 持股 33%。依据双方合作协议，TCL、THOMSON、RCA（THOMSON 在美国使用的子品牌）统统归新公司所有。换言之，TTE 新公司将同时拥有三个彩电品牌。在 TTE 的市场战略里，TCL 品牌用于中国及周边市场，THOMSON 用于欧洲市场，RCA 用于美国市场。综上分析，TCL 的品牌国际化的发展轨迹是清晰的，在国内或新兴市场使用 TCL、乐华品牌，在欧美通过并购当地有影响的品牌并经营。这种多品牌国际化营销的模式是我国企业的一种有益的尝试。

四、推行品牌国际化战略的风险及规避

一般来说，国际化不是企业自己要选择的，而是市场竞争驱使的。实施品牌国际化（或者从原产地市场到其他的市场），往往取决于是否存在对企业至关重要的战略机会。这些机会包括：新市场规模和吸引力、原产地市场的日趋饱和、可以取代的竞争对手、获得规模经济效应、保持现有的利润、赢得知名

度以及推动创新等。

问题 18：品牌国际化存在哪些风险及如何规避？

Interbrand 注意到，许多公司都在热衷于地域性市场的扩张。但是，由于这种扩张往往是基于对财务的预测，而将市场、文化、买方行为以及品牌忠诚度和其他一些因素都置之不顾，这必然会给品牌向外部市场的扩张带来很多风险。

1. 存在风险

（1）错误地假定不同市场品牌所传递的含义是一样的，造成了信息的混乱；

（2）对品牌及其管理过度标准化、简单化，导致一种低水平的消极创新；

（3）运用了错误的传播渠道，造成不必要的开销和无效传播；

（4）低估了在市场从认识、尝试到使用品牌所需要的投资和时间；

（5）没有投资建立内部的品牌阵线，以确保本地的员工理解品牌价值和利益，使他们愿意而且能够对外进行始终如一的传播与分享这些价值和利益；

（6）未能根据当地市场的特点及时调整执行策略等。

2. 规避方法

要规避这类风险，企业层面的自我审视是必需的，以确保对于品牌从区域市场向外部市场的扩张的要素有一个清醒的认识。这些要素包括：

（1）认同性。卓越的品牌会赢得顾客和舆论领袖的高度认同。想象一下宝马汽车，它已经成为卓越技术性能和设计的象征，同时也意味着其拥有者达到个人的和专业化的水准。顾客的认同代表了理想和现实的紧密结合，使品牌能迅速在新的市场建立可信度。

（2）一致性。通过整合全球传播的努力，在全球传递一种一致的顾客体验。法国的麦当劳看起来更像咖啡馆，菜单也制作得符合当地的文化特点。浓咖啡随时能提供给顾客，椅子既不是用塑料浇铸的，也没有用螺栓与地面固定住。

（3）情感性。一个品牌只有当它传递了情感才能成为品牌，它必须能代表一种承诺，一种促使人们想要参与其中的承诺。耐克不考虑人们的体能极限，倡导一种运动的时尚文化。它定位在特定的群体，但在大众市场也表现优异。

（4）独特性。伟大的品牌传递了伟大的理念。这些品牌向所有的内部和外部的听众传达一个独特的诉求，他们有效使用传播组合中的所有要素在全球市场进行定位。苹果创造性地运用它的营销组合，始终如一地确保它的使用者能够体现其品牌所提供的拥有象征和利益期待：创新。事实上，苹果公司已经有形甚至无形地影响了消费者的生活习惯和日常行为。

（5）适应性。全球性品牌必须尊重当地的需求、需要和口味。这些品牌担负全球使命的同时，还要适应当地的市场需求。汇丰银行就吸收了这一理念，在对当地传统和习惯深刻了解的前提下，展现给客户的是在金融服务领域的出色表现。从本质上来说，它传达了一个"国际化的"优点。

（6）高层管理。组织的高级层领导必须支持这个品牌，最好是由公司的CEO带头。企业高层如果对品牌所传达的理念很明确，那么就可能制定清晰的品牌战略。要充分考虑各区域不同的特点，才能对品牌做出恰当的独特的定位，这是管理国际化品牌关键的一步。

考试链接

需要重点掌握的知识或技能：

1. 品牌延伸的含义、方法及步骤。
2. 理解品牌延伸的心理机制。
3. 品牌组合的含义及作用。
4. 理解品牌组合规划及管理。
5. 掌握品牌的生命周期理论。
6. 了解品牌老化的原因。
7. 掌握品牌更新的方法。
8. 掌握品牌国际化的模式。

案例分析

华为屡败屡战的国际化战略

可以用"异常艰难"来概括华为8年的国际化历程，"屡战屡败、屡败屡战、败多胜少、逐渐有胜"的品牌策划战略，但依稀之间，已经看到了一丝希望的曙光。

据向专家咨询了解到，2003年华为的海外销售额达到10亿美元，已经占到其整体销售额的近1/3。作为中国电信设备供应商的龙头企业，从完全面向国内市场，发展到以国际市场作为其业务增长的重点，这种历史性的转折，对许多希望成为国际级企业的中国公司而言，无疑有着很强的借鉴意义。

早在1994年，当华为自主开发的数字程控交换机刚刚取得一定市场地位的时候，任正非就预感到未来中国市场竞争的惨烈和走出国门参与国际市场的意义。这一年，华为第一次在北京参加国际通信展，1996年开始迈出国门开拓国际市场。

华为国际市场开拓，还是沿用国内市场所采用的"农村包围城市"的先易后难策略，首先瞄准的是深圳的近邻中国香港。1996年，华为与长江实业旗下的和记电信合作，提供以窄带交换机为核心产品的"商业网"产品，与国际同类产品相比，除价格优势外，可以比较灵活地提供新的电信业务生成环境，从而帮助和记电信在与中国香港电信的竞争中取得差异化优势。这次合作中华为取得了国际市场运作的经验，和记电信在产品质量、服务等方面近乎"苛刻"的要求，也促使华为的产品和服务更加接近国际标准。

随后，华为开始考虑发展中国家的市场开拓，重点是市场规模相对较大的俄罗斯和南美地区。以俄罗斯为例，1997年4月华为就在当地建立了合资公司（贝托—华为，由俄罗斯贝托康采恩、俄罗斯电信公司和华为三家合资成立），以本地化模式开拓市场。2001年，在俄罗斯市场销售额超过1亿美元，2003年在独联体国家的销售额超过3亿美元，位居独联体市场国际大型设备供应商的前列。南美市场的开拓并不顺利，1997年就在巴西建立了合资企业，但由于南美地区经济环境的持续恶化以及北美电信巨头长期形成的稳定市场地位，一直到2003年，华为在南美地区的销售额还不到1亿美元。

2000年之后，华为开始在其他地区全面拓展，包括泰国、新加坡、马来西亚等东南亚市场，以及中东、非洲等区域市场。特别是在华人比较集中的泰国市场，华为连续获得较大的移动智能网订单。此外，在相对比较发达的地区，如沙特、南非等也取得了良好的销售业绩。

此后，华为开始在觊觎已久的发达国家市场有所动作。在西欧市场，从2001年开始，以10G SDH光网络产品进入德国为起点，通过与当地著名代理商合作，华为产品成功进入德国、法国、西班牙、英国等发达国家和地区。2003年的销售额约为3000万美元，预计2004年可以达到5000万美元的规模。就北美市场而言，它既是全球最大的电信设备市场，也是华为最难攻克的堡垒，仅仅销售了少量电源等低端产品，主流产品至今仍难以打入。

为配合市场国际化的进展，华为也在不断推进产品研发的国际化。1999年，在印度班加罗尔成立了华为印度研究所，目前已有700人的规模，迅速提升了自己的软件开发水平，成为国内唯一一家达到CMM 5级认证的企业。2000年之后，华为又在美国、瑞典、俄罗斯建立了自己的研究所，通过这些技术前沿的触角，将国际先进的人才、技术以各种形式引入，为华为总部的产品开发提供支持与服务。

中国国内的品牌优势，在开拓国际市场时的价值非常有限，一个发展中国家的品牌，越是经营高端产品，国际影响力就越低。同样，国内一流企业的核心能力，不论是市场运作、核心技术，还是人才储备，在国际化环境中基本上很难称其为优势。

华为一直在考虑自有品牌与贴牌并行的方式。在国际市场开拓初期，华为就在俄罗斯成立合资公司，以双方共有的品牌进行销售，但当时主要还是采取自有品牌方式。经过几年的探索后发现，即使在发展中国家市场，品牌建立的过程也相当漫长，而在欧美等发达国家市场，自有品牌建立的难度和投入都将是巨大的。

　　基于此，1998 年后，华为开始考虑与许多国际著名公司洽谈贴牌方式的合作。华为与摩托罗拉洽谈在 GSM 产品方面合作，将华为的移动交换机和摩托罗拉的基站设备组合，在国际市场上以摩托罗拉的品牌进行销售。由于双方力量对比存在明显差距，谈判进展非常缓慢，历时三年，才在 2002 年达成协议，但成效不大。华为也在 2000 年与朗讯洽谈以 OEM 方式提供中低端光网络设备，以朗讯品牌在全球进行销售，由于当时朗讯"内外交困"的处境，没有把心思放在与华为的合作方面，同时，朗讯对华为逐渐壮大的力量也有所恐惧，致使谈判最终无法达成。

　　在这些艰苦的谈判过程中，感触最深的是，对方已经对华为日益强大的实力产生了非常强烈的畏惧，一位国际著名企业的 CTO 在参观考察华为的研发和生产基地之后说："现在终于知道谁是我们真正的对手了。"目前，除了思科已经明确将华为列为其全球最具威胁的竞争对手之外，其他大部分的国际一流企业也均把华为列为第一阵营的竞争对手，不愿意仅仅因为短期利益的考虑而"引狼入室"，将华为带入北美等发达国家市场。

　　尽管如此艰难，华为始终没有放弃在这方面的努力，终于在 2003 年，与 3COM 成立合资公司，3COM 可以利用华为在中国市场的销售渠道以及产品成本方面的竞争优势，华为则可以利用 3COM 在国际市场的品牌和地位，以 3COM 的品牌销售合资公司生产的数据通信产品，实现"借船过河"的目的。之所以能够与 3COM 达成合资，主要原因还是双方的规模实力比较接近，同时，华为在国际市场的渠道营销方面一直处于劣势，而 3COM 正在面临比较大的经营困难，迫于思科强大的竞争压力，也希望寻找一条"联合抗战"的生路。

资料来源：安勇龙. 中国企业国际化艰难前行. 中国电子报，2008-02-29.

▶ **问题讨论：**

1. 你认为华为品牌国际化过程中的成功经验有哪些？
2. 你认为华为的经验是否可以复制到其他企业？

本章小结

★★★★

　　品牌价值的提升需要通过不同的手段和方法来实现。策略之一是品牌延伸，即将原品牌运用到新产品或服务以期减少新产品进入市场的风险。根据不同的划分标准，品牌延伸可以划分为公司内品牌延伸和公司外品牌延伸；产品线延伸和产品类别延伸；单一品牌延伸、主副品牌延伸和亲族品牌延伸等。品牌延伸的作用体现在：品牌经营者可用某一强劲的品牌来使新产品很快获得识别；成功的品牌能为现在的品牌或产品带来新鲜感，为它们增强活力，为消费者提供更完整的选择；品牌延伸能够增强核心品牌的形象。品牌延伸需要经过如下步骤来实现：①根据企业战略规划选择延伸的母品牌；②选择品牌延伸的类型；③测量消费者对母品牌的认知情况；④识别可能的品牌延伸候选对象；⑤评估和选择延伸品牌；⑥设计实施延伸的品牌营销计划；⑦评价品牌延伸的成败。

策略之二是品牌组合，品牌组合是指公司出售的各个特定产品大类下面包含的所有品牌。包括主品牌、担保品牌、子品牌、描述性品牌、产品品牌、品牌化的活力点及公司品牌。品牌组合的作用包括协同效应、杠杆作用、相关效应、竞争作用、创建强势品牌。企业实施品牌组合策略要进行必要的品牌组合规划和管理。

策略之三是品牌更新，品牌都要经历孕育期、幼稚期、成长期、成熟期和衰退期，因此企业需要不断进行技术创新，保持品牌活力，运用品牌策略焕发品牌生机，更新品牌形象。

策略之四是品牌国际化，即指将某一品牌的产品以相同的名称、相同的包装、相同的广告策划等向世界范围内进行延伸扩张。该策略有助于在全球行业范围内具有领导优势、塑造品牌亲和力；获得规模效益，能降低成本，它也是一国竞争力的标志、有助于获取创新优势和较高的市场份额。品牌国际化有三种模式：海尔模式、联想模式和TCL模式。

深入学习与考试预备知识

品牌的力量

"假如可口可乐的工厂被一把大火烧掉，全世界第二天各大媒体的头版头条一定是银行争相给可口可乐贷款。"这是可口可乐人最津津乐道的一句话，这就是连续9年排名"全球最佳品牌榜"榜首、品牌价值高达700亿美元的可口可乐的底气。2008年12月，石家庄市中级人民法院受理了对三鹿集团进行破产清算的申请：三鹿集团净资产为-11.03亿元，已严重资不抵债。然而，在2009年3月4日上午举行的拍卖会上，三元却以6.1650亿元成功拍得三鹿资产。对于这样一家资不抵债的企业，收购它的理由无非也就是它的附加价值，在这里，品牌占了相当大的比重。即便是像三鹿这样声名狼藉的品牌，还仍有不可磨灭的价值，品牌的力量令人震撼。

事实上，从广告教皇大卫·奥格威的品牌形象论出炉开始，世界各地的营销策划人对品牌的追捧就没有停止过。直到今天，品牌仍然是营销领域被提及最多的词汇，而中国的情况自然也不能例外。现在社会各界都在谈品牌，企业希望把自己的品牌做起来并且做好，媒体也在传播各种品牌理念，到底品牌的魅力何在，力量何在？

品牌的力量可以带来惊人的品牌价值。企业做产品，产品有产品的价值；做品牌，品牌也有品牌的价值。产品可以贩卖，品牌也能贩卖。可口可乐的品牌价值高达 700 亿美元，IBM 的品牌价值达到了 600 亿美元，而民族企业海尔和联想的品牌价值也分别达到了 800 亿元和 700 亿元人民币。

品牌的力量带来商业优先机会。来自成熟市场的经验显示，一个行业内，消费者最多只能记住 7 个品牌，而排名第一的品牌利润是第 7 名的 7 倍。在欧美，人们提起复印机的第一反应就是理光，即使是总体实力远超理光的惠普和爱普生也不能改变其地位。可以想象，理光的代理商、运营商获得多少超乎其他品牌的商业优先机会。

品牌的力量带来价值链增值。这是一个渠道为王，决胜在终端的商品时代，对于企业来说，不可能品牌—生产—渠道—销售都做得面面俱到。拿体育用品巨头耐克品牌来说，目前其在亚洲拥有 600 多家合作式的工厂，在中国大陆的渠道主要交给百丽、达芙妮等本土品牌。为何厂家愿意生产耐克鞋、众多品牌愿意代理耐克鞋？因为耐克品牌带给他们非同一般的利润价值。

品牌的力量带来坚强的抗风险能力。从 2008 年下半年开始，一场前所未有的金融风暴席卷了全球，各行各业经历了一次大洗牌。但事后我们能发现，诺基亚还是那个诺基亚，继续以"科技以人为本"的品牌精神雄踞手机通讯业第一宝座；波导还是那个波导，在中国市场也已不能再呼风唤雨，更不用说在世界范围内和诺基亚、摩托罗拉竞争了。

品牌的力量带来非同一般的发展爆发力。品牌力和发展力其实是相辅相成的，品牌力带来发展力，发展力也促进品牌力的提升。在 2007 年，苹果的品牌力促使其胆敢"冒天下之大不韪"推出 iphone，而 iphone 的横空出世也让更多的拥趸们对乔布斯顶礼膜拜，其发展爆发力让当初目空一切的诺基亚和摩托罗拉也不敢小觑，苹果得到了远超其他品牌的发展速度。

近年来，从中央到地方，都在提倡全面实施品牌化战略，旨在鼓励更多的民族企业打造自己的品牌，强化品牌意识。在当前世界经济形势中，企业以品牌赢市场，从而在激烈的竞争中抢得先机。而对于民族企业而言，不创建品牌就是"踩着西瓜皮,滑到哪里算哪里",而走上创建品牌之路,就像汽车开上了高速公路,随之而来的品牌力量就能让企业飞速向前。

资料来源:张发松.品牌的力量.销售与市场.体育版,2010(6).

知识扩展
★★★★

2010年全球品牌价值排行　无一家中国企业上榜品牌

美国咨询公司"Interbrand"近日发布了2010年的全球企业品牌价值排行榜:美国"可口可乐"在所有品牌中排名榜首,品牌估值高达704.52亿美元;排名第二的是美国国际商用机器公司(IBM),品牌估值高达647.27亿美元;微软公司排在第三位,品牌估值高达608.95亿美元;谷歌排在第四位,品牌估值为435.57亿美元;通用电气排在第五位,品牌估值为428.08亿美元。

Interbrand通过对企业进行财务分析将其品牌价值换算成金额进行排名,这已经是该公司连续11年推出全球企业品牌价值排行榜了。以下是这份排行榜的前20名:

RANK	RANK	BRAND	SECTOR	BRAND VALUE $m	BRAND VALUE $m	(BRAND VALUE)
1	1	COCA-COLA	BEVERAGES	70,452	68,734	2%
2	2	IBM	BUSINESS SERVICES	64,727	60,211	7%
3	3	MICROSOFT	COMPUTER SOFTWARE	60,895	56,647	7%
4	7	GOOGLE	INTERNET SERVICES	43,557	31,980	36%
5	4	GE	DIVERSIFIED	42,808	47,777	-10%
6	6	MCDONALD'S	RESTAURANTS	33,578	32,275	4%
7	9	INTEL	ELECTRONICS	32,015	30,636	4%
8	5	NOKIA	ELECTRONICS	29,495	34,864	-15%
9	10	DISNEY	MEDIA	28,731	28,447	1%
10	11	HP	ELECTRONICS	26,867	24,096	12%
11	8	TOYOTA	AUTOMOTIVE	26,192	31,330	-16%
12	12	MERCEDES-BENZ	AUTOMOTIVE	25,179	23,867	6%
13	13	GILLETTE	FMCG	23,298	22,841	2%
14	14	CISCO	BUSINESS SERVICES	23,219	22,030	5%
15	15	BMW	AUTOMOTIVE	22,322	21,671	3%
16	16	LOUIS VUITTON	LUXURY	21,860	21,120	4%
17	20	APPLE	ELECTRONICS	21,143	15,433	37%
18	17	MARLBORO	TOBACCO	19,961	19,010	5%
19	19	SAMSUNG	ELECTRONICS	19,491	17,518	11%
20	18	HONDA	AUTOMOTIVE	18,506	17,803	4%

遗憾的是,在这份长达100名的排行榜上,竟然没有一家中国企业上榜。日本企业中排名最高的是"丰田",但仅位居第11位,自2004年起首次跌出前十。Interbrand认为"召回问题损害了丰田的品牌价值"。丰田的估值也因此较上年减少了16%。日本企业中"本田"虽然其品牌估值有所上升,但排名却

从去年的第 18 位下滑至第 20 位。

资料来源：杜笑宇. 2010 年全球品牌价值排行　无一家中国企业上榜. 中国经济网，2010-09-17.

答 案

★★★★

本章问题均可在文中标题处找到，故不再赘言。

第十一章

品牌价值建设成功案例

学习目标
★★★★

知识要求 通过本章的学习，掌握：

● 海尔全球品牌成功经验
● 海尔的国际化发展模式
● 把握宝洁多品牌经营的方法
● 掌握宝洁品牌创新的方法
● 了解中国移动的品牌现状
● 领会中国移动在 3G 时代面临的品牌挑战

技能要求 通过本章的学习，能够：

● 归纳海尔品牌战略的发展模式
● 探索民族企业发展的新型路径
● 借鉴国际企业的先进经验
● 探索龙头企业品牌价值提升的方法

学习指导
★★★★

1. 本章内容包括：海尔全球品牌建设经验；宝洁公司多品牌发展经验；宝洁公司品牌创新经验；中国移动品牌价值提升的可能路径等。

2. 学习方法：群体研讨，抓住重点；小组展示；实地调查；网络资料搜集及分析等。

3. 建议学时：6 学时。

第一节 海尔——建设全球化品牌

引导案例

海尔全球化创新运作 获中国最佳品牌建设案例

在 2010 年的"中国品牌价值管理论坛"上，全球白色家电第一品牌海尔与可口可乐、宝马、汇丰银行等品牌同时被评为"中国最佳品牌建设案例"，成为唯一获此殊荣的中国家电企业。

业内人士分析，品牌是企业自身实力的自然流露，而不是企业一味地粉饰化妆，如果没有全球化的实力，即使再多的广告也堆不出世界级品牌。对于品牌建设来说，创新才是关键，这种创新不是单纯的广告战、价格战，而是借助一个最恰当的载体将企业的实力呈现给消费者。

在刚刚结束的世博会上，青岛海尔、美国海尔、欧洲海尔、澳洲海尔先后与山东馆、美国馆、意大利馆、新西兰馆、世贸中心协会会馆建立了赞助合作关系，成为百年世博史上第一家由全球各地分公司同时赞助多个世博馆的企业，这充分显示了海尔全球化的品牌实力。同时，海尔在山东馆和世贸中心馆开设了"海尔物联之家"展区，为 7000 万名世博观众带来了全新的体验，也为本届世博会的技术创新增光添彩。这些营销创新正是海尔荣获"中国最佳品牌建设案例"的重要原因。

从邻国的产业发展历程来看：东京奥运会、大阪世博会成就了索尼，并促进了松下等日本企业成为世界级品牌，而汉城奥运会、大田世博会直接吹响了三星等韩国企业成为世界级品牌的号角。同样的机遇摆在了中国企业面前，我们看到，从奥运会到世博会，全球最顶级的两大盛会都有海尔的参与，而这也为其在全球范围内打造世界级品牌提供了最大舞台。

资料来源：佚名.海尔全球化创新运作 获中国最佳品牌建设案例.中国新闻网，2010-11-09.

思考题：

1. 海尔品牌的成功经验有哪些？
2. 海尔品牌的"支撑"因素有哪些？

一、海尔及其品牌价值

问题 1：海尔品牌的国际地位如何？

海尔集团是世界白色家电第一品牌、中国最具价值品牌。海尔在全球建立了 29 个制造基地，8 个综合研发中心，19 个海外贸易公司，全球员工总数超过 6 万人，已发展成为大规模的跨国企业集团。

海尔集团在首席执行官张瑞敏确立的名牌战略指导下，先后实施名牌战略、多元化战略和国际化战略，2005 年底，海尔进入第四个战略阶段——全球化品牌战略阶段。创业 24 年的拼搏努力，使海尔品牌在世界范围的美誉度大幅提升。2009 年，海尔品牌价值高达 812 亿元人民币，自 2002 年以来，海尔品牌价值连续 8 年蝉联中国最有价值品牌榜首。海尔品牌旗下冰箱、空调、洗衣机、电视机、热水器、电脑、手机、家居集成等 19 个产品被评为中国名牌，其中海尔冰箱、洗衣机还被国家质检总局评为首批中国世界名牌。

2008 年 3 月，海尔第二次入选英国《金融时报》评选的"中国十大世界级品牌"。2008 年 6 月，在《福布斯》"全球最具声望大企业 600 强"评选中，海尔排名 13 位，是排名最靠前的中国企业。2008 年 7 月，在《亚洲华尔街日报》组织评选的"亚洲企业 200 强"中，海尔集团连续 5 年荣登"中国内地企业综合领导力"排行榜榜首。海尔已跻身世界级品牌行列，其影响力正随着全球市场的扩张而快速上升。

据世界著名消费市场研究机构欧洲透视（Euromonitor）发布的最新数据显示，海尔在世界白色家电品牌中排名第一，全球市场占有率 5.1%。这是中国白色家电首次成为全球第一品牌。同时，海尔冰箱、海尔洗衣机分别以 10.4% 与 8.4% 的全球市场占有率，在行业中均排名第一。在智能家居集成、网络家电、数字化、大规模集成电路、新材料等技术领域，海尔也处于世界领先水平。"创新驱动"型的海尔致力于向全球消费者提供满足需求的解决方案，实现企业与用户之间的双赢。

截止到 2009 年年底，海尔累计申请专利 9738 项，其中发明专利 2799 项，稳居中国家电企业榜首。仅 2009 年，海尔就申请专利 943 项，其中发明专利 538 项，平均每个工作日申请 2 项。在自主知识产权的基础上，海尔已参与 23 项国际标准的制定，其中无粉洗涤技术、防电墙技术等 7 项国际标准已经发布实施，这表明海尔自主创新技术在国际标准领域得到了认可；海尔主导和参与了 232 项国家标准的编制、修订，其中 188 项已经发布，并有 10 项获得了国家标准创新贡献奖；参与制定行业及其他标准 447 项。海尔是参与国际标准、国家标准、行业标准最多的家电企业。海尔是唯一一个进入国际电工委员会 (IEC) 管理决策层的发展中国家企业代表，2009 年 6 月，IEC 选择海尔作为全球首个"标准创新实践基地"。

在创新实践中，海尔探索实施的"日事日毕，日清日高"的"OEC" (Overall Every Control and Clear) 管理模式、"市场链"管理及"人单合一"发展模式引起国际管理界高度关注。目前，已有美国哈佛大学、南加州大学、瑞士 IMD 国际管理学院、法国的欧洲管理学院、日本神户大学商学院等高等院校专门对此进行案例研究。海尔的 30 余个管理案例被世界 12 所大学写入案例库，其中，"海尔文化激活休克鱼"管理案例被纳入哈佛大学商学院案例库，海尔"市场链"管理被纳入欧盟案例库。

二、海尔的品牌发展战略

曾经一个亏空 147 万元的集体小厂如何迅速成长为拥有白色家电、黑色家电和米色家电、产品包括 86 大门类 13000 多个规格品种，冰箱、冷柜、空调、洗衣机、电热水器、吸尘器等产品的市场占有率均居全国首位的中国企业的？在短短的 20 多年时间里，海尔是如何做到如此飞跃的呢？从探析海尔的成长历程以及海尔战略制定实施过程中我们或许可以找到答案。

问题 2：海尔品牌的发展战略共分为几个步骤？

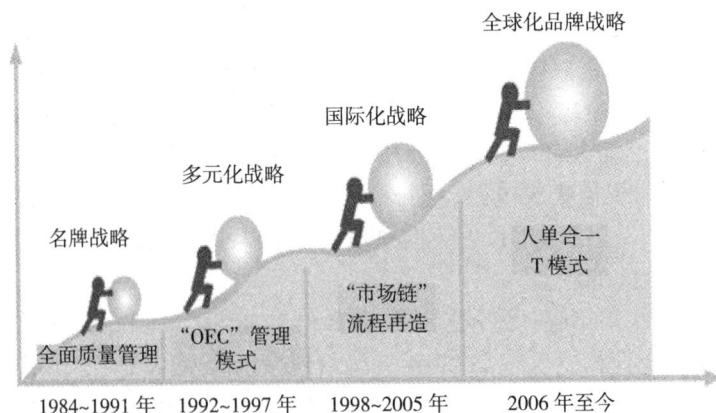

图 11-1　海尔"四阶段"发展战略

海尔集团在发展中先后实施名牌战略、多元化战略和国际化战略，2005 年底，海尔进入第四个战略阶段——全球化品牌战略阶段，海尔品牌在世界范围的美誉度大幅提升。

1. 名牌战略阶段（1984~1991 年）

这一阶段海尔的名牌战略的提出是当时企业内部和市场外部的客观条件造成的。海尔 1984 年起步时是一个濒临倒闭的集体小厂，海尔艰难起步并确立冰箱行业的名牌地位，其代表事件就是"砸冰箱"，通过砸掉 76 台有问题的冰箱来砸醒职工的质量意识，树立名牌观念。海尔决定引进世界上最先进的电冰箱生产技术，生产世界一流的冰箱，创出冰箱行业的中国名牌。1988 年，海尔获得了中国冰箱行业历史上第一枚国家级质量金牌，标志着名牌战略初步成功。这一阶段在海尔的发展史上有一点不可磨灭的是通过专心致志做冰箱，做世界一流的冰箱，积累了丰富的管理经验和技术人才，初步形成了海尔的管理模式，为第二个阶段的腾飞打下了坚实基础。自 1990 年以来，海尔采取"先难后易"的出口战略，即首先进入发达国家建立信誉，创出牌子，然后再占领发展中国家的市场，取得了显著成效，因而出口量逐年翻番。以海尔产品的高质量树立了国际市场信誉，并坚持在发展中对国际市场布局进行多元化战略调整，因此创出了在国内市场稳固发展的同时，有力地开拓了国际市场的大好局面。海尔在走向国际市场时由于坚持了创中国自己的国际名牌的战略，因此，出口产品都打海尔自己的品牌，并努力通过质量、售后服务等树立海尔品牌的国际形象。

2. 多元化战略阶段（1992~1998 年）

海尔从 1984 年到 1991 年做了 7 年冰箱，从 1992 年开始，海尔充分利用世界家电产业结构调整的机遇以及国内的良好发展时机，在国内家电企业中率先开始了多元化经营。1997 年，海尔从白色家电领域进入黑色家电，如电视机等，随后又进入电脑行业，然后进入了冷柜、空调、洗衣机等白色家电领域，从一个产品向多个产品发展，从白色家电进入黑色家电领域，以"吃休克鱼"的方式进行资本运营，以无形资产盘活有形资产，在最短的时间里以最低的成本把规模做大，把企业做强，并取得了辉煌的业绩。与此同时，产品开始大量出口到世界各地。这期间，海尔为国际化经营打下了坚实的基础。有了名牌战略和多元化战略打下的基础，海尔集团作为国内家电知名品牌的生产厂家，在国内市场上占据了明显的优势。但它认为，正是由于有了较高的市场份额，才是积极向外扩张发展跨国经营的最好时机与充分条件，内在动力已经具备。

3. 国际化战略阶段（1998~2005 年）

海尔的产品批量销往全球主要经济区域市场，有自己的海外经销商网络与售后服务网络，Haier 品牌已经有了一定知名度、信誉度与美誉度。在这一阶段，海尔提出由海尔的国际化向国际化的海尔转变，海尔的国际化是国际化海尔的一个基础，只有先做到了海尔的国际化才能去做国际化的海尔。国际化是海尔的目标。在做海尔的国际化时，就是要海尔的各项工作都能达到国际标准：质量要达到国际标准，财务的运行指标、运行规则应该和西方财务制度一致起来，营销观念、营销网络应达到国际标准。"出口"是针对海尔的国际化而言，但国际化的海尔就不同了，"海尔"已不再是青岛的海尔，设在中国的总部也不再仅仅是向全世界出口的一个产品基地。中国的海尔也将成为整个国际化海尔的一个组成部分，还会有美国海尔、欧洲海尔、东南亚海尔，等等。国际化的海尔是三位一体的海尔，即设计中心、营销中心、制造中心三位一体。最终成为一个非常有竞争力的具备在当地融资、融智功能的本土化的海尔。国际化战略的最终目的就是成为一个真正在每一个地方都有竞争力的，而且辐射到全世界各地的国际化海尔。

4. 全球化品牌战略阶段（2006年至今）

"创新驱动"型的海尔集团致力于向全球消费者提供满足需求的解决方案，实现企业与用户之间的双赢。面对新的全球化竞争条件，海尔确立全球化品牌战略、启动"创造资源、美誉全球"的企业精神和"人单合一、速决速胜"的工作作风，为创出中国人自己的世界名牌而持续创新。全球化品牌战略和国际化战略有很多类似，但是又有本质的不同。国际化战略阶段是以中国为基地向全世界辐射，但是全球化品牌战略阶段是在当地的国家形成自己的品牌。国际化战略阶段主要是出口，但现在是在本土化创造自己的品牌。海尔努力在每一个国家的市场创造本土化的海尔品牌。

活动1：案例研讨

将学生分成四个小组，每个小组通过网络或书籍搜集与海尔品牌四个发展阶段相对应的实例，以此佐证这四个阶段划分的科学性。

三、海尔"先难后易"的国际化模式

在企业国际化经营的初级阶段，企业的区位选择战略实际上就是对出口的目标市场的选择策略。海尔首先进入欧美等发达国家建立信誉，创出牌子，然后再以高屋建瓴之势占领发展中国家的市场，并把使用海尔品牌作为出口的首要前提条件，即产品出口采取的是"先难后易"的出口战略。

问题3：海尔品牌国际化的模式是什么？

在海尔看来，企业出口的目的并不仅仅是为了创汇，更重要的是出口创牌，用"海尔——中国造"的著名品牌提升创汇目标。海尔国际化的最终目标是创海尔国际名牌。海尔一开始就把国际化的目标对准了德国、美国、意大利等欧美发达国家，试图以德国、美国、意大利等发达国家成熟的市场经济、激烈的竞争来锻炼自己并得到成长，并希望这些高难度市场的成功能够带动其他发展中国家的市场的成功。

欧美国家的市场是全球最为苛刻的市场，对于产品质量要求的标准高并且认证极为严格。同时贸易壁垒和技术壁垒也非常高，市场进入门槛非常高。对此海尔却认为，"国际市场是检验产品质量、检验公司各部门工作是否有问题的试金石"。企业国际化经营的前提是产品质量水平的国际化，而质量水平的国际化，需要使企业在质量保证体系、产品国际认证、检测水平三个方面均达到国际标准。为了顺利进入欧美国家市场，海尔下大力气狠抓产品质量并使海尔产品相继通过了世界上最严格的多种质量标准认证。在较短时间内海尔先后通过了美国 UL，加拿大 CSA、澳大利亚 SAA，德国 VDE 和 GS、欧盟 CE、日本 S-MAR 以及沙特阿拉伯的 ASO 等 15 个种类、48 个国家的国际认证，拿到了进入这些国家市场的通行证。同时，海尔集团先后通过了美国 UL 以及加拿大 EEV、CSA 等机构的认证并被上述机构授权，可以出具安全性能、能耗测量等等同认可数据。这样就可以大大缩短海尔为国外消费者从设计、研发产品到产品与消费者见面的时间。在自身具有强大的科技开发水平的基础上，海尔还与德国的迈兹、荷兰的菲利浦、美国的 NETSCREEN、日本的松下等国际大公司在全媒体技术、数字化技术、变频技术、软件技术等方面建立了多个技术联盟，通过整合国际技术资源，使海尔在核心技术，关键技术领域同国际先进科技水平保持同步，同时大大提高了产品的技术竞争力。自 1992 年以来，海尔冰箱、冷柜、空调、洗衣机等核心产品都先后通过了国际质保体系方面的最高认证——ISO9001 认证和国际上环保体系方面的最高认证——ISO14001 认证，促进了海尔的对外出口。所有这些，保证了海尔产品品质的国际化水平，使得海尔产品在国际市场上具备了参与竞争的基础。

尽管欧美市场极为复杂，发展难度大，但也是市场容量最大、消费能力最强的市场。另外，欧美等国家和地区的市场经济制度已经建立数百年，有一套比较完善的竞争机制和法律制度，市场秩序非常成熟，非市场因素对企业的干扰很少，并且拥有良好的通信、交通等基础设施和发达的服务业体系。此外，欧美等国家的经济发展水平普遍较高，不仅拥有雄厚的资本、技术力量而且拥有较为先进的管理方法和管理经验可供海尔学习和借鉴。所以海尔认为"先难后易"的出口策略看上去风险大，实际上成功率高。另外，欧美的经销商和代理商本身就有着极为完善的辐射能力和渠道可供海尔使用，因此海尔认为在欧美市场上的成功事关全局，比起在其他发展中国家的成功更有意义。

四、海尔坚持以企业自有品牌开拓国际市场的国际化理念

海尔很早就提出"出口创牌而不是出口创汇"以及"国门之内无名牌"等观点。现在不仅海尔在国内制造的产品以海尔品牌出口，海尔在海外的 13 个工厂的产品也均挂以海尔品牌。即使是海尔在意大利并购的企业，其产品也用海尔品牌。海尔的国际化名牌的创建是根植于一定发展阶段基础上的结果。

问题 4：海尔为什么坚持"创牌"而非"创汇"的理念？

海尔早在 1985 年就提出，创国际化名牌，核心在于产品的高质量。海尔在国际化的经营过程中先后取得三项重要的创国际名牌的资格：国际质保体系、产品的国际认证和企业的检测水平认证。海尔集团 CEO 张瑞敏认为，在市场经济中，"高质量"的内涵不仅仅是符合企业或国家规定的标准，而是适应国际市场的需求，利用高科技来创造市场，引导消费。具体而言，一是不断地向用户提供意料之外的满足，二是让用户在使用海尔产品时毫无怨言。而这一切又取决于企业达到国际化要求的管理水平。

海尔建立在"日事日毕、日清日高"的 OEC 管理法平台之上的全面质量管理，为海尔创国际化名牌打下了坚实的基础。通过 OEC 管理，海尔不断地提高员工的素质，激励员工为用户负责，在全体员工中树立了"精细化，零缺陷"的质量理念，充分发挥全体员工的积极性、创造性，使海尔的管理达到了跨国公司的先进管理水平。

国际标准的质量保证体系和世界一流的管理水平使海尔产品拥有了创世界名牌的基础。在此基础上，海尔认为，家电企业只有拥有在国际市场上有知名度的品牌，才能在国际市场上获得超额利润，才能为企业的国际化经营和长远发展打下坚实的基础。因此，海尔在产品出口时坚持打自己的品牌，而不仅仅以创汇为目的。

海尔认为，若仅以创汇为目的而放弃自己的品牌，尽管出口量可能会很大，创汇也会比较多，但是由于获得的仅仅是加工费，利润率却很低，这样就很难在国际市场上立足。同时由于市场和资本在外，主动权始终是掌握在外商手中，实际经营中的不确定性很大。所以海尔在输出企业产品的同时，更注重输出企业的品牌，让名牌效应、让"真诚到永远"的海尔理念，在全球市场上产生更好的放大效应。

五、海尔的本土化经营

在经济全球化的今天，若想更好更快地满足消费者的需求，作为一个国际

化经营的企业，在世界不同市场上的本土化经营是相当必要的。

问题 5：海尔如何实现"国际化"中的"本土化"经营？

海尔国际化发展的目标是成为"国际化的海尔"，而"国际化的海尔"应该是"三位一体"和"三融一创"的本土化经营的海尔，即实现设计、制造和营销的当地化，并且能够实现当地融资、当地融智以及当地融文化，创海尔世界名牌。CEO 张瑞敏把海尔的这一思路概括为"思路全球化、行动本土化"。为了实现海尔开拓国际市场的三个三分之一（国内生产国内销售三分之一，国内生产国外销售三分之一，海外生产海外销售三分之一）的目标，海尔在海外设立 10 个信息站和 6 个设计分部，专门开发适合当地人消费特点的家电产品，提高产品的竞争能力；1996 年开始，海尔已在菲律宾、印度尼西亚、马来西亚、美国等地建立海外生产厂。1999 年 4 月份，海尔在美国南卡罗来州的生产制造基地的奠基标志着海尔集团在海外第一个"三位一体"本土化的海外海尔，即营销中心设在纽约（可以利用纽约的商业优势）、设计中心设在洛杉矶（可以利用当地的人才优势），制造中心设在南卡罗来州卡绍县（可以利用当地的土地和劳动力成本优势以及南卡罗来州政府吸引外资的优惠政策）。三位一体形成本土化的美国海尔，其雇员也主要是美国人。这样的美国海尔已是地地道道的美国公司，它所设计和制造的产品也完全符合美国消费者的习惯和喜好，比在中国国内设计的产品更受市场欢迎。

超前满足当地消费者的要求创造本土化名牌。海尔实施国际化战略的目标是创出全球知名的品牌，要创名牌，仅有高质量是不够的，必须和当地消费者的需求紧密结合，而且要超前满足当地消费者的需求。海尔按照美国消费者的要求在洛杉矶进行设计，然后通过纽约直接向全美的销售网络和服务网络进行铺垫和控制，南卡罗来州就随时制造出来并运到全美各地，这样就形成了一个美国本土化的海尔。从产品设计来看，海尔冰箱进入了包括美国沃尔玛在内的最大的 10 家连锁店中的 8 家，在超过 1200 多家商店里销售，这不仅要求产品的技术标准符合美国规定，如全无氟、超节能、大冷冻等，款式和功能也要符合美国人的审美情趣和生活习惯。为此，海尔在美国设立的设计部门，不惜重金聘请美国专家来设计美国人喜爱的产品。而海尔认为只有这样运作，才能真正创造出一个世界名牌，因为当地海尔用海尔的商标，在当地生产，雇用当地人，这样这个品牌就会逐渐地在当地得到认同。对美国消费者来说，在选择同样性能和价格的商品时，"美国制造"这个标签往往是决定他们取舍的微妙因素，这就是本土品牌的价值。海尔超级节能无氟冰箱也是一个典型的例证，它既解决了国际社会对于环保的要求，又考虑到消费者的切身利益，在开发无氟

307

冰箱的同时实现了节能 50％ 的目标，不但发明了一项世界领先的成果，还取得了巨大的市场效果。海尔超级节能无氟冰箱达到德国 A 级能耗标准，德国消费者凡购买海尔超级节能无氟冰箱可得到政府补贴。在美国，海尔产品达到美国 2003 年的能耗标准。行动的本土化目的在于加快品牌影响力的渗透过程。海尔的本土化表现在广告上也得到了体现，如海尔在美国的广告语是 "What the world comes home to"，在欧洲则用 "Haier and higher"。

海尔通过"三位一体"的本土化经营，一方面使当地消费者消除对外来品牌的抵触心理；另一方面也可以绕开进入国的非关税贸易壁垒。在美国，政府每年都组织大规模的政府采购，其中家电的采购量非常大。因为美国政府花的是纳税人的钱，所以美国政府规定只有产地在美国的商品才有资格竞标。由于美国海尔是当地的公司，所以有资格参加采购竞标，并且一举中标。海尔要求不仅在美国市场"三位一体"本土化经营，在欧洲、南美、南非、中东等其他地区也要这样做。超前满足当地消费者的要求创造本土化名牌。海尔实施国际化战略的目标是创出全球知名的品牌，要创名牌，仅有高质量是不够的，必须和当地消费者的需求紧密结合，而且要超前满足当地消费者的需求。

但"三位一体"还不是海尔国际化的最终目标，海尔的最终目标是实现在当地融资、当地融智以及当地融文化，创海尔世界名牌。这也就是海尔所谓的"三融一创"。也就是说海尔既要用当地的人力资源，还要用当地的资本。海尔要求在美国的企业用三年的时间在美国上市。海尔所谓的"融智"，即海外企业的管理要融合于当地人才管辖之下。这对于海尔本土化具有重要意义，不仅可以缓解海尔在国际化经营过程中所不得不面临的国际商务人才的极度匮乏问题，也是实现海尔国际化的重要内容和途径。现在国际上通常认为，如果一个国际大公司在当地用的不是本国人，那就很难叫做国际化公司。在海外，海尔采取了合资合作的方式，利用海外本土经销商原有的营销网络来销售海尔产品。现在海尔在美国的营销中心和设计中心聘用的都是美国人，这样就使得海尔产品在和当地市场沟通过程中更加直接了。

海尔美国贸易公司和生产中心的人力资源管理也是实施本土化战略。许多在美国成功的日本公司采取的是独资子公司，总部选派经理人对其进行管理的方式。海尔的方式不同，海尔美国贸易是海尔同美国家电公司的合资企业，海尔持多数股权，而美国家电公司持少数股权。该合资企业管理完全交给当地雇佣的具有行业经验和开拓能力的美国经理人管理，美国管理人员得到很大的自主权，由他们来推销品牌，并争取新客户，海尔要做的只是制定经营战略。海尔在美国的生产中心虽然是海尔的独资企业，但其主要管理人员都是美国的，除了几个中国派去的人员外，员工基本上全是美国人。

当然，人才的本土化是有一定风险的，这就是如何使他们能接受海尔的价值观。海尔的做法，一是与国外本土化人才进行充分的沟通，让他们能够接受海尔的价值观；二是对他们施加压力，给他们制定非常明确的目标，合同期内如果达不到这个目标，就去招聘更好的人才。现在，海外的本土化人才基本能够接受海尔的价值观。也就是说，"融文化"在海尔的本土化经营过程中发挥着重要的作用。

一个企业是否成为真正的国际化的大企业，一个重要的标志就是看它的文化能否被本土以外国家的人们所接受。所以海尔在国际化经营的过程中非常注重海尔的企业文化与本土文化的相互融合，并通过不断的"融文化"使海尔在当地扎根，促进海尔的本土化经营。张瑞敏在总结国际化经营的经验时曾说："在人力资源本土化方面，我们一直有一个概念：不在于你拥有多少人才，而是在于你整合了多少人才。"海尔的企业文化成为维系海尔海外员工的纽带。

六、海尔企业文化的移植

如何使海尔特有的企业文化融入海尔的当地化战略之中，成为海尔国际化战略能否成功的最大挑战。

问题 6：海尔如何在海外移植它的企业文化？

作为一个跨国经营的企业，不但要回答如何跨越文化差异进行管理的问题，还要结合所在国的具体情况进行管理，进而解决如何进行创新和企业内的知识共享问题。从一些企业的实践来看，不同市场的文化差异，经常困扰着企业海外经营的决策及其执行。即使企业奔赴海外开拓业务的决策是正确的，也不一定能保证获得预期的经营结果。海尔一向是一个重视企业文化的企业，而正是由于将企业文化成功地移植到其海外企业，海尔的本土化战略才取得了成功。

海尔开发海外市场的观念是：要让当地人接受你的产品，首先要让他们认同你的人和你的文化，让海尔文化本土化。海尔在美国的工厂位于南卡罗来州，占地 600 亩，是海尔目前最大的海外生产基地。这个厂看起来完全是一个美国的企业，所有的员工除了总部派去的总经理和两名技术人员之外，都是美国人。工厂的管理虽然体现的是美国企业的风格，但也融入了一系列独特的海尔管理模式。海尔集团在十几年快速发展中，铸造了独具特色的企业文化。作为企业的灵魂，生机勃勃、创新不止的海尔文化，成为海尔人创造奇迹的强大动力。到海外建厂，海尔人同样不会丢掉自己的灵魂。海尔美国南卡工厂总裁张金民认为，海尔文化在美国是行得通的，比如追求效率、效益和利益的管理核心是相同的。海尔文化的一个核心是"以人为本"，注重员工的个性化需求，从这个角度讲，管理美国人和管理中国人是相同的。但海尔文化也不能照搬照抄，要根据不同的情况适当作一些变革。比如，海尔集团有一种优胜劣汰的制度，每个月对员工都会有优劣的考评，每天工作表现不佳的员工要站在 6S 大脚印上反省自己的不足，海尔称这种做法为"负激励"。这样一套在海尔本部行之有效的办法在美国却遇到了法律和文化上的困难，美国的员工根本不愿意站在什么大脚印上充当"反面教员"。于是海尔变换一种做法，把评劣的那部分去掉，先从评最优开始。现在，所有海尔海外工厂每天都必须召集一次 6S 班前会，会上工作表现优异的员工要站在 6S 大脚印前面向同事们介绍经验。6S 班前会这种富有特色的海尔管理方法在漂洋过海后开始了它的本土化过程。"负激励"变成了"正激励"，争强好胜的欧美员工们，很乐意站在大脚印上介绍自己的工作经验。

　　海尔文化是一种价值观，这个价值观的核心是创新。它是在海尔 20 多年发展历程中产生和逐渐形成的文化体系。海尔文化以观念创新为先导、以战略创新为保障、以市场创新为目标，伴随海尔从无到有、从小到大、从大到强，从中国走向世界，海尔文化本身也在不断创新、发展。员工的普遍认同、主动参与是海尔文化的最大特色。当前，海尔的目标是创中国的世界名牌，为民族争光。这个目标使海尔的发展与海尔员工个人的价值追求完美地结合在一起，每一位海尔员工将在实现海尔世界名牌大目标的过程中，充分实现个人的价值与追求。海尔文化的核心是创新，突出表现在海尔观念上的创新。综观海尔国际化战略，海尔的成功从某种意义上而言，实质是观念创新的成功。

　　活动 2：模拟海尔的"6S"激励法

　　教师给学生一个研讨背景（如 TOM 今天发现了一种提高机床操作效率的方法），将同学们分组，每一组派出一名成员模拟海尔员工，让他在全体组员面前讲述自己"成功"或"失败"的经历。

七、海尔全球品牌战略总结

　　海尔集团是中国目前为数不多的国际化经营较为成功的企业之一，海尔在企业发展战略上的超前以及以创新为核心的海尔企业文化是海尔国际化经营不断成功的基础与保证。

　　问题 7：请归纳海尔有哪些经验值得我国其他民族企业学习借鉴？

　　海尔正在进行中的业务流程再造能够从根本上使海尔的内部管理同国际化

的发展要求相适应，有力地促进海尔的国际化经营。海尔创本土化海尔名牌的过程分为三个阶段，即本土化认知阶段、本土化扎根阶段、本土化名牌阶段。这就是海尔走向世界的"三部曲"：第一步，按照"'创牌'而不是'创汇'"的方针，出口产品开拓海外市场，打"知名度"；第二步，按照"先有市场，后建工厂"的原则，当销售量达到建厂盈亏平衡点时，开办海外工厂，打"信誉度"；第三步，按照本土化的方针，实行"三位一体"的本土化发展战略，打"美誉度"。第一步是播种，第二步是扎根，第三步是结果。

早在从 1984 年开始的海尔名牌战略阶段，海尔就按照国际化品牌的质量与标准来生产、制造、营销产品。海尔认为要树立国际名牌形象，首先必须保证产品的国际品质。海尔一直致力于生产具有国际品质的产品，使产品质量与国际接轨。具体体现在质量保证体系的国际化。当国内的企业认识到产品质量的重要性时，海尔又超前地认识到，在未来的年代里，产品的市场份额将成为决定企业命运的关键，而市场份额的多少又取决于用什么样的服务来争取消费者。通过建立与国际接轨的国内最大、最先进、最完整的星级一条龙服务体系，海尔获得了消费者对海尔品牌的忠诚，提升了海尔的核心竞争力。从海尔产品出口到海外的那一天起，海尔就将国内也已成熟的服务体系自然地延伸到海外，所有海尔的海外经销商和海外经理人都必须到青岛接受海尔的服务培训。

海尔集团在国内制造业企业中是较早进行国际化经营的。此前，并没有可以全面参照的"蓝本"供借鉴与学习。在探索中国家电企业国际化经营的过程中，海尔凭借其以创新为核心的企业文化，在对国内外经济、政治、文化格局的正确理解与把握的基础之上，以超前的战略眼光，创造性地走出了一条成功之路。以创新为核心的海尔企业文化有力地支撑着海尔的国际化经营。扎根于海尔文化之上，海尔开始了独具海尔特色的以理念创新为核心的国际化经营之路。

尽管海尔与国际跨国家电巨头相比较，仍是较小的规模。在风险的防范与控制上，海尔与跨国家电巨头相比有许多不足之处。海尔在海外市场没有对消费者进行特定层次和区域的划分，而是统一使用海尔品牌。海尔在海外的品牌推广上只是强调产品特点，而很少有像美国 GE 等跨国家电巨头那样针对消费者的价值观来进行的品牌推广。此外，虽然与国内公司相比较，海尔具有一定的研发优势，但与大型跨国公司相比较，海尔仍处于下游。但是，相信随着海尔全球化品牌战略的逐步实施，在不远的将来会成长为优秀的大型跨国企业。

第二节 宝洁——品牌王国

引导案例

宝洁的品牌真谛

"最好的品牌总能在两个关键时刻恰到好处地脱颖而出。第一个时刻是在商店的货架上，这正是消费者要决定购买甲品牌还是乙品牌的时候；第二个时刻是在家里，这时，他使用这个品牌，并对此感到满意或者不满意。在这些时刻，胜出的品牌一次又一次地在消费者的心目中赢得特殊地位，最终，最强的那些品牌便与消费者终生捆绑在一起。"

——宝洁公司首席执行官兼董事长 雷富礼

"宝洁所做的一切努力就是要更加贴近和改善人们的生活。作为营销人员，就是要让自己的产品成为消费者的首选，最能满足消费者需求。这意味着宝洁的行为都是始于消费者，终于消费者的，所有的品牌与消费者需求一起成长、演进。"

——宝洁大中华区总裁 李佳怡

资料来源：http://www.pg.com.cn/news/.

思考题：

1. 在宝洁公司 CEO 看来，品牌的作用是什么？
2. 品牌的真谛是什么？

一、宝洁公司概况

问题 8：宝洁公司的品牌特点是什么？

美国 PROCTER&GAMBLE（简称 P&G）公司，是 1837 年由从事酿造的威廉·普罗克特和制造香皂的詹姆斯·甘波尔在美国俄亥俄州辛辛那提市创办的。经过 180 多年的艰苦奋斗，P&G 公司发展成为目前世界上最大的日用消费品制造商和经销商之一。P&G 公司在世界 80 多个国家和地区设有工厂及分公司，经营 300 多个品牌的产品，畅销 160 多个国家和地区，其中包括食品、纸品、洗涤用品、肥皂、药品、护发护肤品、化妆品等，旗下品牌有帮宝适、汰渍、碧浪、护舒宝、飘柔、潘婷、佳洁士、玉兰油和伊卡璐等。

宝洁公司在全球 80 多个国家和地区拥有雇员近 14 万人。宝洁公司于 1988 年进入中国市场，宝洁大中华区总部位于广州，目前在广州、北京、上海、成都、天津、东莞及南平等地设有多家分公司及工厂，员工总数超过 6300 人，在华投资总额超过 10 亿美元，将众多品质一流的产品，如海飞丝、飘柔、潘婷、舒肤佳、玉兰油、护舒宝、碧浪、汰渍和佳洁士等，带入中国市场，成为家喻户晓的品牌。

二、品牌：宝洁的制胜法宝

问题 9：宝洁公司成功的"奥秘"在哪里？

一位中国女性消费者的典型一天……

6：00 卧房：她醒了，身边的小宝宝带着帮宝适纸尿片正睡得香甜。

7：00 卫生间：她将佳洁士牙膏挤在欧乐-B 电动牙刷上，身边的他在用吉列剃须刀刮着胡须。

10：00 办公室：忙碌了一上午，她随手将办公桌上的品客薯片放在嘴里，香脆的口感帮她缓解了工作的压力。

18：00 超市：下班路过，她没忘记买回他最钟爱的海飞丝去屑洗发水。

20：00 洗衣间：家人一天的衣服在等待着她，还好有得力助手——汰渍洗衣粉。

21：00 卫生间：舒肤佳沐浴露伴随她在沐浴中忘记一天的辛苦。

22：00 卧房：一片玉兰油美白面膜正帮助她保持青春……

这并不是某个电视广告的片断，而是中国老百姓家庭生活中每天都在发生着的场景。在他们刚刚进入青春期、婚嫁大典、为人父母之时，都不乏宝洁旗下的产品陪他们一起度过这些人生的关键时刻。而在全球，宝洁产品每天与消费者接触高达 30 亿次。宝洁前任首席执行官兼董事长白波（John Pepper）揭开了秘密："宝洁的成功源于很多因素，但如果没有居领导地位的品牌，宝洁连一个公司都算不上。"品牌的威力如此之大吗？

宝洁中国的一位品牌经理说："即使产品卖得业绩再好，两年一次的品牌资产评估得分不佳的话，也不能证明这个品牌成功了。"

到底什么是品牌资产呢？品牌与产品有哪些区别？宝洁的制胜法宝——多品牌战略的奥秘在哪里呢？

（一）品牌资产 ≠ 产品

人们谈到某个品牌时往往指的是品牌所代表的那个商品，比如，说到汰渍就是洗衣粉，说到沙宣就是洗发水。这时我们往往忽视了品牌与其所代表的产品本身的差别。品牌不等于产品，它赋予了远比产品本身更多的价值。成功的品牌让消费者在购物清单上写下品牌名称，而不是产品名称。那么什么是品牌资产呢？

品牌资产是指品牌给产品带来的超越其功能的附加价值或附加利益。

消费者往往在进入商店之前，就在自己的购物清单上写下"汰渍"，而不是"洗衣粉"。但如果不告诉消费者各种洗衣粉都是什么牌子的，他们最终可能无法区分产品之间的区别，购物的选择也可能会大相径庭，这就是品牌的魅力所在。同时，品牌的价值还在于能让消费者为之付出比其他同类产品更高的价格。

品牌实质上反映的是品牌与顾客之间的某种关系，或者说是一种承诺。这种顾客关系不是一种短期的关系，而是一种长期的、动态的关系。那些有助于增加消费者购买信心的记忆、体验和印象，以及在此基础上形成的看法与偏好，是构成品牌资产的重要组成部分。

品牌是一个以消费者为中心的概念，品牌与消费者的关系是品牌价值的最好体现。通过持续一致、准确到位的品牌传播使消费者对品牌的认知从产品功能的理性认识上升到一种感性认识，这就是品牌的附加价值。品牌与人的关系和人与人之间的关系十分相似，人们常常不能容忍别人的错误，但对于有了感情关系的人，就比较容易原谅。消费者对品牌也是一样，一旦与品牌建立起这种关系，就会主动购买，对品牌忠诚，而且愿意为之支付较高的价格。

如果离开了好的产品，品牌必然不会在市场上长久立足。但是，有了好的产品，却不一定有好的品牌。

（二）宝洁品牌资产的构成

品牌的奥秘是宝洁公司第一个发现的。当时的宝洁经理人尼尔·麦克尔罗伊（Neil McElroy）在1931年提出了品牌管理体系。57年后，当宝洁这位品牌之父来到中国这片热土的时候，它在全球已拥有300多个品牌。宝洁的到来，客观上也给中国带来了成熟的品牌经营理念。宝洁每两年会对旗下的品牌进行资产评估，而其品牌资产的构成主要包括：

1. 品牌定位

品牌定位是以消费者需求为对象的，即产品给消费者带来的利益、好处。它包括功能定位和情感定位两方面的内容。

（1）功能定位。消费者购买产品主要是为了获得产品的使用价值，希望产品具有所期望的功能、效果和效益，因而以强调产品的功效为诉求是品牌定位的常见形式。很多产品具有多重功效，定位时向顾客传达单一的功效还是多重功效并没有绝对的定论，但由于消费者能记住的信息是有限的，往往只容易对某一强烈诉求产生较深的印象，因此，向消费者承诺一个功能点的单一诉求更能突出品牌的个性，获得成功的定位。比如，洗发水中，飘柔的承诺是"柔顺"，海飞丝是"去屑"，潘婷是"健康亮泽"。

（2）情感定位。实际上，品牌带给消费者的认识远不止于其出色的功能表现。情感方面的诉求更加增进了产品与消费者的距离，从而建立起消费者与品牌的良好关系。情感定位是将人类情感中的关怀、牵挂、思念、温暖、怀旧、喜爱等情感内涵融入品牌，使消费者在购买、使用产品的过程中获得这些情感体验，从而唤起消费者内心深处的认同和共鸣，最终获得对品牌的喜爱和忠诚。如飘柔广告语："飘柔，就是这么自信！"让消费者在选用飘柔洗发水时，感受到自信与阳光。

2. 令人信服的理由

确定了品牌的定位之后，下一步就是要向消费者传达这种理念。而且宝洁的品牌一贯以列出数据等实证方式来使消费者信任品牌所传播的功能。比如，舒肤佳香皂的广告，通过显微镜下的细菌，告诉消费者他们的手比想象中的更不卫生，而舒肤佳香皂可以更加有效地杀灭细菌，且效果更持久。去屑洗发水海飞丝告诉消费者，它是全球第一支含有活性去屑成分 ZPT、可有效去除头屑的洗发水。ZPT 是强有效去屑成分，海飞丝活力锌对 ZPT 颗粒的大小和形状都进行了优化，使其对头皮的覆盖面积达到最大，并减少了活力锌在洗头的过程中被水冲掉的可能性，从而优化了对头皮的覆盖面积，提高了对 ZPT 的利用度。自此，有效去除头屑成为海飞丝品牌深受全球消费者喜爱的最出色的功效。

3. 个性特征

除了功能定位和情感定位以外，宝洁还赋予其品牌以人的个性。这种人性的塑造，使消费者能够产生更多联想，如飘柔成功塑造了邻家女孩的形象，潘婷让人们联想到更加高雅、注重品质的人，而沙宣体现出专业级品质的呵护，代表了时尚一族。消费者对品牌的选择就像人们喜欢选择和自己兴趣相投的朋友一样，最终也会选择和自我概念接近的品牌。

（三）品牌成就了宝洁与消费者的共赢

有的品牌经理都是从国外派来的，他们带来了一句 20 年来让所有宝洁人耳熟能详的一句话："消费者就是老板！"他们都明白，要做好品牌，关键在于更加了解消费者。从市场研究到生产研发，再到营销创新，无不如此（如图 11-2 所示）。

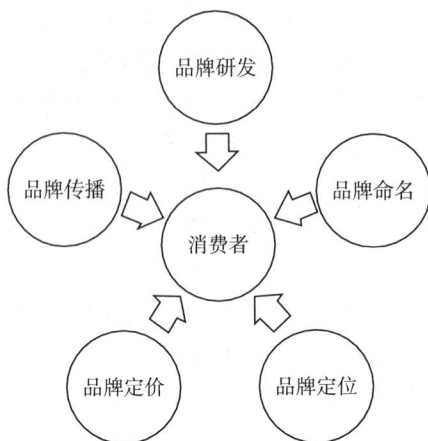

图 11-2 宝洁的一切品牌建设都围绕消费者展开

品牌之父的中国之旅，是从倾听中国消费者的诉说开始的，即使那时的消费者还算不上是真正有消费能力的消费者。合资之初的宝洁，所有事实证明宝洁赢得了消费者的认同，在全面满足消费者需求的同时也获得了公司的长远发展。如表 11-1 所示，在 2008 年中国消费者理想品牌前三强的调查中，宝洁多个品牌被评为第一理想品牌。

316

表 11-1 2008 年中国消费者理想品牌前三强排名

类别	品类	第一理想品牌	第二理想品牌	第三理想品牌
日化类	牙膏	佳洁士	高露洁	中华
	洗发水	飘柔	潘婷	沙宣
	沐浴露	玉兰油	舒肤佳	资生堂
	洗面奶	大宝	丁家宜	安利
	润肤露	玉兰油	大宝	资生堂
	卫生巾	护舒宝	苏菲	七度空间
	洗衣粉/液	汰渍	雕牌	奥妙

资料来源：中国商务广告协会，中国传媒大学. 2008 年中国消费者理想品牌大调查. 国际广告, 2008 (3).

"理想品牌前三强"① 是指所有调查对象理想品牌的提及率排名前三位的品牌，反映了消费者的整体品牌态度。这次调查选取了七个日化产品品类，其中

---

① "2008 年中国消费者理想品牌大调查" 是由中国商务广告协会和中国传媒大学发起的。理想品牌是指不考虑价格等因素的理想品牌——体现品牌在消费者心目中的理想程度。

六个品类的调查中宝洁的产品被提及率是最高的。宝洁的产品几乎都是消费者的首选，在洗发水、沐浴露品类中，宝洁的产品还同时占据了第二理想品牌的地位。

"消费者就是老板"是宝洁遵循的品牌经营理念，理想品牌的调查反映出了"老板"对宝洁旗下品牌的认可。

（四）本土企业的品牌摸索

改革开放 30 多年来，中国逐步向世界敞开了大门，这个拥有超过 13 亿人口的市场，被称为企业获得迅速增长的最后一块处女地。美国人说："到中国去，那里是我们的乐园。"欧洲人说："到中国投资不需要勇气。"品牌之父宝洁，虽然抢占了先机，但也仅仅是享受到了一段很短的空窗时期，不久之后同样熟谙品牌魔力的其他跨国公司就纷至沓来。高露洁、联合利华、欧莱雅这些宝洁在其他国家市场上熟悉的老朋友们，再次与宝洁在这块土地上展开了角逐。面对外国企业的群雄对决，本土企业有些无所适从，开放的大门着实让中国企业经受了巨大的考验。在残酷的市场竞争中大批本土企业被淘汰，同时也有一批企业从无到有地站了起来。但中国的本土企业并不是旁观者，而是勤奋上进的学习者。它们很快就开始学起了品牌建设之道。由于对本土文化的深刻理解，它们甚至能够出奇制胜，但有时也能看到对品牌建设的模仿走形的地方。

曾经红极一时以"非油炸，更健康"为诉求点的本土方便面品牌五谷道场，曾在 2005 年异军突起，挑战行业龙头企业康师傅及统一集团。在方便面产业，康师傅和统一两大巨头约占 80% 的市场份额，而另外 20% 的市场被以华龙、南街村、白象等为代表的近百家区域品牌占据。五谷道场所属的中旺集团自 1999 年创办以来一直定位于低端市场，位居华龙之下。但是 2003 年，公司请来了某管理咨询公司的原合伙人任某做北京分公司的经理，经营五谷道场。任某具有丰富的品牌策划经验，采用非常规营销方式，抓住市场上其他方便面均是油炸食品且消费者认为油炸食品不健康的机会，以"非油炸，更健康"为诉求点，迅速展开了品牌的营销。一则以"拒绝油炸，留住健康"为口号的广告，一夜之间出现在电视、报纸、户外等媒体上。在推出短短两个月的时间里，五谷道场与康师傅、统一平起平坐，俨然打造起了一个国内知名品牌，销售额上升到 3 亿元。但好景不长，2006 年开始五谷道场因现金流、供应链等多项问题而陷入瘫痪状态，任某离职，工厂停工，名噪一时的知名品牌五谷道场就这样昙花一现地消失在消费者的视野中了。

为什么本土品牌如此短命呢？我们认为本土企业对于品牌经营存在如下误解，而在这些方面品牌大师宝洁又是怎样做的呢？

误解一：产品销量上去了就形成品牌了

本土企业往往在促销上下工夫，甚至不计成本，采取低价策略，试图以此迅速占有市场。各种促销手段令消费者目不暇接，一旦促销结束，产品又回到无人问津的状态。

宝洁的秘密：向消费者提供高性价比的产品。在消费者能接受的价格范围内，最大限度地提供比竞争者更好的、符合他们需求的有价值的产品，而且绝对不会为了价格而牺牲产品的品质。为此宝洁持之以恒地努力提高效率和降低成本，这也是宝洁的生存之道。

误解二：广告打多了就形成品牌了

很多企业认为，宝洁的产品之所以好卖，就在于其强大的广告攻势，于是大力开发广告资源，在一段时间内集中做广告，想通过广告来达到促销的目的。但是，以促销为目的的广告只会取得促销效果，在广告播放期间企业产品销量大增，一旦停止广告，又面临销售问题，于是只好再做广告。

宝洁的秘密：首先要对品牌资产了然于胸，再用精辟到位的广告手段来表现出来。在这个前提下，尽可能地使用接触消费者的范围最大的广告媒介。比如，只有在明确了海飞丝的核心价值是去屑之后，才能得到与其相得益彰的海飞丝品牌优秀的广告词——"头屑去无踪，秀发更出众"。

误解三：有了营销大师品牌就形成了

在20世纪90年代的中国，曾一度涌现了一批营销策划专家，他们通过一系列的事件营销、集中促销、大规模广告等方式迅速帮助企业打造起知名品牌，但这些品牌却往往在不久后因暴露出产品本身、分销渠道等方面的问题而草草收场。中国市场是世界上同质化竞争最为严重的市场之一，企业竞争力的缺失实质上是品牌的缺失。

宝洁的秘密：品牌资产的建立是一个长期积累的过程，是个系统工程，要求企业在经营的每一个环节都注意保护品牌的核心价值。宝洁人不讳言：其他企业可以很快学会品牌建设的理论，但搬不走品牌建设背后的整个系统。

三、宝洁的品牌经营之道

要树立领导品牌，并使它保持长盛不衰，宝洁自然有不少过人之处：了解消费者、多品牌战略、持续的创新、产品销售能力等。

问题 10：宝洁公司的品牌"经营之道"包括哪些？

（一）多品牌战略

宝洁的制胜之道一向以多品牌战略著称。所谓多品牌战略，是指企业在同一类产品领域同时经营两种或两种以上互相竞争的品牌。宝洁的多品牌战略即一品多牌战略。同类产品按不同的消费者需求属性划分为不同的品牌。比如同是护肤产品，宝洁拥有玉兰油、SK-Ⅱ；洗衣粉产品则拥有汰渍、碧浪等多个品牌，每个品牌又以不同的功能特点满足消费者的不同需求。

多品牌战略有很多优势。首先，由于一种品牌树立之后，容易在消费者心目中形成固定的印象，从而产生心理定式，不利于品牌延伸，多品牌战略则可以解决这个问题。其次，多品牌战略可以避免由于一个品牌出现问题而影响到品牌下所有产品甚至企业发展的问题。最后，多品牌可以更广泛地覆盖市场需求。如果宝洁只有飘柔一款洗发水，即使飘柔品牌再强大，也只能占有一小部分市场，满足一部分消费者的需求，而飘柔、沙宣、潘婷加起来却占据了大半个市场。这也就是宝洁所主张的"假如在某一个市场内还有其他品牌的生存空间，最好用自己的而不是对手的品牌和自己竞争"。

虽然多品牌战略有诸多优点，但也存在弊端。最显而易见的是一个全新品牌的培育需要投入巨大的成本，并且具有很高的风险。如果企业开发过多的品牌就会占据大量的现金流，这不仅分散了企业的资源，还抑制了核心优势的发挥，从而影响到企业在激烈竞争中的胜出。

2000 年，宝洁公司首席执行官兼董事长雷富礼上任之前，宝洁公司也曾面临过经营危机。它的 18 个顶级品牌中的大多数的销售收入都在下降，股价下跌了 52%，公司市值缩水达 85 亿美元。那时宝洁实行的是纯粹多品牌的战略，自行开发的品牌占宝洁品牌的 90% 以上。而雷富礼带领宝洁进行了大刀阔斧的改革，实行了大品牌战略等一系列的革新。

经过一系列的革新，宝洁现行的品牌策略包括：

1. 集中发展少数大品牌

大品牌战略的基本概念是提供主要品牌所有可行的机会以扶植其成为最大品牌。

大品牌掌握了该品牌与其他品牌的市场区隔，即差异点，拥有高效率及规模经济的竞争优势。大品牌使企业在生产、营销及广告支出方面具有规模经济，从而能够超越竞争对手。品牌支配是宝洁的重要原则之一。宝洁强调市场占有率，而非获利率。因为支配市场的品牌最终将成为获利最大的品牌。雷富礼极力主张，宝洁要把重点摆在建立并维持核心品牌成为全球领导品牌上。这是由于：第一，开发新品牌的成本高、风险大。开发一个新品牌的成本远比维护原有的成功品牌高得多。第二，过多的品牌会提高管理成本。如前所述，宝洁实行多品牌战略，以品牌为单位组织管理。如果品牌过多的话，会大幅增加管理成本，而品牌贡献率是参差不齐的，与其将资金、精力投入到贡献率不大的小品牌上，不如全力以赴维护大品牌更好地成长。宝洁的大品牌战略在实际的品牌管理当中得到了充分体现。

2002 年 6 月，宝洁在中国推出了酝酿已久的沐浴品牌——激爽。在随后的三年间，宝洁为激爽共投入了 10 亿元的广告费，但激爽的销量却没有大的起色，市场份额始终在 3%左右徘徊，整个市场也没有像预期的那样增长到 20%。在大品牌战略的指导下，宝洁于 2005 年决定激爽下市，将资金及精力用于玉兰油、舒肤佳等成熟品牌的发展上。

2. 利用功能细分，增加品牌的产品线

在大品牌战略下，宝洁降低了开发新品牌的频率，转而把新品牌的需求空间用大品牌下的功能细分来满足。例如，洗发水产品方面，在飘柔、潘婷、海飞丝、沙宣、伊卡璐等大品牌下，还有多种功能细分，如表 11-2 所示。

表 11-2 宝洁洗发水品牌功能细分

品牌	功能细分
飘柔	鲜果系列：鲜果去屑、鲜果防毛燥
	精华系列：人参、焗油、焗油去屑、维生素、多效、薄荷、盈润卷发、滋润去屑、首乌黑发
潘婷	丝质顺滑、丝质去屑、乳液滋养、乳液去屑、弹性卷曲、日光护理、滋养防掉发、乌黑、莹彩、倍直垂顺

功能细分可以说是以需求为单位的品牌延伸。利用大品牌建立起的品牌价值，覆盖更多的市场需求空间。这种延伸的条件是，附加功效不应牺牲大品牌的定位。

功能细分也具有一定的隐患，即在长期内有可能损害大品牌的功能定位。并且，一品多牌下难免会有很多功效的重叠，造成细分泛滥，消费者反而可能寻求全效产品。

从技术方面来看，只要新技术和品牌的基本定位不相违背，宝洁就将其运用到该产品中去。实际上，大品牌策略成功的关键在于避免因附加新技术而影响品牌的核心定位——其基本信念及消费者对品牌的认知。

3. 动态战术调整

成功的品牌一定是具有活力的，它必须随消费者需求的变化而不断改变。值得说明的是：这种改变只能在战术及策略层面，对于品牌的战略定位则要保持一致性，不能轻易改变，否则很难塑造成功的品牌价值。

宝洁不相信品牌生命周期理论，它不允许品牌到达所谓的衰退阶段，即成长到一定的阶段后步入稳定的市场，然后退出市场；相反，宝洁以创造永久性品牌为企业目标，其保持品牌长盛不衰的秘诀就在于使品牌随消费者而改变的经营策略，使品牌永远抓住消费者的心。

4. 品牌经理制

1930 年，宝洁就已经推出了自己的品牌管理系统，迄今为止，宝洁已经培养了数以千计的优秀品牌经理，他们为企业创建品牌、维护品牌作出了不可磨灭的贡献。宝洁的多品牌战略能够取得成功，很大程度上得益于"专人负责、专项负责"的品牌管理系统。品牌经理的职责就是营造一个能够维系与消费者长期友好关系的成功品牌。

所谓品牌经理制，简单来说就是一个人负责一个品牌。具体来说就是公司为每个品牌的产品或产品线配备一名具有高度组织能力的经理，使他对该品牌的产品开发（包括产品概念、价格与成本、材料要求、包装要求、上市时间等）、产品销售额、产品毛利率等负全部责任，并且他还负责产品开发部门、生产部门以及销售部门的工作，负责品牌管理的全过程，成为影响品牌所有活动的牵头人。

宝洁是世界上最先采用品牌经理制的公司，开创了品牌管理的先河。将品牌当做事业经营，是宝洁进行品牌经营的至理名言。宝洁品牌管理系统的基本原则是：让品牌经理像管理不同的公司一样来管理不同的品牌。通过实行品牌经理制，宝洁改善了品牌运营效率，延长了产品的生命周期，从而为企业赢得了更广阔的市场和更具发展力的前景。

品牌经理制设立的初衷在于，与其和市场上的其他竞争者竞争不如宝洁自己和自己竞争。然而，品牌经理制也暴露出其薄弱环节，那就是宝洁内部的品牌竞争与对外的竞争一样激烈。我们知道，内部竞争可以提高资源的使用效率，但却会降低资源配置效率。由于品牌之间是相对独立的经营实体，各品牌对于公司公共资源的竞争激烈；同时，外部竞争对手的实力日益雄厚，激烈的内部竞争会分散宝洁的资源和能力，弱化竞争优势，从而不能将资源分配到产生最大边际收益的部门，因而导致竞争中的失利。因此，宝洁开始由品牌经理制转向品类管理。

品类管理（Category Management，CM）意味着从消费者如何看待品类的角度来看待营销。一个品类是消费者认为互有关联或者互可代替的一系列产品或服务的组合。由于各战略性经营单位的着重点在于顾客价值，因而品类管理实际上是一个管理品类的流程。品类管理的最终目标是增加零售商的整体销售，通过强化顾客满意度来赢取利润。所有品类不能分开单独来看，而应该集合起来看它们满足顾客需要的能力和对整个零售商的赢利贡献。

宝洁的做法是将现有品牌统一起来，按产品种类重新编排品牌系列。这体现了一种深刻变化。首先，宝洁根据消费者使用产品的情况，确定产品类别，然后将各品牌安排到消费者认为适当的类别中。在体制上，除原先的品牌经理外，还按品类设置了大品牌经理，负责同一品类中几个单独品牌的协调。大品牌经理要确保各品牌保持自己的定位，不侵蚀其他品牌的核心诉求。在不违背这一原则的条件下，还是由品牌经理全权负责品牌的运作。

品类管理提高了宝洁公司内部资源的配置效率，有利于根据市场竞争情况合理调度、分配资源，从而提高整体竞争力。

（二）持续的创新

创新是宝洁公司业务模型的核心。宝洁在管理上的突破就是在以消费者为中心的基础上，将创新作为一个可以整合的程式进行构思和执行。在带领宝洁实现经营大逆转的雷富礼先生眼里，创新是其在宝洁数十年职业生涯中最深刻的体会。

一提到创新，很多人都会想到实验室里的研发，所以在许多公司，获取专利就是衡量这些公司是否创新的标尺。而在宝洁，研发的确是体现创新的重要方面（随后的章节将会详细分析），但是创新却不会止步于研发，它是宝洁的一种价值观，在打造、经营品牌的各个方面均会得到体现。

在一个以创新为中心的公司里，管理者和员工并不畏惧创新，因为他们已经发展出一套专门技术来管理随之而来的风险。创新使他们的精神和思维更强大，并为他们铸就了新的核心能力。他们知道创新将持续帮助其组织保持灵敏性，不仅能应对变化，甚至能导致变化。一种向前看的创新文化能以外部变化的速度持续地改造公司。比如海飞丝的第一个广告表现得非常好，将产品功效表达得一清二楚，打动了无数消费者，这正是宝洁带给中国市场的一个创新。玉兰油的专柜销售模式、佳洁士在同一个品牌下面发展出不同的产品线，等等，都是宝洁创新精神的体现。在持续、全方位的创新之下，宝洁不断创造着新的品牌价值。

第三节　中国移动——3G 时代的品牌战略

引导案例

动感地带——我的地盘听我的

尽管今日的电信运营商已经深谙品牌的重要性，不管是电信还是联通都在品牌建设上大手笔投入，"沃"和"天翼"的各种广告充斥了大街小巷，以及各种媒体平台，但回顾中国运营商的发展历史，品牌打造的概念却是从当年的"动感地带"开始的。

时至今日，"我的地盘听我的"仍是年轻人最潮流、最个性的语言之一，而作为"动感地带"的品牌口号，已经"红"了 7 年之久。

作为客户品牌，"动感地带"并不是中国移动的第一个品牌，早在"动感地带"之前，"全球通"和"神州行"两大品牌早已存在，不过那时候的"全球通"和"神州行"虽然也发展了不少用户，但市场定位以及用户细分的功能并不明显。

2003 年的中国移动虽然已经是通信市场的霸主，但市场的进一步饱和、联通 CDMA 的强势反击、电信和网通小灵通的搅局使电信市场弥漫着价格战的狼烟，如何发展更多用户、如何提升用户忠诚度、如何充分挖掘用户价值成为中国移动面临的一大考验，在这种背景下，"动感地带"被推向了市场。

经过市场调研中国移动发现，年轻人在对通讯方式的使用上有着不同的特点，这个群体的年龄应该在 15~25 岁，他们除了打电话还对数据业务有更多需求，而对数据业务的使用代表着通信业的未来。年轻人正面临着诸多"尴尬"，比如他们正经历成长的青涩，但他们希望与众不同；他们有无限的梦想，对"外面"的世界充满渴望，但又有着对未知的恐惧以及对不被理解的困惑。总体来说，他们有表达的欲望，但又对表达不受重视而郁闷，他们需要足够的空间表达自己，彰显个性。

可以说，中国移动非常精准地找到了年轻人这个用户群体。正是基于这样的用户分析，"我的地盘听我的"作为"动感地带"的品牌口号脱颖而出，其目的就是加强品牌形象以及与青年人的亲近感。

资料来源：马晓芳. 动感地带：中国移动的年轻态度. 第一财经日报，2010-12-14.

思考题：

1. 动感地带品牌成功的关键点是什么？
2. 动感地带的市场定位是什么？

一、中国移动通信公司概况

问题 11： 中国移动通信公司的市场地位如何？

中国移动通信集团公司简称"中国移动通信"，是根据国家关于电信体制改革的部署和要求，在原中国电信移动通信资产总体剥离的基础上组建的国有重要骨干企业，于 2000 年 4 月 20 日成立，注册资本为 518 亿元人民币，资产规模超过 700 亿元人民币。

中国移动通信是国内唯一专注移动通信发展的通信运营公司，在我国移动通信大发展的进程中，始终发挥着主导作用，并在国际移动通信领域占有重要地位。经过十多年的建设和发展，中国移动通信已建成一个覆盖范围广、通信质量高、业务品种丰富、服务水平一流的移动通信网络。网络规模和客户规模居全球第一。中国移动通信已经成功进入国际资本市场，良好的经营业绩和巨大的发展潜力吸引了众多国际投资。中国移动通信已连续 4 年被美国《财富》杂志评为全球 500 强，公司最新排名 148 名。

二、中国移动的品牌战略

问题 12： 中国移动通信公司的品牌战略可分为哪些层次？

中国移动的品牌塑造经过了以业务为定位标准到以用户为定位标准的过程。目前，在"中国移动——移动通信专家" 这个强大的企业品牌之下，已经塑造了"全球通"、"动感地带"、"神州行"客户品牌和"移动梦网"、"随 e 行"、"商务干线"等业务品牌，且形成了一个品牌体系。

所谓品牌战略就是公司将品牌作为核心竞争力，以获取差别利润与价值的企业经营战略。品牌战略是市场经济中竞争的产物，近年来，一些意识超前的企业纷纷运用品牌战略的利器，取得了竞争优势并逐渐发展壮大。战略的本质是塑造出企业的核心专长，从而确保企业的长远发展。在科技高度发达、信息快速传播的今天，产品、技术及管理诀窍等容易被对手模仿，难以成为核心专长，而品牌一旦树立，则不但有价值并且不可模仿，因为品牌是一种消费者认知，是一种心里感觉，这种认知和感觉不能被轻易模仿。

关键术语： 品牌战略

品牌战略就是公司将品牌作为核心竞争力，以获取差别利润与价值的企业经营战略。

中国移动的品牌结构可以分为三个层次，从上至下依次是：企业品牌——客户品牌——业务品牌。"中国移动" 这个企业品牌处在最顶层，以强有力的企业品牌形象统领下属的客户品牌和业务品牌；位于中心的"全球通"、"动感地带"、"神州行"是中国移动直接面对用户的三大客户品牌，目前已有了很高的知名度，特别是 "全球通"、"动感地带"的品牌价值已经显现。同时，中国移动也打造了一些成功的业务品牌来为不同的用户群服务，这些业务有的是针对单一客户的，有的是提供给全体客户的。在语音业务中，中国移动推出了"移动秘书"、"亲情号码"、"优惠干线" 等品牌服务；而在数据业务中，中国移动推出了 WAP、GPRS 接入方式，打造了 "移动梦网" 数据业务品牌。"移动梦网"是一个大平台，把众多的网络服务商和内容服务商与用户联结起来，向用户提供中国移动无线数据应用业务、统一信息服务、服务提供商合作业务、企业无线网络应用业务、移动商务等无线科技相关内容。现在已有彩信、百宝箱、手机钱包、邮箱、彩铃、手机宝典等服务。同时，还针对商务人士和集团用户打造了随e行、数码乐园、商务干线等业务品牌，并受到用户的广泛认同。

325

三、中国移动面向客户的三大品牌

问题 13： 中国移动通信公司的三大品牌各有何特点？

1. 全球通

"全球通"现在是中国移动的旗舰品牌。"全球通"的形成经历了一个先有用户后有品牌的过程。早在 20 世纪 90 年代初，也就是"大哥大"的时代，由于面向的用户群极其有限，公司对品牌的塑造还没有上升到战略的高度，当时只有"全球通"，口号是"全球通，通全球"，"全球通"只是一个产品的代名词。到 1999 年前后，中国移动为了更好地满足客户需求，将目光放到了"全球通"品牌的强化上，在综合了各方意见之后，中国移动决定将"全球通"定位在"值得依赖"上，从专家品质、成功人士所选、关键时刻的支持等几个方面去打造"依赖"的诉求。针对这一定位，2002 年，中国移动开始了"全球通"品牌的推广，并将宣传重点放在了网络覆盖上。2003 年，重新对"全球通"用户市场进行细分。在专业咨询公司的协助下，中国移动深入研究了"全球通"的目标客户、品牌核心、品牌属性等，开始对"全球通"品牌从内到外地进行改造和提升，这一系列举措使"全球通"成功实现了从产品到品牌的升华。2004年7月21日，中国移动通信在北京召开以"点燃'我能'时代"为主题的新闻发布会。会上，中国移动表示，将为全球通品牌赋予全新的品牌理念——"我能"，让这个已具有十年历史的品牌具备更丰富的内涵、体现更显著的时代精神。这是中国移动对获得2008年北京奥运会指定移动通信服务合作伙伴资格的积极回应，表明了全球通通过奥运助力，服务于遍布全球的中国"我能"一代的坚强决心；同时也彰显了中国移动通信服务理念从"物本"到"人本"的重大转变，"服务为王"、"以客户为中心"将会有力地提升全球通的品牌形象。

目前，"全球通"的应用范围已经超越了手机的范畴，现在可以使用自己的手机银行，可以通过笔记本电脑或PDA等终端以GPRS/WLAN接入互联网和企业网，并享受中国移动无线JAVA服务平台的JAVA游戏、交友聊天、旅游出行、商务资讯、金融资讯和移动证券等个性化服务。"全球通"已成为中国移动的黄金品牌，是中国移动通信走向世界的重要标志。

2. 神州行

随着移动通信的快速发展，移动通信服务不再高不可攀，可谓"旧时王谢堂前燕，飞入寻常百姓家"。为了给新兴的大众用户提供移动通信服务，而且与"全球通"进行区隔，中国移动又推出了"神州行"品牌业务。并一改以往办理业务只能到营业厅的惯例，免登记手续，充分利用社会零售渠道，使该业务可以更大范围更快速地到达用户，而且无须缴纳基本月租费，无须每月去中国移动通信营业厅交费，无须担心话费透支，并可支持全国漫游。很快，"神州行"成为中国移动拥有客户数量最多的客户品牌，占中国移动所有客户数量的70%。

由于面对的是低端大众市场，价格优惠是"神州行"的优势之一。如针对各地的非漫游客户推出了"神州行大众卡"，以应对小灵通的竞争。除了在价格上优惠外，中国移动还在服务、产品上提高"神州行"的客户忠诚度。一卡通"神州行"充值服务就是公司与招商银行合作开发的一项移动通信结算服务，该服务免去了客户购买充值卡的不便，让客户可以随时随地轻松充值。

"神州行"目前是中国移动最大的大众化品牌，是低端市场强有力的竞争品牌，也是抵御市场竞争的第一道防线。如果说"全球通"和"神州行"是历史形成的两大品牌，那么"动感地带"可谓是中国移动从一开始就精心打造的客户品牌了。

3. 动感地带

2003 年 3 月 1 日，中国移动根据在当时中国的通信领域还没有专门针对年轻人这一细分市场的品牌的情况，果敢决策，在全国推出了以"新奇、时尚、好玩"为主要元素，面向社会 15~25 岁年轻人的通信业务品牌"动感地带"，这是中国移动在沉闷的电信市场第一次推出了基于市场细分的"客户品牌"。

随后中国移动提出了"我的地盘，我做主"的响亮口号，立志将其做成一个未来代表年轻人文化的时尚品牌，并策划了以"动感地带"为主题的平面、立体系列的整合传播方案。在业务的设计上，"动感地带"也以新颖、丰富、有趣为主要出发点，同时具有漂亮、创新、信息量大的特点。例如，在专门为"动感地带"制定的 STK 上直接内置了星座运势、娱乐新闻等菜单，随时将偶像的最新动态、演艺界的头条新闻发送到时尚前卫的少男少女手机上，对年轻人具有极大的吸引力。在 2003 年 4 月 15 日至 9 月份期间，移动又提出了"玩转年轻人的通信自治区"的年轻人语录。但光有强大的品牌还不够，还必须有真正的内容和服务支撑，所以在强调"新奇、时尚、有特权尽在动感地带"的同时，推出话费节约权、手机常新权、业务任选权、联盟优惠权四大"特权"。2004 年，并没有满足于已有成绩的中国移动通信，在已有的用户规模、市场营销和专属业务发展上更上一层楼，品牌特征继续巩固，打出了"没错，我就是 M-ZONE 人"的个性口号。从刚开始的吸纳力到扩大领地、亮出身份，不仅显示了 M-ZONE 品牌的巨大扩张力，也巩固了其品牌地位，丰富了其文化内涵，张扬了自己的品牌个性。对于动感地带，市场定位为年龄集中在 15~25 岁，追求时尚，对新鲜事物感兴趣的用户，他们崇尚个性，思维活跃，对移动通信需求中娱乐、休闲、社交比重较高，同时，他们有强烈的品牌意识，对品牌的忠诚度较低，是容易互相影响的消费群落。

中国移动推出动感地带不仅可以抓住现在非常活跃的一个群体，更重要的是这个群体是高端用户的孵化器，高端用户对于移动运营商来说是至关重要的，是运营商必争之地。中国移动推出"动感地带"可谓眼光长远，为在未来的竞争中占有优势埋下了伏笔。

四、3G 对于中国移动的品牌战略挑战

问题 14： 中国移动在 3G 时代面临的挑战是什么？

阅读材料

什么是 3G？

3G 是英文 the Third Generation 的缩写，指第三代移动通信技术。相对第一代模拟制式手机（1G）和第二代 GSM、CDMA 等数字手机（2G），第三代手机（3G），一般地讲是指将无线通信与国际互联网等多媒体通信结合的新一代移动通信系统。

3G 与 2G 的主要区别是在传输声音和数据的速度上的提升，它能够在全球范围内更好地实现无线漫游，并处理图像、音乐、视频流等多种媒体形式，提供包括网页浏览、电话会议、电子商务等多种信息服务，同时也要考虑与已有第二代系统的良好兼容性。为了提供这种服务，无线网络必须能够支持不同的数据传输速度，也就是说在室内、室外和行车的环境中能够分别支持至少 2Mbps（兆比特/秒）、384kbps（千比特/秒）以及 144kbps 的传输速度。3G 是第三代通信网络，目前国内不支持除 GSM 和 CDMA 以外的网络，GSM 设备采用的是频分多址，而 CDMA 使用码分扩频技术，先进功率和话音激活至少可提供大于 3 倍 GSM 网络容量，业界将 CDMA 技术作为 3G 的主流技术，国际电联确定三个无线接口标准，分别是 CDMA2000、WCDMA、TD-SCDMA，也就是说国内 CDMA 可以平滑过渡到 3G 网络，3G 主要特征是可提供移动宽带多媒体业务。

资料来源：http://www.doc88.com/P-04166954144.html.

从中国移动财务报表的纵向比较可以看出，中国移动存在着网络压力日趋增大、资费日趋下降、利润日渐削薄、投资需求压力增大的发展问题。面对这种情况，3G 的到来会成为中国移动再次高速发展的契机，而中国移动在新技术、新业务方面的投入则为 3G 时代的业务运营提前热了个身。

中国移动现有的网络铺设给其在 3G 时代提供了可靠的机会。中国移动现有的网络规划和建设已经重点覆盖了所有收入高、回收快的地区，这些重点覆盖的地区具有发展手机用户相对容易、高价值用户较多、潜在用户群较多、投资回收较快的特点，将是 3G 市场争夺的主战场，也是最具影响力和号召力的市场，将成为决胜 3G 市场的关键。中国移动已经抢先了一大步，为在 3G 时代的争夺创造了很好的机会。

但是，在 3G 标准的选择上，中国移动选择了 TD-SCDMA。该标准是由中国独自制定的 3G 标准，TD-SCDMA 具有辐射低的特点，被誉为绿色 3G。该标准将智能无线、同步 CDMA 和软件无线电等当今国际领先技术融于其中，在频谱利用率、对业务支持具有灵活性、频率灵活性及成本等方面的独特优势。但是，不可否认的是，作为一种新出现的网络，在前期中国移动要投入大量成本来铺设网络并且进行大规模宣传。目前，中国移动仅仅提出了"3G"一个品牌，这对于 3G 这个广大的市场显然是不够的。

在引入 3G 后，市场监管的基本目标将是避免市场垄断、提高服务水平，为了培育新兴移动运营商，监管部门极有可能再次采用"不对称管制"的政策，给予新进入者一定的政策倾斜。这样，在政策方面，中国移动无疑将处于不利地位。同时，国外的 3G 运营商也对中国这块巨大的市场充满兴趣。它们将是中国移动无法回避的威胁。

中国移动面对的最大的挑战是 3G 商用能否成为企业新的一个利润增长点。目前从世界范围看，3G 技术的商业前景不容乐观，欧洲和北美地区目前运营商的 3G 业务还没有实现普及和赢利，3G 仅在日韩这两个国家获得了长足的发展，但是这显然与其国内优秀的网络建设分不开。而中国移动发展的 TD-SCDMA 网络还处于发展初期，其结果究竟如何还难以估计。目前国家工信部总共发放了 3 张 3G 牌照，其中中国电信获得了当今最先进的技术——CD-MA2000 的牌照，中国联通则获得了潜在客户群体最大的 WCDMA 牌照，中国移动似乎没有在政策的博弈中抽到好签。面对这些挑战，该制定怎样的品牌战略来应对这些挑战，中国移动似乎还没有准备好。面对 3G 的商业化，中国移动要走的路还很长。

Interbrand 在沪深两地主板、创业板、中小板、香港和美国纳斯达克等几大主要的中资企业上市的 3000 多家公司中，挑选出 150 家进行了精确的品牌价值评估，并将评估结果中的前 50 名以榜单的形式公布。其中，中国移动又一次名列榜首。但是对比 Interbrand 2007 年所做的同样的价值评估，中国移动品牌价值出现了从 3130 亿到 2020 亿元人民币的大幅下跌，年平均跌幅高达13%，这不能不说是一个令人深思的结果。

五、中国移动需要新的面目

问题 15：中国移动在 3G 时代应该如何应对挑战？

首先，是中国移动如何在概念上形成有效突破。中国移动未来还将以网络运营商的面目出现吗？显然不行。现在在移动服务上，电子书、iPad、电脑、手机等创新的应用越来越多，很难区分哪些是电信或互联网，哪些是内容服务商或是网络运营商。消费者不会去判断该入哪个网，相反，他们会根据不同的消费体验来选择。他们会以上网、通讯，或者娱乐体验为标准来选择，更会选择那些提供各种无缝体验的运营商。所以，中国移动对自身业务的界定很重要。

其次，获得在相关环境中的准确定位。比如中国移动在 3G 应用中所具备的核心优势，还有在产业链中相关的著名的合作伙伴等。这些因素都要在传播中明白地说明，并向消费者加以强化。

再次，中国移动必须及时抓住核心客户。今天，对网络相对敏感的是年轻人，这群人在兴趣爱好、媒体使用习惯上都有着共同的取向，但这类人群随时在变。比如，中国移动曾以周杰伦为品牌代言人，但是 2010 年周杰伦的粉丝可能多数已经接近 30 岁，而新成长起来的一批网络使用者可能集中在 20 岁左右。这就形成了网络使用者中的两个族群。因此，对核心客户必须持续地追踪，如果形成的印象是可有可无，必然带来客户的流失。这一点也很好地解释了为什么在 3G 技术面前各家通信运营商定位的模糊，带来竞争优势不同程度的丧失。

最后，消费有选择，才能有品牌。可预见的 10 年内，中国移动的竞争对手还是会集中于电信行业，但是更长远的未来，中国移动必将面对大竞争。也就是电信、电视节目、互联网等这些今天看来界限分明的不同行业，未来都可能是竞争对手。竞争会集中在视频服务、娱乐、游戏、新闻等各个方面。

所以，从广义上来说，中国移动未来的竞争对手是开放的，今天中国移动作出怎样的选择，明天中国移动就将面对怎样的竞争。未来的趋势更要以合作联盟为主流，这在发达市场表现得很明显。比如早在 2000 年时，华纳与美国在线的联姻曾经带领一批互联网、媒体和内容提供商的合并浪潮，这是以当时网络和传输技术的突破为大背景的。不过，这样的战略举措并没有得到预期的结果，因为他们一方面没有预料到技术的局限性，比如网络带宽限制，另一方面更多突破性技术与服务的出现，比如搜索引擎、3G/4G，这些技术所带来的影响是引领了新的革命。

再来看一下 Interbrand 最近发布的 2010 年全球品牌榜。可口可乐、IBM 及微软稳居前三位，而电信、金融这些行业的排名是不靠前的。对比中国品牌榜，电信、金融业风光无限。这从一个侧面说明，中国移动这样的通信类公司在纯市场环境下，其品牌价值一直独占鳌头的状况并不乐观。那些接近消费者、与消费者亲密无间的品牌，他们的上升空间则是无限的。今天在中国垄断行业中，政策保护司空见惯，不充分竞争的条件下，品牌价值多少是有疑问的。随着 3G 技术的全面登场以及国家三网融合政策的逐步实施，电信行业竞争的火药味越来越浓。这是一个好现象，正因为如此，电信行业未来发展才有看头。而从另一方面，我们看到了茅台、腾讯、李宁这样从竞争性行业一路走来的中国品牌，正在进入中国品牌的第一阵营。这是与我们指出的大趋势完全一致的。

考试链接

1. 掌握海尔的国际化发展路径。
2. 理解宝洁的多品牌经营思路。
3. 了解中国移动在3G背景下的品牌发展道路。

本章小结 ★★★★

海尔是我国民族企业本土品牌国际化的杰出代表。海尔创本土化海尔名牌的过程分为三个阶段，即本土化认知阶段、本土化扎根阶段、本土化名牌阶段。这就是海尔走向世界的"三部曲"：第一步，按照"'创牌'而不是'创汇'"的方针，出口产品开拓海外市场，打"知名度"；第二步，按照"先有市场，后建工厂"的原则，当销售量达到建厂盈亏平衡点时，开办海外工厂，打"信誉度"；第三步，按照本土化的方针，实行"三位一体"的本土化发展战略，打"美誉度"。宝洁品牌模式的成功经验包括：集中发展少数大品牌；利用功能细分，增加品牌的产品线；动态战术调整；品牌经理制；持续的创新。中国移动通信集团目前是世界上移动用户数量最多的移动运营商，随着中国第三代（3G）移动通信网络的商业化日益临近，可以预计未来移动通信运营市场竞争会越来越激烈。为创世界一流通信企业，争取更多新用户和培育现有用户的忠诚度，从而为股东、投资人、员工创造更多财富，其品牌战略的发展至关重要。中国移动通信在第三代移动通信（3G）技术背景下积极探寻着成功运作的商业化之路。

答 案 ★★★★

本章问题均可在文中标题处找到，故不再赘言。

参考文献

1. 杨晨. 品牌管理理论与实务. 北京：清华大学出版社，北京交通大学出版社，2009.

2. 佚名. 红罐王老吉品牌定位战略. 哈佛商业评论，2008.

3. 房家志. 品牌扩张的有效途径：特许经营. 世界标准化与质量管理，2003.

4. 莱斯利·德·彻纳东尼. 品牌制胜. 蔡晓煦等译. 北京：中信出版社，2002.

5. 丁桂兰. 品牌管理. 武汉：华中科技大学出版社，2008.

6. 周云. 品牌学：原理与实务. 北京：清华大学出版社，2008.

7. Aaker, David A. Managing Brand Equity. New York, N.Y.: Free Press, 1991.

8. ［美］凯文·莱恩·凯勒. 战略品牌管理（第二版）. 北京：中国人民大学出版社，2006.

9. 卢泰宏. 品牌资产评估的模型与方法. 中山大学学报，2002，42（3）：88-96.

10. 马克·布莱尔. 360 度品牌传播与管理：来自奥美的实战报告，创造更有效的市场营销力. 胡波译. 北京：机械工业出版社，2004.

11. 鞠琪. 国产化妆品的品牌营销. 上海经济研究，2007（3）.

12. 万后芬，周建设. 品牌管理. 北京：清华大学出版社，2006.

13. 胡晓明，李明旭，刘春联. 基于 HIROSE 模型的品牌价值评估实证分析——以我国电子行业为例. 经济管理（新管理），2007（22）.

14. 苑泽明. 无形资产评估. 上海：复旦大学出版社，2005.

15. 品牌延伸得与失：蓝猫"快品牌"模式之祸. 财经时报，2005-01-31.

16. 王磊. 解密宝洁的品牌管理——品牌量化管理. 北京东方影音公司，2009.

17. 郭丰庆. 四百余年中药老字号品牌——山西"广誉远"何去何从？http:

//www.emkt.com.cn/artide/140/14030-4.html.

18. 梁海山. 海尔的国际化经营与价值链整合. 中国质量, 2004 (10).

19. 安勇龙. 中国企业国际化艰难前行. 中国电子报, 2008-02-29.

参考文献